한국
복지국가는
어떻게
만들어졌나?

한국
복지국가는
어떻게
만들어졌나?

민주화 이후 복지정치와 복지정책

김영순 지음

학고재

이제 막 연구자의 길에 들어선

딸 은산에게

책머리에 ﹣

1995년 '복지국가 재편의 두 가지 길'이란 제목의 박사학위 논문을 내놓았을 때 왜 정치학도가 복지를 연구하는가라는 질문을 제법 많이 받았다. 이제는 그런 질문을 하는 사람이 없다. 오히려 '복지국가 발전에는 정치가 중요하다(politics matters)'는 것이 상식이 된 듯하다. '복지정치'라는 말도 국내에서는 필자가 처음 썼던 것으로 기억하고 있다. 그런데 이 용어도 이제 흔히 듣는 익숙한 말이 되었다. 정치가 '누가, 언제, 무엇을, 어떻게 가질 것인가'(Harold Lasswell)의 문제라는 점을 고려하면 모두 너무나 당연한 일이다.

현대 자본주의 사회에서 대부분의 사람들에게 복지는 시장소득만큼이나 중요한 경제적 자원이다. 사람들은 일할 수 있을 때는 일해서 얻는 소득으로 살아간다. 그리고 실업·질병·노령·장애·산재 등으로 시장소득을 상실하게 될 때는 여러 가지 복지급여를 받아 생계를 유지한다. 또 의료·교육·보육·노인 간병·적극적 노동시장정책 등 사회 서비스를 통해 인간다운 생활을 영위할 수 있다. 복지는 또한 경제적으로 발전한 민주주의 국가들(affluent democracies)에서, GDP의 20~30%, 국가 예산의 반 이상을 차지하는, 가장 대표적인 현대 국가의 업무이기도 하다. 이 엄청난 자원의 배분과 조달을 두고 여러 사회 집단과 정치세력은 갈등하고 투쟁한다. 누가 어떻게 돈을 내서 이 재원을 마련할 것인가, 그리고 그 재원은 누구에게 어떻게 분배되어야 하나를 두고 사회 구성원들은 각자 나름의 이해관계와 정의관을 가지고 다투게 된다. 이 다툼의 과정이 복지정치이고 그 결과가 복지정책을 결정한다.

이런 인식이 확산됨에 따라 이제 한국에서도 복지가 정치의 문제라는 걸 많은 사람들이 인정하고 중요시한다. 그러나 이 분야의 연구들은 아직도 소략한 편이다. 이 책은 이런 공백을 메우려는 의도에서 시작되었다. 이 책의 또 하나의 저술 목적은 한국 복지국가의 발전을 복지정치의 렌즈를 통해 보다 '적극적인' 방식으로 설명하는 것이다. 이제까지 필자를 포함한 대부분의 사회정책 연구자들은 한국 복지국가의 발전을 설명하기보다는 그것의 저발전을 해명하는 데 더 관심을 가져왔다. 이 저발전을 설명하는 방식은 주로 서구 이론의 거울 이미지를 활용하는 것이었다. 즉 서구의 잘 발전된 복지국가를 기반으로 생겨난 이론들을 준거로, 한국은 복지선진국이 가졌던 이런저런 점들이 부족해 현재와 같은 복지국가가 만들어졌다는 식의 분석을 해왔다. 예컨대 한국은 노동의 조직률이 낮고, 집중성이 약하며, 좌파 정당의 힘이 약해서(권력자원 이론의 거울 이미지), 혹은 비례대표제 선거제도를 갖지 못해서(신제도주의 이론의 거울 이미지), 혹은 관대한 복지체제와 상호보완적일 수 있는 조정시장경제(coordinated market economy) 체제를 가지고 있지 못하기 때문에(자본주의 다양성론의 거울 이미지) 복지국가를 발전시키지 못했다는 것이다. 실제로 한국은 주류 이론들이 강조하는 이런 조건들을 가지고 있지 않으며, 한국의 복지국가는 경제성장의 수준에 비하면 여전히 저발전, 미성숙한 상태에 있다. 따라서 주류 이론들은 한국 사례에도 상당히 설명력이 있다고 할 수 있다.

그러나 민주화 이후 30여 년간 일어난 한국 복지국가의 변화는 서구 주류 이론들을 뒷받침하는 거울상에 불과하다고 보기에는 무리인, 양적 성장과 질적 발전을 담고 있기도 하다. 1990년 GDP 대비 3.1%에 불과했던 한국의 복지지출은 2019년 12.2%로 약 4.7배 증대했다. 이는 같은 기간 OECD 나라들 중 가장 높은 증가율로, 적어도 외형상으로는 세계사적으로 유례없이 빠른 경제성장에 대응하는 유례없이 빠른 복지팽창이 이루어졌음을 보여준다. 또 이 과정에서, 많은 문제점에도 불구하고 한국의 복지국가가 단시간에 기틀을 갖추고 복지 선진국들과 비교 가능한 수준에 올라선 것도 사실이다.

이 책에서는 주류 이론으로는 잘 설명이 되지 않는 이런 한국 복지국가의 발전, 무복지 상태에서 작은 복지국가로의 진화를 해명해보고자 했다. 민주화 이후 주요 복지 프로그램의 도입 혹은 개혁 사례에 나타난 복지정치, 즉 다양한 행위자들의 이해관계와 선호, 그들이 보유한 권력자원, 그리고 이를 기반으로 이루어진 행위자들 간 역동적 상호작용을 살펴봄으로써, 한국의 복지국가를 만들어 온 힘은 무엇이며 그것이 복지국가의 성격에는 어떤 영향을 미쳤는지 밝혀보고자 했다. 서구 주류 이론들의 거울 이미지를 통해 한국 복지국가라는 동전의 한 면(전반적인 저발전)을 설명할 수 있다면, 그 다른 한 면(저발전 속의 발전)은 이런 행위자들의 상호작용을 통해 설명할 수 있을 것이다. 이 책이 작게나마 기여하는 바가 있다면 이렇게 한국의 복지국가 발전을 적극적 방식으로 해명하고 있다는 것, 그리고 이런 필요를 위해 주류 복지국가 이론들을 변형했는데, 이는 후발 복지국가, 나아가 세계화와 탈산업화 이후 선진 복지국가를 해명하는 데에도 유용하다는 것이다.

복지정치에 대한 연구는 불가피하게 사후적이다. 이 책의 집필 막바지 1년 동안에는 코로나19 팬데믹이 초래한 충격 속에 복지국가의 혁신과 기본소득을 둘러싼 논쟁이 활발히 전개되었다. 이런 와중에 이렇게 과거를 기록하고 분석하는 책을 쓴다는 것이 도대체 무슨 의미가 있나 하는 회의도 들었다. 그러나 뒤를 알아야 앞으로 잘 나아갈 수 있을 것이다. 부족하지만 이 책이 우리 복지정치의 특징과 그것이 복지국가 발전에 끼친 영향을 이해하고, 향후 복지국가의 혁신을 도모하는 데 작은 도움이나마 되길 바란다.

이 책을 쓰는 동안 오랜 시간에 걸쳐 여러분들의 도움을 받았다. 바쁜 중에도 시간을 내어 면담에 응해주신, 그리고 불편할 수 있는 질문들에도 성의를 다해 답해주신 피면담자들께 감사드린다. 이 분들의 도움으로 공식적인 문서나 언론 보도, 그리고 2차 문헌으로는 이해하기 어려운 복지정치의 맥락, 이면, 세부사항들을 보다 잘 파악할 수 있었다. 성함을 밝혀 감사를 표하지 못하는 것이 안타까울 뿐이다. 다음으로 초고의 일부를 읽고 세심한 조언을 해주신 세 분께 감사드린다. 연세대 행정학과 양재진 교수는 3장, 동아대 사회복지학과 김수정 교수는 7장, 그리고 대구대 사회복지학과 양난주 교수는 8장의 초고를 읽고 미진한 점들을 지적하고 생산적인 조언을 해주셨다. 9장의 공동집필자인 연세대 행정학과 석사과정 이태형님에게도 감사한다. 그는 서울시 청년수당정책 수립 과정에 청년 당사자로서 참여했던 경험을 살려 필자와 같이 논문을 썼고, 그 논문의 수정본을 이 책에 싣는 데 흔쾌히 동의해주었다. 2011년부터 2020년까지 10년을 함께했던 연세대 SSK '작은 복지국가 연구' 사업단의 모든 동료 연구자들께도 감사드린다. 긴 시간 동안 연구책임자 양재진 교수를 비롯한 사업단의 여러 분들로부터 얻은 지적 자극과 생산적 비판들은 이 책을 쓰는 데 좋은 자양분이 되었다. 또 류란희 박사와 이태형 원생은 이 책 일부의 기초가 되었던 연구들에서 면담자료의 녹취를 푸는 수고를 해주었다. 이 상업성 없는 학술서를 출판하겠다고 오래 전에 결정하고 기다려준 학고재 박해진 대표의 용단과 너그러움, 그리고 세심한 편집자 손희매님의 노고도 기록해두고자 한다. 모든 분들께 머리 숙여 감사드린다. 끝으로 재정적 지원으로 이 책을 시작할 수 있게 해주고, 마감 시한 설정으로 끝낼 수 있게까지 해준 한국연구재단에 감사한다. 마감 시한이 없었다면 나는 미진해서 부끄러운 이 책을, 아마도 영원히 마무리 짓지 못했을 것이다.

마지막으로 내 일상을 지켜주고 있는 가족들, 친구들에게 감사한다. 팬데믹이 강제한 사회적 거리두기 속에서도 내가 별 마음의 어려움을 겪지 않고 책 쓰기에 열중할 수 있었던 것은 모두 이들 덕분이다. 막 백신 접종을 끝낸 연로하신 부모님의 건강을 두 손 모아 빈다. 정년이 가

한국 복지국가는 어떻게 만들어졌나?

까운데도 늘 열심히 공부하며 내게도 유용한 조언을 아끼지 않는 남편에게도 감사한다. 끝으로 멀리 세인트루이스에서 사회적 거리두기 속에 고립된 채 본격적인 연구자의 길에 접어든 딸에게 고마운 마음을 보낸다. 내가 삶에서 누린 가장 큰 기쁨과 행복은 그가 준 것이다. 변변치는 않으나 어쩌다 세 번째 책을 내게 된 엄마도 '내가 정말 연구에 적합한 사람인가'를 아직도 회의한다는 말을 전하며 학인으로서의 여러 어려움들을 잘 이겨나가기를 빈다. 건강과 평온, 큰 성취를 기원하며 이 책을 딸에게 준다.

2021년 짧았던 봄의 끝자락에

김영순

차례 —

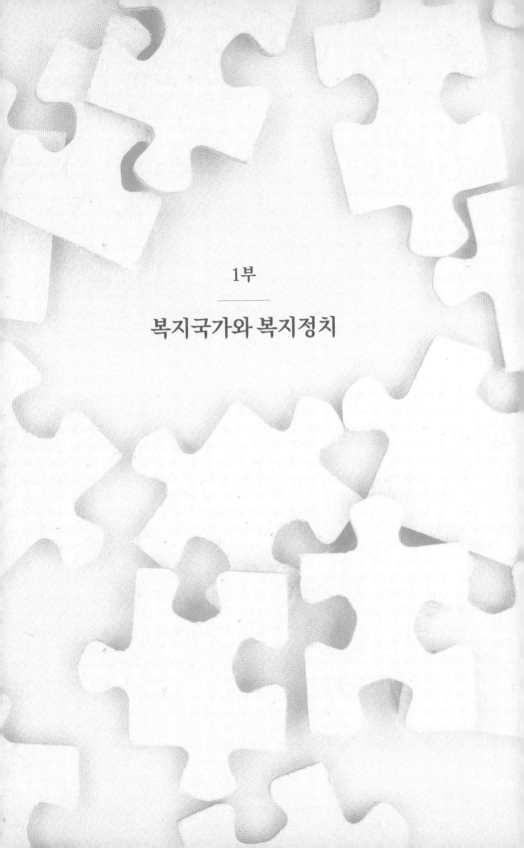

1부
———
복지국가와 복지정치

1장

서론

    민주화 이후 한국 복지국가는 꾸준히 성장해왔다. 1987년 민주화 항쟁 이후 수립된 노태우·김영삼 정부는 복지 프로그램을 확대하고 복지지출을 늘였다. 1990년대 후반 경제위기의 와중에 정권교체에 성공한 김대중정부는 국내외의 주목 속에서 급속한 복지 확대를 이룩했다. 국민기초생활보장 제도를 도입해 공공부조를 현대화했고, 의료보험을 통합했으며, 4대보험을 정비해 복지국가의 기틀을 갖추었다. 노무현정부에서는 소득보장의 내실화 노력과 더불어 보육과 노인 돌봄 등 사회 서비스의 확대가 이루어졌다. 이후 보수정부인 이명박·박근혜 정부가 들어섰으나 복지 프로그램은 계속해서 확충되었다. 그 결과 1990년 GDP 대비 3.1%에 불과했던 한국의 복지지출은 2019년 12.2%로 약 4.7배 상승했다. 적어도 외형상으로는, 세계사적으로 유례없이 빠른 경제성장에 대응하는 유례없이 빠른 복지팽창이 이루어진 것이다.

물론 한국의 복지국가는 여전히 '작다'(Yang 2017). 또 상병수당 같은 중요한 소득보장 제도들의 부재, 사회보험의 거대한 사각지대, 낮은 급여수준, 낮은 사회 서비스의 질 등 내실이란 측면에서 볼 때도 많은 결함을 안고 있다. 복지국가의 성과도 좋지 않다. OECD 최저 출산율과 최고 자살률, 최고 노인 빈곤율, 높은 불평등도 등이 이를 잘 대변한다. 그러나 이런 결함에도 불구하고 한국은 최저 생활 보장 정도, 주요 사회복지 제도 구비 여부 그리고 공공복지비 지출 규모 등 핵심적 기준에 비춰볼 때 이미 복지국가 단계에 진입했다고 평가된다. 한국은 제2차 세계대전 이후 뒤늦게 산업화를 달성한 나라 중 민주화를 이룩하고 복지국가로까지 진입한 매우 이례적인 나라가 된 셈이다(김연명 2013, 2).

그렇다면 이례적 고도 성장국 한국에서, 다시 이렇게 이례적인 복지국가의 발전을 만들어낸 힘은 무엇인가? 그것은 유럽이나 미국의 복지국가를 발전시킨 힘들과 유사했는가, 달랐는가? 달랐다면 어떻게 달랐는가? 그것은 한국 자본주의의 특수성과 분단상황 같은 구조적 한계들에 어떻게 제약되고, 또 어떻게 그것들을 우회 혹은 극복했는가? 그리고 이런 길항하는 힘들의 역학은 새롭게 만들어진 복지 프로그램들, 그 프로그램들의 변화, 나아가 한국 복지국가의 특징에는 어떻게 각인되었는가? 이 책에서는 민주화 이후 주요 복지제도의 도입 및 개혁 과정, 즉 국민기초생활보장 제도 도입, 국민연금 개혁(1998년 1차 개혁 및 2007년 2차 개혁), 노무현정부 이후 보육정책의 변화, 노인장기요양보험 제도 도입 그리고 서울시 '청년수당' 도입 등에 나타난 주요 행위자들의 상호작용에 대한 분석을 통해 이런 질문들에 대답해보고자 한다.

한 나라의 복지국가를 만들어내는 힘은 다양하다. 주요 복지제도가 형성되거나 중요한 변화를 경험하는 시기의 국내·국제 경제의 조건, 생산체제나 노동체제 혹은 젠더체제의 특성, 정치제도의 특성, 초기 복지제도들의 역사적 유산과 경로 구속력 등 많은 변수들이 복지국가의 특징을 형성하는 데 관여한다. 이 많은 변수들 중에서도 이 연구는 특히 복지국가와 관련된 주요 행위자들 간의 상호작용에 관심을 갖는다. 이는 복지가 무엇보다도 정치적으로 결정되는 재분배 체계이기 때문이다. 사회적 임금(social wage)인 복지는 시장임금과 달리 법과 정책에 의해 수혜 범위와 형식, 재원조달 방법이 결정되기 때문에, 민주주의 사회의 주요 이해관계 집단들은 이 법과 정책들이 자신에게 유리하도록 영향력을 행사하고자 한다. 당연히 누가 어떻게 정책형성 과정에 관여하며 얼마나 영향력을 행사하는가에 따라 복지정책의 방향과 성격은 크게 달라진다. 이 연구가 다루는 시기를 민주화 이후로 한정한 것도, 민주화 이후에야 절차적 민주주의가 회복되면서 여러 행위자들의 상호작용이 자유롭게, 그리고 의미 있을 만큼 활발하게 나타났기 때문이다.

이 연구의 의의는 주요 복지정책의 형성과 변화를 통해 한국 복지국가의 발전 과정을 정치적 시각에서 분석하고 그 의미를 해석해본다는 것이다. 이는 사회복지학계의 제도사적 연구, 또는 행정학계의 미시적·정책학적 연구와 각도를 달리하여 한국 복지국가의 발전을 행위자 간의 역동적인 정치적 상호작용이라는 관점에서 새롭게 조명하는 작업이 될 것이다.

이 연구의 또 하나의 의의는 주류 이론의 거울 이미지를 이용하는 데서 탈피해 보다 적극적인 방식으로 한국 복지국가의 발전을 설명한다는 것이다. 이제까지 필자를 포함한 대부분의 사회정책 연구자들은 한국 복지국가의 발전을 설명하기보다는 그것의 저발전을 해명하는 데 더 관심을 가져왔다. 이 저발전을 설명하는 방식은 주로 서구 이론의 거울 이미지를 활용하는 것이었다. 즉 서구의 잘 발전된 복지국가를 기반으로 생겨난 이론들을 준거점으로 하여, 한국은 서구 복지 선진국이 가졌던 이런저런 점들이 부족해 현재와 같은 복지국가가 만들어졌다는 식의 분석을 해왔다. 예컨대 한국의 복지국가는 노동 조직률이 낮고, 집중성이 약하며, 좌파 정당의 힘이 약해서(권력자원 이론의 거울 이미지), 혹은 비례대표제 선거제도를 갖지 못해서(신제도주의 이론의 거울 이미지), 혹은 고용주가 숙련 노동력 포섭을 중시하는 생산체제가 발전되지 않았기 때문에(자본주의 다양성론의 거울 이미지) 저발전된 상태에 있다는 것이다.

물론, 연구자들이 이렇게 한국의 복지국가의 저발전을 설명하는 데 집중했던 것은 그것이 여러 가지 양적·질적 결함들을 가지고 있기 때문이었다. 그러나 각도를 달리해서 보면, 위에서 얘기한 것처럼 한국의 복지국가가 다른 나라들에 비해 짧은 기간에 월등히 빠른 속도로 팽창해온 것도 사실이다. 그렇다면 이런 저발전 속에서도 일어난 발전과 무복지국가 상태에서 '작은 복지국가'(Yang 2017)로의 진화는 어떻게 설명할 수 있을까? 그것은 다만 산업화와 가족주의의 후퇴 속에서, 증대되는 사회적 위험들에 대해 국가가 취한 최소한의 기능적 대응들에 불과했던 것인가? 그렇지 않다면, 어떤 동력들이 이런 정도나마 복지국가의 확대를 가져왔는가?

이 연구에서는 기존의 주류 이론들만으로는 이를 설명하기 어렵다고 보고, 한국적 맥락에서의 다양한 행위자들의 이해관계와 선호, 그들이 보유한 권력자원 그리고 이를 기반으로 이루어진 그들 간의 역동적 상호작용에 주목하고자 한다. 서구 주류 이론들의 거울 이미지를 통해 한국 복지국가라는 동전의 한 면(전반적인 저발전)을 설명할 수 있다면 다른 한 면(저발전 속의 발전)은 이런 행위자들의 상호작용을 통해 설명할 수 있을 것이다. 따라서 이 연구는 기존 서구학계의 이론으로는 잘 해명되지 않는 한국 복지국가 발전의 정치에 대한 새로운 설명 방식을 찾는 작업, 나아가 서구 중심주의에서 벗어나지 못하고 있는 복지국가 발전에 대한 일반이론의 혁신에 일조하는 작업이라는 의미도 갖게 될 것이다.

이런 설명은 한국의 복지국가가 저발전한 이유에 대한 기존의 설명들을 반박하는 것이기보다는 보완하는 의미를 갖는다. 다시 말해 이 연구는 취약한 노동의 권력자원과 분단국가라는 조건 그리고 선거제도가 준 제약이 한국에서 작은 복지국가를 만들어내는 데 중요한 영향을 끼쳤다는 것을 부정하지 않으면서, 바로 그런 제약들이 복지국가의 발전을 원하는 세력으로 하여금 어떤 대안적 오솔길을 모색하게 했는지 밝히게 될 것이다. 그리고 그들이 택한 그 우회로에는 어떤 한계들이 있었는지도 함께 살펴보고자 한다. 이런 작업은 한국의 작은 복지국가로의 진화 경로를 좀 더 균형 있게 이해하도록 해줄 것이다. 또 복지국가 발전을 위한 고전적 권력자원 동원이 어려운 후발 복지국가에서 다른 어떤 동력이 복지 발전을 가능하게 할지에 대해서도 일정한 시사를 줄 수 있을 것이다.

이 책은 이론과 관련된 1부, 주요 정책 사례를 다루는 2부, 결론인 3부로 구성된다. 1부 1장의 서론에 이어 2장에서는 기존 복지정치 이론들을 정리하고 이 연구의 분석 시각을 도출한다. 유럽과 미국의 복지국가 발전 과정에서 배태된 복지정치 이론들의 성과를 흡수하면서, 한국의 특수성들을 해명하는 데 보다 적합한 접근 방법을 끌어내보고자 한다. 2장에서는 한국 복지정치의 제도적 기반들을 분석한다. 복지정치가 진공상태가 아니라 구체적인 제도적 맥락 위에서 전개되며, 제도가 행위자들의 행위를 제약하고 형성하는 데 영향을 준다는 점을 고려할 때, 제도적 기반의 분석은 3장에서 논하는 행위자들을 이해하는 데 도움이 될 것이다. 다음으로 3장에서는 복지정치의 주요 행위자들의 특성을 정리한다. 고전적 복지국가 이론에서 중시되어 온 노조와 정당들뿐만 아니라 시민운동 단체, 대통령(실) 등 한국적 특수성을 반영하는 행위자들의 특징과 이들의 권력자원을 개괄적으로 분석한다.

2부에서는 민주화 이후 중요한 복지제도의 도입 및 개혁 사례들을 통해 한국 복지정치의 특징들을 행위자 중심으로 분석하고, 그것이 어떻게 복지정책과 제도에 각인되었는가를 살펴본다. 주요 사례들로는 1) 국민기초생활보장 제도 도입, 2) 1998년과 2007년의 국민연금 개혁 과정, 3) 노무현정부 이후 보육정책 변화, 4) 노인장기요양보험 제도 도입 그리고 5) 서울시 청년수당 도입 과정을 채택했다. 이들은 한국 복지국가의 핵심적 프로그램이면서 도입 및 개혁 과정에서 상당한 사회적 논란과 정치적 갈등을 불러일으켰던, 그래서 그 과정들에서 한국 복지정치의 특징을 잘 드러낸 사례라는 공통점을 가지고 있다.

2부 각 장은 1부에서 도출한 연구 시각하에서 분석이 이루어졌으나 서술 형식을 엄격히 통일하지 않았다. 정책결정 과정은 일반적으로 정책문제가 이슈화되고, 대안이 모색되며, 정책결정(정책의 형성과 채택)이 이루어지는 과정, 나아가 정책이 집행되고 평가되며 종결되기까지의 과정으로 단계별로 나뉘어 분석된다(Anderson 1975; Palumbo 1988). 그러나 사실상 현실의 정책 과정은 이런 정연한 순서를 따라 합리적으로 진행되기보다는 정치적 역동성에 의해 압축, 전도 혹은 왜곡되는 경우가 많다. 이를 고려해 각 장의 서술은 각 장의 주제에 적합한 형식으로 유연하게 구성했다.

3부 결론에서는 사례 분석에서 도출되는 복지정치의 특징들을 정리하고 그것이 복지국가의 성격 형성에는 어떤 영향을 미쳤는지 요약한다. 또 향후 이런 복지정치의 특징들이 어떻게 변화해나갈 것인지, 그것이 한국 복지국가의 향후 발전 과정에는 어떤 영향을 줄 것인지 전망해본다.

2장

이론적 논의

1. 복지국가의 발전과 변화에 대한 이론들

복지국가의 발전과 변화를 설명하는 대표적인 복지국가 이론들은 크게 보아 구조와 맥락을 중시하는 이론들과 행위자 및 행위를 중시하는 이론들로 나눌 수 있다. 산업화론이나 신제도주의론이 구조와 맥락을 중시하는 이론이라면, 다원주의적 이익집단론, 국가주의 이론, 권력자원론, 선거 경쟁 이론은 행위자와 행위를 중시하는 설명이라고 할 수 있다.

이중 첫째, 산업화론(logic of industrialism)은 복지국가의 발전을 자본주의적 산업화가 발생시키는 각종 사회적 위험(social risks), 즉 실업·노령·질병·산재 등으로 인한 소득 상실에 국가가 대응한 결과로 본다(Cutright 1965; Wilensky 1975). 산업화가 되면 여러 가지 사회적 위험이 커져 복지 욕구가 증가하고 이를 해결할 수 있는 경제적 자원도 증가한다. 그러나 이러한 기능주의적 설명은 욕구나 자원의 증대가 왜 복지제도의 형성과 발전으로 연결되는가를 설명하지 못한다. 그리고 비슷한 산업화 단계를 경험했던 많은 나라들이 복지노력(welfare efforts)에서 커다란 차이를 보였다는 사실, 그 결과 유럽과 북아메리카의 유사한 경제발전 단계의 나라들이 매우 다른 유형의 복지국가를 갖게 되었다는 사실을 설명하기 어렵다. 한국의 경우도 이 이론의 설명력은 제한적이다. 산업화가 시작되는 제3공화국 이후 근대적 복지제도들이 생겨난 것은 사실이지만, 급속한 산업화에도 불구하고 오랫동안 한국의 복지는 지체 상태를 면치 못했으며 복지국가는 민주화 이후에야 골격을 갖추게 되었다.

둘째, 신제도주의론(new institutionalism)은 복지국가의 발전과 변화에 있어 제도의 중요성을 강조한다. 신제도주의에서 제도란 '정치체(polity) 혹은 정치경제의 조직적 구조 속에 내장된 공식, 비공식적 절차들, 관행들 및 관습들'(Hall & Taylor 1996, 938)을 의미하는 매우 느슨한 개념이다. 복지국가 발전과 관련해서 제도는 두 가지 측면에서 생각해볼 수 있는데 하나는 헌정 구조 등 이른바 정치적 '게임 규칙'(rule of game)이고, 다른 하나는 특정 복지 프로그램 자체의 구조와 규칙이다. 개별 프로그램의 변화를 보는 데 있어서는 후자도 중요하나, 복지국가 전체의 발전과 관련해서 중요한 것은 전자, 즉 '한 나라의 헌정 질서부터 불문법적 관행에 이르기까지 정치적 게임을 형성해내는 데 기여하는 일련의 규칙과 구조'(Bonoli 2000, 39)라고 할 수 있겠다. 이런

한국 복지국가는 어떻게 만들어졌나?

시각에서 일찍이 이머굿은 헌정 구조에 따른 정책결정상의 거부점이
건강보험과 복지국가 전체의 발전에 미친 영향을 설득력 있게 보여주
었다(Immergut 1990).

　최근에는 선거제도가 복지국가에 미치는 영향에 대한 연구가 활발
히 이루어졌다. 아이버슨과 소스키스(Iversen and Soskice 2006)는 연
합 정치(coalition politics)의 특성으로 인해 다수제는 중도우파 정부
를, 비례제는 중도좌파 정부를 만들어내는 경향이 있으며, 따라서 다
수제보다 비례제를 채택하는 경우 재분배를 강화하는 정책이 나타날
가능성이 높다는 사실을 경험적 분석을 통해 보여주었다. 이들에 따른
다면, 소선거구제-단순다수제 선거제도는 복지국가 발전에 매우 불리
한데, 이 가설을 한국의 사례에 적용한 연구도 여럿 존재한다. 한국의
국회의원들은 전국적 쟁점엔 관심이 없고 지역구 개발 관련 사안에만
관심이 있으며, 이는 복지국가 저발전의 중요한 원인이라는 것이다(강
명세 2013; Yang 2017).

　그러나 아이버슨과 소스키스의 주장은 그들이 가설을 검증한 다수
제 선거제도를 채택한 나라의 대부분이 앵글로-색슨 국이어서 선거제
도와 재분배 복지정책의 저발전이 인과관계에 있는지, 단순한 상관관
계에 불과한 것인지 알기 어렵다. 한국의 경우 역시 소선거구제-단순
다수제 선거제도가 복지국가 발전에 불리하게 작용한 측면이 있다 할
지라도 과연 그것이 얼마나 중요한 비중을 갖는 변수였는지는 논란의
여지가 있다. 이 점에 대해서는 3장에서 좀 더 자세히 논한다.

　어쨌든 한국에서 왜 복지국가가 잘 발전하지 못했는가를 설명하기
위해서는 제도를 넘어서는 설명이 필요하다. 게다가 한국이 어떻게 지

금 이 정도의 복지국가 발전을 이루게 되었는가를 설명하기 위해서는 더더욱 제도를 넘어서는 설명이 필요하다. 따라서 이 책에서 주요 복지 프로그램의 도입과 변화를 다루는 시각은 행위자 중심의 이론에 의지하게 될 것이다. 다만 행위자들의 행위의 맥락으로서의 제도의 중요성을 인정하여 1부 3장에서 한국의 복지정치와 제도들의 특성을 정리해 두려 한다. 이런 작업은 2부에서 분석하게 될 개별 복지 프로그램의 도입이나 변화 과정에서 정치제도가 어떻게 행위자들의 행위의 맥락이 되어주었는지, 혹은 선호를 형성하거나 제한하는 데 영향을 미쳤는지 이해하는 데 도움이 될 것이다.

그렇다면 이제 복지국가 발전을 행위자를 중심으로 설명하는 이론들을 살펴보자. 첫째, 국가주의 이론은 복지국가 발전에 있어 국가관료제의 역할을 중시한다(Evans et al. 1985; Skocpol and Amanta 1986; Rueschemeyer & Skocpol 1996). 이 이론은 국가관료의 의지, 이해관계와 선호 그리고 정책형성 능력이 산업화에 따른 사회적 위험에 대응해 복지정책을 만들어내는 주된 동력이라고 본다. 국가관료제는 단순히 다른 행위자들의 결정을 구체화해 실행에 옮기는 실행자나 중재자가 아니며, 사회경제적 배경이 유사한 나라들에서 각각 다른 형태의 복지국가가 생겨난 것은 각국의 국가구조의 특성과 상이한 관료제의 능력 때문이라는 것이다. 독일 비스마르크의 사회보험 제도 도입은 그 좋은 예로 거론된다.

이 이론 역시 한국에 일정한 설명력을 갖는다. 권위주의 시기는 물론 민주화 이후 김대중정부까지만 해도 대부분의 복지정책은 주로 정부와 관료들의 정책결정에 따라 좌우되었다(신광영 2012; 고세훈 2013;

성경륭 2014). 또한 이 책의 5장에 잘 나타나듯, 민주화 이후에도 정당이나 국회가 전문성이 약해 주요 복지법안을 골격입법만을 하고 세부사항들을 행정부에 넘기게 되면, 관료들은 시행령과 시행세칙에 자신의 정책선호를 반영하는 경우가 많았다. 또 9장에 나타나듯 시민사회나 여론의 관심이 덜한 법안의 경우는 법안의 골격이 행정부 내의 '관료정치'[1] 결과에 의해 결정되는 경우도 적지 않았다.

그러나 이런 설명력에도 불구하고 국가주의적 입장은 여러 가지 비판도 받아왔다. '국가'가 관료제 외에 정부나 의회제 국가의 국회의원들까지 포함하는 다양한 정치적 행위자를 의미할 때도 적지 않을 뿐더러(예컨대 De Viney 1984), 국가기구나 제도를 의미할 때도 있어(예컨대 Mishra 1984) 그 개념이 모호하다는 것, 또한 정책 과정에서 시민들을 수동적인 관객으로만 취급한다는 점이 그것이다(Rico 2004, 9). 또 국가를 '관료제'로 축소해서 보는 저작들의 경우, 이들의 결정을 좌우하는 정치적 집행부(political executive)의 힘이나, 그 정치적 집행부의 정책 지향과 선호에 영향을 주는 유권자들의 힘을 간과한다는 비판을 피하기 어렵다(양재진 2008). 특히 대통령의 권한이 막강한 한국에서 민주화 이전은 물론 이후로도 관료 집단의 정책적 입장은 기본적으로는 선출된 대통령의 정책선호에 좌우되었으므로 한국의 복지국가 발전에서 관료제의 영향력은 제한적으로만 관철되었다고 보아야 할 것

---

1   현대사회의 정책문제들은 특정 행정부처의 배타적 관할 영역에 속하기보다는 여러 행정부처와 중층적인 관련을 갖는다. 따라서 정책결정에는 각각 정책선호와 입장을 가지고 있는 여러 관련 부처들이 연루되며 정책결정을 둘러싼 부처 간 경쟁과 갈등은 필연적이다. 이와 같은 정책을 둘러싼 관련 부처들 간의 권력 역학관계와 이에 기반한 상호작용을 관료정치라고 한다(Allison 1972; Yates 1982; 박천오 1998, 156~158에서 재인용).

이다.

둘째, 권력자원론(power resource theory)은 자본주의 사회에서 가장 복지를 필요로 할 수 밖에 없는 임금노동자의 권력자원이 클수록 복지국가가 발전한다고 주장한다. 임금노동자들의 이익을 대변하는 노조의 조직력과 좌파 정당의 힘이 클수록, 그리고 노동자 계급이 여타 사회집단과 정치적 동맹을 잘 구축할수록 복지국가가 잘 발달한다는 것이다(Esping-Andersen 1985; Hicks & Hicks 1999; Korpi 1978; 1985). 이 이론은 비슷한 산업화와 민주화 수준을 가진 유럽 여러 나라와 북미에서 왜 복지국가가 다양한 모습으로 분기했나를 잘 설명해준다.

이 이론은 이후 복지국가에 대한 당파성 이론(partisan theory)이라고 할 수 있는 흐름으로 연결되었다. 그리고 세계화와 탈산업화의 흐름 속에서 '항상적 긴축 시대'(Pierson 2001, 410)가 도래하여 어떤 정당이 집권하는가와 복지 확대/축소는 큰 상관성을 갖지 않게 되었다(Pierson 2001)는 논리에 맞서, 여전히 정치가 중요하며 집권 정당의 당파성이 복지국가의 변화에 중요하다는 것을 반복적으로 보여주었다. 이 계열의 연구들은 좌파 정부의 집권과 복지지출이 여전히 강한 정(正)의 상관관계가 있으며 1980년대 신자유주의 시기 우파 정당이 집권했을 때 복지국가의 축소, 혹은 정부의 복지 확대 노력(welfare effort)의 후퇴가 극명히 나타났다는 사실을 드러내었다(Iversen & Cusack 2000; Kitschelt 2001; Korpi and Palme 2003; Allan and Scruggs 2004; Huber and Stephens 2014). 권혁용(2010)도, OECD 17개국을 대상으로 한 연구에서, 여전히 정부 당파성이 매우 흥미로운 형태로 복지지출에 큰 영향을 미치고 있음을 보여주었다. 자유시장경제에서는 좌파 정당의 내각 참여가 증가할수록 사회지출이 증가하고, 사회적 시장경제에서는 우파 정당의 참여가 증가할수록 사회지출 증가가 억제된다는 것이다.

그러나 권력자원론 계열 연구의 가장 큰 공헌은 복지국가(혹은 복지체제)의 발전이 주요 행위자의 권력자원에 좌우된다는 초기의 행위자 중심 접근법(actor-centered approach)을 넘어서 동원이나 동맹(coalition) 형성 등을 강조하는 행위 중심 접근법(action-centered approach)으로 이동했다는 점이다(Rico 2004, 16~19). 에스핑-안델센은 유럽의 경우 사민당의 집권은 초기 복지국가의 발전에 결정적이었지만, 집권하지 못한 나라에서도 사민당은 정치적 동원을 통해 복지국가 발전의 중요한 압력 요인이 되었다고 밝히고 있다(Esping-Andersen 1990; 2003). 또한 그는 복지체제의 차이를 가져온 핵심적 요소는 1) 계급 동원의 특징, 2) 계급정치의 제휴 구조, 3) 체제 제도화의 역사적 유산(Esping-Andersen 1990, 16~18)이라고 지적하고 있는데, 사실상 3) 체제 제도화의 역사적 유산은 앞의 두 '행위' 요인이 작동하는 맥락 혹은 조건에 가깝다.[2] 결국 복지체제의 유형을 결정한 핵심적 요소는 1)과 2), 즉 계급 동원과 복지동맹이라 할 수 있는 것이다(김영순 2013). 그리고 에스핑-안델센 자신은 명시적으로 밝히지 않았으나, 이 주장은 복지체제의 차이를 가져온 주원인이 주요 행위자의 권력자원으로

---

[2]   또 역사적 유산들은 경로 제약 효과를 가지나, 이를 넘어설 새로운 동맹이 형성된다면 경로는 여러 가지 방식으로 변경될 수 있다(Thelen 2012).

환원되지 않는 행위자의 행위, 그리고 그 결과 만들어진 권력관계라는 의미로 이해해야 할 것이다. 유럽에서 복지국가의 형성에 중요한 영향을 미친 지배적 정치문화의 차이, 즉 자유주의인가, 보수주의인가, 사민주의인가 역시 그 자체로 주어진 것이 아니라 결정적 시기에 주요 정치세력의 투쟁의 결과물이었다. 또한 각 정치세력은 권력투쟁에서 패배하여 집권하지 못한 경우에도 자신이 받는 지지 지분만큼 복지체제의 성격에 흔적을 남길 수 있었다(Rico 2004).[3]

권력자원론은 행위자 중심 이론 중 복지국가의 발전을 설명하는 가장 강력한 이론이나 한국에 적용되기 위해서는 변용이 필요하다. 노조의 조직률과 집중성이 낮고 좌파 정당의 힘이 극도로 취약하다는 점에서 한국은 권력자원론의 적실성이 낮은 것이 아니라 매우 높은 사례라고 할 수 있다(마인섭 2002; 고세훈 2012; 성경륭 2014). 그러나 권력자원론은 한국 복지국가의 저발전을 설명하는 데는 유용하나, 그 발전을 설명하는 데는 취약하다. 권력자원론의 설명을 곧이곧대로 적용한다면 한국의 복지 발전은 극도로 제약되었을 것인데, 민주화 이후 복지국가의 발전을 그렇게 평가하기는 어렵다.

이 책에서는 권력자원론의 합리적 핵심을, 다수 사례를 다루는 양적 국제 비교 연구에서처럼 '노조의 조직률 및 좌파 정당의 의석수에 복지 발전이 비례한다'는 의미로가 아니라, '민주주의적 자본주의 사회

3　리코는 구미 복지국가의 주요 복지 프로그램들은 하나의 단일한 이념적 색채를 갖는 것이 아니라 저마다 보수주의, 자유주의, 사민주의적 정책수단의 독특한 조합들로 이루어졌으며, 이는 정책 도입이나 변화 당시 경쟁했던 다양한 세력들의 성공 여부를 반영하는 것이라고 지적했다(Rico 2004). 유럽이 가지고 있는 비례성이 높은 선거제도는 이런 타협적 정책들이 형성되는 데 기여했을 것이다.

에서 사회경제적 약자의 권력이 커질 때 복지국가의 발전이 가능하며, 그 권력은 그들이 확보한 권력자원뿐만 아니라 제휴와 동맹에 의해 구성되는 것'이라는 주장으로 이해한다. 또, 이 이론이 보다 보편성을 가질 수 있도록 그 구성요소들을 변형 혹은 확장할 수 있다고 생각한다. 즉 의회제 정부를 전제하는 초기 권력자원론의 유럽 중심적 가정과 달리 대통령제 정부하에서는 대통령실의 장악이 가장 큰 권력자원이 될 수 있다는 점, 사회경제적 약자의 대변이 반드시 조직 노동운동에 의해서가 아니라 탈조직화된 사회적 약자들을 대변하는 사회운동을 통해 이루어질 수도 있다는 점, 정치세력 간의 제휴와 동맹 역시 다양한 형태를 띨 수 있다는 점, 권력자원의 형태도 탈산업사회, 후후발 자본주의, 신생민주주의국의 경우 다를 수 있다는 점 등으로 인식을 확장한다면, 한국의 복지국가 발전 역시 상당 부분 권력자원론으로 설명할 수 있을 것이다. 나아가 세계화와 탈산업사회의 복지국가 발전과 변화를 설명하기에도 더욱 적합해질 것이다. 이 점에 대해서는 1부 3장에서 보다 자세히 논한다.

셋째, 계급 행위자가 아닌 이익집단을 중시하는 이론으로 다원주의론이나 복지국가의 신정치론을 들 수 있다. 이 이론에서는 민주주의 사회에서 복지정책을 비롯한 공공정책은 자원배분을 둘러싸고 경쟁하는 다양한 이익집단들의 힘의 벡터로 만들어진다고 본다. 정치가와 관료 들은 이들 간의 경쟁의 결과를 실행에 옮기는 대리인에 불과하다는 것이다(Pampel and Williamson 1989). 이 이론은 미국의 연금제도에 대한 노인 집단의 영향력, 그리고 보편적 의료보험 제도 도입의 실패를 초래한 의사 집단의 영향력 등을 분석하는 틀로 설득력 있게 사용되었다(Grossman & Helpman 2001; Hacker 2002).

이런 다원주의적 입장은 피어슨의 복지국가의 신정치론(the new politics of the welfare state, Pierson 1996)으로 연결되었다. 피어슨은 복지국가의 팽창기와 축소기의 정치는 다르며, 축소기에는 계급 행위자가 아니라 복지국가 팽창의 결과로 생겨난 이익집단들, 즉 다양한 복지 수혜자들이나 공공복지 서비스 종사자들이 중요해진다고 주장했다. 또한 저성장과 인구 고령화 등으로 '항상적 긴축 시대'로 접어들게 되면서 좌파 정당 역시 복지 확대를 꺼리게 되었기 때문에, 이제 어떤 정당이 집권하는가와 복지 확대/축소는 큰 상관성을 갖지 않게 되었다고 주장했다(Pierson 2001, 410).

피어슨의 주장은 성숙한 복지국가에서 쉽게 복지 축소나 후퇴가 일어나지 않는 현상을 설명하는 유력한 접근법으로 각광받았다. 그러나 다른 한편 그의 주장은 미국과 영국이라는, 처음부터 노동조합이나 좌파 정당의 힘이 강하지 않았던 데다 1980년대에 보수정당이 장기집권한 자유주의국가들의 사례를 기반으로 계급정치의 후퇴를 강변했다는 점, 그리고 주로 미국 정치에 대한 관찰에 입각해 정치가를 유권자 집단에게 반응하는 선거 사무실의 소유자 정도로 이해하고 정책 결과를 정치가와 유권자 간의 일차원적 관계에 의해 파악하고 있다는 점(Alber 1996, 7; Clayton and Pontusson 1998, 71)에서 비판받았다. 정당의 당파성과 복지지출 간의 관계에 대해서도 많은 반론이 제기되었다.

한국의 경우에도 민주화 이후 다양한 이익집단들이 성장했고 이들이 복지정치에서 발휘하는 영향력도 결코 무시할 수 없는 수준이다. 의약분업이나 의료보험 통합에서 의사 집단의 영향력, 그리고 보육정책 결정 과정에서 민간 어린이집 연합회가 보여주는 영향력은 좋은 예이다. 그러나 다른 나라와 마찬가지로, 이들이 복지국가 발전의 향배를 좌우하는 정도의 핵심적 행위자라고 보기는 여전히 어렵다.

마지막으로 선거 경쟁 이론은 복지국가 발전에 있어 정당 간 경쟁을 중시하는 이론이다. 이 입장에서는 복지정책은 다수의 유권자에게 인기가 있는 정책이므로, 민주주의하에서 정권을 차지하고자 하는 정당은 좌·우를 막론하고 복지 확대에 적극적일 수밖에 없으며, 따라서 이들 간의 경쟁이 복지국가를 발전시키는 중요한 힘이라고 본다(Rimlinger 1971; Tufte 1978; Schneider & Ingraham 1984; Pampel & Williamson 1989; 마인섭 2011; 권혁용 2010; 2011). 이 이론은 두 가지 점에서 당파성 이론과 다른데, 첫째는 행위자의 속성(좌파 정당인가, 우파 정당인가)보다는 행위(선거 경쟁 자체)를 중시한다는 것이고, 둘째는 그렇기 때문에 우파 정당 역시 복지 확대의 견인차가 될 수 있다고 본다는 점이다. 한국의 경우에는 노무현정부뿐만 아니라 이명박정부에서도 복지지출이 늘어난 것이 이 접근법으로 설명되었다(성경륭 2014). 하지만 이런 선거 경쟁의 효과가 본격적으로 나타난 것은 2010년 무상급식 논쟁 이후라고 할 수 있다. 이후 2012년의 총선, 대선 국면에서 복지는 선거의 핵심 이슈로 부상했고 정당들의 공약 경쟁은 복지 확대의 주된 동력으로 작용했다.

이 이론은 한국을 포함한 민주주의적 정당정치가 이루어지는 사회에서 복지 확대를 설명하는 데 유용하다. 그러나 앞서도 언급했듯 복지문제에 대해 좌·우파 정당 간의 차이가 거의 없어졌다고 보는 것은 적절하지 않다. 2부에서 자세히 살펴보겠지만, 한국의 경우 주요 정당들이 모두 복지 확대를 공약하고 정책화한다 할지라도 복지 확대의 논리나 방식, 그리고 복지정책에 중요한 영향을 미치는 조세나 경제정책에서는 여전히 당파적 입장을 드러냈다. 그리고 포괄정당(catch-all party)화의 경향 속에서도 주요 정당이 주로 대변하는 사회계층이 여전히 존재한다는 점 역시 분명한 사실이다. 이를 중요하게 고려한다면, 선거 경쟁 이론은 당파성 이론을 대체한다기보다는 보완하는 선에서 받아들여야 할 것이다. 북구 복지국가의 발전을 전체적으로 설명하는 데 있어 고용주 중심론(employer-centered approach, Swenson 2002)이 권력자원론을 대체할 수 없는 것과 마찬가지이다.

2. 대안적 시각과 연구방법

위 정리에서 드러나듯, 복지국가의 발전을 설명하는 거시적 이론들은 각각의 강점과 약점을 안고 있다. 또한 개별 사례연구들은 각각 자신의 사례를 설명하기엔 적절하나 한국 복지국가 발전 과정 전체를 설명하기엔 무리가 있다. 주요 사례연구에 기반해 한국 복지국가 발전의 정치를 설명하고자 하는 이 연구에서는 권력자원 이론의 계급정치적 시각과 행위 중심 접근을 받아들이고, 보건정책 연구자 아나 리코(Ana Rico 2004)의 권력 중시 행위이론(power-centered action theory)의 관점을 빌려오고자 한다. 이 시각이 기존의 다른 접근법들에 비해 복지정치의 사회경제적 기반, 주요 행위자의 권력자원 그리고 행위자 간 역동적 상호작용을 동시에 파악하는 데 더 유리하다고 생각하기 때문이다.

리코가 말하는 권력 중시 행위이론은 다음과 같은 특징들을 가지고 있다. 첫째, 기본적으로는 권력자원 이론에 뿌리를 두고 있으나 정책 변화의 가장 중요한 변수로 주요 행위자들의 전략적 행동과 상호작용을 꼽는다. 이는 구조나 맥락에 대한 과도한 강조에서 벗어나 행위자에 더 집중할 수 있게 해준다. 또한 행위자뿐만 아니라 그들의 행위에 초점을 둠으로써 역동적 복지정치가 갖는 중요성을 포착할 수 있게 해준다. 리코는 복지정책을 둘러싼 주요 행위자들 간의 정치적 경쟁을 축구 리그에 비유한다. 게임의 룰, 각 축구팀의 재정상태, 팬들과 관중들의 응원, 경기일의 날씨와 축구장의 상태 등이 다 게임 승패에 영향을 주지만, 가장 중요한 것은 축구선수들의 기량과 팀워크 그리고 전략이라는 것이다. 또한 클럽 간의 연합이 가능하다면 약체 클럽 간의 연합 팀이 강한 클럽을 이길 수도 있다(Rico 2004, 3~4). 축구에서 클럽 간 연합은 불가능하지만, 복지정치에서 집단적 행위자들 간의 동맹은 얼마든지 가능하다.

둘째, 행위자와 행위에 초점을 두면서도 사회경제적 맥락, 즉 자본주의 경제질서와 그것이 만들어내는 계급적 이해관계가 이들의 행위의 기반임을 강조한다. 이는 행위자들의 선호나 전략을 개인적, 독립적인 것으로 보는 행위 중심적 신제도주의론, 다원주의적 이익집단론 그리고 행정학 쪽의 정책과정론들과 권력 중시 행위이론의 차이이다. 이 책에서도 다양한 사회집단의 정책선호는 기본적으로는 사회계급적 이해관계에 뿌리박고 있으며, 정당들의 입장 역시 기본적으로는 어느 계급의 이해를 대변하는가에 따라 서로 구분되는 당파성을 가지고 있다고 본다.

셋째, 집단적 행위자들의 전략적 상호작용과 권력관계를 분석하는 틀로, 넓은 하위 사회집단과 연결되고 경쟁적인 정책대안을 가진 전략적 제휴체의 중요성을 강조한다는 것이다. 예컨대 어떤 복지 이슈를 둘러싸고 다양한 행위자들로 구성된 연대적 제휴체들, 즉 복지동맹(pro-welfare coalition)과 반복지동맹(anti-welfare coalition, Hicks and Mishira 1993), 기득권세력 동맹(stakeholder coalition)과 도전세력 동맹(stake-challenger coalition, Peterson 1993)이 만들어질 수 있으며 이 경쟁 관계에 있는 제휴체들의 권력자원의 총합에 의해 정책 결과가 결정된다고 본다.

이런 시각은 다원주의적 이익집단론으로 기울지 않으면서도, 고전적 권력자원론과 달리 정책변화에서 노동과 자본 양대 계급 이외의 다양한 행위자들의 영향을 고려할 수 있게 해준다. 또한 행위자 간의 관계에 대한 미시분석에 치중하면서, 행위자의 사회경제적 지위나 정치체제의 특성 등 정치사회학적 연구에서는 결정적으로 중요한 변수들을 '환경'으로 처리하는, 그래서 전체적인 사회세력 간의 정치적 동학은 희미하게 만들기도 하는 정책네트워크 이론(Marsh & Rhodes 1992; Knoke, D. et al. 1996; Börzel 1998)과 달리 사회경제적 맥락과 행위자, 행위자 연합 그리고 정책적 결과를 총체적으로 분석할 수 있게 해준다. 이런 시각은 탈산업화 이후 노동시장의 분절화에 따라 계급정치의 양상이 복잡해진 서구뿐만 아니라, 서구와 다른 형태로 계급정치가 발현되는 신생 민주주의 사회의 복지정치의 특징을 분석하는 데도 유용하다.

이 연구에서는 대체로 이런 권력자원론과 리코의 접근법을 차용하되 한 가지 중요한 점을 변형한다. 즉 복지국가의 발전 과정에 나타나는 중요한 정책결정과 변화가 경쟁 관계에 있는 행위자들의 상대적 권력'자원'의 크기보다는 이들 간의 권력'관계'에 의해 좌우된다고 본다는 것이다. 3장에서 자세히 살펴보겠지만, 리코에 의하면 권력자원(power resources)은 행위자들의 힘의 원천이 되는 자산으로서 집단행동 자원(collective action resources), 공식적인 제도적 자원(formal institutional power resources), 재정적 자원(financial resources), 지식기반 자원(knowledge-based power resources) 등이 이에 포함될 수 있다(Rico 2004, 16~20). 그리고 복지정책을 둘러싼 주요 정치세력 간의 경쟁의 결과는 이런 제휴 혹은 연합세력의 권력자원의 총합에 좌우된다고 본다.

반면, 이 책에서는 권력자원보다 권력관계(power relation)를 강조한다. 권력관계는 행위자들이 다른 행위자들과의 복합적인 상호작용 속에서 만들어내는 특정 국면의 세력관계로, 대중적 지지 동원과 여타 행위자들 간의 제휴 및 연대에 따라 달라질 수 있다. 즉, 각 행위자의 권력자원은 특정 국면에서는 상대적으로 안정적인 형태로 구조화되어 있는 반면, 권력관계는 행위자들의 상호작용 '과정'에서 '형성'된다. 권력관계는 권력자원보다 훨씬 동태적이다. 이 연구에서는 특정의 역동적 정책결정 국면에서는 권력자원조차도 행위자들의 행위를 제약하는 요소(물론 제도보다는 훨씬 더 중요한 요소이다)이며, 정책 결과를 결정하는 가장 직접적인 것은 행위자들의 전략과 상호작용 그리고 그 결과로 만들어지는 권력관계와 힘의 균형이라고 본다. 그리고 진화한 권력자원론이 그랬듯이 핵심 행위자들과 그들이 보유한 권력자원 자체

보다 그들의 제휴 형성 능력이나 전략 등 '행위'에 보다 초점을 둘 수 있게 해준다. 권력자원은 행위자 간의 권력관계를 결정하는 중요한 변수지만, 권력관계가 권력자원으로 다 환원되는 것은 아니다. 국민기초생활보장법의 제정을 다룬 이 책의 5장과 연금 개혁을 다룬 6장은 이런 권력관계의 중요성을 특히 잘 보여준다.

둘째, 이 글에서는 주요 행위자들을 사회적 행위자와 정치적 행위자로 분류한다. 사회적 행위자가 특정 사안에 대한 직접적인 이해관계에 뿌리를 둔 집단이라면, 정치적 행위자는 이들의 이해를 공식적이고 제도적인 정치의 장에서 결집, 표출하는 행위자이다. 이런 구분은 이해당사자와 대의자의 역할 차이, 그리고 주된 행위 공간이 다른 데서 오는 두 행위자의 정치적 영향력의 차이를 설명하는 데 유용하다. 이 연구의 주요 사회적 행위자는 경총/전경련과 양대 노총, 이익단체들, 시민운동 단체들이며, 주요 정치적 행위자는 여러 정당들, 제도로서의 대통령(실) 그리고 각 행정부처들이다.

이 연구는 문헌조사 방법을 주로 이용한다. 다양한 기존 연구 문헌들 외에 정부의 공식 문서와 비공식 문서, 국회 속기록, 공청회 및 토론회 자료 그리고 이익단체나 시민단체들의 성명서·보도자료 및 매스미디어의 보도자료 등을 이용하였다.

문헌자료 이외에 관련자 면담을 보완적 연구방법으로 이용하였다. 복지정책의 형성과 변화는 연루되는 행위자들 간의 갈등과 타협의 결과이기 때문에 자신의 이해관계와 선호를 가지고 있는 주요 행위자들의 전략적 상호작용은 매우 중요하다. 주요 행위자 면담은 공식적인 문서나 발표로는 잘 포착되지 않는 복지정책 결정의 비공식적 면모나 디테일을 파악하는 데 유용할 것으로 판단했다.

면담은 각종 문헌자료 검토를 통해 중요 인물을 선택하는 의도적 표집(purposive sampling) 방법을 사용하고, 반(半)구조화된 인터뷰 형식으로 전개하였다. 모든 인터뷰에는 구조화된 질문지를 준비하고 이를 사전에 피면담자에게 전달했다. 그러나 실제 면담은 유연하게 진행했는데, 이는 피면담자의 진술이 가설에 오염되는 것을 막고 피면담자의 자발성을 최대한 이끌어내 예상 밖의 사실이나 사건 그리고 연구주제와 관련된 새로운 영역을 발견하기 위한 것이었다. 대면 면담 이후 면담 내용의 타당성을 확인하기 위해 상이한 인터뷰 대상자들의 언급을 교차검토(cross check)하거나 인터뷰 내용을 문헌자료와 대비해보는 트라이앵귤레이션(triangulation, Padgett 1998)을 실시했다. 또 불명확한 세부사항을 확인하기 위해 이메일 및 전화 인터뷰도 추가했다. 연구의 객관성 유지를 위해 피면담자들을 모두 익명 처리했다.

이 책을 쓰기 위해서 새로 실시한 면담 이외에 〈한국복지국가의 태동, 성장, 재편에 관한 질적 기초자료 수집연구〉 팀이 구축한 데이터베이스의 인터뷰 자료도 일부 이용했음을 밝혀둔다.[4] 이 자료를 이용한 경우 면담자 이름을 명기했으며, 면담자가 특정되지 않은 면담 자료는 모두 필자가 개인적으로 면담한 것이다.

---

4 양재진(연세대 행정학과)외 12인으로 구성된 이 연구 팀(필자도 포함됨)은 한국학술진흥재단(현 한국연구재단)의 지원으로 2005~2007년간 핵심 사회보장 제도에 대한 1차 문헌자료와 중요 행위자의 육성 증언을 모으는 작업을 수행했고, 그 결과를 디지털화하여 DB를 구축했다. 이 DB에는 공직자였던 피면담자들의 경우에는 실명으로 면담 결과가 정리되어 있어 익명 처리하지 않고 그대로 이용했다.

3장

한국의 복지정치와
제도

신제도주의 접근법은 제도를 외곽현상(epiphenomenon)으로만 치부했던 행태주의나 다원주의 혹은 제도를 생산관계의 반영으로만 보는 기능주의적 맑스주의와 달리 제도의 중요성을 강조했다. 그리고 인간 행위의 '맥락'(context)으로서 제도의 중요성을 부각시켰다. 사회적 행위자들의 선호는 제도적 맥락 위에서 형성되며, 제도는 행위자들 간의 권력 배분에 영향을 줌으로써 그들의 상호작용을 구조화하고 그 결과에도 영향을 미친다는 것이다(Thelen and Steinmo 1992; Hall and Taylor 1996). 이런 신제도주의의 관점은 복지국가 연구자들에게도 영감을 주면서 다양한 사례에 적용되어 풍부한 연구 성과를 낳았다.

이 책에서는 복지정치에 대한 제도의 영향력을 인정하되, 제도를 '부드러운' 제약요인으로 본다. 즉 제도는 행위자들의 선호를 형성하고 제약하기도 하지만, 역으로 행위자들의 상호작용에 의해 형성되는 존재이기도 하다는 것이다. 또 제도는 위기나 외적 충격에 의해 단절적으로만 변화하는 것이 아니라, 행위자들의 목적의식적 행위와 제도 자체가 가지고 있는 여러 여지들에 의해 점진적으로 변화하기도 한다(Thelen 2004, 35; Streek and Thelen 2005, 18~33). 요컨대 제도 자체가 행위자들 간의 상호작용의 결과 만들어지는 권력관계의 응결물이며, 따라서 제도를 떠받치고 있던 동맹이 변하고 행위자들의 권력관계가 변하면 제도도 변화할 수 있는 것이다(Thelen 2004; Immergut 1998, 25~26; Rothstein 1998, 127).

이 책에서는 행위자에 중심을 두고 복지 프로그램의 변화를 살펴보고자 하므로 특히 이런 제도의 변화 가능성을 중시한다. 그리고 한동안 한국 학계 일각에서도 나타났던, 정치제도가 복지국가 발전에 미치는 영향력에 대한 과도한 강조를 경계한다. 다만 제도가 행위자들에게 발휘하는 영향력을 고려하여, 행위자들의 상호작용을 분석하기 위한 기초 작업으로 한국의 복지정치에서 제도가 차지하는 역할을 정리해 두고자 한다.

먼저 민주화 이후 제도정치권이 복지를 적극적으로 이슈화하기 시작한 2010년 이전까지, 두 개의 중요한 이익대표 제도, 즉 정당과 사회적 대화 기구가 복지정치에서 행한 역할을 살펴본다. 그리고 이 두 제도의 기능부전이 이 시기 동안 어떻게 복지 이슈를 정치의 장에서 과소 의제화되게 했고, 복지국가의 저발전에 기여했는지 살펴본다. 다음으로 2010년 이후 이 두 개의 제도에 일어난 변화를 살펴본다. 마지막으로 지금까지 한국의 정치제도와 복지국가의 관계에 대해 제기되었던 가장 강한 주장, 즉 정치제도의 기능부전이 아니라 정치제도 자체, 특히 소선거구제-단순다수제 국회의원 선거제도와 대통령제가 복지국가 발전을 저해했다는 주장들에 대해 비판적으로 살펴본다.

1. 복지정치와 이익대표 제도들

앞 장에서 언급했듯 복지정치에서 제도의 영향력을 강조하는 연구들은 크게 복지 프로그램 자체의 제도적 특성의 영향력을 강조하는 연구들(Rothstein 1996; Myles and Pierson 2001 등)과, 헌정 구조나 국가의 조직구조 등 광의의 정책결정 구조의 영향을 보여주는 연구들(Immergut 1992; Bonoli 2000 등)로 구별할 수 있다. 이 중 후자는 '정책결정의 틀'(framework of decision-making, Taylor-Gooby 2001, 24~27)로서의 정치적 제도에 주목한다. 이 입장에 따르면 정치적 제도들은 이익집단의 협상 결과들을 단순히 인준하거나 공식적 정책결정 과정으로 이전시키는 구실을 하는 것이 아니며, 그 자체가 이익을 정의하고 그것이 어떻게 정치에서 표현될지, 그리고 어떤 이익이 지배적인 것이될지를 결정하는 구조적 맥락을 주형해낸다(Immergut 1992, 5).

이런 정치제도들 중에서도 복지국가 정치에 특히 중요한 제도로 테일러-구비(Taylor-Gooby 2001, 24~27)는 두 가지를 지적한다: 첫째, 다양한 행위자들(즉 유권자, 정치가, 집권 정당과 야당, 행정부 및 공무 조직, 사법부)이 자신의 목표를 추구할 수 있는 기회를 결정하는 헌정 구조, 둘째, 의회정치 외부의 이익 조직들(다양한 분파의 자본, 고용주, 노동, 종교 조직들 그리고 자발적 시민사회 조직들)의 구조화된 틀(extra-parliamentary framework of organized interests). 복지체계는 이 두 가지 제도들로 구성된 광의의 정책결정 틀 속에서 발전하고 개혁된다.

이런 제도들 중에서도 복지국가 연구에서 특히 주목받아온 것은 정당과 사회적 대화 기구[1]였다. 이 두 제도는 민주적 자본주의 사회에서 국가와 시민사회를 연결해온 이익대표의 중요한 결절점으로 복지정치에서도 중요한 역할을 했기 때문이다. 이 두 제도와 더불어 여기서는 제도로서의 대통령제가 복지정치에 미치는 영향도 간단히 고찰해보려 한다. 발전한 복지국가를 가진 대부분의 나라들이 의회제 정부를 가지고 있기 때문에 복지정치와 정치제도의 관계에 관한 논의는 의회제 정부 내부의 차이—즉 다수제인가 합의제인가—에 주로 초점을 두어왔으나 이는 유럽 중심적 편향이라 할 만하다.

먼저 정당 쪽을 살펴보자. 민주주의 사회에서 시민사회의 개인들과 이익집단들의 요구가 표현되어 정치가에게 전달되는 과정이 이익표출(interest articulation)이라면, 서로 다른 이익집단들의 요구를 취합하여 공공정책에 반영하는 과정을 이익집약(interest aggregation)이라고 할 수 있다. 이익집약의 과정은 요구의 조정과 수렴을 포함한다(Ranney 1993, 41~42). 이렇게 집약된 이익은 정책결정 과정을 통과하여 공공

---

1   사회적 대화(social dialogue)란 사회경제 정책에 대한 주요 이해당사자(social partners) 간의 모든 의사소통 행위를 의미하는 것으로 그 방식에는 전통적 의미의 사회 코포라티즘(social corporatism), 사회적 자문(social consultation) 그리고 사회적 협의(social concertation) 등이 모두 포함될 수 있다. 사회적 자문이 정책결정 과정에서 사회적 파트너들에게 단순히 의견을 구하는 것이라면, 사회적 협의는 보다 적극적인 조율과 협력을 동반한 사회적 동반자 관계를 내포한다. 사회협약(social pact)은 사회적 대화를 통해 만들어지는 이해당사자들 간의 합의된 약속이라고 할 수 있다(김학노 2011).

정책에 반영될 때 비로소 최종적으로 대표되었다고(represented) 말할 수 있다. 따라서 여기서 이익대표(interest representation)라는 용어는 시민사회가 표출하는 다양한 이익을 집약하고 그것을 실현하기 위해 정책을 만들어내는 과정 모두를 의미하는 것으로 사용된다.

민주주의 사회에서 일반적으로 가장 중요한 이익대표 제도는 정당이다. 정당은 대의제 민주주의의 가장 기초가 되는 제도로 시민사회의 복잡다단한 이익은 정당에 의해 결집되고 중개, 조정되어 입법에 반영된다. 또한 선거를 통해 권력을 위임받은 정당은 정부를 구성하여 정책을 실현하고 그 결과에 대해 다음 선거를 통해 시민들의 평가를 받는다. 결국 강력한 사회적 기반을 갖는 대중정당은 이익집약을 통해 시민사회 내의 여러 사회경제적 분할(divisions)을 정치화하고 그 결과 도출된 정치적 결정을 정책화함으로써 대의 민주주의를 작동하게 한다.

제2차 세계대전 이후 민주적 자본주의 사회에서 복지는 핵심적인 분배기제 중의 하나로서 정당의 이익대표 측면에서도 매우 중요한 영역이었다. 복지정책은 거시경제정책, 노동정책과 더불어 한 정당의 이념적 성격을 보여주는 중요한 지표였고, 유권자들의 입장에서는 선거에서 지지 정당을 선택하는 중요한 기준이었다. 이는 복지정치라는 시각에서 볼 때 정당이 핵심적 중요성을 갖는 제도였음을 의미한다. 특히 노동자들을 비롯한 자산을 가지지 못한 집단에게는 더더욱 그러했다. 경제적 자원을 가지지 못한 이들에게 대중정당은 민주주의의 정치적 평등원리가 허용하는 권력자원, 즉 다수의 조직화를 이용해 재분배를 위한 '민주적 계급투쟁'(democratic class struggle)을 실천할 수 있는 핵심적 정치조직이었기 때문이다(Korpi 1978; 1983).

그러나 다른 한편, 지역 대표(territorial representation) 원칙에 기초하여 주기적으로 이루어지는 선거와 고도로 집약된 정당의 정책 프로그램만으로는 사회 구성원들의 다양한 이익과 가치들을 적절히 대표하기 어려웠다. 이런 대의제 민주주의의 한계를 보완하는 것이 기능 대표(functional representation) 원칙에 기초한 이익집단 정치라고 할 수 있다. 이익집단 정치 양식 중 다원주의는 자유롭게 경쟁하는 여러 이익집단이 정당과 정부에 압력을 가해 자신의 이익을 실현하는 양식이다. 반면 사회적 코포라티즘은 대규모로 조직화된 이익집단들이 상호 긴밀한 협의 체제를 구축하고 이들과 국가기관이 협력하여 공공정책, 특히 경제정책을 형성·집행하는 형태(Lehmbruch 1979)라고 할 수 있다. 두 개의 이익집단 정치 양식 중 복지정치와 관련해 더 많은 주목을 받은 것은 다원주의보다는 코포라티즘이었다. 복지가 갖는 사회적 임금 성격으로 인해 복지는 코포라티즘의 중요한 두 사회적 파트너였던 노사 간의 핵심적 관심사 중에 하나였고, 종종 임금인상 자제와 교환되었다. 그리고 이는 산업 평화와 경제성장을 보장하는 중요한 지렛대로 기능했다. 그 결과 1970년대 경제위기 이후 사회 코포라티즘은 경제발전, 노동시장의 안정, 낮은 실업율뿐만 아니라 포괄적 복지국가와도 높은 상관관계를 보였다(Schmidt 1985; Cameron 1984).

1980년대 이후 세계화와 케인즈주의 쇠퇴, 노동자 집단의 이질화 속에서 전통적인 코포라티즘의 조직구조는 이완되거나 약화되었다. 그러나 1990년대 들어 우리가 목도한 것은 코포라티즘의 소멸이라기보다는 후에 '사회적 대화'(social dialogue)라고 불리게 된 변형된 코포라티즘의 확산이었다. 즉 코포라티즘의 제도적 조건이라고 간주되던 것들(이익조직들의 고도의 중앙집권화와 집중화, 대표독점, 친노동정당의 집권, Lehmbruch 1984)이 존재하지 않는 나라에서 코포라티즘적인 사회적 협의(social concertation)가 출현했다. 또 과거에 코포라티즘이 강했던 나라의 경우 노사관계가 분권화되면서 코포라티즘의 조직구조가 사라졌으나, 그럼에도 불구하고 사회적 파트너들 간의 사회적 협의는 지속되는 현상이 나타났다.[2] 다양한 형태의 사회적 대화가 확산되었고 이제 사회적 대화 '과정'은 그 자체로서 이익대표의 '기능'을 수행하는 '제도'가 된 것이다.

이런 변화는 당연히 정치적 교환에서 조직의 힘에 더 의존할 수밖에 없는 노동자계급의 협상력을 떨어뜨렸다. 1980년대 이후 코포라티즘은 '공급 중심'(Traxler 1995)의 '경쟁적 코포라티즘'(Rhodes 2001)적 색채가 짙어졌다. 그리고 이 과정에서 정치적 교환의 내용도 변화했다. 즉 과거엔 임금억제와 복지가 교환되는 경우가 많았으나 이제 임금억제나 노동시간 단축이 고용보호와 거래되는 경우가 많아졌다. 게다가 일부의 경우에는 사회적 대화가 그에 참여한 조직노동만을 보호한 결과 오히려 노동 내부의 차이를 키우고 사회적 양극화(social polarization)를 강화하는 현상까지 나타났다(Emmeneger 2015). 또 2008년 경제위기 이후에는 노동의 유연화와 파편화, 조직율 하락, 사용자의 이질화 속에서 1990년대 사회적 대화를 경험했던 나라들을 포

---

2   바카로(Bacarro 2003)는 이를 이익대표 체계의 '구조'로서의 코포라티즘은 죽었으나 '정책결정의 양식' 으로서의 코포라티즘은 여전히 살아 있는 상황이라고 정리했다. 이는 과거와 같은 코포라티즘의 위계적 조직구조가 약화되거나 사라졌으며, 따라서 이익집단들의 이익대표는 이제 독자적 이익조직 구조를 통해서가 아니라 정책결정을 위한 사회적 협의 과정에 참여하면서 그 속에서 성취해야 할 것으로 바뀌었음을 의미하는 것이다.

함한 대부분의 유럽국에서도 사회적 대화가 축소되는 경향이 나타났다(Baccaro 2017; 손영우 2018). 그나마 노조의 행동전략에 따라서는 사회적 대화가 노동의 유연화와 양극화의 심화를 억제하는 역할을 한 곳도 없지 않았다(Keune, 2013; Pulignano, Guglielmo and Doerflinger 2015; 손영우 2018). 결국 이제 사회적 대화는 그 자체로 항상 노동 전체에 유리한 결과를 보장해주는 것은 아니나, 전략적 활용에 따라서는 노동의 이익을 방어하는 유용한 수단 정도의 기능을 한다고 볼 수 있겠다.

요컨대 여전히 선진 복지국가들의 복지정치에서 두 개의 중요한 이익대표 제도는 정당과 사회적 대화 기구라고 할 수 있다. 그렇다면 한국의 경우 민주화 이후 이 두 개의 중요한 이익대표 제도는 어떤 기능을 수행했는가? 그리고 이런 제도들의 특징은 복지정치의 특징과 어떤 관련을 가지고 있었는가?

2. 한국의 복지국가와 이익대표 제도들

(1) 민주화 이후 복지정치의 특징과 이익대표 제도

한국에서도 1987년 민주주의로의 이행 이후 복지정치라고 할 수 있는 것이 점차 가시화되어왔다. 그러나 민주화 이후로도 오랫동안 한국의 복지정치는 발전한 복지국가에서와는 상당히 다른 특징들을 보여주었다. 이는 기본적으로는 역사적 유산과 행위자들의 특성에 기인한 것이었으나 이익대표 제도의 기능부전과도 관련이 있었으므로 일단 이

장에서 정리하고 넘어가도록 하겠다. 민주화 이후 대략 2010년대 이전까지 한국 복지정치의 특징들을 간단히 정리하면 다음과 같다.

첫째, 이 기간 동안 복지 이슈는 정치적 의제로서 매우 낮은 위치를 가지고 있었다(과소 정치의제화). 여기서 복지문제가 중요한 정치적 의제가 되지 못했다는 것은 그것이 정치세력 간 차이를 분명히 드러내는, 그리고 선거 등 정치적 경쟁에 영향을 미치는 중요한 이슈가 아니었다는 것을 의미한다. 민주화 이후 여야 간의 갈등이 첨예했던 정치적 이슈는 정치적 경기규칙(rule of game)의 개혁, 역사 바로 세우기나 과거사 진상규명 같은 이데올로기적·상징적 이슈 그리고 지역개발 문제였으며, 사회경제적 이슈는 나머지 세 개와 비교해 결코 우선적 지위를 점하지 못했다(최장집 2005, 21~26). 실제로 서구 여러 나라들에서와 달리, 그리고 민주화를 경험한 남미에서와 달리, 한국에서 복지문제는 오랫동안 '비결정'(non-decision, Bachrach and Baratz 1979) 영역에 머물러 있으면서 정치화되지 못했다.

이는 상대적으로 친복지적이라고 간주되는 정부들의 집권 이후, 즉 1998년 이후에도 기본적으로는 마찬가지였다. 김대중정부는 '생산적 복지', '성장과 복지의 선순환' 등 복지 이슈를 국정운영의 전면에 내걸었으나 한국이 지향해야 할 복지국가의 비전을 두고 여야 정당 간, 혹은 당정 간에 본격적인 공방이 오간 일은 없었다. 또 김대중정부 시기 복지정책의 골격을 대대적으로 정비하는 복지 개혁이 이루어질 때에도 '퍼주기식 복지', '영국병의 이환(移患)' 등 막연한 이데올로기적 비난은 있었지만 복지 프로그램의 구체적인 디자인을 놓고 정당들 간에 제대로 된 정책 논쟁은 이루어지지 않았다. 의약분업, 국민연금 확대,

의료보험 통합 등 이익집단 간의 이해가 격렬히 충돌한 복지문제들에 대해 주도적으로 해법을 제시한 것은 시민운동 조직이었고, 행정부 관료들의 대응이 뒤따랐다. 2008년 국민연금 개혁에 이르기까지 복지 이슈는 사실상 정당정치의 무대 뒤편에 머물러 있었다.

김대중정부 이후 여야 간에 일상화된 격렬한 갈등에도 불구하고 사람들의 매일 매일의 삶에 구체적 영향을 끼치는, 그리고 지지자들 간의 이해관계가 첨예하게 엇갈릴 수 있는 복지문제가 중요한 정치적 의제로 떠오르지 않았다는 것은, 일견 매우 기이한 일이 아닐 수 없다. 1997년 경제위기 이후 사회적 양극화가 진행되고, OECD 최저 출산율과 최고 자살률, 경제적 이유로 인한 가족해체의 급증 등 사회적 위기 징후가 점점 뚜렷해지고 있었다는 점을 고려하면 더더욱 그러하다.

둘째는 복지태도의 비계급적 성격이다. 대체로 2010년 이전까지 한국인의 복지태도에 관한 대부분의 연구들은 계급의 설명력을 부인했다. 즉 대체로 복지태도에서 계급 간의 유의미한 차이는 발견되지 않았으며, 경제적 이해관계와 복지태도의 상관관계가 상식적 예상과는 반대되는 방향으로 나타나는 경우도 적지 않았다. 상위 직종/고소득자가 하위 직종/저소득자보다 국가의 복지 책임과 이를 위한 증세에 찬성하는 결과가 자주 나타났던 것이다(김영란 1995; 이성균 2002; 김영순·여유진 2011). 한국의 선거 연구에서 종종 운위되던 '계급배반 투표' 현상이 그랬듯, 이와 같은 '계급배반적 복지태도'는 다른 나라와 비교할 때 매우 예외적인 것이었다(백정미 외 2008). 민주화 이후 시장임금을 둘러싸고 노사 간에 치열한 갈등이 벌어진 반면, 사회적 임금인 복지에 대해 계급 간 입장 차가 없거나 계급별 태도가 객관적 이해와 반대로 나타난다는 것은 수수께끼가 아닐 수 없었다.

셋째는 복지 관련 이익집단의 이익표출에 나타나는 극단적 다원주의(extreme pluralism)[3] 경향이다. 민주주의 사회에서 이익집단은 이익표출을 통해 정책형성 과정에서 필요한 정보를 제공하며, 또한 자발적으로 이익갈등을 조절하여 정책실행 과정에서 정부의 짐을 덜어주기도 한다(Schlozman 2001, 401). 그러나 민주화 이후 복지정치에서 우리 사회가 목도한 것은 이런 '건전한' 이익집단의 활동보다는 일종의 극단적 다원주의의 경향, 즉 분산된 이익집단들의 과도한 요구 및 이익집단 간 격렬한 이익갈등이 정치체제에 과부하를 주고 국가 통치 능력의 위기를 가져온(Schmitter 1981) 사태였다. 1999년 의약분업을 둘러싼 의사들의 반대 행동, 한약 조제권을 둘러싼 약사와 한의사 들 간의 갈등, 1999년 직장·지역의료보험 통합에 반대하는 직장의료보험 노조의 저항, 그리고 가깝게는 2020년 코로나 바이러스 감염병 사태 와중에 벌어진 정부의 공공의대 설립 안에 대한 의료계의 반발이 이런 극단적 다원주의의 사례에 포함될 수 있다.

마지막으로 시민운동의 중요성도 한국 복지정치의 특징으로 꼽을 수 있다. 4장에서 자세히 논하겠지만, 시민운동 단체들은 2010년 이전까지는 복지정치에 커다란 영향을 행사했다. 참여연대, 경제정의실천시민연합(이하 경실련), 한국여성단체연합 등으로 대표되는 시민단체들

---

3   임혁백(Im 1999, 82~83)은 민주화 이후 한국에서 분산적인 기업별 노조들이 아무런 사회적 조율장치 없이 임금 상승을 위해 투쟁하고 경영진과 파국적인 대치를 되풀이하게 되는 양상을 '극단적인 다원주의'라 명명한 바 있다. 사회 코포라티즘과 대비되는 이런 극단적 다원주의 속에서 노사 양측은 장기적 이익 대신 단기적 이익의 극대화를 추구한다. 정상호(2007)는 이런 임혁백의 극단적 다원주의 개념을 노사관계를 넘어서 민주화 이후 이익집단 갈등 양상 전체에 확대 적용한 바 있다.

은 공익적 관점, 혹은 사회적 약자의 편에 서서 강한 연대주의적 입장의 대안을 내세우고 캠페인을 전개했다. 복지정치에서 시민운동 단체의 역할은 사회적 약자들의 이익표출뿐만 아니라 이익집약과 조정 기능, 나아가 정책 작성으로까지 확장되었다. 시민운동 단체들의 이런 비중 높은 역할은 다른 나라에서는 찾아보기 힘든 것이었다(김연명 2002, 48~49).

이상과 같은 민주화 이후 복지정치에 나타난 특징들은 기본적으로는 매우 한국적인 현상으로서, 근본적으로는 냉전 반공 체제의 유산 및 산업화 시기의 억압적 노동 통제 체제의 유산, 그리고 권위주의적 정치체제의 유산이 만들어낸 행위자들의 권력관계의 산물이었다. 그러나 다른 한편 이런 특징들은 또한 복지정치가 벌어지는 맥락, 즉 정치'제도'와도 깊은 관련을 맺고 있다. 이제 이 관련성을 살펴보기로 하자.

(2) 2010년대 이전

1) 시민사회로부터 유리된 정당

대의제 민주주의 사회에서 정당은 시민사회의 사회적 분할에 기반을 둔 정치적 대표체로서 정책을 내세워 경쟁하여 지지를 획득하고, 집권하면 그 정책들을 집행하며, 그 결과에 대해 유권자들에게 책임지는 조직이다. 민주화 이후 한국 정당정치의 가장 큰 문제점은 정당들이 이런 대의제 민주주의의 핵심 제도로서 수행해야 할 가장 기본적인 역할, 즉 이익집약과 정책형성 기능을 제대로 수행하지 못했다는 점이었다. 정당들은 시민사회와 국가를 연결하는 효율적 조직으로서 사회경제적 문제들이 정부로 투입되고 정부의 정책결정이 사회로 전달되는 정치적 통로 역할을 거의 수행하지 않았다(최장집 2005, 25~26). 이는 복지문제에 있어서도 마찬가지였다.

첫째, 정당들은 복지문제를 둘러싼 시민사회의 이익을 집약하고 이익집단들 간의 갈등을 조정하는 데에 무능력하기 짝이 없었다. 김대중정부 시기였던 1999년 국민연금의 도시 자영자로의 확대 과정에서 벌어졌던 연금파동에서 여야 정당들은 아무런 역할도 하지 않았다. 1998~2001년에 걸쳐 의약분업을 둘러싸고 사상 초유의 의원 폐업 사태가 벌어지고, 직장의료보험조합 노조가 무리하게 의료보험 통합 반대 운동을 전개할 때도 정당들은 소극적이기만 했다. 이는 노무현정부 초반부까지도 크게 다르지 않았다. 2004년 '국민연금의 8대 비밀 소동'은 정당들을 통해 정치 사회로 접합·집약되지 않는 연금문제를 둘러싼 사람들의 불안과 불만이 인터넷 공간에서 폭발한 것이었다. 결국 이렇게 극단적 형태의 이익갈등이 폭발할 때 그것을 수습한 것은 행정부처였다. 정치적으로 타결되어야 할 이해관계 갈등까지도 결국은 행정관료에 의해 처리되는 경향(강원택 2005, 319~324)은 복지문제에서도 예외가 아니었다.

둘째, 정당들은 또한 정책형성에도 무능했다. 과거 권위주의 정권에 뿌리가 닿아 있는 노태우정부나 김영삼정부는 말할 것도 없고 상대적으로 진보적이라고 일컬어지던 김대중정부나 노무현정부의 집권여당들도 복지 분야에서 뚜렷한 비전이나 정책을 가지고 있지 못했다. 이런 여당의 정책 기능 결여는 정책형성 시 행정관료에 대한 의존을 심화시켰다. 김대중정부의 '생산적 복지정책'이나 노무현정부의 '비전 2030'

등 중장기 복지계획들은 모두 집권 후 대통령 자문 기능을 하는 위원회들과 행정부처에 의해 방향과 골격이 형성되었다. 그리고 그 구체적인 정책들은 해당 부처 관료들에 의해 만들어졌다. 이 과정에서 강한 힘을 구사하는 경제부처들의 논리에 의해 복지정책은 왕왕 자유주의적 방향으로 수정되기도 했다(김영순 2005). 또 관료들이 정치적 행정부(political executive)의 국정운영 방안에 비협조적인 경우에는 이를 통제하기도 어려워졌다.

김대중정부 시기의 복지 개혁 과정은 한국 정당의 정책적 무능함을 여실히 보여준다. 연금과 의료보험 개혁을 둘러싸고 이익집단 간에 갈등이 극단적으로 벌어지는 와중에서도, 여당이나 야당은 모두 기존 정책을 대체할 만한 정책을 설계하고 입법화할 수 있는 능력을 보여주지 못했다. 정당들은 시민단체, 행정부, 노동단체 등이 정책대안을 제시하면 뒤늦게 그중 어느 것을 수용하여 당론으로 정하는 수동적, 객체적 입장을 취했다. 예컨대 의료보험 통합에 있어서는 여당인 새정치국민회의는 시민단체의 안을, 야당인 한나라당은 한국노동조합총연맹(이하 한국노총)의 안을 받아들여 당론으로 한 것이었다(김연명 2002, 49~50). 결국 정당들은, 여야를 막론하고 자신의 정책을 가지고 주도적으로 문제에 접근하기보다는 오히려 소극적, 사후적으로 이익집단과 행정부의 정책에 반응했을 뿐이다. 2004년 10석을 확보하여 국회에 진입한 민주노동당은 진보적 원칙에 입각해 '사회연대국가'란 비전과 복지정책의 패키지를 제시했다. 그러나 거대정당 사이에 낀 소수정당은 이런 비전과 정책들을 정책화하기는커녕 제대로 토론하고 검증할 기회조차 갖기 어려웠다. 복지 이슈를 두고 주요 정당들이 스스로 자신의 입장을 세우고 정책 네트워크 속에서 주도적 역할을 수행한 것은 2007년 국민연금 개혁과 기초노령연금 도입 과정에 이르러서였다.

그렇다면 민주화 이후 한국의 복지정치에서 왜 정당들은 이익대표의 기능을 제대로 수행하지 못했는가? 한국의 정당들이 사회적 분할을 반영하는 정책정당의 역할을 하지 못한 근본적 이유로는 정당체제의 이념적 스펙트럼을 좁힌 냉전 반공 체제의 유산, 노동계급의 정치적 조직화를 허용하지 않았던 산업화 시기의 억압적 노동 통제 체제의 유산 그리고 관료적 효율성을 중시하면서 정당을 외곽 현상화한 권위주의적 정치체제의 유산 등을 지적할 수 있다. 보다 가까운 원인으로는 민주화 이후, 권위주의 체제를 붕괴시킨 주역인 사회운동 세력이 정치사회 안으로 진입하지 못하고 기성 정치엘리트 간의 협약에 의해 새 게임 규칙이 만들어진 것, 그리고 민주-반민주 구도 해체 이후 정치인들이 지역주의를 득표 전략으로 동원함으로써 지역균열이 선거결과를 좌우하는 가장 중요한 정치적 균열로 자리 잡은 것이 자주 거론된다(박찬표 2003, 139~144). 정당의 정책형성 기능을 덜 중요하게 만드는 국회의원 선거제도의 특성 또한 이에 기여했다고 할 수 있는데, 이는 뒤에 자세히 논의한다.

결국 이 시기 한국 복지정치의 특징은 상당 부분 복지정치에서 정당의 미미한 역할과 연관되어 있었다. 임금을 두고 분배갈등이 심각함에도 불구하고 사회적 임금인 복지를 두고는 비계급적 태도가 만연한 사태, 이익집단 간 갈등이 적절히 조정되지 못하고 극단적 다원주의의 양상을 띠게 되는 경향 그리고 시민운동 단체가 이익표출뿐만 아니라 이익집약과 조정기능 나아가 정책 작성으로까지 역할을 확장하는 경향, 그래서 '정당은 지역을 대표하고 시민사회는 시민단체가 대표하는'(양재진 2006, 71) '대의의 실패'(failure of representation)는 모두 사회경제적 균열을 반영하여 정책을 형성해내는 정당의 기능부전과 밀접히 연관되어 있었다.

2) 사회적 대화 체제의 무력화

민주화 이후 한국에서 대안적 이익대표 체제로 자주 거론된 것은 사회적 코포라티즘이었다. 그러나 민주화 이후 한국사회가 목도한 것은 앞서 지적했듯 일종의 극단적 다원주의 경향이었다. 많은 지식인들의 선망에도 불구하고 사회적 코포라티즘이 한국에 뿌리내리기 어려운 이유로는 흔히 코포라티즘의 구조적 조건의 부재가 지적되었다. 즉 한국은 1) 노사 양측 모두 포괄적이며 중앙집권화된 독점적 이익대표 조직이 없고, 2) 국가가 중립적 입장에서 노사를 중재하고 협약준수를 보장하며 협약에 따른 단기적 희생을 보상해줄 수 있는 능력을 가지고 있지 않으며, 3) 강력한 친노동자 정당이 존재하지 않는다는 것이다(박동 2001). 그러나 1990년대 이후 전통적으로 코포라티즘의 조직구조가 없거나 약했던 나라들, 즉 이탈리아, 아일랜드, 포르투갈, 스페인 등에서 사회적 협의(social concertation)를 통한 사회협약정치(politics of social pact)가 출현했고 일정한 성과를 거두었음(김학노 2011, 208~248)을 감안한다면, 한국의 경우에도 구조적 조건보다는 행위자들의 전략적 선택이 보다 직접적 원인이라고 봐야 할 것이다.

한국의 경우, 1997년 경제위기 이후 행해진 사회적 협의는 그리 성공적이지 않았다.[4] 1997년 12월 외환위기 와중에, 선거에서 승리한 김대중 당선자는 경제사회발전노사정위원회(이하 노사정위)를 구성할 것을 제안했고, 논란 끝에 마침내 1998년 1월 노사정위가 출범했다. 노사정 삼자는 1998년 2월 6일 역사적인 사회협약, '경제위기 극복을 위한 노사정 합의'(이하 2·6합의)를 도출했다. 이 2·6합의의 핵심적 내용은 노동 측이 정리해고의 법제화를 수용하는 대신 복지 개혁을 실시하고, 조직화의 권리 확대와 노조의 정치활동 보장 등 노동기본권을 신장시키고, 기업경영의 투명성을 확보하며 구조조정을 촉진한다는 것이었다. 이 중 복지 개혁에는 고용보험 사업 확충 및 적용 확대, 사회복지지출의 증대, 사회보험 관리 운영 체계의 개선, 의료보험 통합 일원화 및 적용 확대, 연기금 운용 체계의 개선 등 획기적 내용들이 포함되어 있었다.

　그러나 이 합의 조인 사흘 뒤 소집된 전국민주노동조합총연맹(이하 민주노총) 대의원 회의는 정리해고 조항이 포함된 합의서 수용을 거부했고, 며칠 뒤 민주노총 지도부는 사퇴했다. 이어 민주노총의 주력인 대기업 노조들은 노사정위를 신자유주의의 도구로 지목했고 민주노총은 노사정위를 탈퇴했다. 이로써 제1기 노사정위는 사실상 기능 정지되었다(Baccaro and Lim 2007). 이후 사회적 대화를 복원하려는 노력 속에 제2기(1998년 6월), 제3기(1999년 9월) 노사정위가 출범했으나 모두 곧 기능 정지 상태에 빠졌다. 노무현정부에서의 노사정위도 일자

4　이미 김영삼정부부터 사회협약의 필요성은 인지되고 있었고 이는 1996년 노동법 개정을 위한 노사관계개혁위원회 설치로 나타났다. 그러나 한국에서 본격적인 사회협약 시도는 1998년 노사정위의 설립이라고 보아야 할 것이다.

리 창출을 위한 대타협 등 몇 차례 사회적 합의를 시도했으나(2004년) 별 성과를 거두지 못했다. 특히 이 과정에서 민주노조 운동의 주력임을 자임했던 민주노총은 노사정위를 "신자유주의의 도구로 반노동 정책을 합리화하는 단체"로 규정했다. 그리고 조합원의 의견을 공공정책의 결정 과정에 전달하는 수단으로서의 사회적 대화를 거부하고 자신을 사회적으로 고립시켜갔다(박태주 2017).

한국에서 사회협의가 실패한 것은 극도로 파편화되고 탈집중화된 노사관계 구조(은수미 2006), 고용주 쪽의 소극적·부정적 태도(Baccaro and Lim 2007, 2)에도 원인이 있었다. 그러나 보다 직접적으로는 1998년 외환위기의 한가운데에서 만들어진 역사적인 삼자회의 테이블에서 무리한 교환이 시도된 것이 중요한 역할을 했다. 임금억제를 대가로 고용을 보장받는 서구 코포라티즘 체제에서의 정치적 교환과 달리, 노동 측에게 거의 사활적 이익이랄 수 있는 정리해고가 교환 조건으로 들어간 것이 가장 큰 문제점이었고 이는 이후 노사정위를 불안정하게 만든 가장 중요한 원인이 되었다. 실제로 사회적 대화의 장이 열리기도 전에 정리해고의 법제화가 IMF의 대기성 차관 조건으로 제시된 상태였다. 따라서 노사정위는 진정한 계급타협을 위해서라기보다는 대규모 정리해고를 앞두고 노동의 저항을 무마하기 위한 성격을 가지고 출발한 것이다. 이는 노사정위에 대한 노동 측의 불신을 키운 중요한 원인이 되었다(노중기 1997; 박동 2001). 정리해고의 법제화와 해고 공포의 체험은 이후 노사정위의 가장 큰 동력이 될 수 있었던 조직화된 대기업 노동자들을 기업별 노조주의 안에 갇히게 한 원인이 되었다.

어쨌든 이와 같은 노사정위의 무력화는 이후 한국의 복지정치에 커다란 영향을 미쳤다. 첫째, 초기 노사정위의 경험은 향후 보편적 복지국가 발전을 위한 노동운동의 역할에 매우 부정적 영향을 미쳤다. 노사정위의 출범은 기업별 노조 체제라는 근본적 한계를 안고 있는 한국의 복지정치 구도에서 노동운동의 상시적인 정책 참여 구조가 만들어졌다는 점에서 대단히 의미 있는 사건이었다. 실제로 노사정위는 제2기부터는 사회복지 이슈의 논의를 위한 전담 테이블을 만들어 복지문제를 둘러싼 사회협약 작성의 전환점이 될 계기를 마련했다(유범상 2003). 고용보험 확대와 내실화 등 각종 실업대책과 사회적 안전망 마련, 의료보험 통합, 국민연금기금의 공공자금관리기금 강제 예탁 금지, 고용보험의 전 사업장 확대, 사회보험 관리에 가입자 참여 등 오랫동안 시간을 끌어온 굵직굵직한 복지문제에 대한 3자 간 합의를 이루고 주목할 만한 정책적 변화를 이루어냈다(김연명 1999; 정무권 2002). 특히 민주노총 산하 병원노련(보건의료노조의 전신)과 지역의료보험 노조의 활동가들, 그리고 의료전문가 집단들이 1990년대 초반부터 지역 시민운동 단체들과 전개해왔던 의료보험 통합 문제는 이 노사정 협상 테이블에 주요 의제로 올려진 후 마침내 2000년 7월 1일 역사적인 건강보험 통합으로 결실을 보았다(이철승 2019, 제5장, 제6장).

그러나 이런 성과들은 초기 노사정위에서 복지 개혁이 노동 쪽에는 사활적 문제라 할 수 있는 고용안정의 문제와 맞바꾸어졌다는 사실로 인해 빛을 발하기 어려웠다. 특히 민주노총의 주축인 대기업 노조들에겐 집합재(collective goods)로서의 의미를 갖는 사회복지를 대가로, 정리해고자 요건 완화와 파견법 시행이란 형태로, 당장의 고용안정을 훼손한다는 것은 말도 안 되는 교환이었다. 즉시 노사정위를 탈퇴한 민주노총은 이후 노사정위에 거의 참여하지 않았고 사회적 대화는 민주노총 내에서 금기어가 되다시피했다.[5]

둘째, 노사정위 실험의 실패는 결과적으로 기업별 노조 체제를 강화했고, 한국 민주노동운동의 주력이라고 할 수 있는 대기업 노조들의 역량을 국가복지가 아닌 기업복지의 확충에 쏟게 했다. 결국 이들의 전투적 역량이 전국적 수준에서 보편적 복지 향상에 투여될 가능성은 그만큼 적어지게 된 것이다(양재진 2005). 이렇게 복지 확대를 위한 사회적 협의기구로서의 노사정위의 역할이 유야무야되자, 가장 큰 피해자는 취약 노동자들이었다. 대기업 노동자들과 달리 조직화되지 않은 비정규직 노동자들이나 독자적 행동력이 취약한 중소기업 노동자들에게는 더더욱 보편적 복지 확대가 절실히 필요했으나 노사정위는 이런 역할을 해주지 못했다.

이런 이익대표 체계로서의 사회적 대화 실험의 실패는, 사회적 균열을 반영하지 않는 정당체제처럼, 2010년대 이전 한국 복지정치 특징의 상당 부분을 설명해준다. 국가복지에 대한 태도가 매우 비계급적으로 나타나며, 노조원 여부·파업 참여 경험 유무가 복지태도에 별 영향을 주지 않는다는 연구 결과(이성균 2002)는 이렇게 전국 단위의 노사정 협상을 통해 복지를 획득하고 그것이 실질적인 이익이 되는 정치

---

5   한 신문기사의 표현에 따르면 이후 '민주노총에서 노사정 대화는, 이름을 부를 수 없는 『해리 포터』 시리즈의 악당 볼드모트처럼 금기어가 됐다'("사회적 대화는 왜 민주노총의 '볼드모트'가 됐나" 『한겨레』 2020.07.03. http://www.hani.co.kr/arti/society/labor/952069.html#csidx714759613c25d75871a5378958418e0)

적 교환을 경험해보지 못한 한국 노동자들의 특수성을 반영하는 것이라고 해석할 수 있다. 복지정치에서의 극단적 다원주의 역시 사회적 대화 체계의 무력화와 밀접한 관계를 가지고 있다. 복지문제를 둘러싼 이익집단과 국가 간의 극단적 대립 과정에서 실질적으로 중요한 이해당사자라 할 수 있는 노동은 별 역할을 수행하지 못했다. 시민운동의 과도한 역할 역시 같은 맥락에서 설명된다. 정당의 정책형성 기능 결여와 더불어 노사정위의 기능부전을 계기로 한 사회적 협의 체계의 무력화도 복지문제에 대한 이익표출과 집약을 시민운동 단체가 수행하게 되는 중요한 이유가 되었다고 볼 수 있다.

(3) 2010년대의 변화

복지정치에서 기능부전 상태를 보이던 두 제도, 즉 정당과 사회적 대화 기구는 2000년대 후반으로 접어들면서 각각 다른 길을 가게 된다. 정당들이 이익대표의 기능을 서서히 회복하고 복지정치의 중요한 행위자로 떠오른 반면, 사회적 대화 기구는 여전히 지지부진을 면치 못했던 것이다.

2007년 국민연금 개혁-기초연금 도입 과정에서 정당들은 그 전과는 매우 다른 모습을 보여준다. 뒤에 자세히 살펴보겠지만, 이 시기는 정당들이 시민사회의 이익을 결집하여 정책대안을 내고, 자신의 안을 관철하기 위해 다른 정당들과 전략적 제휴 관계를 만들어갔으며, 정당 간 갈등과 타협의 결과가 최종 법안을 만들어냈다는 점에서 한국의 복지정치사에서 하나의 이정표가 만들어진 때라고 할 수 있다(김영순 2011a). 연금 개혁에서만큼은 아니나 2007년 노인장기요양보험법 제정 과정에서도 정당들은 과거보다 적극적 역할을 했다. 이후 복지정치에서 정당의 역할은 다시 수면 아래로 잠복하는 듯했다. 그러나 2010년 6월 지방선거에서 무상급식 문제를 계기로 복지문제가 폭발적으로 정치화되자, 놀란 정치권은 앞다투어 복지 의제를 껴안기 시작했다. 그리고 이후 정당들은 복지정치의 한복판에 서게 되었다. 복지는 중요한 선거에서는 물론, 정당들의 일상적 경쟁에서 가장 뜨거운 이슈 중 하나로 자리 잡았다.

이런 변화가 복지정치에서 차지하는 의미는 매우 크다. 그란베리와 홀름베리(Granberg & Holmberg 1988)는 스웨덴인이 미국인보다 정치적 태도에 모순성이 적고, 투표도 정치 태도에 더 부합하는 경향이 있는데 그 이유는 정당체계의 차이 때문이라고 지적한다. 즉 스웨덴의 경우 노조와 더불어 정당이 분배문제를 둘러싼 선택 가능한 대안과 그것의 계급적 의미를 선명히 집약해 보여주는 초점(focal point) 구실을 하기 때문에, 개인은 자신의 경제적 이익에 부합되는 일관된 태도를 갖기 쉽다는 것이다. 스발포르스(Svallfors 2007)는 시장 분배가 더 정치화될수록 정치적 태도의 계급 차이도 더 분명해지는 경향이 있음을 지적하고 있다. 즉 분배원칙이 정당이나 노조를 통해 정치적으로 표출되면 개인은 스스로를 원자화된 시장 행위자가 아니라 특정 이익을 공유하는 집단의 성원으로 인식하게 되고 계급적 태도를 강화하게 된다는 것이다. 한국에서도 2010년 이후 복지정치에서 정당의 역할이 중요해진 것과 복지태도에서 비계급성이 줄어든 현상이 함께 나타나는 것은 결코 우연의 일치가 아니라고 봐야 할 것이다.

한편 이와 달리 사회적 대화 기구의 이익대표 기능은 2010년 이후

한국 복지국가는 어떻게 만들어졌나?

로도 크게 개선되지 않았고 복지정치에서의 역할 역시 마찬가지였다. 이명박·박근혜 정부 시기에는 경제위기 극복을 명분으로 노사정위의 반노동적, 반복지적 성격이 강화되었다. 사회적 대화의 핵심 주제는 노동 유연화였으며, 사회적 대화는 정부 정책을 합리화시키는 수단으로 자주 이용되었다(박태주 2017). 박근혜 대통령 탄핵 이후 등장한 문재인정부는 '노동존중사회'를 국정운영의 주요 방침 중 하나로 내세우며 과거 경제사회발전노사정위원회를 경제사회노동위원회(이하 경사노위)로 개편했다. 그리고 경사노위의 목적을 '산업 평화와 국민경제의 발전'에서 '사회적 양극화 해소와 사회통합 도모 및 국민경제 발전'으로 수정, 천명한 후 이런 목적에 부합하도록 조직화되지 않은 '취약계층'을 포용하는 운영체계를 마련했다. 즉 본위원회 구성에 이른바 '미조직 취약계층' 대표—여성, 청년, 비정규직—를 포함시켰고, 미조직 취약계층이 모일 수 있는 '사회각계층관련위원회'(이하 계층별위원회)도 설치한 것이다.

그러나 많은 기대에도 불구하고 2017년 이후로도 복지정치에서 사회적 대화 기구의 역할엔 큰 변화가 없었다. 민주노총은 2019년 대의원 대회에서 불참을 결정하면서 계속해서 경사노위에 참여하지 않았다. 민주노총 지도부는 2020년 팬데믹 사태가 초래한 경제·고용 위기 상황에서 '코로나19 위기 극복 방안 마련을 위한 원포인트 노사정 비상협의'를 제안했으나 이 역시 대의원 대회의 반발로 무산되었고, 위원장은 사퇴했다. 1998년과 유사한 상황이 벌어진 것이다.

이렇게 민주노총이 계속해서 불참한 데다 참여하는 단체들의 대표성이 부족하고 참여한 대표들의 재량권 역시 거의 없는 상태를 감안할 때, 사회적 대화 기구에 던져진 복지 이슈들은 사실상 너무 버겁고 무거운 것들이었다. 박근혜정부 시기의 경제사회발전노사정위원회에서의 공무원연금 개혁 논의는 사회연대적 결정을 내려 주목을 받는 듯했으나, 결국 공무원 노조 지도부의 사퇴로 끝을 맺었다. 문재인정부 시기 경사노위에서의 국민연금 개혁 논의는, 달라진 정치적 상황에도 불구하고, 큰 성과를 거두지 못한 채 종료되었다.

3. 선거제도와 복지정치

이제 한국의 선거제도와 복지정치의 관계에 대해 간략히 살펴보자. 정치학자들은 오래전부터 '유권자들의 투표가 의석으로 전환되는 과정과 관련된 일련의 규칙'이라고 할 수 있는 선거제도(Lijphart 1994, 1~2)가 정부의 구성, 유권자의 투표 행태, 정당체제뿐만 아니라 정당들에 의해 추구될 정책에까지 영향을 미친다고 주장해왔다(Sartori 1994). 여기에 2000년대 중·후반 일련의 연구들(Iversen and Soskice 2006; Manow 2009)은 분배정책과 선거제도의 관계에 대한 새로운 연구 붐을 가져왔고 국내에서도 다수의 흥미로운 저술들이 발표되었다. 그런데 과연 선거제도는 복지정책에 얼마나 중요한 영향을 미칠까? 그리고 한국의 경우엔 어떠할까?

우선 국회의원 선거제도의 문제를 살펴보자. 1987년 민주화 이후 정착된 한국의 국회의원 선거제도는 소선거구제-단순다수제에 기초하고 있었다. 비례제에 의한 전국구 의석이 존재하긴 했으나, 전국구 의석수가 지역구에 비해 매우 적은 데다, 지역구 득표율에 따른 의석 배분 방식도 비례제 원래의 취지와는 동떨어진 것이었다. 이 제도는 결국 헌법재판소의 위헌 판정 후 2004년 선거법 개정에 의해, 지역구-정당 명부 혼용 방식의 혼합형 다수대표제로 바뀌었다. 1인 2표를 통해 단순다수제로 지역 선거구 대표를 선출하고, 여기에 전국을 단일 선거구로 하여 정당명부 투표에 의해 선출된 비례대표를 각 당에 할당, 합산되도록 한 것이다.

새 선거제도는 과거보다는 표의 비례성을 개선시켰고 이로 인해 진보정당인 민주노동당이 국회에 진입하는 변화를 가져오기도 하였다. 그러나 당시 국회 총의석 299석 가운데 비례의석은 54석으로, 지역구 총의석수의 1/4에도 미치지 못하여 단순다수제 선거제도로 인한 불비례성(disproportionality)을 완화시키는 효과는 매우 미약했다. 게다가 2016년 공직선거법 개정으로 비례의석은 더 줄어 국회 총의석 300석 중 47석이 되었다. 이런 특징은 2019년 패스트 트랙 상정을 둘러싼 일대 소동을 겪고 겨우 통과된 준연동형의 새 국회의원 선거법에서도 결국 크게 변하지 않았다.

정치학자들은 소선거구제-단순다수제 방식은 정치의 지역화 혹은 선거구 중심 정치를 초래하는 반면, 선거구의 크기가 큰 비례제를 채택하는 경우 전국적 문제들이 선거 쟁점화되는 경향이 있다고 지적해 왔다(Sartory 1994, 57; Persson and Tabellini 2004; Cox and McCubbins 2001). 이들에 따르면 단순다수제 선거제도에서 후보자는 선거 승리를 위해서는 개별 지역구에서 다수의 지지를 얻어야 하므로 지역구에 지리적으로 국한된 정책 프로그램을 추진하게 되며, 전국적 수준의 공공정책에는 무관심해지는 경향이 있다. 소선거구제-단순다수제 선거제도의 승자독식적(winner-takes-it-all) 특성은 이를 더더욱 강화한다. 반면 비례대표제하에서 선거에서 승리하기 위해서는 전체 유권자들로부터 폭넓은 지지를 얻어야 하고, 따라서 정당들은 복지나 노동, 안보 같은 전국적 쟁점을 제기할 유인을 갖게 된다. 이는 좌파 정당에게는 포괄적이고 보편적인 복지 프로그램을 확대해야 할 유인이 된다. 결국 비례대표제에서 재분배적 정책이 등장할 가능성이 훨씬 높아지게 된다는 것이 이들의 주장이다.

보다 최근 들어 아이버슨과 소스키스(Iversen and Soskice 2006)는 연합 정치(coalition politics)의 특성으로 인해 다수제는 중도우파 정부를, 비례제는 중도좌파 정부를 만들어내는 경향이 있으며, 따라서 비례제하에서 재분배적 정책이 나타날 가능성이 높다는 사실을 경험적 분석을 통해 보여주었다. 강명세(2013)도 한국까지 포함된 40개국을 대상으로 한 최근 자료(1981~2010)를 이용하여 비례대표제가 재분배를 가능케 하는 제도적 장치가 된다고 주장했다. 아이버슨과 소스키스가 주장하는 것처럼 비례대표제가 만들어내는 다당제 정당체계하에서 노동계급을 대표하는 정당은 중위소득집단을 대표하는 정당과 연대해 연합정부를 구성하고 재분배정책을 추진하기가 용이하다는 것이다. 그리고 이 점이야말로 권력자원론이 자세히 해명하지 않은 좌파 정당의 권력자원 확보의 메카니즘이라는 것이다(강명세 2013).

반면 문우진(2011, 75~79)은 아이버슨과 소스키스가 보여준 비례제 선거제도와 재분배정책의 인과관계는 허위이며(spurious), 실제로는 비례제 자체가 아니라 비례제가 가지고 있는 인물 투표 억제 성향이 재분배정책과 인과관계가 있음을 보여주었다. 그는 아이버슨과 소스키스의 비례제 변수와 자신이 설정한 인물 투표 촉진 변수를 서로 통제하면 전자의 영향력은 사라지는 반면 후자의 영향력은 견고하게 유지됨을 보여준다. 그리고 아이버슨과 소스키스가 발견한 비례제의 영향력은 상당 부분 비례제가 가지고 있는 인물 투표 억제 성향 때문이라고 주장한다. 즉 정치 정보가 적은 저소득층 유권자들은 고소득층 유권자들에 비해 비정책적 요소에 의해 투표를 하는 경향이 있기 때문에, 인물 투표를 촉진시키는 선거제도하에서는 우파 정당에 표를 많이 던지게 되고 그 결과 우파 정부의 집권 및 소득불평등 심화를 가져오는 경향이 있다는 것이다. 비례제의 경우 그 반대의 효과가 나타난다.[6]

결국, 정확히 어떤 메커니즘이 작동하는지에 대해서는 이견들이 있으나, 비례제 선거제도하에서 재분배가 더 용이하게 이루어지는 경향이 있다는 데에는 많은 연구가 동의하고 있다(Persson et al 2007; Rickard 2009; Olper and Raimondi 2013; Yi 2013). 그러나 이렇게 복지지출의 확대와 비례제 사이에 상관관계가 반복적으로 확인되기는 하지만 그것이 '인과관계'인지는 여전히 불분명하다. 정확한 인과관계의

---

6   문우진(2011, 78~79)은 아이버슨과 소스키스가 선거제도와 연합 정치 및 재분배정책과 관련해서 했던 가정들 역시 다른 연구 성과들을 인용해 반박한다. 예컨대, 정당들이 선거 운동 기간엔 중위 투표자 입장을 취하다가 선거 후 본래의 우파 혹은 좌파의 입장으로 이탈할 수도 있다거나, 이런 입장 변화에 대비해 중위 투표자를 대변하는 지도부를 형성한다는 가정이 모두 경험적 사실과 부합하지 않는다는 것이다(Aranson and Ordeshook 1972; Aldrich 1995). 그는 또한 아이버슨과 소스키스가 자신들 논리의 출발로 삼고 있는 다운스의 중위 투표자 이론에서 사용된 가정들 역시, 실제로 선거 시 정당들의 정책 변경이 그렇게 용이한 것은 아니라는 점에서 비현실적이라고 반박한다.

확인을 위해서는 각국의 복지국가 발전의 역사적 경로에 대한 심층 연구를 통해 복지국가와 선거제도 사이의 관계에 개입할 수 있는 다른 중요한 교란변수들에 대한 연구들이 선행되고 축적되어진 후 이 변수들을 포함한 통계분석이 이루어져야 하나, 이런 작업은 매우 지체되고 있기 때문이다.[7]

그러나 현재, 충분한 연구가 누적되지 않은 상황에서도 선거제도와 복지국가 발전의 인과관계에 관한 위의 주장들에 대해서는 다음과 같은 의문들을 제기해볼 수 있다. 첫째, 아이버슨과 소스키스는 호주, 캐나다, 프랑스, 아일랜드, 일본, 뉴질랜드, 영국, 미국을 다수제 국가에, 오스트리아, 벨기에, 덴마크, 핀란드, 독일, 이태리, 네덜란드, 노르웨이, 스웨덴을 비례제 국가에 포함시켰다. 그런데 다수제를 택한 대부분의 나라들이 자본주의의 다양성(variety of capitalism)론이 얘기하는 이른바 '자유시장경제'(Liberal Market Economy: LME)를 채택한 나라들이며, 비례제를 택한 대부분의 나라들은 '조정시장경제'(Coordinated Market Economy: CME), 그중에서도 산업별 조정시장경제(sector-coordinated market economies)를 택한 나라들이다.[8]

---

7 이런 연구의 전형은 Baldwin(1990)이나 Kersbergen and Manow(2009)라고 할 수 있겠다. 에스핑-안 델센도 그의 1990년 저작(Esping-Andersen 1990, 29)에서 립셋과 로칸(M. S. Lipset and S. Rokkan)의 연구를 흡수하여 계급동원(특히 노동자계급 동원)의 성격, 계급-정치 행동 구조(class-political action structures), 그리고 레짐 제도화의 역사적 유산이라는 세 변수들이 복지체제 유형 형성에서 중요하다고 도 지적했으나 이후 이런 비교역사 분석에 천착하지는 않았다.

8 자본주의의 다양성을 설명하는 대표적 연구자인 홀과 소스키스(Hall and Soskice 2001)는 현대 자본 주의의 유형을 자유시장경제(liberal market economies: LMEs)와 조정시장경제(coordinated market economies: CMEs)로 나누었다. 그리고 조정시장경제를 다시 유럽 대륙의 산업별 조정시장경제(sector-coordinated market economies)와 일본·한국의 집단별 조정시장경제(group-coordinated market economies)로 나누었다.

일반적으로 자유시장경제는 주식시장 중심의 단기적 금융조달체계, 일반기술 중심 숙련체계, 다원주의적 협상과 분쟁적 노사관계, 단기고용과 유연한 노동시장 및 저발전 복지국가라는 특징을 갖는다. 반면 산업별 조정시장경제는 은행 중심의 장기자본 금융체계, 국영이나 공영으로 운영되는 산업 특화적 숙련형성체계, 그리고 장기고용체계와 조합주의적 노사관계 및 잘 발달한 복지국가를 특징으로 한다 (Ebbinghaus and Manow 2001, 6). 이런 자본주의 다양성에 대한 논의들은 비례제와 사회지출의 증가—혹은 사회지출 삭감 억제—사이의 관계가 허위적인 것일 수 있음을 암시한다. 즉 유럽 대륙 나라들이 관대한 복지국가를 유지하는 이유는 비례제 때문이라기보다는 이들 나라들이 가지고 있는 재분배를 촉진하고 불평등을 완화한다고 알려진 조정시장경제의 여러 요소들 때문일 수 있는 것이다. 예컨대 조합주의 (corporatism)가 정부 당파성과 정책, 그리고 불평등 사이의 관계를 매개하고 있다는 사실을 보여주고 있는 루에다(Rueda 2008)의 연구 결과는 우회적으로 그 가능성을 보여준다고 하겠다.

둘째, 비례제를 택한 나라들 사이에도 사회지출에 많은 편차가 존재하며 다수제에서 비례제로의 전환이 곧바로 사회지출을 증대하지 않았다는 사실도 주목을 요한다. 아이버슨과 소스키스의 연구엔 포함되지 않았으나 포르투갈, 스페인, 그리스 역시 비례제를 채택하고 있다. 그런데 2000년의 포르투갈, 그리스의 사회지출은 영국, 미국과 비슷했고 2019년에는 약간 상회하는 수준이었다. 또한 뉴질랜드는 소선거구제-단순다수제를 유지하다 1995년 독일식 혼합형 비례대표제로 전환했으나 그 후 15년이 지나도록 GDP 대비 사회지출의 비중은 큰 변화

가 없었다.[9]

결국 의회 선거제도가 재분배지출에 영향을 주는 메커니즘에 대한 연구자들의 논리적 추론은 여전히 가설 수준에 머물러 있으며, 경험적으로 충분히 입증된다고 보기 어렵다. 이와 유사한 문제제기는 이런 국제비교 연구의 주장을 한국에 적용한 연구들에 대해서도 할 수 있다. 양재진·정의룡(2012), 양재진(Yang 2020, 15~16)은 소선거구제-단순다수제하에서 후보자들은 지역구 중심의 공약을 표적화하고 전국적 수준의 사회정책 쟁점을 덜 중요하게 다루게 되며, 이는 한국이 작은 복지국가를 가지게 된 중요한 원인이라고 지적하고 있다. 그러나 한국의 국회의원 선거에서 복지 이슈는, 선거제도가 거의 변하지 않았음에도 불구하고, 2010년 이후에는 매우 중요한 쟁점이 된다. 그리고 각 정당의 복지공약들은 이후 복지 확대의 중요한 동력이 된다. 이는 한국의 경우에도 선거제도가 복지 확대에 미치는 영향력이 크지 않으며, 이익집단이나 공익 주창 집단이 동원해내는 사회적 압력이나 정당 간 경쟁이 미치는 영향력에 비해 매우 제한적임을 시사한다.

또 아이버슨과 소스키스(2006)나 페르손과 동료들(2007)의 연합 정치와 관련된 주장은 무엇보다도 한국에서 유권자들의 복지태도와 투표 행태가 그들이 가정하는 계급정치의 양상과 매우 다르다는 점에서 설명력이 떨어진다 하겠다. 한국의 유권자들, 특히 저소득층 유권자들이 자신의 사회경제적 지위와 동떨어진 복지태도와 투표 행태를 보여

---

9   뉴질랜드의 사회지출은 1990년 20.3% 1995년 17.7%, 2000년 18.2%, 2005년 17.8%, 2010년 20.4%, 2015년 19.2%, 2019년 18.9%였다(https://stats.oecd.org/Index.aspx?DataSetCode=SOCX_AGG; 검색일 2020.12.02.).

한국 복지국가는 어떻게 만들어졌나?

왔기 때문에 철저히 계급투표적 가정에 입각한 이들의 추론을 한국에 적용하려는 시도는 첫 단추부터가 잘 채워지지 않는다. 게다가 한국은 비례제를 채택하고 있지 않아 연합 정치와 관련된 가설들도 적실성이 크게 떨어진다.

이제 대통령제와 복지국가의 관계에 대한 주장들을 검토해보자. 몇몇 제도주의적 연구들(Estevez-Abe 2008, 60~62; Yang 2020, 16~17; Yang and Jung 2020; Esteves-Abe, Yang & Faircy 2020)은 대통령제가 복지국가 발전에 불리하다고 주장한다. 복지국가 발전의 전제조건인 증세가 비례제를 가진 의회제에서보다 대통령제에서 훨씬 어렵다는 것이다. 이들에 따르면 비례제를 채택한 의회제(parliamentary system)에서는 증세를 우려한 중간계급의 지지 철회가 그만큼의 비례 의석 상실로 이어질 뿐이다. 반면 단 한 사람의 대통령을 선출하기 때문에 '전무(全無) 아니면 전부(全部)'의 결과를 감수해야 하는 대통령제에서는 중간계급의 낮은 비율의 지지 철회만으로도 모든 것을 잃는, 선거 패배의 위험을 안게 된다. 게다가 비례제가 만들어내는 연합정부하에서는 증세에 대한 '비난의 분산'(Pierson 1994)이 용이하나, 대통령제하에서는 비난과 처벌이 집중되게 된다. 결국 한국과 미국 그리고 선거법 개정으로 웨스트민스터형 의회제 정부를 가지게 된 일본의 경우, 증세는 극도로 어려우며 이들 나라에서 복지국가의 체제전환(regime change) 역시 가능성이 매우 낮다는 것이다.

이에 따라 이 입장에서는 대통령제에서 진보적 대통령 후보가 복지 이슈를 중요한 선거공약으로 삼게 되고 이것이 획기적인 복지 확대로 이어질 가능성을 부정하지는 않으면서도, 이런 일이 실제 발생하는 것은 매우 예외적인 일이라고 주장한다(Yang 2020, 19). 루스벨트나 존슨 행정부 시기의 미국, 김대중정부 시기의 한국이 대통령제에서 획기적인 복지 확대가 일어났던 사례인데, 이들은 대공황이나 대규모 민권운동 그리고 심각한 경제위기 등의 예외적 시기였기 때문에 가능했다는 것이다.

그러나 이런 주장도 면밀한 검토가 필요하다. 미국에서 대통령제와 단순다수제 하원 선거제도는 변함없이 유지되어 왔으나 조세정치는 매우 역동적인 모습을 보였다. 미국의 소득세 최고세율은 1919~1921년 사이 73%였다가, 1920년대 중반부터 1930년대 초반까지는 공화당 행정부의 감세정책으로 24.7%로까지 하락했다. 루스벨트 집권기인 1934~1945년 80~90%를 기록한 높은 최고세율은 1960년대 초반 케네디 집권기까지 이어졌고, 1970년대에도 70%선을 유지했다. 결코 예외적인 단기간 동안 고율 소득세를 유지한 게 아니었다. 레이건 행정부 시기에 28%로 최저점을 찍은 최고세율은 이후 다시 상승해 30% 후반대를 유지하고 있다(The Tax Policy Center 2020). 또 미국의 평균 연방 법인세는 1929년에는 14%였으나, 1955년에는 45%에 달했고, 1929년에 국부의 20%를 소유했던 상위 0.1%는 1950년대에는 국부의 10% 정도를 소유했다(Michellmore 2020). 미국은 늘 불평등이 심한 저조세 국가였고 정치제도적으로 그럴 수밖에 없다는 성급한 평가 대신 조세 정치의 역동성 뒤에 무엇이 자리 잡고 있었는가에 대한 균형 잡힌 평가가 필요할 것이다.[10]

---

10   역사학자 미셸모어는 미국이 저조세, 저복지 국가로 귀착된 근본적 원인으로 미국 리버럴의 정치적 실패

한국 복지국가는 어떻게 만들어졌나?

한국에서도 심각한 경제위기가 닥친 김대중정부 시기에 예외적으로 복지 발전이 일어났다는 주장은 전혀 사실에 부합하지 않는다. 노무현 정부와 이명박정부 시기에도 김대중정부가 직면했던 극심한 경제위기 가 존재하지 않았음에도 불구하고, 복지제도와 지출 측면에서 매우 중 요한 복지 발전이 이루어졌다(성경륭 2014, 73). 성경륭(2014)은 이명박 정부까지만을 다루고 있으나 이런 경향은 박근혜정부 이후에도 지속, 강화된다.[11] 어쨌든 그는 당파성이 다른 이명박정부와 노무현정부 모 두에서 일어났던 이런 특이한 복지 발전이 한국이 가진 경쟁 조장적 정치제도가 변화하는 사회균열 구조와 상호작용하여 정당 간 선거 경 쟁을 증폭시킴으로써 발생했다고 주장한다. 그가 말하는 한국의 경쟁 조장적 선거제도란 소선거구제, 다수제, 양당제, 대통령제이다. 그는 이 러한 제도들은 한결같이 승자독식을 조장하여 정치 경쟁과 선거 경쟁 을 증가시키고 격렬하게 만드는 경향이 있다고 주장한다.[12] 정당 간 경

를 지목하고 있다(Michellmore 2020).

11 복지지출의 성장을 집권정부 별로 일별하면 박정희정부(1961~1979)에 1% 미만대, 전두환정부 (1980~1988)에 1% 후반대, 노태우정부(1988~1993)에 2% 후반대, 김영삼정부(1993~1998)에 3~4% 초반대, 김대중정부 때 GDP 대비 5% 초반대에 머물렀다가 노무현정부에서는 7% 후반대까지 크게 증가 했고, 이명박정부에서는 다시 9% 초반대로 증가한 후, 박근혜정부 말인 2016년엔 10%를 넘어섰다. 이런 증가세는 인구 고령화와 제도 성숙을 감안한 2000년대 중반의 연구자들의 예측치를 훨씬 뛰어넘는 것이 었다(성경륭 2014, 75).

12 그는 또한 "이러한 제도들은 중위 투표자 이론(Downs, 1957)과는 달리, 경쟁하는 정당들로 하여금 외 형적으로는 중도적으로 보이지만 다수의 개별 정책 쟁점에서는 뚜렷한 선호를 가지고 있는 유권자들 사 이에 존재하는 차이의 크기와 방향성에 더욱 집중하게 만든다"(Macdonald, Rabinowitz, and Listhaug, 1997)고 지적한다. 결국 그 차이를 활용하여 득표를 극대화하고자 하는 정당들은 중위 투표자로 수렴 하는 것이 아니라 진보 또는 보수의 의견을 가진 유권자들을 적극적으로 동원하게 되고, 이로 인해 정 당의 선거전략과 유권자들의 선호는 갈수록 양극화(polarization)하는 경향이 있다는 것이다(성경륭 2014).

쟁의 격화는 복지정치를 활성화하고, 이를 통해 지속적·장기적으로 복지 발전을 추동할 수 있는 강력한 긍정적 효과를 발휘할 것으로 예상할 수 있는데, 노무현·이명박 정부의 복지 발전이 바로 그런 경우라는 것이다. 요컨대 성경륭은 신제도주의적 연구들이 한국 복지국가 발전의 저해요소라고 주장했던 바로 그 제도들이 복지 발전을 추동하기도 했음을 설득력 있게 보여주고 있는 셈이다.

4. 맺음말

이상에서 한국의 복지정치와 관련된 정치제도들에 대해 살펴보았다. 1절과 2절에서 살펴보았듯 복지정치의 제도적 기반이었던 한국의 이익대표 제도들은 대략 2010년대 이전까지는 기능부전 상태에 있다가 그 이후 정당은 기능을 회복했고, 사회적 대화 기구는 여전히 제 기능을 못하고 있다. 3절에서는 선거제도와 권력구조가 복지정치에 미치는 영향에 대한 기존 논의들을 비판적으로 검토해보았다.

이 장의 논의를 요약한다면 한국의 정치제도는—나아가 어떤 나라의 정치제도도— 일관되게 복지국가 발전에 불리하다기보다는 유불리를 포함한 다양한 측면을 함께 가지고 있다고 보아야 한다는 것이다. 그렇다면 제도로부터 복지국가의 발전 가능성을 바로 예측하는 것은 무리이며, 중요한 것은 제도 자체보다는 제도가 부여하는 기회와 제약 위에서 이루어지는 행위자들의 선호와 전략, 실질적 행위와 역동적 상호작용일 것이다. 다시 리코의 축구게임의 비유를 가져오자면, 게임의

한국 복지국가는 어떻게 만들어졌나?

룰도 중요하지만 그보다는 선수들의 기량과 팀워크 그리고 전략이 훨씬 중요하다.

　제도의 중요성을 강조하는 것이 제도결정론이 될까 경계했던 역사적 제도주의 학파의 한 선구자의 언명처럼 "제도는 행위를 결정하는 것이 아니라 단지 행위의 맥락을 제공한다. 이 맥락은 왜 행위자들이 그런 선택을 하게 되었는지를 이해할 수 있도록 해줄 뿐이다. 동일한 제도적 장애에 부딪힐지라도 자기 성찰적 행위자들은 어떻게 해야 할지에 대해 창조적인 결정을 내릴 수 있다"(Immergut 1998, 26). 결국 제도는 이미 일어난 행위를 설명하는 데는 도움을 주나 이 도움 역시 제한적인 것이며, 행위자들의 행위를 예측하는 데는 더더욱 제한적인 유용성을 갖는다고 하겠다. 그렇다면 이제 한국의 복지정치의 주요 행위자들을 살펴보기로 하자.

4장

한국 복지정치의
주요 행위자

이 장에서는 한국 복지정치의 핵심 행위자들에 대해 논의한다. 앞서도 지적했듯 민주적 자본주의 사회의 여러 집단들은 복지국가의 운영 원리와 작동 방식이 자신에게 유리하도록 개입하고자 한다. 이들의 이해관계와 선호, 권력자원, 정치적 능력과 전략 그리고 제휴의 양상은 어떤 복지국가가 만들어지느냐에 결정적이다. 누가 어떻게 복지국가 발전에 관여하는가가 중요할 수밖에 없다.

그렇다면 그간 한국 복지국가 발전에 개입해온 핵심적 행위자는 누구였으며 이들은 어떤 자원들을 동원해 복지국가 발전에 어떤 영향을 미쳤는가? 그리고 현재의 복지정치에는 어떤 자산과 부채를 유증(遺贈)하고 있는가? 현재 복지정치의 주요 행위자들 및 그들 간의 관계는 선진 복지국가에서와는 어떻게 다르며, 이는 한국의 정치경제적, 정치

사회적 맥락과 어떤 관련을 가지고 있는가? 이 장에서는 1987년 민주화 이후의 시기를 대상으로 이런 물음들에 답해보고자 한다.

어떤 행위자들을 살펴볼 것인가? 복지국가 연구의 고전들에서 중요하게 다루어지는 행위자들은 조직노동(organized labor), 정당, 고용주, 국가관료제 등이었다. 이 책에서는 한국적 맥락을 고려하여 이 중 다음과 같은 행위자에 초점을 맞춘다.

첫째, 조직화된 노동운동이다. 복지국가 연구사에서 오랫동안 생명력을 발휘하고 있는 권력자원론은 일견 한국에는 잘 맞지 않는 것으로 보인다. 한국에서는 민주화 이전에는 물론 그 이후로도 노동조합의 권력자원이 취약했고 복지정치에서 눈에 띄는 역할을 하지 못했기 때문이다. 그러나 자본주의적 생산관계에서 노동이 차지하는 위치나 복지국가가 수행하는 핵심적 기능이 노동의 탈상품화라는 점을 고려할 때, 한국의 복지정치에서 노동은 여전히 잠재적으로는 중요한 행위자로 고려되어야 할 것이다.

둘째, 정당이다. 선진 복지국가들의 경우 좌파 정당은 복지국가 건설에서 가장 중요한 역할을 담당했다. 좌파 정당은 이해관계가 다른 노동자계급의 여러 분파들, 나아가 중간계급의 정책선호를 잘 조정하여 복지동맹을 구성하고 이를 통해 복지국가를 건설하는 데 앞장섰다. 반면 한국에서는 반공 권위주의 체제의 역사적 유산 속에서 복지정치에서 좌파 정당의 역할이 크게 제약되어왔다. 따라서 한국의 경우에는, 미국이나 캐나다에서처럼 복지 확대에 우호적이었던 중도 혹은 자유주의정당의 역할 역시 중요하게 고려해야 할 것이다. 또, 최근 들어서는 선거 경쟁이 치열해지고 정치적 양극화가 진행되면서 정당 간 경쟁이

한국 복지국가는 어떻게 만들어졌나?

더욱 중요해지는 추세이다. 이에 따라 여기서는 정당들이 복지정치에서 의미 있는 역할을 하기 시작한 2007년 연금 개혁 이후 우파 정당들까지 포함한 한국의 정당들이 복지정치에서 어떤 역할을 해왔으며 그 의미가 무엇인지 살펴본다.

셋째, 시민운동이다. 복지정치의 행위자로서 시민운동이 얼마나 중요한 잠재력을 갖는가에 대해서는 다양한 견해가 존재한다. 그러나 현실적으로 민주화 이후 한국의 복지국가 발전 과정에 가장 적극적으로 개입한 시민사회 내 행위자가 시민운동이라는 데는 이론의 여지가 없을 것이다. 이 글에서는 복지라는 물질적 이슈에 집중하는 사회운동 역시 복지정치의 중요한 행위자일 수 있다고 보고, 시민운동을 주요 행위자 중 하나로 포함시킨다.

넷째, 대통령이다. 발전한 복지국가들은 대부분 의회제정부를 가지고 있기 때문에 행위자로서의 대통령은 고전적 사회정책 이론에서는 크게 주목받아 본 일이 없다. 그러나 대통령제를 택한 나라의 경우, 대통령 선거는 노동 및 복지 같은 사회정책 이슈들에 대한 관심을 증폭시켜 정책 발전의 중요한 계기가 되기도 한다. 또 한국에서 대통령이 가지는 정책결정 과정에서의 막강한 힘은 복지정책의 방향을 결정하는 데 매우 중요한 역할을 해왔다. 즉 한국의 정치제도적 맥락에서는 전통적 권력자원론이 중시했던 의회에서의 의석수 못지않게 누가 대통령이 되는가가 매우 중요했다. 여기서는 복지정치에서 대통령의 역할을 다른 행위자들과의 관계 속에서 분석하고 전망한다.[1]

---

1   이 연구에서는 고용주 조직은 분석하지 않는다. 복지정치에서 고용주들이 차지하는 중요성은 결코 작지

1. 노동운동

2장에서 살펴본 바와 같이 유럽의 선진 복지국가들에서 노동운동은 복지국가 건설의 주역 중 하나였다. 이와 달리 한국의 노동조합은 민주화 이후에도 복지국가에 대해 대체로 무관심하거나 소극적인 태도를 견지해왔다. 이에 따라 노조의 역할에 대한 기대도 갈수록 낮아져왔다. 급기야 2015년 4월에 열린 한 진보적 노동 관련 연구소의 심포지엄에서는 노조의 역할에 대한 실망과 비난을 넘어 "노조 없는 복지국가는 불가능한가?"라는 근본적인 회의론까지 표출된 바 있다(이주호 2016).

우선 한국의 조직노동이 보유한 권력자원을 확인해보자. 고전적 권력자원론이 노동의 권력자원 가늠자로 제시하는 조직률과 집중성에 있어 한국의 조직노동은 취약하기 짝이 없다. 민주화 이후 노조 조직화가 자유로워지면서 노조 조직률은 1989년 19.8%까지 올라갔다. 그러나 이후 점점 하락하여 2004년 이후에는 10%대에 머물러왔다. 낮은 조직률을 보완해줄 수 있는 단체협약 적용률도 높지 않다. 표 4-1에 나타나듯 조직률과 단체협약 적용률, 그 어느 기준으로 보더라도 노동운동의 권력자원은 취약한 상태라고 할 수 있다.

그러나 노동운동과 복지국가의 관계에서 이렇게 객관적으로 권력자

않다. 그러나 한국에서 고용주 조직은 선성장·후분배론이나 낙수효과론을 고수하면서 주로 정부 정책에 반응하는 형태로 복지 이슈에 대응해왔을 뿐, 복지문제에 적극적이고 주도적인 행위를 한 경우가 드물기 때문에 이들의 입장을 분석하기가 쉽지 않다. 노동시장 개혁처럼 보다 직접적인 이해관계가 걸린 문제에 있어서도 고용주들은 정부·여당이 주도하는 개혁 방향을 살피면서 '대세'를 인정하고 실리를 취하는 전략을 선호했고, 주도적 역할은 노조와 정부·여당이 수행했다(정이환 2019).

한국 복지국가는 어떻게 만들어졌나?

표 4-1_노조 조직률 및 단체협약 적용률의 국제 비교(2017년)

표 4-1_노조 조직률 및 단체협약 적용률의 국제 비교(2017년)

국가	노조 조직률(%)	단체협약 적용률(%)
스웨덴	66	90
네덜란드	17	78
독일	17	56
프랑스	11	98
영국	24	26
미국	10	12
일본	17	17
한국	11	12

출처: OECD(2021). Data extracted on 21 Mar 2021 from OECD.Stat.

원이 작다는 것보다 더 큰 문제로 지적되는 것은 한국의 노동운동이 사회복지를 자신의 중요한 과제로 인식하고 이를 위해 진지한 노력을 기울여본 적이 별로 없다는 사실이다. 이 점은 의석수나 조직 등 객관적 권력자원에 있어서는 매우 취약했으나 복지문제에 깊은 관심을 가지고 다양한 정책들을 제안했던, 그래서 거대정당들의 벤치마킹 대상이 되기도 했던 민주노동당, 정의당과 크게 대비된다.

물론 노동운동이 복지문제에 무관심으로만 일관해왔던 것은 아니다. 조직 노동운동은 1987년 이후 다양한 형태로 사회권 확보 투쟁을 전개했다. 민주노총 산하 병원노련(보건의료노조의 전신)과 지역의료보험 노조의 활동가들은 1990년대 초반부터 전문가들 및 지역 시민사회 운동과 연대해 의료보험 통합 운동을 전개했고, 이는 2000년 건강보험 통합의 중요한 견인차가 되었다(이철승 2019, 184~216). 1990년대 중반 이후로도 민주노총의 '사회개혁 투쟁', '사회공공성 사업', 한국노총의 '사회보장정책 포럼' 등 사회복지 개혁을 위한 노조의 활동들이 간헐적으로 이어졌다. 또 김대중정부 시기 복지 개혁 과정에서, 민주노총은 시민단체와 더불어 복지 프로그램의 연대주의적, 재분배적 개혁을 지지하는 경향을 보였다(김연명 2002, 45~46).[2]

그러나 1998년 노사정위에서의 정리해고와 복지의 맞교환 이후(3장 참조) 이런 노력들은 점차 자취를 감추었다. 2007년 민주노총 일각에서는 '국민연금보험료 지원 사업'(이른바 '사회연대전략')을 전개하여 노동운동이 복지문제에 주도적으로 개입할 계기를 마련하고 정규직-비정규직 간 연대를 촉진해보고자 했다. 그러나 민주노총 소속 정규직 노동자들이 저임금 비정규직 노동자들의 연금보험료 일부를 지원하며 국가와 고용주의 복지 책임을 압박하고자 했던 이 기획은 '정규직 양보론', '노동자 책임론'이라는 내부 비판(장호종 2007) 속에 좌초했다. 비슷한 현상은 2010년 시작되었던 '건강보험하나로' 운동에서도 반복되었다(이주호 2016).

이후 민주노총에서도, 한국노총에서도 조직 노동운동이 지향하는 복지국가 상을 적극적으로 제시하고, 장·단기 전략을 가지고 이를 지속적으로 추진하고자 하는 흐름은 나타나지 않았다. 양대 노총 내부에 복지정책을 전담하는 인력이나 예산은 극히 적었고, 사업 방식도 무언가를 주도하기보다는 정부 부처의 위원회에 참여하여 입장을 개

---

2 직장의료보험과 지역의료보험의 통합에 대해 민주노총은 통합 지지 입장을, 한국노총은 통합 반대 입장을 취했다. 국민연금의 도시 자영자로의 확대에 대해서도 민주노총은 일원화된 국민연금체계를 지지했으나 한국노총은 근로자연금기금과 자영자연금기금의 분리를 주장했다(김연명 2002, 45~46).

진하거나 시행되는 정부 정책을 비판하는 식의, 주로 정부 정책에 반응하는 형태였다(박명준 2014, 201). 기업별 노조들 역시 고용보장과 임금인상 그리고 기업복지에 비해 국가복지에 대한 관심은 매우 낮았고, 목적의식적인 복지 관련 노조교육도 극히 미미하여 조합원들의 복지제도에 대한 이해 자체가 매우 낮은 상황이 지속되었다. 이는 연금 개혁 등 중요한 복지 이슈가 터질 때 일반 조합원들은 사안을 잘 이해하지 못하고 지도부는 느리고 소극적인 대응을 하는 원인이 되었다. 임금을 둘러싸고는 그토록 전투적 대치가 빈발했지만, 사회적 임금인 복지에는 큰 관심을 기울이지 않은 것이다.

결국 2010년 무상급식 의제를 계기로 촉발된 유례없는 복지정치 활성화의 국면에서도 노동운동은 별다른 역할을 하지 못했다. 18대 대선을 앞둔 2011년, 민주노총은 봇물처럼 터져 나오는 복지담론 속에서 '노동 없는 복지'론들을 비판하며 '노동 존중 복지국가론'을 내세웠다(김태현 2011). 그러나 보편주의적 복지와 더불어 좋은 일자리 창출과 노동기본권 보장, 재벌과 초국적 자본에 대한 규제와 공공성을 주장하면서 복지동맹과 사회연대운동을 제안했던 이 기획 역시 내부 비판 속에 동력을 얻지 못한 채 유야무야되었다(이주호 2016, 310). 결국 민주노총은 시민운동이 주도한 복지국가 건설을 위한 연대 기구 구성 제안조차 적극적으로 수용하지 못했고 복지국가 운동에서 노동의 역할에 대한 회의는 더욱 심화되었다(박영선 2014; 이태수·윤홍식 2014).[3] 서두에 언급한 '노조 없는 복지국가는 불가능한가?'라는 물음

---

3 이런 회의는 복지국가를 지향하는 데 있어 "노동자계급 중심성이라는 이미 유럽에서도 낡아버린 역사철

은 이런 분위기에서 생겨났다.

이렇게 민주화 이후로도 노조가 복지국가 건설의 주력으로 나서기 어려웠던 데에는 여러 가지 이유가 있다. 첫째, 한국에서는 노조 조직화가 합법화된 시기에, 한편으로는 여전히 광범위한 불완전 고용자층·자영자층이 존재했고, 다른 한편으로는 이미 서비스 사회로의 이행이 시작되어 고전적 복지국가 이론에서 얘기하는 전통적 의미의 제조업에 기반한 노동자계급이 수적 다수를 차지하기 어려웠다. 둘째, 반공·권위주의 체제의 유산 속에 진보정당의 건설이 지체되고 중도정당이 외면하는 가운데 노사관계법 개정이 지연되면서, 조직화 및 노조의 자유로운 정치활동이 쉽지 않았고 사회적 노동운동이 활성화되지 못했다. 셋째, 서구의 경우 복지국가 건설기에 주력 노조는 저임금에 나쁜 노동조건을 가지고 있었으나 조직력은 강해서 연대를 주도할 경제적 계기가 강했고 주도할 능력이 있었다. 반면 한국의 경우 재벌, 공기업, 금융부문의 조직력을 가진 대기업 노조들은 상대적으로 고임금과 양질의 기업복지를 비롯한 좋은 노동조건을 가지고 있어 복지국가 건설을 위한 연대를 주도할 동기가 약할 수밖에 없었다(신정완 2010).

그러나 한국에서 민주화 이후 조직노동으로 하여금 복지국가 건설에 나서게 하는 데 결정적 장애물이 되어왔던 것은 역시 기업별 노조 체제라고 보아야 할 것이다. 많은 연구들이 지적하듯 복지국가의 발전에서 노조의 조직률만큼이나 중요한 것이 노조의 조직구조와 권위

학적 허상 같은 것에 집착할 필요도 없다"(장은주 2012)는 주장으로 나타났다. 반면 노동이 주도하지 않는 복지국가는 이론적, 경험적으로 불가능하다는 주장(고세훈 2013)이 여전히 다른 한편에 있었다.

　　　　　　　　　　　　　한국 복지국가는 어떻게 만들어졌나?

표 4-2_근로자의 복지와 고용안정을 위해 필요한 공공정책에 대한 노동조합 간부들의 태도

		사례수	공공복지 강화	임금인상+ 기업복지	모름/무응답	합계
			%	%	%	%
전체		(182)	63.2	35.2	1.6	100.0
가맹 상급단체별	한국노총	(85)	50.6	47.1	2.4	100.0
	민주노총	(97)	74.2	24.7	1.0	100.0
노조활동별	기업수준 (민간노조)	(54)	33.3	66.7	0.0	100.0
	기업수준 (공공노조)	(8)	50.0	50.0	0.0	100.0
	산별노조	(70)	71.4	28.6	0.0	100.0
	중앙수준	(50)	86.0	8.0	6.0	100.0

출처: 연세대 SSK 〈작은복지국가연구〉 사업단·한겨레사회정책연구소(2012), 〈공공정책에 대한 인식조사〉[4]

의 집중성이다(Katzenstein 1985; Golden and Pontusson 1992; Esping-Anderson 1990, 29). 노동의 조직적 구성이 포괄적이고 단체협상의 수준이 높아질수록 여러 시장 지위의 노동자들 모두가 혜택을 볼 수 있는 공공복지를 요구하는 압력이 커지고, 이에 따라 사회지출 수준이 높아질 가능성이 커진다. 반면, 노동운동이 기업별로 이루어질 경우, 조합원들은 사회복지보다는 기업 내 임금인상과 고용안정 그리고 기업복지 등을 선호해 누구나 혜택을 보는 공공복지의 발달은 상대적으로 지체되기 쉽다(양재진·정의룡 2012, 84).

---

4   복지태도에 있어 노조 조직화 수준별, 기업 규모별, 민간·공공 분야별 차이를 확인해보고자 한 이 조사는 2012년 8월, 상급단체 노조간부 30인(민주노총, 한국노총), 산별 노조 간부 30인(금속노조/보건노조), 기업 단위 노조 간부 90인(대기업/중소기업/공공부문 노조)을 대상으로 이루어졌다.

한국의 기업별 노조체제하에서 사회복지는 노동운동에서 항상 낮은 순위 의제였다. 기업별 조직형태는 노조로 하여금 1차 분배, 즉 기업 내 분배 투쟁에 집중하게 하고 2차 분배, 즉 '사회적 임금 투쟁'으로 나아가지 못하게 하는 가장 큰 원인이 되었다(이주호 2016). 특히 2000년대 이후 노조운동은 점차 자신의 인적, 물적 자원을 '조합원'인 조직 노동자의 욕구 만족에 집중하고 이를 기업 내에서 해결하려 하게 되면서, 연대적 노동운동을 통한 복지국가 운동에는 소극적 태도를 보였다(이상호 2011). 표 4-2는 조금 오래된 조사이긴 하나 이런 노조원들의 조합주의적 복지태도의 일단을 보여준다. 기업별 노조체제하에서 노동운동의 중심을 이루는 대기업 민간부문 노조 간부들은 근로자의 복지를 위해서는 공공복지보다 임금인상과 기업복지 확대가 필요하다고 압도적으로 높은 비율로 답하고 있다.[5]

한편 노조로 하여금 복지국가 건설의 핵심적 행위자로 나서지 못하게 하는 또 하나의 장애물은 현장의 이런 경제주의 분위기에 극명히 대조되는, 진보적 노동운동 진영 내의 근본주의 경향이었다. 민주화 이전 혁명적 노동운동에 뿌리를 둔 이 흐름은, 복지를 노동자들의 생활수준을 개선하고 시장에 대한 의존을 줄이는 사회적 임금이 아니라, 자본주의 체제를 유지하고 노동자들을 체제 내에 묶어 두는 '개량'(reform)으로 보았다. 이런 최대 강령주의적 경향은 노조 내에서 어떤 복지 의제를 두고도 '전부 아니면 전무(all or nothing)' 방식의 논의

---

5   이 조사는 일반 조합원들에 비해 높은 연대의식을 가지고 있을 것으로 기대되는 노조 간부를 대상으로 했다.

를 진행시키는 원인이 되었다. 그리고 "대부분 구체적 결과 없이 노동운동의 현실 정치와 정책 개입력을 약화시키고 사회적 정치적 고립을 자초"하게 만들었다(이주호 2016, 310)고 평가된다.

대부분의 논자들은 적어도 중단기적으로는 복지국가 건설에서 노동운동이 주도적 역할을 할 가능성은 적다고 진단하고 있다. 문재인정부 이후에도 계속되고 있는 민주노총의 경사노위에의 불참, 사회적 대화 테이블에서 이루어진 국민연금 개혁 논의의 성과 없는 종결, 그리고 민주노총의 제안으로 시작되었으나 민주노총 내부 합의의 실패로 결국 무산된(2020.07.01.) '코로나19 위기 극복 방안 마련을 위한 원포인트 노사정 비상협의' 역시, 이런 진단에 힘을 싣고 있다.

2. 시민운동

복지국가를 일찍 발전시킨 유럽이나 북미의 경우 복지 및 재분배와 관련된 이슈, 이른바 물질적 가치에 기반한 이슈들은 통상 '구사회운동'(old social movements) 이라 할 수 있는 노동운동에 의해 대변되었다. 시민운동, 즉 '신사회운동'(new social movements)은 주로 젠더, 환경, 평화, 인권 등 탈물질주의적 가치에 기반한 이슈들(post-materialist values, Inglehart 2015)에 집중했다. 이런 사정으로 인해 주로 거시적 맥락에서 분배와 불평등 문제를 다루어온 서구의 사회정책학에서 사회운동에 초점을 두는 연구들은 수적으로도 많지 않았고, 크게 주목을 받지도 못했다(Mooney et al. 2009).

반면 한국에서는, 시민운동이 노동운동을 대체할 수 있는 복지국가 건설의 주된 행위자일 수 있는가가 오랫동안 논란거리였다. 한쪽에서는 시민운동은 그 구성원들이 이질적 이해관계를 가지고 있어 쉽게 분화될 수 있기 때문에, 복지국가 건설의 핵심 행위자가 되기 어렵다고 주장했다(고세훈 2013). 다른 한쪽에는 노동자계급만이 복지국가 발전의 주체가 될 수 있다고 선험적으로 선언하는 것은 오류이며(최현 2007), 복지국가야말로 시민적 기획이어야 한다고 주장했다(장은주 2012). 이런 논란에도 불구하고 민주화 이후 한국의 복지정치에 가장 적극적으로 개입한 시민사회 내 행위자가 사회운동 조직이라는 데는 이론의 여지가 없다. 시민운동이 노동운동을 대신할 수 있는가가 큰 논란거리가 된다는 사실 자체가 역설적으로 한국의 복지정치에서 시민운동의 중요성을 잘 보여준다(김영순 2012).

시민운동을 복지정치의 중요한 행위자로 상정할 때 고려해야 할 점은 무엇일까? 첫째, 시민운동 단체들은 공적 선거로 선출된 대표자들의 조직이 아니라 자발적 조직체라는 것이다. 이는 시민운동이 공식적 대표성을 가지지 않으며 명확히 책임져야 할 집단도, 책임질 수 있는 수단도 존재하지 않음을 의미한다. 둘째, 시민운동은 노동운동이나 이익단체와 달리 조직적 기반이 취약하다는 것이다. 시민운동 조직의 구성원들은 노조원들과 달리 서로 다른 경제적 이해관계를 갖는 구성원들로 이루어져 있으며, 특정한 생산 조직 속에서 매일 매일의 상호작용을 통해 정치적 정보와 의식을 교환하면서 공동의 집합의식을 발전시키지 않는다. 즉 '조직적 닻'을 가지고 있지 않다. 또 조직의 규모나 응집력, 정치적 위협력에 있어서도 노조와 비교되기 어렵다. 이 연구에서는 이 두 가지 특징이 복지정치에서 시민운동의 의제 실현 방식과 동원하는 자원의 성격에 영향을 미친다고 보고 다음 두 가지 사실에 유의했다.

첫째, 시민운동이 자신의 의제를 실현하기 위해 한국의 정치적 기회 구조(political opportunity structure)에 맞게 공식적 정책결정 라인과 연결되는 방법, 즉 기성 정당과의 협력과 제휴를 모색했으리라고 보았다. 자발적 조직체인 시민운동은 자신이 추구하는 복지 의제를 실현하기 위해서 정책결정권을 지닌 선출된 권력으로 하여금 자신의 의제를 받아들이게 할 통로를 찾아야 한다. 이 통로는 시민운동의 자유로운 선택에 달려 있기보다는 한국사회의 정치적 기회 구조에 의해 제약되었을 것이다.

일반적으로 시민운동과 정당과의 관계를 결정하는 핵심 요소는 정치적 기회 구조의 개방성 정도와 안정적인 정치적 동맹 관계를 유지할 만한 기성 정당이 존재하는가이다(McAdam 1996; Tarrow 1998; 정상호 2007). 이 논리에 따르면, 비례성이 강한 선거제도를 가지고 있는 나라에서는 정치적 기회 구조의 개방성이 높아 신진세력의 의회 진출이 용이하다. 따라서 기성 정치권이 대변하지 못하는 이슈를 대표하고자 하는 시민운동 세력은, 스스로가 정당으로 변신해 자신의 의제를 실현할수 있다. 독일의 녹색당이 좋은 예다. 반면 비례성이 약한 승자독식의 선거제도를 가지고 있어 신진세력의 의회 진출이 어려운 나라들의 경우, 시민운동은 기성 정당과 안정적 협력을 통해 자신의 의제를 정책화하려는 경향을 보인다. 예컨대 정치제도상 거부점이 많은 데다 의회를 상대로 한 이익집단의 로비가 잘 발달한 미국에서는, 시민운동은 자신과 입장이 가장 비슷한 정당을 지원하는 것을 정책적 성취의 중요한 수단으로 설정해왔다. 영국의 시민운동들 역시 노동당과의 제휴를 통해 자신의 의제를 실현해왔다. 한국은 신진세력의 의회 진출이 어려운 비례성 약한 선거제도를 가지고 있다. 이는 한국의 시민운동이 정치적 기회 구조상 독일보다는 미국이나 영국에 가까운 선택을 했을 가능성이 높음을 시사한다. 이 책의 2부 5장에서는 이런 가설하에 복지 관련 시민운동의 사례를 검토한다.

두 번째는 한국의 시민운동이 자신의 의제를 실현하기 위해 동원했던 자원 역시 전통적인 복지정치 주체들의 그것과는 달랐으리라는 것이다. 시민운동 단체들은 강한 조직력에 기반한 위협력도, 입법권을 비롯한 정책결정권도 가지고 있지 않다. 즉 북유럽의 노조나 사회민주주의 정당이 가졌던 것과 같은 '권력자원'을 가지고 있지 않은 것이다. 이에 따라 한국의 시민운동은 이들과 다른 수단을 통해 자신의 의제를 실현하려 하는데, 2장에서 논한 연성 권력자원(soft power resources)이 바로 그것이다. 이 연구에서는 한국의 시민운동이 지식기반 자원, 여론의 동원, 사회운동 연대체의 구성을 통한 압력 행사 등 연성 권력자원들을 동원해 자신의 의제를 관철하려 했다고 본다.

이제 한국 시민운동의 사회운동으로서의 특성과 시민운동이 복지정치에서 차지했던 역할을 좀 더 구체적으로 살펴보도록 하겠다. 한국에서는 1987년 민주화 이후 '시민사회의 부활'(resurrection of civil society, O'Donnell and Schmitter 1986, 4)을 경험하면서, 여러 시민운동 조직들이 생겨났다. 그런데 이들 시민운동 조직들에 의해 주도된 한국판 신사회운동(new social movements)은 한국의 구사회운동(old

한국 복지국가는 어떻게 만들어졌나?

표 4-3_한국과 서구의 사회운동

	서구 구사회운동	서구 신사회운동	한국 구사회운동	한국 신사회운동
이슈	물질주의적 (경제적 평등, 노동권, 복지)	탈물질주의적 (환경, 젠더, 인권, 평화)	물질주의적 (경제적 평등, 노동권, 복지, 민주주의)	물질주의적 +탈물질주의적
목표	개혁	(여러 개의 작은, 생활 상의) 혁명들 (small revolutions)	(탈자본주의) 혁명 (Revolution)	개혁
방법	관례적	급진적, 비관례적	급진적(비합법, 반합법 포함)	온건, 비관례적
조직화 양식	대규모 회원을 보유한 수직적, 위계적 조직	소규모 풀뿌리 조직들의 수평적 네트워크	전위 조직 + 대중조직	중앙집중화된 전문가, 활동가 중심 조직 + 사안별 일시적 연대 조직

자료: 정태석(2006, p. 129)을 필자가 수정·보완

social movements)과도 달랐지만, 서구의 신사회운동과도 달랐다. 한국에서 구사회운동은 서구와 달리 제도화된 노동운동이 아니라 민주화운동을 주도했던 혁명적 민중운동이었다. 극단적 권위주의 체제하에서 배태된 이 운동은 평등과 해방이라는 과제를 자본주의 자체를 넘어섬으로써 달성하고자 했다. '68년 혁명' 이후 등장한 신사회운동은 주로 젠더, 인권, 환경, 평화 등 탈물질적 가치에 기반한 이슈들을 제기했다. 반면 민주화 이후 생겨난 한국의 시민운동은 탈물질적 가치 못지않게 평등과 재분배 등 물질적 가치에 기반한 이슈들을 중요하게 제기했으나, 그 해결 방법은 자본주의 체제 내에서의 개혁이었다.

또한, 한국 시민운동은 조직화의 양식에 있어서도 매우 달랐다. 서구의 신사회운동은 대부분 단일 이슈 투쟁을 위한 풀뿌리 조직 운동이었다. 이들은 제도화된 노동운동과 관료화된 기성 정치를 비판하면서, 자발적 대중 동원을 강조했다. 물론 한국에서도 이런 종류의 신사

회운동적 시민단체들도 존재했다. 그러나 한국에서 큰 영향력을 발휘했던 시민운동 단체들은 정당과 비슷하게 여러 이슈를 다루는 종합적 운동(catch-all movement) 성격을 띠었다(김태수 2007, 162~163). 복지는 보통 이 운동단체들이 다루는 여러 이슈 중 하나로서 단체 내의 한 부서가 전담하였다.[6] 이 운동단체들은 또한 풀뿌리 조직이기보다는 중앙집중적인 전문가-활동가 중심의 조직이었다. 요컨대 한국에서 대표적 시민운동은 좌파 정당처럼 사회경제적 약자들의 이익을 포괄적으로 대표하는 대변형 조직(advocacy group)이었던 것이다.

운동 방식에 있어 서구의 신사회운동은 점거, 단식, 놀이 양상의 시위 등 구사회운동이 사용했던 파업 등의 관례적(conventional) 방법들에 비해 '창의적'이고 '급진적' 방법을 사용했다. 그러나 한국에서 사실상 급진적이었던 것은 구사회운동인 민중운동이었다. 이들은 기본적인 정치적 자유가 허용되지 않는 조건 속에서 비합법적·반합법적 운동 방식도 마다하지 않았고, 분신·투신 등 극단적이고 충격적인 방법을 사용하기도 했다. 반면 민주화 이후 한국의 시민운동은 운동 방법에 있어서는 과거의 민중운동에 비해 오히려 온건하고 합법적인 방법들을 채택했다. 즉 민주화 이후 한국 시민운동은 새로웠다. 그러나 그 새로움은 서구의 신사회운동의 새로움과는 여러 면에서 달랐다(김태수 2007, 162~163; 정태석 2006).

이런 한국의 시민운동 단체들 중 과거 민주화운동에 뿌리를 둔 몇몇 단체는 '대의의 대행'(proxy representation 조희연 1999)을 얘기할

---

6   참여연대의 사회복지위원회, 한국여성단체연합의 사회권위원회가 대표적이다.

정도의 위상을 가지게 되었다. 즉 시민단체들은 정당과 비슷한 역할을 수행했던 것인데, 이런 현상은 3장에서 논의한, 민주화 이후에도 오랫동안 계속된 정당정치의 기능부전에 기반하고 있었다. 진보정당은 극도로 취약했고, 정치사회를 장악한 보수정당과 중도정당은 선거 때는 지역주의의 동원에 의존하여 의석을 차지한 후 정책정당으로서의 역할을 제대로 수행하지 않았다. 이런 정당체제 기능부전의 가장 중요한 피해자는 사회경제적 약자들이었다(최장집 2005, 25~26). 기업이나 부유층들은 로비나 우월한 미디어 채널에의 접근 능력 등 다른 이익 실현 통로를 가질 수 있었으나 사회경제적 약자들은 그렇지 못했기 때문이다.

민주화 이후 한동안 이런 공백을 메운 것이 바로 시민운동 단체였다(김동노 2013, 68; 조희연 2001, 273). 시민운동 단체 중에서도, 권위주의 시기 민주화운동에 뿌리를 둔 대규모 시민운동 단체들은 경제 민주화, 복지, 노동권, 정치제도 개혁 등 전형적인 구사회운동의 의제들을 자신의 사명으로 했다. 특히 참여연대, 경제정의실천시민연합(이하 경실련), 한국여성단체연합(이하 여성연합) 등은 '종합적 시민운동'으로서 준(準)정당적 역할을 수행했다. 이들은 다양한 정책 분야에서 진보적이고 개혁적인 입장에서 사회경제적 약자들의 이익을 대변하고 대안을 제시했다. 나아가 그 전성기에는 갈등하는 이익들을 조정하고, 법안을 디자인하고 제안하는 역할까지 수행했다. 즉 정당들의 '대의의 실패'는 시민운동 단체들에 의한 일종의 '대의의 대행' 현상을 불러온 것이다.

시민운동 단체들은 '대안 정당'과 같은 위상을 기반으로 복지정치에서도 커다란 영향을 행사했다. 서구에서 사회운동은, 복지 이슈를 제기할 때에도, 재분배나 평등 그 자체보다도 그와 연관된 정체성의 정치(identity politics)와 차이의 인정(the recognition of difference)을 둘러싼 상징 투쟁, 혹은 전 지구적 사회정의 문제에 관심을 기울였다 (Taylor 1999; Ellison and Martin 2000; Charles 2000; Martin 2001). 또 물질적 이슈에 관심을 갖는 경우에도, 대개 빈곤 퇴치나 아동복지 같은 단일 이슈 투쟁 조직이거나 지역사회에 기반한 서비스 제공 NGO 인 경우가 많았다. 반면 한국에서 대표적인 종합적 시민운동 단체들은 다른 분야에서처럼 준정당적 역할, 진보정당과 유사한 역할을 수행했다. 이들은 공익적 관점에서, 혹은 사회적 약자의 편에 서서 쟁점이 된 복지 이슈마다 사회 연대적 대안을 내세우고 캠페인을 전개했다. 전문성이 강한 건강 분야에서는 인도주의실천의사협의회, 건강사회를위한 치과의사회, 건강사회를위한약사회 등의 시민단체들이 각각 독립적으로, 혹은 종합적 시민운동 단체들과 연대하여 공익적 관점에서 운동을 전개했다. 복지정치에서도 역시 시민운동 단체의 역할은 사회적 약자들의 이익표출(interest articulation)뿐만 아니라 이익집약과 조정 기능(interest aggregation and coordination), 나아가 정책 작성으로까지 확장되었다.

2000년대 후반 복지정치에서 정당의 기능이 제대로 작동하기 시작할 때까지, 시민운동은 김대중·노무현 정부의 복지 개혁에서 중요한 역할을 수행했다. 국민기초생활보장법 제정, 의료보험 통합, 의약분업, 보육 서비스의 확대 등이 그것이다. 그런데 이렇게 복지정치에서 노조와 정당 대신 중요한 역할을 수행했던 시민운동은 이 과정에서 두 가지 중요한 한계에 부딪히게 된다. 하나는 상층 연대에 기반한 운동 방식의 문제점이었다. 조직이나 재정 등 경성 권력자원을 가지지 못한 한국의 시민운동은 자신의 장점을 잘 살리는 방식, 즉 지식기반 자원을 동원해 대안적 정책을 설계한 다음, 단기적이나 포괄적인 연대세력을 형성해 여론을 동원함으로써(awareness raising) 정책결정 라인을 압박하는 방식으로 자신의 목표를 효율적으로 달성해왔다. 이런 방식은 단기적으로 거대한 제휴체를 만들어 극대화된 영향력을 행사할 수도 있지만, 지속성을 갖지 못하고 일거에 파편화될 위험성을 가지고 있다. 이런 운동구조 속에서 특정한 복지 이슈를 두고 형성되는 대중들의 지지와 관심은 강한 휘발성과 유목성을 지니고 있었고 지속성과 견고성을 지닌 현실 변화의 동력이 되기 어려웠다.

2012년 복지국가실현연석회의의 경험이 이를 가장 극적으로 보여준다. 연석회의는 참여연대의 주도하에 전통적 복지운동 단체는 물론, 민주노총, 한국노총, 전국실업단체연대, 여성연합 그리고 교육, 노동, 여성, 주거, 의료 분야를 망라하는 400여 개 단체들이 집결해 결성한 상층 연대에 기반한 복지국가 운동의 한 정점이었다고 할 수 있다. 그러나 연석회의는 상층 연대에 그쳤고 일반 시민들이 대중운동에 참여할 수 있는 실제적인 기획을 만들어내지 못했다. 그리고 복지국가의 사회적 기반을 형성하는 중장기적인 구상과 핵심적 과제를 외면한 채 정치적 기회 구조를 활용한 과도한 정치적 목표를 앞세우고 단기적으로 성패를 걸려 했으나 결국 실패하여 흩어지고 말았다(박영선 2014).

이에 따라 2010~2012년 폭발적인 복지정치 활성화 국면이 가라앉자, 시민운동 내에서는 이제 풀뿌리 운동에 기반한 '진지전'(war of position, Gramsci and Hoare 1971)이 필요하다는 지적이 대두되었다.

과거의 복지 시민운동이 상층 전문가, 활동가 중심의 기동전(war of manoeuver)이었다면 이제 각 영역과 지역에서 의제별 당사자들이 나서는 '아래로부터의 운동'이 필요하다는 것이었다(오건호 2014; 정태석 2014). 이후 2010년 '건강보험하나로' 운동의 뒤를 잇는 '내가만드는복지국가', '세상을바꾸는사회복지사', '노년유니온' 등 풀뿌리 복지 시민운동들이 만들어졌다. 또 복지 관련 대변형 시민운동 단체들은 복지정치에서 정당의 기능이 활성화되자 '대의의 대행자'에서 '진보적 공론장 형성자'로서의 자신의 정체성을 더욱 분명히 하는 방식으로 이를 극복하려 해왔다(김정훈 2012). 즉 시민단체들은 보다 전문성을 강화하고 연구 활동이나 토론회 등을 통해 복지문제에 있어서 정부의 정책들을 감시, 비판하고 보다 정교한 정책대안을 내세우는 데 집중하려 한 것이다.

복지 관련 시민운동과 관련해 또 하나의 한계 또는 문제로 지적되었던 것은 시민운동의 중립성 혹은 시민운동과 기성 정치권과의 관계였다. 김대중정부 이래 진보적 시민운동 출신의 인사들이 정당이나 행정부에 진출함으로써 시민운동이 추구했던 사회정책 의제들이 국정에 반영되고 상당한 정책적 성과를 거둔 것이 사실이다.[7] 또 한국의 진보적 시민운동이 '민주당' 계열의 거대정당과 맺어왔던 관계는 정치적 기회 구조에 의해 구조적으로 강제된 측면이 크다. 즉 신진세력, 소수정당의 의회 진출이 지극히 불리한 한국의 선거제도는 시민운동으로 하여금 독자 정당을 창설해 자신의 복지 의제를 실현하는 것을 어렵게

---

7   이 책 2부에서 이는 '페모크라트', 혹은 '제도 내 활동가'라는 형태로 다루어진다.

했고,[8] 이런 제도적 장벽 앞에서 복지운동의 일각에서 택했던 정책 변화의 통로가 기성 정당 중 상대적으로 진보적인 민주당이나 민주당 정부로 진출하는 것이었던 셈이다. 그러나 이는 시민운동의 중립성 시비를 불러일으키고 복지정치와 정책에 미치는 시민운동의 영향력을 훼손하는 결과를 가져왔다.[9]

3. 정당

20세기 유럽 복지국가의 확대에서 가장 중요한 행위자는 사회 민주주의(이하 사민주의) 정당이었다. 노동조합은 조직화라는 무기를 통해 경제적 약자인 노동자들의 이익을 추구했지만, 경제주의적 조합주의에 머무르기 쉬웠다. 또한 생산부문이나 노동시장에서의 지위, 그리고 조직화 범위에 따라 이해관계가 분열되어 노동자계급 전체의 연대를 추구하지 못하는 경우도 많았다. 반면 정치 세력으로서의 사민주의 정당은 집권을 위해서는 자신의 가장 중요한 지지기반인 노동자계급 전체의 연대를 달성해야 했다. 또 중간계급과 노동계급 간의 동맹도 구축해내야 했다. 나라마다 복지국가 태동의 기원은 달랐으나, 황금기 복

---

8 2016년 시민운동 단체이자 싱크 탱크로서는 상당한 영향력을 지녔던 '복지국가소사이어티'가 '복지국가당'을 창당하고 선거에 참여했으나 별다른 성과를 거둘 수 없었던 경험은 이런 한국의 현실을 극명히 보여준다.

9 특히 문재인정부 등장 이후 참여연대를 핵심으로 하는 시민운동 출신 인사들의 대거 공직 진출과, 이른바 '조국사태'를 계기로 다시 불거진 시민운동의 중립성 논쟁은 이 문제를 더욱 뜨겁게 달궈놓았다. 그리고 이 와중에 2000년대 초반 절정에 달한 뒤 내리막을 걸어오던 시민운동의 신뢰도도 크게 추락했다.

지국가의 발전은 대부분 이렇게 노동계급 내 연대와 노동계급-중간계급의 계급 간 동맹에 기반한 집권을 추구했던 사민주의 정당의 정치적 기획과 연관되어 있었다.[10] 집권을 한 경우는 물론이지만, 집권하지 못하는 경우에도 사민주의 정당은 대부분 비례성 강한 투표제도를 가지고 있던 유럽에서 그 득표력과 의회에서의 협상력을 통해 복지 개혁을 추동할 수 있었다. 그리고 이런 의미에서 좌파 정당은 복지국가 발전에 있어 가장 중요한 행위자였다고 할 수 있다.

하지만, 최근 들어 두 개의 중대한 도전, 즉 세계화와 노동시장의 변화는 이런 사민주의 정당의 역할을 더 이상 유지하기 어렵게 만들어왔다. 세계화와 탈산업화가 진행되는 동안 전통적 노동자계급의 하층은 저임금 서비스업 일자리로 내몰렸고 몰려드는 이민자들과도 경쟁해야 했다. 1980년대 사민주의 정당들은 신자유주의적 경제정책들을 받아들인 이후 소극적 재분배정책으로 일관하면서 이들 하층 노동자계급의 어려움에 제대로 응답하지 못했고, 이에 따라 사민주의 정당과 보수주의 및 자유주의 정당과의 정책 차이는 줄어들었다. 게다가 서서히 진행된 고등교육의 확대로 지지자들 중 대학교육을 받은 중간층의 비중이 늘어가자 사민주의 정당의 정책은 점점 더 이들의 이익과 문화를 대변하는 쪽으로 바뀌어갔다.

피케티(Piketty 2018; 2020)는 이런 변화가 서구의 정치적 균열구조를 근본적으로 변화시켰다고 보고 있다. 과거에는 경제적 평등에 대

---

10 복지국가가 가지고 있는 연대적이면서 동시에 타협적인 성격은 이런 다양한 정당들이 조정하고 결집해낸 분배 동맹의 결과물로서의 성격을 잘 보여준다.

한 입장을 축으로 스펙트럼 선상에 존재했던 좌우파 정당들이 이제 '소유' 즉 경제적 평등의 문제와, '공동체의 경계' 즉 세계화와 이민자에 대한 태도 문제라는 두 가지 축을 중심으로 재정렬되었다는 것이다. 이는 유권자들의 분화에 상응하는 것이었다. 즉 과거 사민주의 정당의 지지 세력이었으나 세계화의 과실 향유에서 소외된, 그리고 자기 땅에 붙박혀 이민자들과 경쟁하면서 살아야 하는 저학력, 저숙련 노동자들은 반자유무역, 반국제주의, 반이민의 기치를 든 극우 정당으로 이동해갔다. 결국 사민주의 정당의 지지율은 크게 하락했고, 사민주의 정당은 남은 지지자들, 즉 세계화의 수혜자들인 교육받은 고학력 중산층의 정당, '브라만 좌파'(Brahmin left)의 정당으로 쪼그라들었다. 전통적인 우파 정당은 고학력, 고자산 부유층—이른바 '상인 우파'(Merchant right)—의 정당이 되었다. 영국의 브렉시트 사태, 미국의 트럼피즘 현상, '독일을 위한 대안'(AFD)을 비롯한 유럽 각국에서의 극우 정당의 부상과 사민주의 정당들의 고전(苦戰)은 이런 유권자들과 정당들의 변화를 잘 보여준다.

호이저만과 슈반더(Häusermann & Schwander 2012)는 노동의 파편화가 여러 세력 간의 동맹에 기반해 복지국가의 확대를 추진해왔던 사민주의 정당에 어떤 어려움을 안겨주고 있는지를 더 직접적으로 묘사하고 있다. 이들에 의하면 과거에는 전통적 노동자계급과 고학력, 고숙련의 중간계급이 복지동맹을 맺고 사민주의 정당을 지지했다. 그러나 변화된 노동시장 속에서 이들의 이해관계는 여러 갈래로 분화되었다. 저숙련이지만 노동시장 내부자(insider)인 전통적인 노동자계급은 사회보험 같은 기여-급여가 연동되는 복지제도를 선호한다. 반면 저숙련의 노동시장 외부자(outsider)는 실업부조나 사회수당 같은 기여와 무관한 재분배정책을 지지한다. 또 최근 증대하고 있는 고숙련의 노동시장 외부자들은 사회투자정책을 선호한다. 이런 다양한 이해관계들을 조정해서 연합을 형성하여(coalition-engineering) 복지국가를 새로운 환경에 적응시켜야 하는 것이 사민주의 정당의 과제이다. 그러나 최근 프랑스 사회당이나 독일 사민당의 선거 성적표는 이 과제가 얼마나 어려운지 여실히 보여준다. 이 모든 것이 복지정치에 의미하는 것은 자본주의 황금기까지 유지되어 오던 복지동맹의 균열과 와해이다.

어쨌든 서구의 경우 좌파 정당이 복지국가 건설의 견인차였고 복지국가 방어의 보루였다가 최근에서야 취약해졌다. 반면, 한국에서는 분단 반공 체제의 수립 이후 진보정당이 내내 취약했다. 진보정당은 권위주의 시기 불법화되었다가, 민주화 이후 17년이 지나서야 의회에 진출할 수 있었다. 의회에 진출한 이후에도 계속해서 지극히 미미한 의석만을 점유할 수 있었다. 따라서 지지기반이 분열되는 상황에서 복지동맹을 유지하는 일은 사실상 한국에서는 진보정당보다는 포괄 정당적 성격을 가지고 있는 중도정당, 즉 '민주당'들에 더 긴급한 과제가 되는 것처럼 보인다.

이렇게 민주화 이후에도 계속해서 진보정당의 권력자원이 취약했던 것은 한국사회의 구조적 제약조건에 기인한 바가 컸다. 첫째, 분단체제라는 조건은 대중적 진보정당 성장의 결정적 장애물이었다. 군부독재하에서는 냉전 이데올로기를 이용한 각종 비민주적 악법과 정치적 탄압으로 합법적 진보정당의 결성 자체가 불가능했다. 민주화 이후 이런 노골적 탄압이 사라지고 김대중·노무현 정부의 햇볕정책으로 전 사회적 대북 적대감이 다소 완화되면서, 그리고 미약하게나마 비례성을 높이는 쪽으로 선거법이 개정됨에 따라(2002년), 진보정당은 가까스로 제도정치권으로 진입할 수 있었다. 그러나 이명박·박근혜 정부 시기 동안 다시 남북관계가 경색되고 간헐적 군사적 충돌이 이어지는 가운데 북한의 핵 개발이 지속되자 남한 내부의 북한에 대한 적대감은 다시 강화되었다. 그리고 이는 북한에 대한 실제 입장과 무관하게 진보정당 모든 분파의—그리고 햇볕정책을 추진했던 중도정당의— 정치적 입지를 좁히는 역할을 했다. 진보=종북이라는 보수 언론의 프레임이 작동하는 가운데 사회경제적 진보는 계속해서 정치적 진보와 분리되었고(강원택 2013), 이는 다시 진보정당들에 대한 응집된 지지를 어렵게 했다(장지연 2014). 진보정당의 분열과 역량 약화를 추동했던 가장 중요한 변수가 진보정당 내부에 존재하는 북한에 대한 상이한 입장이었다는 사실도 분단체제가 한국의 진보정당에 드리운 짙은 그림자를 웅변적으로 보여준다.

문제는 이렇게 분단체제가 진보정당의 성장에 가한 구조적 제약이 복지정치에도 투영되는 현상이 복지태도의 계급성이 뚜렷해진 2010년 이후에도 여전히 건재하다는 사실이다. 노정호·김영순(2017)은 친복지 성향을 가진 유권자는 연령층에 상관없이 민주당에 대한 호감도 또한 높다. 즉 청·장년층뿐만 아니라 노년층에서도 친복지 성향 유권자는 반복지 성향 유권자보다 민주당에 호감도가 더 높지만, 정의당의 경우는 이런 경향이 관찰되지 않음을 보여주었다. 40대 이하 유권자들 중 친복지 성향을 보이는 유권자들은 정의당에 보다 높은 호감을 보이지만, 50대 이상에서는 친복지 성향 유권자들도 정의당에 호감을 보이지 않는다는 것이다. 요컨대 고령층에서 친복지적 태도가 친복지 정당의 지지로 연결되는 것을 방해하는 정도는 민주당보다 정의당의 경우에 훨씬 강하게 나타난다. 이는 정의당의 친복지 세력 동원에는 민주당보다 훨씬 더 거대한 세대 장벽이 존재함을 의미한다고 보아야 할 것이다. 이런 결과는 최근 복지 체험의 확대에 따른 복지정책에 대한 가독성(policy literacy) 증대와 그에 따른 복지태도의 계급성 강화(여유진·김영순 2015)에도 불구하고, 친복지적 태도가 진보정당에 대한 지지로 동원되기가 쉽지 않다는 점을 보여준다.

둘째, 보수독점을 유지하는 법과 제도들도 진보정당 성장의 또 하나의 중요한 장애물이었다. 민주화 이후로도 상당 기간 동안 복수노조 금지, 노조의 정치활동 금지, 그리고 시민사회 단체의 정치활동 및 정치자금 제공 금지 등 법적·정치적 장애물들(박재묵 2001, 449)은 진보정당의 성장을 어렵게 했다. 그리고 마침내 이런 장애물들이 사라졌을 때는 진보정당이 조직화된 계급적 토대를 갖기 어렵게 된 이후였다. 노동자계급의 이익을 대변하려는 정당이, 노동자들이 분단-권위주의 체제의 반공주의와 성장주의를 내면화하고, 지역주의에 포획된 데다가, 탈산업화로 노동의 이질화가 심화되기 시작한 후에야 출범할 수 있었던 것이다. 진보정당의 당원, 그리고 선거 때 진보정당에 투표하는 사람들 대부분이 화이트칼라라는 현실이 이를 잘 대변한다.

진보정당의 성장을 제약한 법적 장애물들은 1997~1998년의 노동관계법 개정으로 대부분 사라졌다. 그러나 비례성이 약한 승자독식의 선거제도는 여전히 진보정당의 발목을 잡고 있다. 이런 선거제도는 이중, 삼중의 의미에서 진보정당에 불리했다. 1위만 당선되는 단순다수

한국 복지국가는 어떻게 만들어졌나?

제 선거제도는 유권자들로 하여금 사표 방지를 위해 거대정당 후보에 전략적으로 투표하게 하는 효과를 발휘했다. 또 극히 적은 의석수의 병립형 비례대표제는 진보정당이 어렵게 얻은 지지조차도 의석으로 연결되지 못하게 했다. 2019년 20대 총선에서 정의당이 얻은 의석수는 6석이었으나, 독일식 정당명부비례대표제를 도입했을 경우 36석이 된다는 시뮬레이션 결과[11]는 비례성 약한 선거법이 진보정당을 얼마나 불리하게 하는지를 잘 보여준다.

국회의원 선거제도가 갖는 정책 투표 저해 경향도 진보정당엔 불리한 요소다. 민주화 이후 한국의 소선거구제-단순다수제 선거제도는 여야 지도자들이 정치적으로 동원한 지역주의와 상호작용하면서 '정책 없는 정당체제' 유지에 일조했다. 이는 정당들로 하여금 정책경쟁에 소홀하게 했고, 유권자의 입장에서 볼 때는 후보자들이 정책적으로 차별화되지 않아 다시 지역을 준거로 투표하게 하는 원인이 되었다(김수진 2008, 244~247). 정책과 이념으로 승부하고자 하는 진보정당이 설 자리는 그만큼 좁아질 수밖에 없었다.[12] 2019년 12월 우여곡절 끝에 새로운 국회의원 선거제도를 담은 공직선거법이 패스트 트랙 절차를 통해 통과되었다. 그러나 새 선거법은 여야 협상 과정에서 애초 취지와 무관한 누더기법이 되었고 선거법의 변화가 복지 확대를 주장하는 진보정당의 입지 강화에 기여할 가능성도 최소화되고 말았다.

11　"독일식 선거제 20대 총선 적용 시 민주당 제3당"(『연합뉴스』 2018.12.25. https://www.yna.co.kr/view/AKR20181225037951001) 접근일: 2018.12.25).

12　특히 영남지역에서는 지역주의와 반공주의가 중첩되면서 노동자계급의 보수정당 지지가 오랫동안 계속되어왔다.

이렇게 취약한 권력자원을 가진 상태에서 진보정당은 사실상 복지국가 발전을 위해 별다른 역할을 하지 못했다. 2004년에야 국회에 진입한 민주노동당은 진보적 원칙과 철학에 입각해 '사회연대국가'란 비전과 이에 기반한 복지정책 패키지를 제시했다. 그러나 거대정당 사이에 낀 소수정당의 비전과 정책들은 입법화는커녕 제대로 토론되고 검증될 기회조차 얻지 못했다. 무상보육 등 진보정당의 몇몇 복지정책들은 양대 정당들에 의해 일부 모방, 수용되기도 했으나 전체적으로 복지정치에서 그 영향력은 미미했다.

그렇다면 진보정당이 이렇게 오랫동안 영향력 없는 군소정당으로 머물러 있는 동안 '서민층'의 사회적 약자들을 대변한다고 자임하며 이들의 표를 구해왔던 중도정당, 즉 현재의 더불어민주당과 그 전신이었던 정당들은 어떤 역할을 해왔는가?[13] 민주화 이후 이들이 보유해 온 권력자원은 적지 않았다. 민주당들은 지역 패권 정당체제의 피해자이기도 했지만, 또한 그에 기대어 적지 않은 의석수를 차지해온 보수독점 정당체제의 한 축이었고, 1997~2008년간, 그리고 2017년 이후로는 정권을 차지하기도 했다. 그러나 이들은 진보정당을 희생해 실제 지지기반에 비해 더 많은 권력자원을 획득했지만 진보정당이 대변하려 했던 사회경제적 약자들을 대변하는 데는 매우 인색했다. 이는 복지정

---

13 더불어민주당과 그 전신이었던 정당들의 이념적 정체성에 대해서는 자유주의정당, 보수정당, 중도정당, 진보정당 등 여러 가지 평가가 있으며 스스로도 명확히 천명하고 있지 않다. 대통합민주신당 시절 당 정책연구원이었던 '한반도전략연구원'이 전문가 등을 상대로 집단심층면접(FGI)을 실시해 작성한 '당 정체성 보고서'는 '민주당=무정형 정당(formless party)'이라고 진단한 바 있다(이용욱 2008). 이 책에서는 '시장경제에 대한 국가 개입'과 '개인 자유에 대한 국가 개입'에 대한 입장을 기준으로 볼 때 민주당이 '중도정당'에 가깝다고 보고 이 규정을 사용한다.

치에서도 마찬가지였다.

첫째, 2007년 국민연금 개혁—및 기초연금 도입— 이전에는 한국의 정당들은 복지문제를 둘러싼 시민사회의 이익을 집약하고 이익집단들 간의 갈등을 조정하는 데에 무능력하기 짝이 없었고, 이는 더불어민주당의 전신인 민주당 계열 정당들 역시 마찬가지였다. 예컨대 김대중정부 시기였던 1999년 국민연금의 도시 자영자로의 확대 과정에서 벌어졌던 연금 파동에서 여당인 새천년국민회의는 아무런 역할도 하지 않았다. 1998~2001년에 걸쳐 의약분업을 둘러싸고 사상 초유의 의원 폐업 사태가 벌어지고, 의료보험 통합에 직장의료보험조합 노조가 무리한 반대운동을 전개하는 상황에서도 여당은 야당과 더불어 소극적이기만 했다. 2004년 '국민연금의 8대 비밀 소동'은 정당들을 통해 집약되지 않는 연금문제를 둘러싼 시민사회의 불안과 불만이 인터넷 공간에서 폭발한 것이었다(Kim 2010).

둘째, 민주당 계열의 중도정당은 또한 정책형성에도 무능했다. 김대중정부나 노무현정부의 집권 여당들은 복지 분야에서 뚜렷한 비전이나 정책을 가지고 있지 못했고, 정책형성 과정에서 아무런 주도권도 발휘하지 못한 채 행정부가 의뢰한 법안을 국회에서 처리해주는 역할을 맡는 경우가 많았다. 이런 여당의 정책적 무능은 정책형성에서 행정관료에 대한 의존을 심화시켰다. 그리고 정당들이 이익대표와 정책형성에서 제구실을 하지 못하고 관료에 의존해 복지 개혁의 골격이 짜여지는 과정에서 사회적 약자들의 이해가 제대로 반영되고 정책화될 여지는 그만큼 좁아졌다.

결국 진보정당은 권력자원이 극도로 취약해서, 중도정당은 정책적 무관심과 무능력으로 인해 오랫동안 복지정치에서 중요한 역할을 담당하지 못했다. 이 중 중도정당의 복지정치에 대한 무관심과 무능력은 2010년대 이후 개선되기 시작해 복지정책 형성에 영향을 미치게 된다. 반면 진보정당은 내부 분열 속에 불리한 객관적 조건을 극복하지 못한 채 여전히 복지정치의 주변에 머물렀다.

4. 대통령과 관료제

앞 장에서 이미 제도로서의 대통령제(presidentialism)에 대해 다룬 바 있다. 여기서는 행위자로서의 대통령과 행정부에서 대통령을 뒷받침하는 관료제에 대해 간단히 짚어보기로 한다.

대통령제를 채택하고 있는 나라에서 대통령은 행정부 수반으로서 정책결정 및 집행 과정에서 강력하고 포괄적인 권력을 행사한다. 이는 복지정책의 경우에도 당연히 마찬가지이다. 특히 한국은 민주화 이후로도 '제왕적 대통령제'나 '위임 대통령제'(이신용 2010)라는 말이 나올 정도로 대통령의 권한이 강력한 나라로, 복지정책의 큰 줄기나 방향을 결정하는 데 있어 대통령의 영향력은 절대적이었다.

2015년에 이루어진 한 조사의 결과는 이를 잘 보여준다. 사회정책 결정 과정에서 공식적 권한을 갖고 있는 여야 국회의원들과 핵심 관련 부처 공무원들—기획재정부와 보건복지부— 그리고 자문위원·연구용역 등으로 정책결정 과정에 영향을 미치는 전문가 및 연구자 집단을 대상(총 361명)으로 한 이 조사에서 모든 응답자 군들은 복지 관련

한국 복지국가는 어떻게 만들어졌나?

입법과 해당 예산 확보에서 가장 중요한 역할을 하는 행위자로 하나같이, 그리고 압도적으로 대통령을 꼽았다(양재진 외 2015).

이런 결과는 한국과 같은 나라에서 복지국가를 확대하는 데 있어 가장 중요한 권력자원이 되는 것은 친복지 정당의 의석수 증대라기보다는 대통령실을 차지하는 것이라는 점을 다시 한 번 확인시켜준다. 민주화 이전은 말할 것도 없고 그 이후에도 한국에서 대부분의 획기적 복지 개혁은 대통령의 강력한 의지와 권력에 의해 이루어진 경우가 많았다. 이 책의 2부에서 다루는 주요 프로그램들의 도입 혹은 개혁 과정에서도 대통령의 의지와 지지가 큰 역할을 했다는 것을 행정부의 요직에 있었던 인사들로부터 반복적으로 들을 수 있었다.

이와 같은 대통령의 막강한 권한은, 논리적으로는 한국의 복지 발전에 양날의 칼과 같은 의미를 갖는 것으로 보인다. 즉 한편으로는 대통령이 강력한 의지가 있을 때 단기간에 획기적인 복지 확대가 가능하나, 다른 한편으로는 그 반대로의 역진도 그만큼 쉬울 수 있다는 뜻이 된다. 그러나 현실 정치에서 역진은 쉽지 않다. 즉 복지 확대가 갖는 대중적 인기로 인해, 다음 선거를 의식하는 어떤 정당도 이미 만들어진 복지 혜택을 되돌리기 어려운 경향이 있기 때문이다. 이런 의미에서 민주화 이후 행위자로서의 대통령은 복지 확대에 기여한 바가 상당히 크다고 보아야 할 것이다. 그러나 다른 한편, 대통령의 강력한 권한은 정책결정에서 그렇지 않아도 취약한 정당과 의회의 역할을 취약하게 하고 계속해서 관료에게 의존하게 하는 부작용을 낳기도 했다.

이제 한국의 복지정치에서 관료제의 역할을 간단히 살펴보자. 관료들은 기본적으로 의회나 정치적 집행부(political executive)가 결정하

표 4-4_복지정책 결정자들의 영향력에 대한 인식

순위	정책결정참여자전체	국회의원			공무원			전문가			
		여당	야당	계	기재부	복지부	계	경제/경영	사회복지	사회/정책	계
1	대통령 (7.48)	대통령	대통령	대통령	대통령	대통령	대통령	대통령	대통령	대통령	대통령
2	여·야 정당 지도자 (6.95)	여·야 정당 지도자	여·야 정당 지도자	여·야 정당 지도자	여·야 정당 지도자	여·야 정당 지도자	여·야 정당 지도자	기획 재정부	기획 재정부	여·야 정당 지도자	기획 재정부
3	기획 재정부 (6.92)	기획 재정부	국회 의원	기획 재정부	국회 의원	기획 재정부	국회 의원	보건 복지부	여·야 정당 지도자	국회 의원	여·야 정당 지도자
4	국회 의원 (6.76)	국회 의원	기획 재정부	국회 의원	기획 재정부	국회 의원	기획 재정부	여·야 정당 지도자	국회 의원	기획 재정부	국회 의원
5	보건 복지부 (6.18)	보건 복지부	언론	보건 복지부	보건 복지부	보건 복지부	보건 복지부	국회 의원	보건 복지부	보건 복지부	보건 복지부
6	언론 (5.82)	언론	보건 복지부	언론	언론	언론	언론	언론	언론	언론	언론
7	시민 단체 (5.01)	시민 단체	시민 단체	시민 단체	시민 단체	시민 단체	시민 단체	시민 단체	시민 단체	시민 단체	시민 단체
8	이익 단체 (4.53)	이익 단체	노동 조합	노동 조합	이익 단체	이익 단체	이익 단체	이익 단체	이익 단체	경영자 단체	경영자 단체
9	경영자 단체 (4.49)	노동 조합	경영자 단체	경영자 단체	경영자 단체	노동 조합	경영자 단체	노동 조합	경영자 단체	노동 조합	이익 단체
10	노동 조합 (4.42)	경영자 단체	이익 단체	이익 단체	노동 조합	경영자 단체	노동 조합	경영자 단체	노동 조합	이익 단체	노동 조합

주: 1) 해당 설문지 질문은 "아래에 제시된 정책주체가 복지관련 입법과 예산확보 과정에서 얼마나 중요한 역할을 하고 있다고 생각하십니까?"임.

2) 복지정책 주체별로 정책결정과 예산확보 과정에서 얼마만큼의 영향력이 있는지를 11점 척도의 평균값을 기준으로 순위를 파악하였음. ( )안의 수치는 11점 척도상의 평균 점수임.

출처: 양재진 외(2015), p. 24

한국 복지국가는 어떻게 만들어졌나?

는 대로 정책을 집행하는 집단이다. 그러나 정책결정 이전 정책대안 탐색이나 집행 과정에서의 조정을 통해 실질적인 영향력을 행사한다. 또한 일반적으로 법률 형태의 정책결정의 경우, 의회는 골격입법(skeleton legislation)만을 하고, 보다 구체적이고 명확한 조정은 집행을 담당하고 있는 행정부처에 일임하는 경우가 많다(양재진 외 2015). 권위주의 체제의 유산 속에서 정당이나 국회가 정책 기능을 충분히 발휘하지 못해왔던 한국의 경우 이런 관료 집단의 재량권이 더욱 컸다고 할 수 있다. 실제로 민주화 이후 복지정책의 결정 과정을 들여다보면 곳곳에서 관료제의 힘과 만나게 된다. 특히 시민사회의 관심이 적은 사안, 혹은 정치적 집행부의 힘이 약화되는 대통령 임기 말에 이루어지는 복지정책 결정에는 관료제의 힘이 강하게 작용했다. 8장에서 살펴볼 노인장기요양보험 제정 과정이 그 좋은 예가 될 것이다.

　한편 민주화가 진척되면서 '관료정치'(bureaucratic politics)가 복지정치에 끼치는 영향도 점점 커졌다. 현대사회에서 주요 정책문제들은 특정 행정기관의 관할 영역에 배타적으로 속하기보다는 여러 행정기관과 중첩적 관련을 가지며, 따라서 정책결정은 관련 부처들의 선호와 권력 역학관계를 반영하게 된다(Allison, 1972; Yates, 1982; 박천오, 1998, 156~158에서 재인용). 이를 관료정치라고 하는데, 권위주의 시기 동안에는 관료정치가 그리 활발하지 않았다. 경제성장 및 안보 중심으로 정책 우선순위가 정해져 있고 일사불란한 행정을 강조했던 권위주의 체제하에서 부처 간 의견 차이가 클 수 없었던 것이다. 제한된 범위 내에서 발생하는 부처 간 의견 대립은 경제기획원이나 청와대에 의해 조율되었다. 민주화 이후로는 부처 간 갈등이 보다 심각해졌고 외부로의 노출도 빈번해졌다. 위로부터의 정책 조정 권위가 감퇴된 상태에서 각 부서가 자신의 기관적 사명과 이익을 우선시하기 시작했고, 각종 사회집단들이 관련 부처들을 상대로 압력을 가중시켰기 때문이다(박천오 2001: 158~167; 박재희 2004, 1~2).

　이는 복지정치에서도 마찬가지였다. 2부에서 보게 될 것처럼, 노동부와 보건복지부는 자활사업의 관할을 두고 줄다리기를 했고, 여성가족부와 보건복지부는 보육 업무의 관할을 두고 갈등했으며, 보건복지부와 국민건강보험공단은 노인장기요양보호 서비스의 관리 운영 문제를 두고 다툼을 벌였다. 그리고 이런 갈등과 타협은 법안과 정책에 크고 작은 흔적을 남겼다. 그러나 복지문제를 둘러싼 관료정치에서 압도적인 힘을 행사하면서 한국의 복지정책에 가장 큰 영향을 끼친 것은 역시 예산부처라고 봐야 할 것이다. 예산청, 기획예산처, 기획재정부 등 예산부처는 예산의 규모와 우선순위를 결정하는 부서로서 일반 부처들보다 우위에 서 있었고, 거의 모든 중요한 복지정책 결정에 간여해 영향력을 행사했다. 또 개발연대 이래 힘이 약한 부서는 강한 부처들의 요구를 사전에 수용함으로써 갈등의 소지를 줄이고 그들 부처로부터 최소한의 협조나마 보장받으려 해왔는데(김영평 1991, 박천오 2001, 163에서 재인용), 보건복지부의 예산부처에 대한 태도도 여기서 크게 벗어나지 않는 것이었다. 그 결과, 재정 건전성 논리를 앞세운 예산부처의 영향력은 정책 수립의 거부점으로 작용하거나, 혹은 '디테일 속의 악마'가 되어 두고두고 복지정책의 본래 목적을 훼손하는 경우도 적지 않았다. 2부에서 다룰 시행령과 시행세칙 제정 과정에서 신자유주의적 요소가 강해진 국민기초생활보장법 제정 과정이나, 시민사회의 개입이 늦고 적은 상태에서 대부분의 쟁점이 기획예산처의 의도대로 결정된 노인장기요양보험 제도는 그 좋은 예라고 할 것이다.

2부
———
복지정치와 복지정책

5장

국민기초생활보장
제도 도입

이 장에서는 국민기초생활보장 제도 도입을 둘러싼 정치과정을 살펴본다. 한국의 공공부조 제도는 2000년 10월 국민기초생활보장법(이하 기초보장법)이 시행되면서 획기적 전기를 맞게 된다. 기초보장법은 인간다운 기본적 생활을 영위하는 것을 모든 시민의 권리로 인정하고 이를 보장하는 것을 국가의 의무로 명시했다. 이로써 한국의 공공부조는 옛 생활보호 제도가 가지고 있던 구빈법적 잔재를 털어내고 범주적·선별적 제도에서 포괄적·일반적 제도로 전환하게 되었다. 기초보장법 제정은 김대중정부의 대표적인 개혁 업적으로 꼽히기도 한다. 김대중 대통령 자신도 퇴임 후인 2005년 5월 광주를 방문했을 때 이 법의 제정을 '국민의 정부'의 자랑으로, 6.15남북정상회담보다 앞서 언급했다고 한다.

과거의 공공부조 제도의 근간이었던 생활보호법과 국민기초생활보장법의 가장 큰 차이는 생활보호법이 18세 이상 65세 미만의 인구를 노동능력 보유자로 보고 수급 대상에서 원천적으로 제외한 데 비해, 기초보장법은 가구원의 노동능력과 무관하게 소득이 최저생계비 이하인 가구의 가구원은 수급자로 선정하여 생계급여를 받을 수 있게 했다는 점이다. 이는 원칙상 기초생활의 영위를 모든 시민의 권리로, 그것의 보장을 국가의 의무로 새롭게 정의한 것으로 한국의 빈곤정책의 역사에서 새로운 장이 시작되었음을 의미하는 것이었다. 이런 법 정신에 맞추어 기초생활보장에 관한 법률 용어들도 시혜적 성격을 벗고 권리적 측면을 강조하는 것으로 바뀌었다.

그러나 이런 의의에도 불구하고 국민기초생활보장 제도가 출발부터 많은 문제점을 안고 있었던 것도 사실이다. 가장 큰 그리고 두고두고 문제가 되었던 것은 제도의 사각지대였다. 공공부조 제도가 잔여적인 것에서 보편적인 것으로 바뀌어 잠재적 대상자 집단의 규모가 갑자기 커지게 되자, 소요예산의 급증을 우려한 예산부처는 시행령과 시행세칙 제정 단계에서 여러 가지 제한조항을 통해 수급자 수를 통제하려 했다. 결국 국민기초생활보장 제도는 기본적으로 진보적 원칙들에 근거하고 있으나 현실의 제도 운용은 자유주의적 원칙에 깊게 침윤되는, 상반된 두 측면을 가지게 되었다. 이는 국민기초생활보장법 제정 과정의 두 개의 정치 국면, 그리고 이에 관여한 행위자들의 힘의 관계를 그대로 반영한 것이기도 했다.

한편, 국민기초생활보장법 제정을 둘러싼 정치과정은 민주화 이후 한국의 복지정치가 크게 변화하고 있음을 보여주었다. 그리고 이 사실

한국 복지국가는 어떻게 만들어졌나?

은 기초생활법 제정 그 자체만큼이나 주목받았다. 여러 연구들은 시민운동 단체가 복지정치의 중요한 행위자로 등장한 것에 주목했고 그것이 갖는 의미를 다각도로 분석했다(남준우 1999; 안병영 2000; 이민아 2000; 문진영 2001). 그러나 시간이 흐른 뒤 입법 과정 전체를 돌아보면, 법 제정의 후반부 과정, 즉 수급자들이 받게 될 급여의 내용과 형태에 직접적 영향을 주게 될 시행령과 시행규칙 제정 과정에서 중요한 역할을 했던 것은 시민운동 단체들이 아니라 행정부의 관련 부처들이었음이 드러난다. 그리고 이후 기초보장 제도가 노정한 문제점들은 대부분이 시행령·시행규칙과 관련되어 있었다.

이 장에서는 기초보장법의 원칙적 보편성 및 진보성과 구체적 제도 세부사항들의 잔여성 및 자유주의적 측면이라는 이중성은, 법 제정까지의 시민운동 단체의 영향력과 법 제정 이후 행정부 내 관료정치의 영향력이라는 이중적 정치과정에 각각 대응하는 것이었다는 가설하에, 법 제정의 전반부 못지않게 국회 통과 후 후속 발전 단계를 중시하면서 기초보장법 제정 과정을 분석한다. 즉 법 제정까지의 과정은 한국의 복지정치에서 시민운동이 행한 역할에, 이후 후속 발전은 예산부처 역할에 대한 분석과 해석에 중점을 두어 서술할 것이다. 우선 기초보장법의 제정 배경부터 살펴본 후, 국민기초생활보장법 제정에 연루된 주된 행위자들은 누구이며, 이들은 어떤 상호작용을 통해 이런 제도 전환을 가져왔는지, 국민기초생활보장 제도의 한계와 문제점은 어떤 행위자 간 정치과정의 결과인지 살펴보도록 하겠다.

1. 국민기초생활보장법 제정 배경

기초보장법 제정의 가장 중요한 사회경제적 배경은 1997년 하반기 한국사회를 강타한 경제위기이다. 1997년 국가 부도 사태에 직면한 한국정부는 국제통화기금(IMF)에 구제금융을 신청했고 그 조건으로 경제 전반의 신자유주의적 구조조정을 수용했다. 이 구조조정의 와중에서 경제성장률은 급격히 하락했고 실업률은 증대했으며 빈곤은 심화되었다. 1990년대 초중반 7~9%를 기록하던 성장률은 1998년 마이너스 6.7%로 급전직하했다. 수많은 기업이 도산하는 가운데 1990년대 중반까지 거의 완전고용 수준을 유지하던 실업률은 1998년 7.0%로 급상승했다.

경제위기와 대량 실업 사태는 대부분의 사람들에게 고통을 안겨주었지만 그 타격을 집중적으로 받은 것은 사회경제적으로 가장 취약한 계층이었다. 실업은 교육 정도별로는 중졸 이하의 저학력층, 직업별로는 기능공과 단순노무직, 그리고 종사상 지위별로는 일용직과 무급 가족 종사자 등에서 가장 큰 폭으로 늘어났다(남성일·이화영 1998). 이에 따라 빈곤율도 급속히 증대했다. 1996년 4.42%, 1997년 3.92%이던 빈곤율은 1998년 7.58%, 1999년 8.21%로 치솟았다. 이렇게 경제위기는 취약계층의 삶의 위기를 심화시켰으나 이를 수습할 사회적 안전망은 부실하기 그지없었다. 그리고 그 결과는 빈곤으로 인한 가족해체, 노숙인의 급속한 증대, 빈곤 자살의 증대 등으로 나타났다. 1998년 9월 발생한, 아버지가 보험금을 타기 위해 어린 자식의 손가락을 자른 사건은 이런 삶의 벼랑에 내몰린 사람들의 절망적 빈곤이 어떤 것인지

한국 복지국가는 어떻게 만들어졌나?

표 5-1_외환위기 이후 경제적 위기와 사회적 위기(1996~2002)

	1996	1997	1998	1999	2000	2001	2002
실질GDP 증가율	6.8	5.0	-6.7	10.9	9.3	3.1	6.3
실업률	2.0	2.6	7.0	6.3	4.1	3.8	3.1
절대빈곤율	4.42	3.92	7.58	8.21	6.35	5.21	4.04
상대빈곤율	9.35	8.93	10.82	10.79	10.14	10.04	9.95
지니계수	0.286	0.279	0.309	0.315	0.311	0.313	0.307

주: 절대빈곤율은 경상소득 기준 최저생계비 이하, 상대빈곤율은 중위소득 50% 이하 인구
자료: 통계청, 〈통계정보시스템〉 〈도시가계조사연보〉, 각년도.
출처: 김미곤, 김태완(2004)

를 처참한 형태로 보여주었다.

　이런 취약계층의 절박한 삶의 위기는 국민기초생활보장법 제정의 직접적 배경이 되었다. 외환위기 이전에도 생활보호법을 개선하려는 움직임이 없지 않았지만, 이는 기존 생활보호법의 틀 내에서 기술적인 개선을 지향한 것이었다(피면담자 K). 참여연대 사회복지위원회도 1994년 창립 이후 국민복지기본선(national minimum) 확보 운동을 전개했고, 이를 통해 기존 생활보호법을 전면 개혁하여 모든 국민에게 최저생활을 보장하고자 했으나 이를 중요한 사회적 쟁점으로 부각시키진 못했다(김연명 2004). 그러나 지진해일과도 같은 외환위기의 여파는 더 이상 빈곤이 개인 책임일 수만은 없으며, 한계 계층의 절박한 삶의 위기에 대해 공공정책적 대응이 이루어져야 한다는 인식을 확산시켰다. 사회적 안전망의 확충을 통한 기초생활의 보장이 필요하다는 공감대가 급속히 마련된 것이다.

국민기초생활보장법 제정의 정치적 배경으로 가장 많이 거론되는 것은 상대적으로 진보적인 김대중정부의 집권이다. 외환위기의 와중에 선거에서 승리해 출범한 김대중정부는 '민주주의와 시장경제의 병행 발전'이란 국정지표에 '생산적 복지'를 추가함으로써 복지문제에 대해 상대적으로 전향적인 입장을 보였다. 즉 경제는 IMF와의 약속에 따라 철저히 신자유주의적 시장 논리로 운용하되, 그 부작용인 실업과 빈곤의 문제는 사회적 안전망의 확충을 통해 해결하겠다는 것이었다. 국민기초생활보장법은 기초 생계의 보장과 더불어 자활을 강조함으로써 '생산적' 복지의 면모를 보였다. 그러나 근로능력이 있는 사람이라 할지라도 자활사업에 참여하기만 하면 기초 생계를 보장받을 수 있는 사회적 권리를 부여했다는 점에서는 공공부조의 근본 틀을 진보적으로 개혁한 것이었다.

이런 진전에 정부의 성격, 즉 전임 정부보다는 훨씬 개혁적이었던 김대중정부의 성격, 보다 정확히는 대통령 자신의 진보적인 이념적, 정치적 성향이 영향을 끼쳤다고 봐야 할 것이다(안병영 2000, 18). 김대중 대통령이 후술할 '울산 발언'을 통해 법 제정의 결정적 계기를 마련했을 뿐만 아니라, 법 통과 이후에도 법안을 구체화하는 데 힘을 실어주었다는 점에서 이런 평가는 상당히 타당한 것으로 보인다. 만일 한나라당이 집권했다면 국민기초생활보장법이 그와 같은 형태로 제정되기는 어려웠을 것이다(전혜원 2019).

한국 복지국가는 어떻게 만들어졌나?

2. 국민기초생활보장법 제정 과정과 행위자들의 상호작용

(1) 의제형성에서 정책결정까지

대부분의 선행 연구들은 앤더슨(J. Anderson 1979)의 정책형성 과정 모델을 원용하여 기초보장법 제정 과정을 1) 의제형성, 2) 정책대안 수립, 3) 정책결정, 4) 후속 발전의 단계로 나눈다. 그리고 1999년 8월의 국민기초생활보장법 제정까지를 자세히 다루고 후속 발전 단계는 다루지 않거나, 간단히 언급하는 경우가 많다. 여기서는 기초보장법 도입 과정을 의제형성부터 정책결정까지(1994년~1999년 8월)와 행정부처들이 시행령·시행규칙을 만들어내는 후속 발전(1999년 8월~2000년 8월)의 두 단계로 나누어 살펴보고, 후속 발전 단계 역시 비중 있게 분석해 보고자 한다.

기초보장법 제정 과정에서 의제형성 단계는 1994년 참여연대의 창립부터 1998년 12월 국민기초생활보장법안이 국회 보건복지상임위의 법안심사소위원회를 통과하기까지라고 할 수 있다. 그런데 기초보장 제도 도입이 의제로 만들어지기까지는 두 개의 전사(前史)가 전개되었다. 하나는 잘 알려진 참여연대 사회복지위원회의 활동이다. 1994년 참여연대가 창립되면서 10여 개의 위원회가 조직되었는데 사회복지위원회는 그중 하나였다. 사회복지를 전공하는 소장학자들이 중심이 된 이 위원회의 주력사업 중 하나가 바로 후에 기초보장법 제정 운동의 기초가 된 국민복지기본선 확보 운동이었다. 이 운동은 빈곤층의 생활보장문제에 대해 사회적 관심을 환기시키기는 했으나 이를 중요한 사회적 쟁점으로 부각시키진 못했다. 그러나 이 운동은 1997년 이른바

표 5-2_ 국민기초생활보장 제도 도입 관련 주요 일지

날짜	주요 사건
1994.02.	참여연대, 생계보호 기준 헌법소원
1994.12.	참여연대, 국민생활최저선확보운동 기자회견
1998.02.	정부, 생활보호법 일부 개정, 한시적 생활보호사업 시행
1998.03.	참여연대, 공청회 "긴급제안, IMF시대 고실업사회의 사회적 대안" 개최
1998.05.	사회복지학 교수 209인 사회안전망 구축 촉구 성명
1998.07.23.	기초생활보장법 제정을 위한 국민청원 및 제정 촉구 대회
1998.10.09.	국민기초생활보장법, 새정치국민회의 이성재 의원 외 102인에 의해 국회 발의
1998.12.28.	국민기초생활보장법안 국회 보건복지위원회 법안심사소위에서 위원회 대안으로 의결, 그러나 이후 예산부처의 반대로 더 이상의 진전 없이 상임위 계류
1999.03.04.	'국민기초생활보장법 제정 추진 연대회의' 결성, 기자회견
1999.04.06.	연대회의, 국민기초생활보장법 제정 촉구 1차 행동기간 시작
1999.04.30.	정부 내 부처 간 실무자회의에서 국민기초생활보장법 유보 결정
1999.05.25.	옷로비 사건 보도 시작
1999.06.21.	김대중 대통령 울산 발언. '생산적 복지'를 새로운 국정이념으로 선포하고 국민기초생활보장법 제정 방침 천명
1999.06.24.	김성재 민정수석 임명
1999.07.06.	한나라당 김홍신의원 외 131명 '국민기본생활보장법'안 국회 제출
1999.08.09.	보건복지상임위 법안심사소위, 김홍신 안과 1998년 12월 심사소위를 통과한 안을 절충하여 상임위 대안을 만들고 이날 이를 심사소위와 상임위에서 의결
1999.08.12.	국민기초생활보장법 국회 본회의 의결
2000.02.17.	국민기초생활보장법 시행령·시행세칙 입법예고
2000.05.09.	기초생활수급권찾기운동본부 발족 및 기자회견
2000.08.31.	국민기초생활보장법추진연대회의 해산 결정
2000.10.01.	국민기초생활보장법 시행

자료: 허선(2000) 및 일간지 보도

한국 복지국가는 어떻게 만들어졌나?

IMF 구제금융을 부른 경제위기 이후 실업과 더불어 빈곤이 심각한 사회문제로 대두하면서 새로운 국면을 맞게 된다. 참여연대 사회복지위원회는 1998년 3월 '긴급제안: 고실업 사회의 사회적 대안'이라는 공청회를 열고 고용보험의 보호를 받지 못하는 저소득층 실업자를 위한 대안으로 1) 국민복지기본선의 설정, 2) 실업부조 제도의 도입, 3) 실업자 개개인에 대한 고용 및 복지 서비스를 위한 사례 관리 체계의 확보를 제안했다.[1]

다른 하나는, 좀 덜 알려진 경로로서, 1998년 초 외환위기 여파 속에서 여당이었던 새정치국민회의 정책위원회 내에 꾸려진 비공식 복지정책 연구 모임인 〈H&W〉(보건과 복지)였다. 이 모임은 국민회의 제3정책조정위원회 부위원장 겸 국회 보건복지위원회 위원이었던 이성재 국회의원, 보건복지 분야 국책연구원의 K 연구위원, 그리고 복지 및 건강정책 연구자인 교수들로 구성되었고, 새정치국민회의 정책전문위원 한 사람도 참여해 코디네이터 역할을 했다. 이후 이 모임 내부에 생활보호법을 대체할 법을 제정하기 위한 작은 연구 모임이 만들어졌고 몇몇 사회복지학자와 변호사 1인이 참여했다. 이 소모임에서 1998년 5월경 당시 국책연구원 연구위원이었던 K 씨가 기초보장법의 초안을 만들어 발표했다(피면담자 K). 참여연대에서도 1998년 1월쯤 기초보장법의 원안 비슷한 것을 만들었으나 법안의 구체성에서는 국책연구원에서 오랫동안 생활보호 제도를 연구해온 K 연구위원의 초안에 훨

---

1   이 과정은 참여연대의 자료집, 『참여연대 사회복지운동 10년의 기록, 제7권, 국민기초생활보장법 제정운동』에 상세히 나와 있다.

씬 못 미쳤다.[2] 이후 참여연대는 이 국민회의 태스크포스팀에서 다듬어진 K 연구위원 안을 받아들여 이를 토대로 기초보장법 제정 운동을 하게 된다.

참여연대는 1998년 6월 29일 민주노총, 경실련, 한국여성단체연합 등과 연대하여 '국민기초생활보장법 제정과 저소득실업자 생활보장 방안'을 주제로 다시 정책 공청회를 열었다. 그리고 여당인 국민회의를 접촉했으나 법 제정에 미온적 반응을 보이자, 다시 한나라당의 김홍신 의원을 접촉해 긍정적 답변을 얻어낸다. 그리고 마침내 7월 참여연대는 26개 사회단체와 연대하여 한나라당 김홍신 의원을 소개의원으로 국회에 '국민기초생활보장법 제정 입법청원'을 냈다. 연대 단체들은 법 제정 촉구 대회도 열었는데, 이는 외환위기 이후 빈곤문제에 대한 사회적 관심을 촉구하는 역할을 했다. 이런 시민운동 단체들의 열성적 노력의 결과, 그리고 이 무렵 생활고에 시달리던 한 아버지가 보험금을 노리고 자식의 손가락을 자르는 사건까지 발생하자, 들끓는 여론 속에 기초보장법 제정은 점차 현실성을 띠게 된다. 이런 비등하는 여론과 한나라당 국회의원이 국민기초생활보장법 청원 소개의원을 나선데 자극받은 여당은 시민사회 단체의 입법청원안을 토대로 1998년 8

---

2   K 씨는 당시 상황을 다음과 같이 술회했다. "참여연대 안은 '시급한 상황이 되었으니 잘해 주자'(외환위기로 빈곤층이 절박한 상황에 놓이게 되었으니 관대한 제도가 필요하다는 의미), 이런 컨셉이었고, 구체성이 좀 떨어졌었어요. H&W 작업 팀에서 파트를 나누어 가지고, (대상자) 선정·최저생계비 관련해서는 내가 정리하고, 전달체계는 L 선생님이 정리하고, 뭐 이런 식으로 파트를 나누어 가지고 정리를 했는데, 여기에서 지금의 법의 골격이 거의 다 만들어졌습니다."(피면담자 K, 괄호 안은 필자 삽입). K 씨는, 국책연구원에서 계속해서 생활보호법의 개선에 관한 연구에 관여했으나, 외환위기 이전에는 그 자신도 생활보호법을 완전히 대체할 혁신적인 공공부조 제도 도입이 가능하다고 생각해본 바 없다고 얘기했다(피면담자 K).

월 국민기초생활보장법안을 당론으로 확정하고 입법을 추진하기로 결정했다.

이후 우여곡절을 거쳤지만 기초보장법안은 1998년 10월 9일 새정치국민회의 이성재 의원에 의해 대표 발의되었다.[3] 그리고 마침내 같은 해 12월 임시국회 보건복지위원회 법안심사소위는 이성재 의원 안을 일부 수정한 정부와의 합의안을 수용하여 위원회의 대안으로 의결했다. 그러나 당정협의를 제대로 거치지 못한 이 법안은 이후 주무 부서인 보건복지부가 인프라 부족을 이유로 미온적 태도를 보인 데다가, 기획예산처가 소요 예산 규모를 이유로 강력히 반대하자 상임위에 회부되지 못한 채 법안심사소위에 계류된다(문진영 2001, 8~10; 안병영 2000, 4~7). 기획예산처가 정책결정을 중단시키는 이른바 거부점(veto point, Immergut 1990) 역할을 한 것이다.

1998년 12월 기초보장법안의 법안심사소위 계류부터 김대중 대통령의 '울산 발언'이 나온 1999년 6월까지는 정책대안 수립 단계(1998.12.~1999.06.)라고 할 수 있다. 기초보장법이 정부의 심의 보류 요청에 의해 법안심사소위의 심의만 마친 채 계류되고 임시국회가 소득 없이 끝나자 법 제정은 매우 비관적인 국면으로 빠져들었다. 5월 재경부 예산편성 지침이 확정될 예정이었으나 기초보장법이 예산안에 포함될 가능성은 거의 없어보였고, 이럴 경우 1999년 내 법 제정은 무망

---

3   이 법안의 골격이 바로 K 씨가 만든 초안이다. K 씨는 나중에 통과된 기초보장법이 거의 이 원안과 동일했으나 몇 가지 차이도 있다고 지적하는데 그중 하나는 빈곤선의 정의이다. 그에 따르면 원안에서는 상대빈곤 개념에 입각해 수급권을 부여하고자 했으나 재경부-기획예산처와의 논의 과정에서 절대빈곤에 입각한 수급권 부여로 후퇴했고, 결과적으로 두고두고 최저생계비의 적정선을 둘러싼 논쟁의 불씨를 남겼다는 것이다(피면담자 K).

한 것으로 비쳐졌다.

사태가 이렇게 전개되자 시민단체들은 5월 내에 뭔가 결정적인 행동이 필요하다는 판단을 하게 된다(국민기초생활보장법 제정 추진 연대회의 회의 자료 1999.04.22, 참여연대 2004b, 825). 그리고 상황을 돌파하기 위해 조직력을 강화하는 작업을 시작했다. 참여연대는 명망 있는 종교 지도자이자 지역의 대중조직과도 폭넓은 관계를 맺고 있던 성공회의 송경용 신부와 손잡고 범사회적 연대 기구 구성에 들어갔다. 송경용 신부를 준비위원장으로 하여 몇 차례의 실무회의를 거친 뒤 마침내 1999년 3월 4일 사회적 안전망 구축을 위한 상설 연대 기구로 28개의 노동, 빈민, 지역운동 단체, 그리고 민주노총, 민주사회를 위한 변호사 모임(이하 민변), 한국여성단체연합(이하 여성연합) 등이 참여한 '국민기초생활보장법 제정 추진 연대회의'(이하 연대회의)를 발족시킨 것이다. 이로써 법 제정 운동은 대중적 기반과 조직을 갖춘 대중운동으로 거듭나게 되었다(안병영 2000, 8~10; 문진영 2001).

1999년 3월 4일 발족식을 갖고 탄생한 연대회의는 1999년 정기국회 통과를 목표로 구체적인 활동 계획을 수립했다. 그 첫 번째 사업으로 3월 17일 '국민기초생활보장법 제정의 쟁점과 전망'이란 제목을 가지고 국회의원 회관에서 공청회를 개최했다. 또한 수차례에 걸쳐 성명서를 발표하고 서명 작업을 조직했다. 그러나 계획했던 대중 사업, 즉 기초생활보장법 제정을 위한 전국 실업자 거리 대행진이나 사회안전망 구축 촉구 인간 안전망 잇기 등 대중적 이벤트들은 대체로 지지부진했고 언론의 반응 역시 크지 않았다(문진영 2001: 10~11, 피면담자 M). 노조처럼 동원 가능한 자기 조직력을 가지지 못한 시민운동, 그리고 그런 시민운동들의 연대 조직의 한계가 드러나는 대목이라고 하겠다. 그러나 대중 작업이 별 효과가 없었다고만 하기는 어렵다. 연대회의는 법 제정을 위해 지역 연대 단체들에게 성명서를 발송하고, 홍보용 리플릿을 배포하며, 실무자 워크숍을 개최하는 등 다각도로 노력을 기울였는데 이런 노력은 의외의 곳에서 결실을 거두었기 때문이다. 1999년 4~5월 여당 지도부가 전국 19개소의 실업극복국민운동본부를 방문했을 때 많은 지방조직들에서 이구동성으로 기초보장법 제정의 필요성을 역설했고, 이는 여당이 이 법의 제정 필요성을 절감하는 중요한 계기가 되었다고 한다(안병영 2000, 10~11).

한편 연대회의는 대중 작업과 더불어 상층부 엘리트에 대한 설득 작업을 병행했다. 안병영(2000)은 결과적으로는 대중 작업보다 상층 엘리트 접촉이 법 제정에 더 효과가 있었던 것으로 평가하는데, 실제로 관련자 면담 과정에서도 이를 확인할 수 있었다. 연대회의는 대통령에게 영향을 미치기 위한 통로로 연대회의 집행위원으로 후에 청와대 민정비서관이 된 S 씨를 통해 청와대 김성재 민정수석과 접촉했다. 그리고 연대회의의 M 정책위원장과 S 집행위원이 5월경 청와대를 방문하여 김성재 민정수석, 김한길 정책기획수석을 면담하고 기초보장법 제정의 필요성을 역설했다(피면담자 S; 피면담자 M; 참여연대 2004b, 829; 837). 연대회의는 당과 국회 쪽으로는 국민회의 이성재 의원을 통해, 한나라당 쪽으로는 김홍신 의원을 통해 여야의 지원을 끌어내기 위해 노력했다.[4] 연대회의는 행정부처, 즉 보건복지부, 노동부, 국무조정실 등

---

4   복지문제에 대한 한나라당의 전반적 입장이 보수적임을 고려할 때 기초보장법 제정 과정에서 김홍신 의

의 관계 인사들을 지속적으로 접촉하며 설득 작업을 했으나 이들은 이 단계까지 여전히 소극적이었던 것으로 보인다(안병영 2000, 10; 참여연대 회의록(6월분), 참여연대 2004b).

그러나 다른 한편 이 시기는 정책대안들이 보다 정교해지고 법 제정 반대론이나 시기상조론에 대한 대응 논리가 개발된 시기이기도 하다. 정책개발의 핵심이었던 참여연대 사회복지위원회는 수차례의 공청회와 내부 전문가 작업을 통해 쟁점의 세부 사안들을 정교화했다. 발족식 직후 연대회의는 '국민기초생활보장법 제정의 쟁점과 전망'이란 주제로 공청회를 개최했는데, 여기서는 연대회의와 행정부처들 간의 입장 차가 분명하게 드러났다(문진영 2001, 11; 남준우 1999, 66~67). 노동부는 소득 보장의 성격을 갖는 기초보장법을 제정하기보다는 공공근로사업이나 취업 알선 등 고용 유지에 집중적으로 예산을 투입해야 한다는 입장이었다. 보건복지부는 참여연대가 제시하는 입법 취지나 정책 방향에 대해서는 일반적으로 동의했으나 기초보장법 제정을 위해서는 업무를 직접 수행하는 사회복지 전문요원의 확충과 소득·재산 파악을 위한 전산망 완비, 전문요원의 전산정보 접근 보장이 선행되어야 하고, 무엇보다도 예산과 관련된 정부 내 합의가 선행되어야 한다고 주장했다. 예산청[5]은 기초보장법의 제정 자체에 반대했다. 기존의 생

원의 적극적 역할과 한나라당의 '관대한 무관심'은 매우 이례적인 것으로 보인다. M 교수는 김홍신 의원 개인이 이 법안에 관심이 많았으며 그 중요한 원인 중 하나는 사회복지를 전공한 유능한 보좌진들의 존재라고 지적했다. 또 한나라당은 대체로 기초보장법에 무관심한 채 이 문제를 김홍신 의원에게 일임했고, 선거가 가까운 마당에 정당으로서는 일종의 선심성 정책일 수 있는 이 정책에 반대하기 어려웠을 것이라고 해석했다(피면담자 M).

5   1998년 정부조직법의 개정으로 재정경제원이 재정경제부로 되면서 재정경제부 소관이었던 예산 업무가

활보호 제도의 유지를 주장하던 예산청은 법안의 상임위 통과가 유력해지자 국민회의·자민련 양당의 국정협의회 회의에 공식적으로 반대의견을 제시하였다.[6]

다음으로 정책결정 단계는 1999년 6월 대통령의 울산 발언에서부터 같은 해 8월 국민기초생활보장법안이 국회를 통과하여 입법이 완료되기까지이다. 1999년 6월 21일 울산을 방문한 김대중 대통령은 "중산층과 저소득 서민층들이 안심하고 살 수 있는 국민생활보장기본법을 제정토록 하겠다"는 발언을 했다. 민주화에도 불구하고 당시 권력구도에서 대통령의 한마디는 여전히 막강한 위력을 가지고 있었다(박윤영 2002). 이런 상황에서 대통령의 울산 발언은 법 제정을 기정사실화하는 효과를 발휘했다. 행정조직 개편 후 예산청의 업무를 인계받은 기획예산처도 더 이상 법 제정 자체를 반대하지는 못했다. 행정부 내에서는 관계부처 실무회의(7월 8일), 관계장관 및 청와대수석비서관회의(7월 10일)를 개최하여 법률안, 시행시기 등에 대한 정부안을 마련했고 여야 정부 실무협의(7월 30일)를 통해 협의안을 도출하는 등 상황은 빠르게 전개되었다(보건복지부, 〈국민기초생활보장법(안) 제정 추진현황〉, 1999.08.).

이렇게 법 제정 과정에서 대통령 발언이 차지한 비중이 워낙 높았기

대통령 직속 기획예산위원회와 재정경제부 산하의 예산청으로 분리되었다. 그러나 1999년 5월 정부조직법이 다시 개정되어 기획예산처가 신설되면서 예산청은 기획예산처의 예산실로 축소 개편되었다.

6 예산청, 「국민회의·자민련 국정협의회 보고자료」(1999.01.06.), 남준우(1999, 58)에서 재인용. 1999년 4월부터 2000년 1월까지 기획예산처 복지노동예산과 과장으로 일했던 J 씨는 당시만 해도 기획예산처 내에서 복지에 대한 인식이 지금과는 굉장히 차이가 컸을 때여서 복지를 어쩔 수 없는 지출, 소모성 지출, 쓰고 없어지는 지출로 보는 분위기가 있었다고 술회했다(피면담자 J).

때문에 과연 어떤 경로를 통해 울산 발언이 나오게 되었는가는 많은 사람들의 관심이 쏠린 질문이었다. 울산 발언 바로 다음 날인 6월 22일 연대회의의 긴급실무회의 결과 보고는 울산 발언의 경로로 이기호 경제수석을 지목하고 청와대 복지노동수석실(수석 김유배), 보건복지부, 노동부 등이 모두 배제되었다고 보고 있다. 그러나 면담 결과, 대부분의 관련자들은 그보다는 민정수석실의 김성재 수석이나 국민회의 이성재 의원 쪽의 건의가 마침내 대통령을 움직였다는 쪽에 무게를 두고 있었다.[7] 실업 및 빈곤 심화에 따른 지지기반 약화 속에서 이른바 '옷로비사건'과 '조폐공사파업유도사건' 등이 초래한 민심 이반이 심각한 정치적 위기로 이어지자 대통령이 위기 타개와 정치적 국면 전환을 위해 국민기초생활보장법 제정을 결심하게 되었으리라는 해석(박윤영

---

[7] 국민기초생활보장법 20주년 기념식(2019. 9. 3. 사회복지공동모금회)에 참석한 다수 인사들, 그리고 2019 사회정책연합학술대회 국민기초생활보장법 20주년 기념 세션(2019. 10. 11. 오송 보건복지인력개발원)에 참가한 발표자들은 모두 당시 참여연대/경실련 출신의 김성재 민정수석이 대통령의 결심에 영향을 미쳤을 것이라고 증언했다. 그러나 크리스찬 아카데미 원장이자 연대회의 집행위원이었다가 울산 발언 직후 청와대 민정비서관이 된 S 씨는 울산 발언에 있어서의 민정수석실의 '영향력'을 평가하는 데 매우 조심스러웠다. 김성재 수석이 법 제정에 의지를 가지고 대통령께 수차례 건의한 것은 사실이고, 자신은 기초보장법 운동에 관여했던 사람으로서 청와대에 들어간 후 부처 간 논쟁 과정에서 기초보장법의 내실화를 위해 노력한 것은 사실이나, 누가 어떤 영향을 미쳤다고 당시 청와대 내부 사정을 정확하게 설명하기 어렵다는 것이다. 그는 국민회의 쪽의 이성재 의원의 역할도 역시 중요했다고 본다고 인정했다. 그러나 기초보장법을 둘러싸고 청와대와 국민회의 간에 어떤 협의 같은 것은 이루어지지 않았다고 밝혔다(피면담자 S). 국책연구원 연구위원이었던 K 씨는 대통령을 설득하는 데 있어 이성재 의원의 역할이 컸을 것이라고 보았다. 이성재 의원은 빈곤문제나 국민복지기본선에 대해 오래전부터 깊은 이해를 가지고 시민운동 단체와 교감했던 인사인데다 국민회의에서 실업대책위원회를 만들고 대통령에게 자주 보고를 하면서 실업대책의 하나로 기초보장법 제정을 건의한 것으로 알려져 있다고 밝혔다(피면담자 K). 2019년 9월 3일 국민기초생활보장법 제정 20주년 기념식에 참석한 김홍신 의원은 "원래 수많은 사람들이 과녁을 향해 화살을 쏴야 명중이 되는 것인데, 이 법은 다수가 화살을 쏘고 과녁을 그렸던 것 같다"고 회고했다(『한겨레』 2019. 09. 04. http://m.hani.co.kr/arti/society/society_general/908446.html#cb. 접근일: 2020.12.28.). 대통령의 결심은 여럿의 노력이 합쳐져 만들어진 결과라는 것이다.

2000)도 있으나 명확한 사실관계는 확인하기 어렵다.

어쨌든 이렇게 상황이 바뀌자 연대회의는 1999년 9월 정기국회 통과를 목표로 적극적인 활동에 나섰다. 법안의 정교화를 위해 여론 수렴을 위한 공청회를 개최하고 법 제정 촉구대회를 여러 차례 여는 한편, 여야 양대 정당의 정책위의장과 원내총무 그리고 보건복지위 법안 심사소위 위원 전원 등을 개별 면담하면서 연대회의 안을 관철시키기 위해 힘썼다. 박준규 국회의장과 한나라당 이회창 총재, 국민회의 김영배 총재 권한대행에게는 기초보장법 제정을 촉구하는 서한을 보내고 당 지도부가 법안 통과에 주도적 역할을 해줄 것을 촉구했다(연대회의 의원면담보고서, 참여연대 2004b, 927). 또한 연대회의 정책위원회는 단기간에 법 제정을 위한 실무적 준비를 해야 했던 보건복지부와도 긴밀하게 협력하여 법안을 가다듬는 한편, 부처 간 이견 조정에도 개입했다. 연대회의는 시민운동 단체가 개혁입법 제정에서 할 수 있는 통상적 역할을 훨씬 넘어서는 조정과 중재 역할까지 수행한 것이다(피면담자 M). 이 과정에서 연대회의는 자신의 애초의 입장에서 일정한 후퇴도 감수하는 타협적이고 유연한 태도를 보였는데, 이는 연대회의 내부 갈등의 씨앗이 되기도 했다.

예상과 달리 국민회의가 빨리 움직이지 않자 연대회의는 김홍신 의원을 비롯한 한나라당 쪽 동조 의원을 설득했다. 그 결과 7월 6일 마침내 그동안 연대회의 정책위원회에서 가다듬어온 국민기초생활보장법안이 김홍신 의원 외 131명의 발의로 국회에 제출된다. 한편 이 무렵 김대중 대통령은 조속히 해결해야 할 개혁과제 중 하나로 국민기초생활보장법 제정을 언급했는데 이는 법 제정을 더욱 재촉하는 역할을 했

표 5-3_생활보호 제도와 국민기초생활보장 제도의 비교

구분	생활보호 제도	기초생활보장 제도
법적 성격	시혜성 보호	국가의 의무와 시민의 권리
법률 용어	시혜성 용어:피보호자, 보호기관, 보호대상자	권리성 용어:수급자, 수급권자, 보장기관
대상자	인구학적 기준에 의한 대상자 구분 - 거택보호자:18세 미만 65세 이상 - 자활보호자:인구학적으로 경제활동 가능자	대상자 구분 폐지 - 취업 여부, 연령 불문 수급이 필요한 자 - 연령기준 외 신체적 정신적 능력과 부양, 간병, 양육 등 가구여건 감안 가능
대상자 선정기준	- 부양의무자 ∩ 소득 ∩ 재산 - 소득과 재산기준의 이원화	- 부양의무자 ∩ 소득인정액 - 소득인정액 단일기준(소득인정액이 최저생계비 이하인 모든 국민) *2003년 부터 실시 - 소득평가액과 재산이 최저생계비 이하인 자(2002년까지 유지)
급여종류	- 생계보호(거택보호자만 지급) - 의료보호 - 교육보호 - 해산보호 - 장제보호 - 자활보호	- 생계급여 확대:모든 대상자에게 지급하되 근로능력자는 자활 관련사업에 참여를 조건으로 지급 - 의료, 교육, 해산, 장제, 자활보호 유지 - 주거급여 신설 - 긴급급여 신설
자활지원 계획		근로능력자 가구별 자활지원계획 수립을 통한 자활 지원 - 근로능력, 가구특성, 자활욕구 등을 토대로 자활방향 수립 - 자활에 필요한 서비스를 체계적으로 제공 하여 수급권자의 궁극적인 자활을 촉진

자료: 보건복지부(2001)

다(안병영 2000, 12~13). 국민기초생활보장법은 1999년 8월 9일 법안심사소위와 상임위에서 의결되었다. 그리고 12일에는 마침내 임시국회 전체회의를 통과했다.

국민기초생활보장법의 통과로 변화된 사항을 과거 생활보호법과 비교하여 정리하면 표 5-3과 같다. 둘 사이의 가장 큰 차이는 과거의 생

한국 복지국가는 어떻게 만들어졌나?

활보호법이 18세 이상 65세 미만의 근로능력 보유자를 수급 대상에서 원천적으로 제외한 데 비해, 기초보장법은 가구원의 노동능력과 무관하게 소득이 최저생계비 이하인 가구의 가구원은 수급자로 선정될 수 있고 생계급여를 받아 기초생활을 보장받을 수 있게 했다는 점이다. 이는 원칙상 기초생활보장을 모든 시민의 권리이자 국가의 의무로 새롭게 정의한 것으로 한국 빈곤정책의 역사에 새로운 장이 시작되었음을 의미하는 것이었다. 이런 법 정신에 맞추어 기초생활보장에 관한 법률 용어들도 시혜적 성격을 탈각하고 권리적 측면을 강조하는 것으로 바뀌었다.

한편 이렇게 제도가 잔여적인 것에서 보편적인 것으로 바뀌어 잠재적 대상자 집단의 규모가 갑자기 커지게 되면서 대상자 선정기준은 어떤 면에서는 더 엄격해졌다. 재정소요의 급속한 증가에 대한 우려 때문이었다. 대상자 선정기준 문제는 시행령, 시행규칙을 제정하는 법의 구체화 단계에서 가장 큰 쟁점이 되었다. 새 법은 또한 근로유인의 제고를 위해 18~64세의 근로능력자들은 원칙적으로는 자활사업에의 참여를 조건으로 생계급여를 지급할 수 있도록 했다. 주거급여는 신설되었으나 부처 간 이견과 시행상의 문제점들을 이유로 당장 실시는 유보되었다. 주요 쟁점들은 아래에서 재론한다.

(2) 후속 발전 단계[8]

법 통과 후 시행령과 시행규칙 제정 과정은 기초보장법의 구체적 실

---

8   후속 발전 단계는 법 통과(1999.08.) 이후부터 시행령, 시행규칙이 공표되는 2000년 8월까지로 한정했다.

질적 내용을 좌우하는 기초보장법 제정 정치의 또 다른 회전(round)
이었다. 사실상 시민단체를 제외한 다른 행위자들은 기초보장법의 국
회 통과까지 활발히 움직이지 않았다. 대통령의 울산 발언 이전까지는
법 제정 자체가 불투명했고, 울산 발언 이후 법 제정까지는 시간이 그
리 길지 않았기 때문이다. 이에 따라 기초보장법을 둘러싼 행위자 간
의 본격적인 이해 갈등과 타협은 법 제정 이후, 집행될 법안의 구체적
내용을 확정하는 시행령과 시행규칙 제정을 둘러싸고 이루어졌는데,
이 역시 한국 복지정치의 특성을 잘 보여준다.

　기초보장법 제정을 둘러싼 복지정치의 두 번째 회전의 핵심은 관
련 행정부처들 간의 관료정치였다. 앞서 언급한 바와 같이 현대사회에
서 주요 정책문제들은 특정 행정기관의 관할 영역에 배타적으로 속하
기보다는 여러 행정기관과 중첩적으로 연관되며 따라서 정책결정은
관련 부처들의 선호와 권력 역학관계를 반영하게 된다(Allison 1972;
Yates 1982; 박천오 1998, 156~158에서 재인용). 이를 관료정치라고 하는
데 기초보장법의 시행령·시행규칙 제정 과정은 전형적인 관료정치의
양상을 보여주었다(안병영 2000, 20). 물론 연대회의와 언론, 연구자들
을 비롯한 시민사회의 전문가 그룹도 일정한 역할을 했다. 그러나 이 단
계에서 복지정치의 핵은 상이한 정책목표를 갖는 행정부처들이었다.
기초보장법의 실행과 관련된 행정부서들은 보건복지부, 노동부, 기획예
산처로 집약할 수 있다.[9] 이들은 서로 다른 이념과 부처 이해관계, 그

9　행정자치부는 공무원 정원을 조정하는 부서이고, 재경부는 조세를 거두어 정책실행에 필요한 재원을 조
　　달해야 하는 부서라는 점에서 기초보장 제도의 도입과 연관이 있었지만 위에 언급한 세 부처만큼 직접적
　　으로 논쟁에 참여하진 않았다. 행정자치부는 대통령의 울산 발언 직후 사회복지 전문요원의 일반직화와

결과 도출된 정책선호를 가지고 자신들의 입장을 관철하기 위해 각축했고, 확정된 시행령·시행규칙은 부처 간 권력관계를 각인한 것이었다.

그렇다면 이제 행정부 각 부처들이 어떤 입장을 가지고 주요 쟁점들에 어떻게 대응했으며 그 귀결은 어떠했는지 좀 더 자세히 살펴보자. 우선 각 부처의 기본적 입장과 시각을 살펴보면, 기획예산처는 자유주의적 입장에서 이 법에 내재한 빈곤에 대한 국가 책임의 확대를 최대한 저지, 축소하고자 했다고 할 수 있다. 기획예산처는 영국·미국 등을 예로 들며 한국의 기초보장법이 빈곤에 대한 국가 책임의 축소와 개인 책임의 강화라는 세계적인 추세에 역행하고 있음을 주장했다. 그리고 사회복지는 한번 실시하면 축소하기 어려운 '비가역성'을 가지고 있고, 일할 능력이 있는 자까지 공적부조를 지급하는 것은 근로의욕을 저하시키게 되므로 근로능력이 있는 자는 직업훈련과 일자리 제공에 역점을 두어야 하며, 공적부조는 꼭 필요한 자에게만 적정수준으로 지급되어야 한다고 역설했다(기획예산처 1999a; 1999b; 남준우 1999에서 재인용). 일단 법이 통과되자 기획예산처는 보충급여 대신 부의 소득세(negative income tax)를 도입해야 한다든가, 차상위계층까지 정책대상으로 할 수 없다는 얘기를 흘렸다.[10] 또한 제도 준비 과정에서 예산처

증원을 일찌감치 결정한 터여서 다툼의 소지가 적었고, 재경부의 입장은 기획예산처에 의해 대변되었던 것으로 보인다.

10 기초생활보장연대회의 집행위 회의 (2003. 3. 27.), 참여연대(2004b). 이 시기 기획예산처 복지노동예산과장이었던 J 씨는 예산처가 가장 우려했던 것은 재정 소요의 증가였다고 밝히고 있다. 그는 "(기획예산처가 어떤 정책을) 재정 부담을 이유로 반대할 때는 재원을 대개 최대로 잡아서, 그것을 이유로 반대하는 경우가 있다"면서, "당시 최저생계비 측정을 위한 협의 과정에서 재정 부담을 고려한 것은 기획예산처랑 재정경제부 두 부처뿐이었고, 다른 심의위원들은 다 넉넉하게, 관대하게… 노조 쪽에서도 당연히 그랬고 언론계, 심지어는 경총에서 온 사람도…'이것은 우리하고는 관계없다. 물론, 세금에서 나가지만 간접적이고

의 실무진에 의해 준비된 한 문건에는 1) 구 생활보호 제도처럼 일단 예산을 정하고 예산 범위 내에서 대상자 책정을 하며, 2) 근로능력자 와 무능력자의 생계비를 차등 지원하자는 계획이 담겨 있었다.[11]

이와 같은 개인 책임 우선과 근로의욕 고취라는 기획예산처의 입장 은 보수언론과 일단의 자유주의적 학자군에 의해 지지되었다. 예컨대 『월간조선』 2000년 7월호 좌담은 〈국민기초생활보장법의 10월 실시 는 미뤄야… 예상 인원 초과, 가구소득 조사 능력 부족으로 대혼란 필 지(必知)〉라는 제목하에, 제정된 기초보장법의 취지와 내용에 반대하 는 논리들을 집중적으로 소개했다.[12] 도덕적 해이와 정부의 재정 부담 가중, 행정 인프라 부족으로 인한 혼란 등이 비판의 주 대상이었고 결 론은 기초보장법 실시를 연기해야 한다는 것이었다.[13]

기업에 직접 부담으로 안온다'…(는 식의 태도였다)"고 말했다. 기획예산처가 곳간지기로서 악역을 할 수 밖에 없었다는 것이다(피면담자 J).

11 이 문건을 입수한 연대회의는 항의 집회를 조직하고 기획예산처 장관 면담을 신청한다. 연대회의는 5월 2 일 진념 기획예산처 장관을 만난 자리에서 이 두 가지 사항에 대해 질의했고 장관으로부터 예산상의 이 유로 수급자 규모를 제한하지 않을 것이며 근로능력자인 조건부수급자에게 생계급여를 차별 지급할 계 획이 없음을 확인받았다(기초생활보장연대회의 집행위 회의록 2000. 5. 4; 2000. 5. 9; 참여연대 2004b). 그러나 당시 기획예산처 복지노동예산과장은 이것은 예산 작성 과정을 잘 모르는데서 온 오해였다고 주 장했다. 즉 연대회의가 항의한 예산안은, (본인은) 명확히 기억나지는 않지만, 최종 예산안이 아니었으리 라는 것이다. 그는 "예산안 평가 과정이 약 세 달 정도 걸린다. 부처가 5월 말에 예산안 제출하면, 9월에 마무리해서, 10월에 국회에 제출한다. 퍼스트 라운드, 즉 맨 처음 단계에서는 금년 예산 수준의 60~70% 로 조정을 한다. 누가 어떤 시각에서 보더라도 아주 필수적인 법정비용 등 꼭 해야 되는 사업으로만 편성 하는 것이다. 이후, 2라운드, 3라운드 거치면서 증액된다. 문제가 된 예산안은 최종 예산안이 아닌 비공개 문서였는데 이것이 밖에 알려져서, 그렇게 된 것이다. 최종 예산안을 보면 그렇게 되지 않았을 것이다"라 고 밝혔다(피면담자 J).

12 좌담 참여자는 김인호 국가경영전략연구원 원장, 안종범 성균관대 교수, 나성린 한양대 교수, 김진수 강 남대 교수, 김영하 조선일보 논설위원이었다.

13 기초보장법에 관한 다음과 같은 기사 제목들은 기초보장법에 대한 언론의 비우호적 입장을 잘 보여준 다. "기초생활보장제, 부실 우려"(조선일보 2000. 7. 6.); "기초생활보장제 더 보완해야"(조선일보 2000. 9. 27. 사설); "가짜 빈곤층 판친다. 공돈 주는데… 하던 일도 손놔"(중앙일보 2000. 9. 26.); "기초생활보장

한편 보건복지부는 법 제정이 기정사실화되자 제도의 구체적 부분들을 디자인하기 위해 분주히 움직였다. 복지부는 예산처, 행자부, 노동부를 비롯한 정부 타 부처 대표들과 학계 전문가들, 노동계와 시민사회 대표를 아우르는 국민기초생활보장추진단을 구성했다.[14] 복지부는 연대회의가 주도하여 마련했던 기초보장법안을 대부분 받아들여 정부안을 작성했던 만큼 기본적으로는 빈곤구제에 대한 국가 책임의 강화라는 연대회의의 입장을 공유했다고 볼 수 있다. 그러나 복지부의 자세는 여전히 소극적, 수세적이었다. 복지부는 울산 발언이 나오기까지는 사회복지 전문요원의 확보 등 제도 기반이 구축되지 않을 경우 이 법을 실시할 수 없다는 자세를 보였다. 울산 발언 이후로는 보다 적극적 입장으로 변했으나 시행령·시행규칙 입법예고 이후에도 부처의 안을 강하게 주장하기보다는 기획예산처의 입장에 맞추려는 모습을 계속 보여주었다(안병영 2000, 21~22).

이후 연대회의는 보건복지부를 외부에서 엄호하여 기초보장법 제정의 취지가 시행령·시행규칙 제정 과정에서 훼손되지 않도록 투쟁적으로 방어하는 역할을 담당했다. 연대회의는 법 제정 이후 때로는 복지부와 협조적 관계를 유지하면서, 그러나 때로는 복지부의 소극적 태도를 비판하면서 기초보장법이 원래의 취지대로 시행될 수 있게 하기 위해 노력했다. 예컨대 기획예산처의 '복지병'과 '근로의욕 감퇴' 논리에 대해 보건복지부가 소극적으로 침묵한 반면 연대회의는 적극적으로

법 준비 기간 너무 짧아"(중앙일보 2000. 9. 28.).

14 여기에는 연대회의 정책위원장으로 법 제정에 중요한 역할을 했던 M 교수도 참여했다.

반박했다.[15] 대부분의 사회복지학자들도 법 제정 이전과 이후 벌어진 논쟁 과정에서 시민단체/복지부 안을 지지하는 입장에 섰다.

한편 노동부는 기본적으로 근로연계복지(workfare), 즉 일을 통한 자활을 우선적으로 추구한다는 점(work first)에서 근로능력과 상관없이 기초생활 보장을 우선시하는(Protection first) 보건복지부 및 연대회의의 입장과 대립하였다. 영국과 미국에서 1990년대 중반 이후 활성화되기 시작한 '복지에서 노동으로'(from welfare to work)의 흐름과 궤를 같이하는, 그리고 예산처의 입장과 일정한 친화력을 갖는 이런 노동부의 입장은 기초보장법 초기 쟁점화 단계에는 기초보장법 제정에 반대하는 것으로 나타났다. 또 법 제정이 기정사실화된 뒤에는 기초생활보장법 대신 '저소득 실직자 생활안정 방안'을 마련해 근로능력이 있는 빈곤자는 우선 공공근로나 취로사업 등에 참여시키고, 그래도 소득이 최저생계비에 미달하면 기초보장법에서 보충급여를 하자는 '선노동 후급여' 주장으로 표면화되었다. 법 제정 과정에서 쟁점들이 대체로 복지부 주장대로 정리된 이후에도 두 부처 간 갈등의 불씨는 완전히 사라지지 않았고, 시행령·시행규칙의 준비 과정에서 다시 점화된다. 노동부는 복지부는 생활안정사업만 맡고 자활사업은 모두 노동부가 관장하겠다고 주장했던 것이다(노동부의 국민기초생활보장법 시행령·

---

15 참여연대는 기획예산처나 비슷한 입장의 재경부의 논리에 맞서 1) 복지제도 확대와 근로의욕 감퇴의 상관성이 학문적으로 입증된 바 없으며, 2) 근로의욕 감퇴 논리가 고성장·저실업 사회에는 타당할지 몰라도 저성장·고실업 사회가 된 한국사회에는 설득력이 없고, 3) 기초보장법에서 보장하고 있는 급여수준은 그야말로 최소한도의 수준이어서 이 정도 급여로 근로의욕이 저해된다고 생각하는 것은 기우에 불과하고 결국은 헌법이 보장한 인간다운 생활을 할 권리를 부인하는 것에 다름 아니라고 반박했다(문진영 1999, 112~113; 허선 2000).

시행규칙 검토 내용에 대한 연대회의 의견서 2000. 3. 9.; 참여연대 2004b)

그렇다면 이렇게 '빈곤에 대한 국가 책임 확대의 최소화'(기획예산처), '사회적 시민권으로서의 기초생활보장'(복지부), '근로연계복지'(노동부)라는 상이한 기본 입장을 가지고 있었던 세 행정부처들은 구체적으로 어떤 쟁점을 두고 대립했는가? 그리고 그 대립은 어떻게 해소되었는가?[16]

먼저 선정기준을 보면(표 5-4 참고), 생활보호법에서 소득, 재산, 부양의무자 기준으로 세 가지였던 선정기준은 기초보장법으로 넘어오면서 토지, 주거, 자동차 소유 여부가 추가돼 여섯 가지가 되었다. 여기에 재산 기준과 부양의무자 기준도 전보다 강화되었다. 생활보호 제도하에서 과표 기준과 공시지가 기준을 적용하던 재산 평가 기준은 구 기준의 거의 두 배에 상응하는 시가 기준으로 바뀌었다. 주거 기준은 15평 이상의 주택 소유자나 20평 이상의 전월세입자를, 자동차 기준은 배기량 1500cc이상 차량의 소유자를 수급 대상에서 제외하도록 했다.

재산 기준의 강화에 대해, 연대회의는 재산 기준은 그 재산의 이자 수입으로도 최저생계가 유지될 때만 의미를 갖는 것이라며 사실상의 선정기준 강화를 강하게 비판했다. 그리고 이 새로운 재산 기준을 과거 생활보호법하에서의 재산 기준으로 재조정할 것을 요구했다. 그러나 최종적인 결정은 결국 기획예산처의 주장대로 강화된 새 기준을 확정하는 것이었다.[17] 부양의무자 기준의 경우에도 범위 기준은 생활보

---

16 이하 시행령·시행규칙 검토 과정에서의 부처 간 논쟁과 그 귀결에 대해서는 참여연대 사회복지위원회(2004b); 김미곤(2000); 허선(2000); 여유진(2004)에 의존했다.

17 소득인정액 제도 역시 재산의 소득환산과 관련해 논란을 낳았다. 소득인정액(소득평가액+재산의 소득

표 5-4_국민기초보장법 세부 쟁점에 대한 입장 차이와 그 귀결

쟁점			연대회의	보건복지부	기획예산처	노동부	확정안
기본 입장			국가책임 확대/시민권으로서의 기초생활 보장	국가책임 확대/시민권으로서의/기초생활 보장	국가책임 확대 최소화/근로동기 유지	근로동기 유지/근로연계복지	절충
선정기준	재산기준		다른 기준과 함께 사용되는 기준이므로 너무 낮음	주거용 토지 중 5천만 원 이하가 76%로 별 문제 없음.			시가 기준 2,900만 원(1~2인) 3,200만 원(3~4인) 3,600만 원(5~6인)
	부양의무자 기준	범위	직계혈족 및 그 배우자 생계를 같이하는 2촌 이내 혈족	직계혈족 및 그 배우자 생계를 같이하는 2촌 이내 혈족	직계혈족 및 그 배우자 생계를 같이하는 2촌 이내 혈족		직계혈족 및 그 배우자 생계를 같이하는 2촌 이내 혈족
		부양능력	부양의무자(가구) 소득이 부양의무자와 수급권자 가구 각각의 최저생계비 합의 130% 보다 많은 경우	부양의무자(가구) 소득이 부양의무자와 수급권자 가구 각각의 최저생계비 합의 120% 보다 많은 경우	부양의무자(가구) 소득이 부양의무자와 수급권자 가구 각각의 최저생계비 합의 120% 보다 많은 경우		부양의무자(가구) 소득이 부양의무자와 수급권자 가구 각각의 최저생계비 합의 120% 보다 많은 경우
				재산기준 추가			부양의무자 가구 재산의 소득환산액이 부양의무자와 수급권자 각각의 최저생계비의 42% 이상인 경우
	차상위층 선정		소득 기준 130% 미만	소득 기준 120% 미만	소득 기준 120% 미만	소득 기준 120% 미만	소득 기준 120% 미만
급여	주거급여		신설 주장	반대	반대		신설 (시행은 유보)
	근로소득공제		소득의 50% 일반근로소득	소득의 50% 일반근로소득 (취약계층에 높은 공제율)	소득의 10% (2003년부터) (취약계층만)	소득의 10% (2003년부터) (시장근로소득에 높은 공제율)	소득의 10~15% (2003년부터) (취약계층만)
	대학생 학비공제		입학금, 등록금 공제	입학금, 등록금 공제	공제 반대		입학금, 등록금 공제 조항 삭제
	차상위층급여		자활 및 의료급여	자활 및 의료급여	자활급여	자활급여	자활급여
자활사업 주관			보건복지부	보건복지부		노동부	절충하여 분담

자료: 김미곤(2000); 허선(2000); 여유진(2004); 참여연대(2004b)로부터 재구성

한국 복지국가는 어떻게 만들어졌나?

호법과 동일했으나[18] 부양 능력 판정 기준은 시행규칙 제정 과정에서 이전보다 오히려 강화되었다. 2000년 2월 시행령·시행규칙 입법예고와 더불어 가진 공청회에서 복지부는 부양의무자 가구소득이 두 가구(수급가구와 부양의무자 가구) 각각의 최저생계비의 120% 이하로 되게 할 것을 제안했다.[19] 그러나 기획예산처는 부양 능력 판정에 이런 소득 기준 외에 재산 기준을 추가할 것을 주문했다. 즉 부양의무자 가구 재산의 소득환산액이 수급자 및 그의 부양의무자 각각의 최저생계비의 42% 이상인 경우 부양 능력이 있는 가구로 판정한다는 것이었다. 연대회의는 재산 기준의 추가에 크게 반발했고 소득 기준 역시 두 가구 최저생계비 합의 130% 이하가 되어야 한다고 주장했다. 그러나 연대회의 주장은 힘을 발휘하지 못했다. 최종안은 결국 두 가구 최저생계비 합의 120% 이하라는 소득 기준에 재산 기준 추가라는 기획예산처의 주장을 반영한 것이었다(여유진 2004, 130~131).

다음으로 급여와 관련해서는 부분적으로는 기획예산처 안이, 부분적으로는 복지부나 연대회의 안이 관철된다. 우선 주거급여를 살펴보면, 연대회의는 수급자들의 주거 상태 악화 방지를 위하여 주택 수리비나 임대료 보조를 위한 최소한의 현금 급여를 제공하는 주거급여 도

환산액)은 소득 기준과 재산 기준을 통합해 하나의 선정기준으로 만든 것인데 과연 재산을 소득으로 환산할 수 있는지에 대해 주장이 엇갈렸고, 결국 2003년까지 연기로 가닥을 잡았다.

18 수급권자의 직계혈족 및 그 배우자, 생계를 같이하는 2촌 이내의 혈족으로 규정되었다.

19 보건복지부는 국민기초생활보장법 시행령(안)에서 이 120%가 부양의무자 가구와 급여 신청 가구가 최저생계 수준의 생활을 유지하고 소득의 약 15% 내외(평균저축률 50%)를 저축할 수 있는 수준이라고 근거를 제시하고 있다(국민기초생활보장추진준비단 제3차 회의 안건자료. 2000-3-2호, 〈국민기초생활보장법 시행령(안)〉. 2000. 01. 24.).

입을 주장했다. 경제부처들의 반대에도 불구하고 기초보장법에는 주거급여가 도입되었으나 급여 산정 및 지급 방식에 대해서는 시행령·시행규칙에 위임해 놓았다. 다시 시행령·시행규칙 협의 과정에서 기획예산처와 복지부는 주거급여의 도입에 반대한 반면, 연대회의는 도입을 주장했다. 결국 시행규칙에는 수급자의 전월세 보조와 주택 유지수선비에 관한 구체적인 지급 방안이 언급되어 연대회의 입장을 반영한 것처럼 보였지만, 최종적으로 주거급여 실시는 유보되었다. 당장 수급자의 주거 형태의 다양성을 고려하는 시행 방안을 찾기 어려웠고, 주거급여를 도입해 현금 생계급여로부터 주거급여를 분리할 경우 자가 소유 수급자에게 크게 불리할 것으로 예상되었기 때문이다.

급여와 관련된 또 하나의 중요한 쟁점인 근로소득공제는 기초보장법의 근본 쟁점에 대한 각 부처의 기본 입장을 그대로 드러내었다. 복지부는 근로 유인 제고를 위한 소득공제를 기초보장 제도 실시와 더불어 첫해에 모든 근로소득에 적용해 실시해야 하며 특히 취약계층의 공제율을 높게 설정함으로써 이들의 근로활동을 장려해야 한다고 주장했다. 반면 노동부는 모든 근로소득에 대해 공제율을 적용하되, 특히 일반 노동시장 참여 근로소득에 대한 공제율을 더 높게 해야 한다고 주장했다. 국가에 의해 보호된 노동시장이 아닌 일반 노동시장 참여야말로 자활을 위한 지름길이며, 따라서 공공근로보다 높이 평가되고 장려되어야 한다는 노동부의 입장이 반영된 것이다. 기획예산처는 추가 예산 확보의 어려움을 들어 첫해에는 모든 근로소득이 아닌 취약계층의 근로소득, 즉 장애인, 학생, 자활공동체 참여자의 근로소득에만 소득공제를 할 것을 주장했다. 결국 기획예산처 안이 최종안으로 채택되었다. 즉 소득공제는 2002년부터 실시하되, 적용 범위는 장애인, 학생, 자활공동체 참여자로 한정되었고, 공제율은 소득의 10~15%로 결정되었다.

다음으로 대학생 등록금 특별공제 역시 부처별 협의 과정에서 삭제되었다. 입법예고안에서는 대학생 수급자의 입학금과 수업료를 공제하도록 되어 있었다. 그러나 기획예산처와 서울시, 경기도는 대학교육이 의무교육의 범위를 벗어나므로 이런 공제는 사회통념에 부합되지 않고 다른 수급자와의 형평성에 어긋난다는 이유로 반대했다. 결국 이 조항은 삭제되었다.

급여와 관련된 마지막 쟁점은 차상위층 선정과 급여 문제인데, 이 역시 근로능력이 있는 근로빈민(working poor)의 소득 보장과 근로 유인 제고 문제에 관한 부처별 입장 차를 잘 드러내 보여주었다. 기초보장 제도의 수급 기준을 약간 상회하는 차상위층 선정기준으로 복지부, 노동부, 기획예산처 모두 소득이 최저생계비의 120% 이하를 주장했으나 연대회의는 130%를 제안했다. 급여에 관해서는 복지부와 연대회의 모두 차상위층에 자활급여와 의료급여를 제공하는 안을 제시했으나 노동부와 예산처는 자활급여만을 제공하는 안을 제시했다. 복지부와 연대회의 안은 빈곤가구 중 의료비 부담이 큰 가구일 경우 자활을 기피하고 수급자로 남아 있으려 할 수 있다는 점을 고려한 것이었다. 그러나 기획예산처는 막대한 의료급여 예산 부담을 이유로 이에 반대했고, 결국은 예산처의 안대로 차상위층에게는 자활급여만을 제공하도록 했다.

마지막으로 근로능력자의 자활사업 수행 주체에 관한 논쟁과 귀결을 간략히 살펴보자. 근로능력이 있는 조건부 생계급여 대상자(약 25만

~40만 명)에 대한 자활사업을 누가 수행할 것인가는 기초생활보장과 빈곤층의 경제적 자립 촉진에 대한 접근 방법의 차이에 부처별 이해관계가 맞물린 사안이었다. 노동부는 개인을 기본단위로 보고 자활사업을 실업대책이란 관점에서 접근하여 취업이 곧 자활이란 입장에 서 있었다. 그리고 이런 관점에서 자활사업은 고용안정센터를 통해 취업촉진정책을 펴왔던 노동부의 업무에 더 근접한 것이며, 따라서 노동부가 관장해야 한다고 주장했다.

반면 복지부는 가구를 기본단위로 보고 자활사업 역시 빈곤대책이란 관점에서 접근하여 탈빈곤이야말로 진정한 자활이라는 입장을 취했다. 그리고 자활사업은 기초보장 제도의 틀 속에서 소득 보장 대책과 유기적 연계하에 복지부가 담당하는 것이 타당하다고 주장했다. 연대회의 역시 보건복지부 입장을 지지했다. 노동부 안은 근로능력이 있는 자활사업 대상자들의 기본 소득 보장을 불안하게 만들어 결국 인구학적 기준과 무관하게 일정 소득 이하 모든 국민들의 기초생활을 보장한다는 기초보장법의 취지를 훼손시킬 수 있을 것으로 보였기 때문이다. 이 논쟁은 복지부 주도하에 노동부와의 업무 분담이란 타협안으로, 즉 복지부는 생업자금 지원과 자원봉사 사업 등을 담당하고 노동부는 직업알선, 직업훈련, 공공근로를 담당하는 것으로 마무리되었다.

정리하자면, 기초보장 제도 도입을 둘러싼 본격적인 갈등과 타협은 법 제정 이후, 집행될 법안의 구체적 내용을 확정하는 시행령·시행규칙 제정을 둘러싸고 이루어졌다. 이 기초보장법 제정 정치의 두 번째 회전의 핵심은 관련 행정부처들 간의 상호작용과 권력 역학관계였고, 여기서 기획예산처는 정부 내에서의 우월한 지위를 이용하여 자신의 입장을 대부분 관철시켰다. 처음부터 주도적 입장에서 법안 제정을 이끌어오지 못했던 복지부는 대부분의 쟁점에서 기획예산처에 밀려 양보했고 이는 애초의 법 제정 취지를 형해화시킨다는 비판까지 불러일으켰다. 관료정치라는 입장에서 보면 보건복지부는 자신의 입장을 뒷받침할 강경한 외부세력, 즉 연대회의를 이용하여 여론을 동원하고 협의 과정에서 목소리를 높였을 법한 데도 그렇지 못했던 것으로 보인다. 새 제도의 고객이 될 집단의 정치적 취약성, 절대적으로 부족한 시행 인프라스트럭처와 인력으로 인한 집행력에 대한 자신감 결여, 비우호적인 언론환경 등도 원인이 되었지만, 무엇보다 기획예산처와 구조적으로 불균형한 권력관계와 오랫동안 비실세 부처로서 지녀온 수동성이 근본적인 이유였다고 보여진다. 개발 연대 이래 정치권력이 허약한 부서는 강한 부처들의 요구를 사전에 수용함으로써 갈등의 소지를 줄이고 그들 부처로부터 최소한의 협조나마 보장받으려 해왔는데(김영평 1991; 박천오 2001, 163에서 재인용), 보건복지부의 태도는 여기서 크게 벗어나지 않는 것이었다.

노동부는 취업이 곧 자활이라는 기본입장과 부처 이해관계로 인해 자활사업 주관 부처, 근로소득공제 등을 두고 복지부와 대립했고 이런 대립은 법 시행에 적잖은 차질을 가져왔다. 원래 예정대로라면 2000년 3월 말까지 시행령·시행규칙·지침이 완성되어야 함에도 불구하고 복지부는 5월까지도 노동부와의 협의가 끝나지 않아 아무런 공식 회의도 진행하지 못했다. 하지만 결국 세부안은, 대체로 기초보장 제도 내에서 행정의 일원성을 확보하여 소득 보장과 자활 서비스를 긴밀히 연결시켜야 한다는 복지부의 주장대로 결정되었다. 즉 복지부는 노동부의 공세는 막아낼 수 있었으나 기획예산처의 압력엔 취약했다고 할 수 있다. 관료정치 이론가들은 정책문제에 대한 기본 인식과 접근이 다른 부처들 간에 빚어지는 갈등은 타협에 의해 해소되기보다는 상호간의 역학관계에 의해 해소될 가능성이 크다고 지적하고 있는데(Allison 1982; Yates 1982; 박천오 2000에서 재인용) 기초보장법을 둘러싼 관료정치도 예외가 아니었다.

한편 기초보장법 제정 정치 전반기에서 쟁점화와 의제형성 그리고 정책결정 과정까지 가장 핵심적 역할을 했던 연대회의는 후반기에는 큰 역할을 하지 못한다. 연대회의는 그 구성원들이 보건복지부가 발주해 한국보건사회연구원이 수행한 시행령과 시행규칙 확정을 위한 시행 방안에 관한 연구에 참여함으로써 연대회의의 입장을 반영할 수 있었다. 또한 연대회의 정책위원장이 복지부 내 기초생활보장법 추진위원단에 참여함으로써 연대회의와 복지부 사이의 가교 역할을 했다. 이는 한국의 복지정책 결정 과정에서 매우 희귀한 일로 시민운동 단체의 입장이 정책 세부안에 상당 정도 반영되는 결과를 가져왔다.[20]

그러나 결국 2000년 2월 시행령·시행규칙 입법예고 후 부처 간 협의 과정에서는 기획예산처의 강한 입김으로 애초의 법 제정 정신과 의도를 훼손하는 선정기준이 마련되었다. 그리고 5월에 들어서 수급자 선정 시한에 쫓기던 복지부는 아직 선정기준에 대한 시행령과 시행규칙이 확정되지 않은 상태에서 위 선정기준에 준한 실무 지침을 마련해

---

20 국민기초생활보장법 추진연대회의, "국민기초생활보장법 시행령·시행규칙(안)에 대한 의견서"(2000.03. 07.), 참여연대(2004).

한국 복지국가는 어떻게 만들어졌나?

수급자 신청을 받기 시작했다. 이에 연대회의 대표단은 기획예산처 장관을 면담하고 항의했다. 대표단은 우선 예산처의 실무선에서 검토하고 있다가 누출된 계획, 즉 구 생활보호 제도처럼 일단 예산을 정하고 예산 범위 내에서 대상자를 선정하며, 근로능력자와 무능력자의 생계비를 차등 지원한다는 안에 대해 사실 확인을 요청했다.[21] 진념 장관은 예산상의 이유로 수급자 규모를 제한하지 않을 것이며 근로능력자인 조건부 수급자에게 생계급여를 차별 지급할 계획이 없음을 확인해 주었다. 그러나 예산처는 다른 연대회의의 주장들 즉 생활보호자 선정 기준보다 가혹해진 재산 기준의 수정 필요성과 새롭게 도입된 부양의무자 재산 기준의 부적합성에 대해서는 전혀 동의하지 않았고 백지화 요구도 받아들이지 않았다. 또한 소득공제율 문제나 차상위층 의료급여 삭제에 대해서도 기존 입장을 고수할 뜻임을 분명히 했다.

이에 연대회의는 5월 4일 '무늬만인 기초보장법은 기만이다'라는 제하의 성명을 내어 예산처 장관과의 면담 결과를 발표했다. 또 5월 15일에는 복지운동 단체들과 연합하여 국민기초생활보장법의 올바른 정착을 촉구하는 대정부 항의 집회를 조직했다. 그러나 연대회의의 활동은 이미 행정부 내의 문제가 되어버린 구체적 시행 방안 결정에는 크게 영향을 미치지 못했다.

게다가 복지부가 부처 간 협의 과정에서 기획예산처에 계속 맞추는 모습을 보여주자, 이에 대한 대응을 둘러싸고 연대회의 집행부와 연대회의의 가장 핵심적 참여 단체였던 참여연대가 갈등을 빚게 되면서 연

---

21 기초생활보장연대회의 집행위 회의(2000.05.04.; 2000.05.09.), 참여연대(2004b).

대회의의 응집력과 대응력 역시 떨어지게 된다. 연대회의는 보다 타협적인 태도를 취했다. 소득 파악 등 행정적 제도 정비가 부족한 상태에서 국민기초생활보장 제도를 수행하기 위해 정부가 취하려 하는 조치들에 원칙적 비판으로 일관할 경우, 보수언론과 자유주의적 교수 집단들이 강력히 제기했던 제도 실시 연기론에 힘을 실어주고 결국 제도를 유산시킬 수 있다고 보았기 때문이다. 반면 참여연대는 이런 연대회의의 태도를 상층 정·관계 인사들과의 연계에 기반한 소수 상층부 중심 운동 방식이라고 비판했다. 그리고 이런 운동 방식이 법 제정까지는 필요하고 유효했다 할지라도, 이제 시행령·시행규칙의 제정 과정에서 법 취지가 훼손될 위기에 처한 상황에서는 보다 대중적인 운동 방식이 필요하다고 주장한다.[22]

이런 내홍 끝에 결국 참여연대는 5월 9일 연대회의와 별도로 독자적인 '기초생활수급권찾기운동본부'를 발족시킨 뒤 행정소송, 헌법소원 등 대정부 투쟁을 전개할 것을 선언한다. 연대회의 참여 단체들 역시 참여연대가 제기한 수급권 운동의 필요성에 공감하지 않았던 것은 아니었으나, 이미 연대회의 내부에 생겨난 균열은 참여 단체들이 단결하여 이 운동에 전력투구할 수 없게 했던 것으로 보인다. 결국 2000년 7월 27일과 8월 2일 각각 최종 공포된 시행령과 시행규칙은 기획예산처의 입장을 대부분 반영한 것이었다. 그리고 연대회의는 목표로 했던 법 제정이 이루어졌다고 자평하면서 8월 31일 해산을 선언했다.

결국 기초보장법 제정 과정의 정치는 기초보장법의 이중적 성격—

---

22 연대회의 확대 회의 결과 보고(2000. 06. 15.), 참여연대(2004).

원칙적 보편성 및 진보성과 그 구체적 내용에 있어서 잔여성 및 자유주의적 측면—이 법 제정까지의 시민운동 단체의 영향력과 법 제정 이후 행정부 내 관료정치의 영향력이라는 이중적 정치과정에 각각 대응하는 것임을 확인시켜 준다. 기초보장법 제정 과정은 민주화 이후 복지정치의 변화와 그것의 한계, 즉 한편으로는 민주화로 열린 정치 공간에서 시민운동의 참여에 의한 개혁이란 측면과, 다른 한편으로는 발전주의 시대의 유산과 신자유주의 시대 분위기의 결합을 토대로 한 관료정치에 의한 개혁의 지연을 잘 보여준다.

3. 소결

국민기초생활보장법 제정 과정은 민주화 이후 한국의 복지정치가 크게 변화하고 있음을 보여주었다. 여러 연구가 지적하듯이 시민운동 단체의 역할은 가장 눈에 띄는 변화였다. 생활보호법을 비롯하여 한국의 기존 사회복지 입법 과정은 일반적으로 행정부가 정책을 입안하면 집권당이 주도하여 국회에서 법을 제정하는 형태로 이루어졌다. 반면, 기초생활보장법은 시민운동 단체가 문제 제기와 의제형성, 정책대안의 제시에 이르기까지 주도적 역할을 하여 법 제정을 성사시키는 과정을 밟았다(문진영 2001, 8; 안병영 2000; 김연명 2000). 시민운동 단체들은 스스로 정치적으로 조직화되기 어려운 빈민들을 대신하여 일종의 공익의 담지자로서 복지정치의 중요한 행위자로 떠올랐던 것이다. 시민운동 단체의 적극적이고 활발한 활동은 이념적, 정책적으로 반대편 입장에 서 있던 보수언론과 자유주의적 연구자들, 예산처를 비롯한 경제 부처들의 대응을 촉발해 뜨거운 논쟁을 낳기도 했다. 이런 입법 과정 은 사실상 '복지정치'라고 부를 만한 것이 존재하지 않던 권위주의 시 기와 비한다면 실로 괄목할 만한 변화였다.[23]

이렇게 시민운동 단체가 복지정치의 주역으로 떠오르게 된 것은 민 주화에도 불구하고 정당과 국회가 이익결집을 통한 정책 입안 기능을 제대로 수행하지 못했기 때문이라고 할 수 있다. 권위주의 정부하에서 정당은 정책결정의 중심에서 밀려났고 국회는 행정부의 정책안을 통과 시켜주는 '통법부'(通法府) 역할을 해왔다. 민주주의로의 전환 이후에도 정당과 국회의 역할은 크게 변화하지 못했는데, 이는 지역주의로 인한 정책정당화의 지체와 지연된 당내 민주화로 정당의 정책 기능이 여야 를 막론하고 매우 더디게 발전해왔기 때문이었다. 공익적 시민운동 단 체가 일종의 '대의의 대행'(조희연 1999)을 수행했던 것은 이렇게 민주 화에도 불구하고 정치사회의 변화는 매우 지체되었던 한국의 상황이 낳은 산물이었다.[24]

한편, 이와 같은 국민기초생활보장법 제정 과정은 4장에서 제기했던 가설대로 시민운동이 스스로 정당으로 변신하기 어려운 정치적 기회

---

23 민주화 이후 또 다른 복지정치의 중요한 변화로 이익집단의 활성화를 들 수 있다. 의료보험 통합, 의약분 업, 모성보호법 등의 제정 과정에서 이해당사자 집단들은 적극적으로 자신의 이해관계를 주장하고 정책 형성 과정에 개입했다. 반면 기초보장법의 경우 주요 수혜자가 조직화되기 어려운 빈민이란 점에서 이해 당사자들의 투입 활동은 거의 없었다. 이는 '공익의 담지자'로서의 시민운동 단체들의 활동을 더 중요한 것으로 만들었다.

24 이런 시민단체의 역할은 의료보험 통합이나 의약분업, 그리고 모성보호관련법 개정에서도 마찬가지로 나타났다.

구조를 가진 한국에서 시민운동은 자신의 의제를 실현하기 위해 기존 정당과의 협력과 제휴를 모색했음을 보여준다. 당시 정당들은 여야를 막론하고 복지문제에 큰 관심이 없었고 이는 상대적으로 진보적이었던 여당, 새정치국민회의 역시 마찬가지였다. 그러나 결국 여론이 비등하자 시민운동 단체 안을 거의 모두 받아들여 입법을 추진한 것은 새정치국민회의였다. 또 이런 시민운동이 띄워올린 의제를 받아들여 법 제정의 물꼬를 튼 것은 새정치국민회의 출신의 김대중 대통령이었고, 대통령의 결심을 이끌어내는 과정에서 시민운동가 출신의 청와대 비서실 참모들이나 여당 국회의원들이 일정한 역할을 한 것으로 알려졌다.

이런 식의 시민단체와 민주당 계열 정당 간의 협조는 노무현정부 집권이 이루어지면서, 그리고 시민운동 출신의 인사들이 열린우리당과 노무현정부의 내각과 대통령실에 진출하면서 더욱 빈번해졌다. 그러나 이런 정책 협조는 미국이나 영국의 시민단체와 정당 간의 조직화되고 제도화된 정책 협조와는 다른 것이었다. 한국의 시민운동과 정당 간에는 제도화된 공식적 협조 채널은 존재하지 않았다. 결국, 첫 번째 가설은 불완전한 형태로 확인되는 셈이다.

4장에서 제기한 또 다른 가설, 즉 국민기초생활보장법 제정 과정은 전통적 의미의 권력자원을 가지지 못한 한국의 시민운동 단체들이 자신의 의제를 실현하기 위해 서구의 노동운동이나 좌파 정당과는 다른 형태의 자원, 즉 연성 권력자원을 동원했으리라는 점은 보다 명확히 확인된다. 국민기초생활보장법의 골격은 참여연대에 기반을 둔 대학교수들과 국책연구기관의 진보적 연구자 그리고 법률가들의 공동 작업에 의해 마련되었다. 시민운동 단체가 제도 도입을 촉구하는 데 그친 것이 아니라 자신이 가진 '지식기반 권력자원'을 이용해 직접 제도를 디자인한 것이다.

또한, 참여연대는 노조처럼 자신의 조직원을 동원할 수 없었지만, 그 대신 다양한 단체들로 일시적이나 광범위한 연대 조직을 만들어 여론을 동원하고 언론의 주목을 끌어냈다. '다른 정치적·사회적 행위자들로부터 받는 외부로부터의 지지' 혹은 '제휴 형성 능력', '대중으로부터의 지지'라는 형태의 연성적 집단행동 자원을 동원한 것이다. 이들은 기자회견과 성명서 발표, 감사청구와 고소·고발, 공익소송,[25] 입법청원, 그리고 '최저생계비로 한 달 살기 체험' 등 비관습적 이벤트들을 통해 캠페인을 전개했다. 그리고 이에 기반해 참여연대를 비롯한 26개 사회단체는 국회에 입법청원을 했다. 이런 과정 속에 점점 여론의 지지가 높아지면서 정당이나 행정부는 압력을 느끼지 않을 수 없었다. 즉 시민단체들은 경성 권력자원을 가지지 않은 전문가와 활동가 중심의 단체였음에도 불구하고 연성 권력자원을 효율적으로 이용해 역사적인 공공부조 개혁을 추동해냈던 것이다.

시민운동 단체의 지대한 역할이 민주화 이후 복지정치의 변화를 보여준 가장 뚜렷한 변화였다면 대통령의 결정적 역할은 사회정책 결정 과정에 있어 과거와의 연속성을 가장 잘 보여주는 부분이라고 할 수 있다. 이슈화와 의제형성, 그리고 정책대안 수립 단계에서 가장 중요한 역할을 한 것이 시민운동 단체라면 정책결정 단계에서 가장 중요한 역

---

25   국가가 자신의 책임을 다하지 못하고 있음을 고발하는 행정소송으로 1990년대 후반, 2000년대 초반 여론 형성을 위해 자주 이용되었다.

할을 한 것은 대통령이라는 평가가 나올 정도로(박윤영 2002), 대통령의 공식적 한마디와 관심 표명은 위력을 발휘했다. 대통령은 울산 발언을 통해 1999년 초반 이후 무산의 위기 속으로 빠져들어가고 있던 기초보장법을 일거에 구원해냈다. 법 제정에 대한 기획예산처의 마지못한 동의도 대통령의 발언이 없었다면 불가능했을 것이다. 또 시민운동의 상층 엘리트 접근 방식이 결정적 힘을 발휘할 수 있었던 것도 결국은 대통령에게로 향한 통로였던 비서실과의 접점을 확보할 수 있었기 때문이기도 했다. 이런 대통령의 지대한 영향력은 그 자체가 하나의 제도(institution)인 대통령이 최고의 행정기관으로서 지니고 있는 권력에도 기인한 것이지만, 김대중정부에까지 아직 연장되고 있었던 권위주의 시기 대통령이 가지고 있었던 무소불위 권력의 유산이기도 했다.[26]

다음으로, 시행령·시행규칙을 제정하는 기초보장법 제정의 후반기 정치과정은 과거 발전 국가의 유산이 경제위기 이후 신자유주의적 변용을 겪으면서도 여전히 힘을 발휘하고 있음을 보여준다고 할 수 있다. 기초보장법의 시행령·시행규칙을 정하는 과정에서 법안의 국회 통과까지 주도적 역할을 해왔던 연대회의는 정책결정의 비공식적 행위자이자 선출되지 않은 권력으로서 별다른 역할을 하지 못한 채 법안의 희석화 내지 훼손을 바라봐야 했다. 시행령·시행규칙을 정하는 과정은 기본적으로는 부처들 간의 관료정치의 과정이었는데 여기서 기획예산

---

26 김대중정부 후반 민정비서관과 정책기획비서관을 지낸 S 씨는 당시 정책결정 구조에서 '대통령에게 직보하는 것의 중요성'을 강조했다. 수석비서관회의에서는 정책기획수석의 복지 관련 주장이 밀려도 수석이 직접 대통령을 만나 건의하면, 대등한 정보 제공이 가능하고 정책에 영향을 미칠 수 있었다는 것이다(피면담자 S).

처는 압도적인 우위 속에서 자신의 입장을 관철시켰다.

사실 권위주의적 발전주의 시기 동안 한국의 관료정치는 그리 활발하지 않았다. 경제성장 및 안보 중심으로 정책 우선순위가 정해져 있고 일사불란한 행정을 강조했던 권위주의 체제하에서 부처 간 의견 차이가 클 수 없었다. 제한된 범위 내에서 발생하는 부처 간 의견 대립은 경제기획원이나 청와대에 의해 조율되었다. 민주화 이후로는 부처 간 갈등이 보다 심각해졌고 외부로의 노출도 빈번해졌다(박천오 2001, 158~167; 박재희 2004, 1~2). 이런 맥락에서 기초보장법 제정의 후반부는 기초보장법을 둘러싼 부처 간 관료정치가 기획예산처의 압도적 힘에 의해 입장 차를 해소해간 과정이라고 할 수 있다. 예산처는 예산의 규모와 우선순위를 결정하는 부처로 일반부처들보다 우위에 서 있었고, 한정된 자원을 갖는 정부의 예산을 배정하고 그 성과를 관리하는 부처로 비용 대비 효과와 근로의욕의 고취를 무엇보다 우선시하면서 복지부의 요구에 대응했다. 결국 예산처는 애초에 시민운동 단체가 주도하고 자신이 반대한, 그러나 대통령의 뜻이 표명됨에 따라 동의해줄 수밖에 없었던 기초보장법을 시행령·시행규칙 작성 과정에 개입하여 최대한 희석화, 형해화하려 했고, 이에 성공했다. 즉 기획예산처는 기초보장법 제정 후반기 과정에서 신제도주의에서 말하는 일종의 거부점[27] 역할을 한 것이다.

이런 복지에 대한 예산처의 입장은 기본적으로 성장과 발전 우위라

---

27 거부점(veto piont)이란 엄격히는 "헌정 구조상 이익집단이 정책결정 과정에 접근하여 원하지 않는 입법을 저지시킬 수 있는 지점"으로 정의된다(Immergut 1992). 그러나 보다 넓은 의미에서는 입법의 저지뿐만 아니라 원래 법 제정 취지의 상당한 훼손이나 변형 역시 이 개념에 포함되는 것으로 사용되고 있다.

한국 복지국가는 어떻게 만들어졌나?

는 전통적인 발전주의 이데올로기에 근로연계복지와 노동력 상품화라는 신자유주의적 복지정책 이념을 결합한 것이라고 할 수 있다. 최장집(2000, 136~140)의 지적처럼 경제위기 이후 발전주의를 대체할 새로운 발전모델에 대한 비전이었던 '민주주의와 시장경제의 병행 발전'은 김대중정부하에서 개혁 정책의 일반 노선으로 구체화되지 못했다. 그리고 그 결과 구조조정, 민영화, 노동, 복지 등의 문제가 하나의 틀 속에서 다루어질 수 있는 모델이 제시되지 못했고 IMF 위기를 극복하는 것은 IMF의 개혁 패키지를 수동적으로 이행하는 것으로 대체되었다. 이 와중에 개혁에 대한 장기적 비전과 담론은 매우 제한적이었고, 정책의제를 설정하고 결정하는 기본적 과업이 관료적 합리성에 맡겨지게 되었다.

기초보장법의 경우는 예외적으로 시민운동의 강력한 요구에 의해 의제가 설정되고 대통령의 지지에 의해 법 제정이 이루어졌지만, 집행의 구체적 내용을 결정하는 후반부 과정은 결국 관료정치의 역학관계에 의해 결정되었다. 그리고 그 최종 결과물은 영미적 의미에서의 '생산적 복지'의 이름으로 포장되었다. 이는 민주화 이후에도 과거의 발전주의적 유산이 행정부 내에 뿌리 깊게 잔존하고 있음을, 그리고 그것이 생산성과 경쟁력이란 공유가치를 매개로 경제위기 이후 행정부를 장악한 신자유주의화의 흐름과 선택적으로 결합했음을 의미하는 것이라고 할 수 있다(정무권 2000).

6장

국민연금 개혁:
1998년 개혁과 2007년 개혁

이 장에서는 1998년 김대중정부의 연금 개혁(이하 1차 연금 개혁)과 2007년 노무현정부의 연금 개혁(이하 2차 연금 개혁) 사례를 다룬다. 1, 2차 연금 개혁의 과정과 결과를 살펴보고 두 번의 개혁이 어떻게, 왜 달랐는지를 분석하여 복지정치의 변화 추세를 가늠해보려는 것이다. 결론부터 요약하자면 이 비교는 복지정치 행위자로서의 정당의 부상을 보여준다고 할 수 있다. 이것은 1, 2차 연금 개혁을 구분하는 특징이기도 하지만, 보다 장기적인 시간의 흐름 속에서는 한국 복지정치 자체의 변화를 보여주는 것이기도 하다. 이 책의 5장이 민주화로 발생한 복지정치의 변화 중 시민운동의 중요성을 보여준다면, 이 장은 정당이란 행위자의 중요성을 보여준다.

연금은 왜 중요한가? 일반적으로 연금은 어떤 프로그램보다도 지출

비중이 높은 복지국가의 핵심 프로그램이다. 또한 연금은 복지국가에서 '정치적으로 구축된 소유권'(politically constructed property rights, Schwartz 2001)의 핵심적 부분이면서, 어떤 형태로든 재분배와 사회 연대의 논리를 내장하고 있고, 여러 사회세력 간의 정치적 타협의 산물이란 성격을 가지고 있다. 이런 공적연금의 특성들로 인해 연금정치(politics of pension)는 한 나라의 복지정치를 가장 잘 보여주는 창이 되기도 한다. 한국의 경우 연금제도가 미성숙하여 아직은 연금이 최대 지출 복지 프로그램은 아니다. 그러나 본격적 성숙기에 접어들기도 전에 발생한 두 차례의 국민연금 개혁과 2018년 또 한 차례의 국민연금 개혁 시도 및 그 유산 과정은 한국에서도 연금이 그 중요성에 있어서는 이미 위의 일반적 특징들을 공유하고 있음을 보여주었다.

다른 한편 연금 개혁을 둘러싼 정치과정은 또한 한국 복지국가와 복지정치의 특수성들을 잘 보여준다. 호이저만(Häusermann 2015)은 이제 복지국가는 욕구와 가용 자원 간의 격차가 커지는 어려운 시기(hard times)에 처해 있으며, 따라서 복지 개혁은 단순히 기존 복지국가의 축소나 유지의 문제가 아니라 축소와 확대를 적절히 배합하여 복지국가를 변화된 환경에 맞게 적응시키고 재구조화(recalibration)하는 작업, 복지국가를 현대화하는 작업이라고 얘기한다. 예컨대 연금의 경우 한편에서는 인구 고령화로 인해 소득대체율의 인하나 수급연령의 상향 조정 등 축소가 이루어지지만, 다른 한편에서는 사각지대 보완을 위해 보육 크레딧의 도입이나 비정형 노동자들을 위한 새로운 연금제도의 도입 등 확대도 동시에 이루어진다는 것이다.

그런데 자본주의의 황금기가 아니라 '어려운' 시기에 이륙을 시작한

한국 복지국가는 어떻게 만들어졌나?

후발 복지 주자들의 경우에는 복지국가의 재편이 아니라 형성 그 자체가 이런 축소와 확대를 배합하는 작업이 된다. 그리고 이에 따라 한국의 연금 개혁은 호이저만의 복지국가의 현대화에 대한 통찰에 특히 잘 맞는 사례가 된다. 김수완(2019)의 지적처럼, 1, 2차 연금 개혁 시기 한국은 전 국민 연금제도 도입 이후 법적 적용 범위를 빠르게 확대했으나 높은 비율의 자영자의 존재와 노동시장 유연화에 따른 비정규직의 증가로 실질적인 사각지대가 넓게 존재하던 상태였다. 게다가 공적연금이 현세대 노인의 소득 보장 문제를 도외시하고 설계됨에 따라, 시간이 갈수록 국민들의 전반적인 생활 수준 향상과 극명히 대비되는 노인 빈곤 문제를 만들어냈다. 이는 제도의 확대 개혁을 요구하는 요인들이었다.

그러나 다른 한편 연금제도가 충분히 성숙하지도 않은 시점임에도 불구하고 애초에 너무 관대하게 설정된 소득대체율은, 연금 설계 시 예상했던 것보다 매우 급속하게 진행된 저출산·고령화 경향과 맞물리면서 장기적 재정 불안정의 문제를 부각시켰다. 이는 기존 연금제도의 축소 개혁을 요구한 요인이었다. 1차 연금 개혁은 축소의 필요성에, 2차 연금 개혁은 확대와 축소라는 양면의 필요성에 각각 대응하는 것이었으나, 개혁 결과는 애초에 제기된 개혁의 목표엔 크게 못 미쳤다. 그리고 이는 결국 문재인정부에 이르러 다시 개혁 논의를 촉발시키게 된다.

김대중정부 이후 연금 개혁을 다룬 연구들은 크게 구조와 맥락에 초점을 둔 연구와 주요 행위자들의 상호작용에 초점을 둔 연구로 나눌 수 있다. 첫 번째 구조와 맥락을 강조한 연구 중 가장 눈에 띄는 것은 일련의 신제도주의적 관점의 연구들이다(Kim and Kim 2005;

김연명 2005; 현외성 2008; 박광덕 외 2008). 이 연구들은 보놀리와 신카와(Bonoli and Shinkawa 2005, 20)가 요약하듯, '경로의존성(path dependency)'과 '거부점(veto point)'으로 대표되는 신제도주의 명제들이 한국의 연금 개혁에서도 관철되고 있음을 확인한다. 기존 연금의 제도 설계상의 특징 때문에 1차 개혁에서 연금의 사회 연대적 속성이 보존되었다는 것(Kim and Kim 2005; 김연명 2005), 2차 개혁의 폭도 크지 않았다는 것(박광덕 외 2008, 111)은 경로의존성 명제를 입증한다. 또한 1차 개혁의 경우 고도로 집중된 대통령제와 단점정부라는 권력 구도 속에서 정부 원안이 큰 수정 없이 통과된 반면, 2차 개혁의 경우 분점정부라는 분산화된 권력구조 속에서 최종 법안이 정부원안에서 상당히 변형되었다는 것(김연명 2005)은 거부점 명제에 아주 잘 부합된다.

그러나 이런 신제도주의의 설명은 그 명료함에서 오는 강한 설득력 만큼이나 한계 또한 가지고 있다. 제도에 초점을 맞추다보니 행위자들의 선호와 전략적 상호작용이라는 역동적인 변수들을 은연중에 평가 절하하게 된다는 점이 그것이다.[1] 본문에서 자세히 보겠지만 제도는 특정 정책 변화의 필요조건에 가까운 변수이며 충분조건이 되기는 어렵다. 제도가 부여한 권력구조상의 거부점이 없는 경우에도 대부분의 정부들은 연금 축소 개혁 시 비난을 회피하기 위해 타협하는 경향이 있으며, 그렇다면 타협-변형 여부가 아니라 왜 특정 유형의 타협-변형

---

1 이런 난점을 해결하기 위해 씰렌(K. Thelen)으로 대표되는 일련의 신제도주의적 접근법은 행위자 변수와 권력자원 변수를 제도주의적 설명의 내부로 통합해 들이려는 경향을 보인다(Häusermann 2015, 35~36).

이 가능해지는가를 설명하는 것이 중요할 것이다.

구조에 주목하는 연구 중 또 하나 눈에 띄는 연구는 산업구조와 기업의 영향력에 주목한 최영준(Choi 2008)의 연구이다. 그는 한국-대만 비교를 통해 제도주의적 변수보다는 산업구조와 그로 인한 고용주 이해관계의 차이가 연금 개혁 결과를 다르게 만들었음을 주장하고 있다. 이 연구는 흔히 간과하기 쉬운 복지정치의 중요 행위자, 즉 고용주 쪽에 눈을 돌린 드문 연구이다. 그러나 워낙 한국에서 고용주 쪽의 복지정치 행위가 가시적이지 않다보니 산업구조의 특성으로부터 기업의 이해관계를 연역해내고 이로써 기업의 행위 분석을 대신하는 경향이 없지 않다.

한편, 구조와 맥락을 강조하는 입장과는 달리 행위자의 행위와 상호작용에 주목하는 일련의 흐름도 존재한다. 이 중 가장 대표적인 것으로는 정책 네크워크(policy network) 이론을 차용한 연구들을 들 수 있다(양재진 2001; 조기원 외 2009). 이들, 특히 조기원 외(2009)는 행위자 간의 상호작용이 연금 개혁에 구체적으로 어떤 영향을 미쳤는지를 정밀하게 분석함으로써, 한국에서도 복지정치와 복지정책이 긴밀한 연관을 갖기 시작했음을 보여주고 있다. 그러나 정책망을 지배 정치 연합의 성격과 연결하여 보고 있는 양재진(2001)을 제외하면, 이 계열의 연구들은 대체로 정책 과정에 연루되는 행위자들을 '다양한 동기와 목적, 이해관계를 갖는 개인과 집단'으로 보는 다원주의적 관점을 가지고 있다. 그리고 행위자들 이해관계의 사회경제적 뿌리, 이들의 경제적 자원과 권력자원의 비대칭성 그리고 이들을 대변하는 정당의 이데올로기적 속성에는 별 관심을 보이지 않는다. 결국 이 입장은 연금정치의 계급정치적 함의를 희미하게 하며, 복지 개혁이 갖는 의미를 충분히 드러내지 못하는 문제점을 갖게 된다.

여기서는 1, 2차 연금 개혁을 분석하기 위해 1부 2장에서 언급한 리코의 권력 중시 행위이론(power-centered action theory)과 호이저만의 제휴 형성 전략(coalition engineering) 개념을 원용한다. 이 두 접근법이 기존의 다른 시각들에 비해 복지정치의 사회경제적 기반, 주요 행위자의 권력자원 그리고 행위자 간 역동적 상호작용을 동시에 파악하는 데 더 유리하다고 생각하기 때문이다. 1, 2차 연금 개혁 비교의 초점은 행위자들의 전략적 상호작용을 통한 연합 형성이 만들어낸 권력관계가 될 것이며, 바로 이 변수가 연금 개혁 결과의 차이를 결정한 핵심적 요소임을 보이게 될 것이다. 그리고 두 차례의 연금 개혁에서 최종적 권력관계를 만들어낸 행위자들의 전략적 행위와 상호작용 양상의 변화야말로 한국의 복지정치에서 일어난 중요한 변화임을 주장하게 될 것이다.

1. 1차 연금 개혁 정치

(1) 연금 개혁 경과와 결과

1997년 외환위기 와중에 집권한 김대중정부는 국민연금의 영역에서 세 가지 과제에 직면한다. 그 첫째는 도시 자영자라는 미적용 인구의 존재와, 형식적으로만 포섭되었을 뿐 실질적으로는 제도 밖에 놓여 있는 사람들, 소위 광범위한 사각지대 문제였다. 둘째는 지나친 저부

한국 복지국가는 어떻게 만들어졌나?

담-고급여 구조와 인구 고령화로 인한 장기적인 재정적 불안정성의 문제였다. 셋째, 국민연금 기금운용의 불투명성 및 비민주성, 이로 인한 연기금 수익률 악화 문제였다(주은선 2008, 153). 이런 세 가지 과제는 이미 이때부터 한국의 연금 개혁이 축소냐 유지냐 라는 양자택일의 문제가 아니라 '다차원적인 성격'(Häusermann 2015; 김수완 2019)을 가지고 있었음을 보여준다

어쨌든 김대중정부가 집권했을 때 직면한 위의 세 가지 문제점들은 김영삼정부 시기에 이미 인지되었던 문제들이었다. 그리고 이에 대응하기 위한 개혁안도 만들어져 있었다. 김영삼정부 시절 대통령의 지시를 받은 청와대 사회복지수석실은 박세일 수석의 지휘하에 공적연금 장기 발전방안을 마련했다. 그 골자는 국민연금의 장기적 재정 불안에 대비하기 위해 구조개혁을 서둘러야 하며, 사각지대 해소, 즉 자영자로의 확대는 그 이후에 추진해야 한다는 것이었다(이른바 '선개혁 후확대'론). 보건복지부는 이에 반대해 자영자로의 확대 후 기존 연금 구조의 골격을 훼손하지 않는 개혁(이른바 '선확대 후개혁'론)을 건의했으나 받아들여지지 않았다.

결국 1997년 6월 청와대 사회복지수석실의 주도로 국민연금제도개선기획단이 설치되었고 기획단은 세 가지 안을 제시했다. 제1안은 기존 제도의 유지 개선에 초점을 맞춘 것으로 급여 수준을 낮추고 보험료를 인상하는 계수조정적 개혁안(parametric reform)이었다. 제2안은 세계은행이 권고한 다주제(multi-pillar system)로의 개혁안에 토대를 둔 구조개혁안(structural reform)으로 국민연금을 기초연금과 소득비례 연금으로 나누고 두 연금을 합쳐 소득대체율이 40% 정도가 되게

한다는 것이었다. 제3안은 적립식 개인연금계좌를 도입하는 칠레식의 완전 민영화 방안이었다. 이 중 제2안이 1997년 12월 최종 확정되었다 (양성일 1998; 양재진 2008).

그러나 이 김영삼정부의 개혁안은 1998년 2월 김대중정부의 출범과 더불어 폐기되었다. 대신 복지부의 주도로 자영자로의 확대를 먼저 추진하는 한편, 계수조정적 개혁안인 제1안을 중심으로 새로운 연금 개혁안이 마련되었다. 새 국민연금 개혁안의 주요 내용은 다음과 같았다. 첫째, 국민연금 급여율을 70%에서 55%로 인하한다. 둘째, 연금 지급 개시연령을 60세에서 2033년에는 65세가 되도록 점진적으로 상향 조정한다. 셋째, 국민연금 급여산식에서 균등 부분과 비례 부분의 비율을 1:0.75에서 1:1로 수정하여 소득 재분배 기능을 축소한다. 넷째, 5년을 주기로 국민연금 미래 재정을 추계하고 전망에 맞춰 제도를 조정한다. 다섯째, 국민연금 기금운용위원회에 노동, 사용자, 시민단체 대표의 참여를 제도화하고 회의를 정례화함으로써 위원회 구성의 민주성과 위원회 활동의 투명성을 대폭 강화한다. 또한 위원장을 재정경제원 장관에서 보건복지부 장관으로 바꾸고, 위원회를 자문 기구에서 심의의결 기구로 바꾸어 실질적 의결권을 갖도록 한다.

이 개혁안은 1998년 12월에 국회에서 의결되었다. 국회 심의 과정에서 개혁 후 급여율이 55%에서 60%로 조정된 것을 제외하면 거의 모두 원안대로 통과되었다. 개혁 법안은 1999년 1월부터 시행에 들어갔다. 도시 자영자로의 확대는 1999년 4월부터 시행되었다.

어쨌든 공식적인 1차 연금 개혁 과정은 여기서 끝났다. 김영삼정부하의 개혁안 확정 과정을 1차 연금 개혁의 1회전이라고 본다면 김대중정부하의 새로운 개혁안 확정 과정은 그 2회전이라고 볼 수 있을 것이다. 그러나 이후 사실상 일종의 '유산된 3회전'이라 할 수 있는 과정이 진행되었다. 한국이 여전히 외환위기 이후의 경제위기 속에 있던 1998년 3월, 세계은행은 한국에 20억 불 구조조정 차관을 공여하면서 그 조건 중 하나로 다주제 연금제도로의 전환과 공공자금관리법 개정을 핵심으로 하는 공적연금 개혁을 요구했다. 김대중정부는 이 약속을 이행하기 위해 공사연금제도실무위원회를 만들었고 위원회는 복수의 개혁안을 제시했다. 그러나 이후 김대중정부에서의 후속 개혁은 없었다. 복지부가 다주제에 반대하면서 후속 논의에 미온적 입장을 취했고, 야당으로부터도 특별한 움직임이 없었기 때문이다(양재진 2008, 147).

이와 같은 1997~1999년에 걸친 연금 개혁의 가장 중요한 의미는 민간연금의 역할을 증대시키는 구조개혁이 좌절되고 계수조정적 개혁에 그침으로써, 그리고 도시 자영자를 새롭게 가입시킴으로써, '계급, 집단, 세대 간 연대를 원리로 하는 사회 연대적 국민연금'(김연명 2002, 41)의 기본골격이 유지되었다는 것이다. 이 이외에도 가입자의 대표성이 강화되고 기금운용의 투명성과 자율성이 높아진 것도 성과라고 할 만했다.

그러나 급여율의 대폭 삭감과 수급연령 상향 조정은 노후 소득 보장을 불안정하게 하는 것이었고, 그럼에도 불구하고 애초에 보험료에 비해 지나치게 관대하게 설계된 급여율로 인해 재정 안정성 문제가 해결된 것도 아니었다. 게다가 현세대 노인의 빈곤문제에 대해서 개혁안은 어떤 답도 내놓고 있지 않았다. 이런 한계는 심화되는 저출산·고령화에 대한 우려와 맞물려 1차 개혁으로부터 멀지 않은 시점에 다시 2차 개혁 논의를 불러일으키는 원인이 되었다.

(2) 연금 개혁 정치

그렇다면 1차 연금 개혁은 어떤 복지정치의 결과였나? 연금 개혁을 둘러싼 사회경제적 이해관계를 먼저 살펴보고, 행위자 상호작용과 권력관계가 정책결정에 어떤 영향을 미쳤는지 검토해보자.

김영삼정부에 의해 시작되고 김대중정부에서 종결된 1차 연금 개혁을 둘러싼 사회경제적 이해관계는 크게 두 입장으로 나눌 수 있다. 첫째는 기존의 사회 연대적 국민연금을 자영자로 확대하여 보편연금을 완성하고, 재정 안정화를 위한 계수조정 개혁을 병행하기를 원하는 입장(제1안)이다. 이는 적용 제외되어 있던 자영자들, 국민연금의 재분배적 속성으로부터 이익을 얻을 수 있는 저소득층 연금 가입자들, 그리고 국민연금의 고수익성으로부터 이익을 얻을 수 있는 대부분의 기존 가입자들의 이해에 부합하는 것이었다고 할 수 있다. 임금근로자들의 이해는 엇갈렸다. 이들에겐 급격한 구조개혁보다는 근소한 계수조정적 개혁이 유리했다. 그러나 소득 재분배적 요소가 강한 국민연금을 소득 하향 신고 경향이 있는 자영자로 확대하는 것은 임금근로자들에게 불리할 수 있었다. 어쨌든 김대중정부의 청와대 사회복지수석실, 보건복지부, 여당인 새정치국민회의(이상 정치적 행위자들), 민주노총, 진보적 시민단체, 사회복지학자들(이상 사회적 행위자들) 등이 이 입장을 대변하고 지지한 행위자들이었다.

둘째는 현세대 노인들의 빈곤문제를 해결할 기초연금을 도입하는 대신, 기존 연금제도에 내재한 세대 간 재분배를 축소하고 소득분배

기능 없는 소득 비례 부분을 강화함으로써 개인과 시장 책임을 강화하는 구조개혁안(제2안)을 지지하는 입장이다. 이는 현세대의 (빈곤)노인, 국민연금 규모가 축소되어 민간연금 시장이 커질 경우 이익을 볼 보험업계, 피용자에 대한 공적연금 보험료 지불을 줄일 수 있는 기업들, 그리고 국민연금의 재분배적 성격으로 인해 상대적 불이익을 받는 고소득층의 이해관계에 부합하는 것이었다고 할 수 있다. 김영삼정부의 청와대 사회수석실, 재경부, 신한국당(이상 정치적 행위자들), 한국경영자총협회(이하 경총), 신자유주의적 경제학자들(이상 사회적 행위자들) 등이 이 입장을 대변한 주요 행위자들이었다.

그렇다면 이런 행위자들의 전략적 상호작용은 어떻게 전개되었는가? 1차 개혁을 둘러싼 행위자 간 힘겨루기는 두 차례의 회전을 거쳤다고 할 수 있다. 그 1라운드는 김영삼정부 시절 청와대 사회복지수석실과 복지부 사이에 벌어졌다. 즉 복지부는 선확대 후개혁(계수조정개혁)을 건의했으나, 청와대 사회복지수석실은 선개혁(구조개혁) 후확대를 밀고 나갔다. 결과는 대통령이 힘을 실어준 사회복지수석실의 승리였다. 연금 개혁을 위해 설치된 제도개선기획단에는 사회복지수석실의 입김하에 다수의 신자유주의적 입장의 위원들이 포진했고 결국 구조개혁안이 다수안으로 채택되었다(양재진 2008, 138~139). 참여연대와 민주노총은 비난 성명을 발표했으나 별 영향력은 없었다.

그러나 1998년의 정권교체는 연금 개혁 힘겨루기의 2회전의 기회를 제공했고 연금 개혁의 방향을 완전히 뒤바꾸어 버렸다. 1998년 제15대 대선에서 김대중 후보가 승리하자 보건복지부는 정권인수위에서 확정된 개혁안에 대해 매우 부정적인 보고를 했다. 그리고 기존 연금구조가 국민적 지지 확보와 소득계층 간, 직종 간 사회통합에 유리하며 구조개혁은 도시 자영자로의 적용 확대 이후 검토해야 할 사안이라고 주장했다. 결국 인수위는 복지부의 주장을 받아들여, 그리고 김대중정부의 지지 세력이었던 참여연대와 민주노총의 입장을 존중하여, 김영삼정부의 연금 개혁안을 폐기한다. 그리고 1998년 중 도시지역 연금 확대를 추진하되, 구조적 개혁은 하지 않기로 한다(양성일 1998).

　이후 복지부 안을 중심으로 새 연금 개혁 법안을 만들어가는 과정에서 여러 사회적 행위자들의 목소리가 터져 나왔다. 첫째, 도시 자영자로의 확대에 대해, 전국경제인연합회(이하 전경련)와 경총은 기업 부담 증가를 이유로 반대했다. 한국노총은 도시지역 자영자들은 소득을 낮게 신고하는 경향이 있으므로 임금근로자가 손해를 보지 않기 위해서는 근로자 연금과 자영자 연금의 기금을 분리해야 한다고 주장했다. 그러나 민주노총은 사회 연대성에 기초한 기존 일원형 구조를 유지하되 자영자 소득 파악을 강화할 것을 주장했다. 참여연대는 사회적 행위자 중 가장 활발히 움직이면서 국민연금의 확대와 보편연금의 완성을 적극 지지했다(김연명 2002, 46).

　둘째, 연기금 운용과 관련해서는 참여연대와 민주노총, 한국노총은 물론 경총까지 연기금의 공공부문 강제예탁 제도를 비판하고 연기금 운용의 민주화를 요구했다. 연기금의 부실화 방지라는 목표 아래에 모두가 한 목소리를 냈던 것이다. 이는 이미 1997년 연금제도개선위원회 시절부터 이들이 요구했던 사항이기도 했다(참여연대 1997).

　셋째, 소득대체율과 관련해서는 참여연대, 민주노총, 한국노총 모두

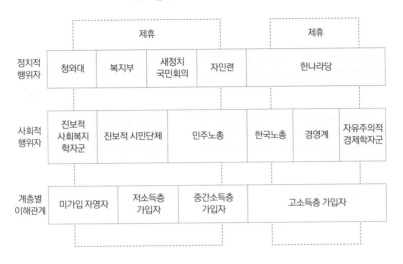

그림 6-1_1차 연금 개혁의 복지정치 구도

	제휴				제휴
정치적 행위자	청와대	복지부	새정치 국민회의	자민련	한나라당

사회적 행위자	진보적 사회복지 학자군	진보적 시민단체	민주노총	한국노총	경영계	자유주의적 경제학자군

계층별 이해관계	미가입 자영자	저소득층 가입자	중간소득층 가입자	고소득층 가입자

70%에서 55%로의 급격한 하락을 강하게 비판했다. 이들은 소득대체율 삭감폭을 줄일 것을 강력히 요구했다(한국노총·민주노총·참여연대 1998). 이 쟁점에 대해서도 사회적 행위자 중 가장 강한 목소리를 낸 것은 참여연대였다. 참여연대는 일관되게 사회 연대성과 사회경제적 약자의 이익 대변이란 입장에 서서 정책대안을 제시하고 정치적 행위자들이 이를 수용하도록 압박했다. 진보정당이 존재하지 않던 당시의 상황에서 참여연대는, 이익 대변과 정책형성이란 측면에서 거의 그에 준하는 역할을 수행했던 것이다.

한편 정치적 행위자들의 행동은 그리 활발하지 않았다. 특히 정당의 역할은 매우 취약해서 야당이나 여당이나 스스로 정책을 설계하고 의제설정을 주도하는 정책 작성 기능도, 능동적으로 사회적 행위자들의 이익을 결집하고 대의하는 이익대표 기능도 제대로 수행하지 못했다.

이들은 다만 이미 행정부에서 마련된 정책대안을 수동적으로 채택하거나, 표출되는 사회적 행위자의 선호를 자신의 정치적 입장에 따라 선택적으로 수용하는 모습을 보였다. 새천년민주당의 입장은 복지부-참여연대-민노총의 안을 수용한 것이었으며, 한나라당의 입장은 경영계와 한노총의 입장을 주로 반영한 것이었다(김연명 2002, 50~51).

결국 1차 연금 개혁을 둘러싸고 사회적·정치적 행위자들 간에는 두 개의 느슨한 제휴체가 형성되었다고 할 수 있다. 즉 1회전에서는 청와대 사회복지수석실-재경부-경제계-신자유주의적 경제학자 집단 대(對) 보건복지부-참여연대-양대 노총-사회복지학자 집단이 대치하는 구도를 보였다. 이런 구도는 정권교체와 더불어 2회전에서는 한나라당-경영계-한국노총-신자유주의적 경제학자 집단 대 청와대 사회복지수석실-복지부-새정치국민회의(-자민련)-참여연대-민주노총-사회복지학자 집단의 대치로 바뀌었다. 각 진영 내의 행위자 간 연대는 공식적이고 긴밀한 것이기보다는 비공식적이고 느슨한 것이었고, 연대를 위한 긴밀한 협상이나 타협은 이루어지지 않았다.

이런 두 진영 간의 힘겨루기는 국회에서의 표결을 통해 최종 정리되었는데 실제로 이 마지막 과정은 '조용한' 것이었다. 여당인 새천년국민회의가 자민련과의 연합을 통해 의회 다수파의 지위를 획득한 상태였기 때문에 행정부 안이 쉽게 국회를 통과할 수 있는 조건이 마련되어 있었다. 게다가 자민련은 보건복지부 김모임 장관이 자기 당 출신이었기 때문에도 정부안을 옹호하는 입장이었다. 또한 정당들이 연금정치의 주역이 아니었기 때문에 복지부가 제출한 국민연금 개정안은 국회심의 과정에서 거의 수정되지 않았다. 유일하게 의미 있는 수정은 소득대체율 55%를 60%로 바꾼 것이었다. 이는 한국노총이 강하게 요구하고 한나라당이 국회에서 주장했으며, 민주노총과 여당도 같은 입장이었다.[2]

1차 연금 개혁의 귀결은 연금 개혁 결과를 결정한 가장 주요한 변수가 행위자들의 전략적 상호작용과 그를 통해 만들어진 권력관계였음을 보여준다. 기존 연구의 지적처럼, 1차 개혁에서 대통령중심제, 대통령 단임제라는 한국의 정치제도는 구조개혁의 좌절과 계수조정 개혁으로의 귀결에 중요한 조건을 제공했다고 할 수 있다(Kim and Kim 2005, 223~224; 김연명 2005). 그러나 이런 설명은 제도의 힘을 보여주기는 하지만 그것이 개혁 결과에 가장 결정적임을 보여주지는 않는다. 1차 개혁에서 복지부의 입장이 관철될 수 있었던 결정적 계기는 단임 대통령제라는 제도적 조건보다는 정권교체로 인한 권력자원의 중대한 변화였다. 한나라당이 다시 집권했다면 복지부의 버티기 내지 관망은 무의미한 행위가 되었을 가능성이 크다. 김대중정부로의 정권교체는 연금 개혁을 두고 대립했던 두 진영의 구성을 뒤바꾸었다. 즉 대통령-청와대 사회복지수석실의 구성이 바뀌고 입장도 바뀌었던 것인데 강력한 대통령제하에서 이는 행위자들의 권력자원을 획기적으로 뒤바꾸어 놓았다. 그리고 이런 변화는 최종적으로 연금 개혁을 둘러싼 양 진영 간의 권력관계도 바꾸어 놓았다.

또한 DJP연합에 따른 '단점정부의 제조'가 행정부 안 관철을 용이하

---

2   김연명(국민연금제도개선기획단 시민사회 단체 대표위원) 인터뷰(2000.03.23, 면담자: 양재진); 이혜경(국민연금제도개선기획단 학계 대표위원) 인터뷰(2007.08.09: 면담자 양재진), 기초자료수집팀 DB, 2008.

게 한 것은 사실이나, 이 역시 연금 개혁의 결과를 설명하는 결정적 변수는 아니다. 한나라당은 권력 상실에 따라 축소된 권력자원을 가지고 연금정치에 들어갔을 뿐만 아니라, 지지 동원과 제휴에 유리한 권력관계를 만들어내는 데 있어서도 별다른 능력을 발휘하지 못했다. 권력을 잃고 야당이 된 한나라당이 정책정당으로서 견고한 당론을 가지고 있지 않았던 것, 그리고 시민사회 내 지지자들의 이해관계를 동원, 결집하고 다른 세력과 제휴하여 정부의 개혁안을 저지할 능력이 없었던 것, 그 결과 2차 개혁에서 한나라당과 연대한 세력들이 1차 개혁에서는 정부 여당의 묵시적 지지자였던 것 등 권력관계적 요인이 제도적 요인들보다 1차 개혁 귀결의 더 중요한 요인이라고 보아야 할 것이다. 즉 권력자원의 변화 그리고 이를 바탕으로 한 권력관계의 변화가 1차 개혁을 결정한 가장 중요한 원인이었다고 할 수 있다.

2. 2차 연금 개혁 정치

(1) 연금 개혁 경과와 결과

2002년 대통령 선거와 2003년 노무현정부 출범이라는 정치적 격동이 한 차례 지나간 후 복지부는 다시 연금 개혁안을 국회에 제출했다 (2003.10.31.). 2003년 재정 재계산 결과는 1차 연금 개혁에도 불구하고 2040년 기금 고갈이 예상된다는 것이었다. 부분 적립 방식이라는 국민연금의 특성상 미래 특정 시점에서의 기금 고갈은 기정사실이었지만 심화되는 저출산·고령화 추세는 이 시점을 예상보다도 크게 앞당기고 있었다. 이에 대한 안팎의 우려가 고조되는 가운데 복지부는 다시 재정 안정화와 국민연금 기금 관리감독 체계 개선에 초점을 둔 연금 개혁안을 마련했다.

연금 개혁안의 골자는 첫째, 재정 안정화를 위해 더 내고 덜 받는 쪽으로 보험료와 소득대체율을 조정한다는 것이었다. 복지부는 연금발전위원회가 제안한 세 개의 안 중 다수안인 제2안을 채택해 입법예고했는데, 그 핵심 내용은 소득대체율을 현행 60%→55%(2007년까지)→50%(2008년 이후)로 인하하며, 보험료율은 2010년부터 1.38%씩 인상하여 2030년에 15.9%가 되도록 한다는 것이었다(보건복지부 2003).

둘째는 국민연금 기금운용위원회 개혁안이다. 1998년 개혁에서 기금운용위원회의 가입자 대표성 강화와 투명화에도 불구하고 위원회는 1년에 네 차례만 회의가 열리는 비상설 기구인데다, 노동계와 시민사회 단체의 대표로 참석한 위원들이 전문성이 약하다는 문제점을 가지고 있었다. 복지부는 이에 대한 각계의 비판과 문제 제기를 받아들여 기금운용위를 상설화하고 위원을 21인에서 9인으로 축소하되 이 중 4인의 민간인 위원은 노동조합 혹은 시민단체의 대표가 아닌 '해당 단체가 추천한 금융전문가'로 하도록 했다. 이런 입법예고안은 국무회의 심의 단계에서 기금운용 통제권을 둘러싼 복지부와 경제부처(재정경제부와 기획예산처) 간의 갈등과 타협을 거친 뒤 행정부 안으로 확정되어 국회로 제출되었다(김연명 2005, 11).[3]

---

3   1998년 1차 연금 개혁으로 기금운용 통제권을 상실한 경제부처들은 정부안 마련 과정에서 이를 되찾고

표 6-1_2차 연금 개혁 일지

날짜	주요 사건
2003.02.	노무현정부 출범
2003.10.	보건복지부, 국민연금법 개정안 국회 제출
2003.12.	국회, 제출된 국민연금법 개정안 폐기
2004.04.	노무현 대통령 탄핵 후폭풍 속에서 제17대 총선 열린우리당 승리
2004.05.	'국민연금의 8대 비밀'과 '안티국민연금' 파동
2004.10.	보건복지부, 2003년 12월 폐기된 국민연금법 개정안을 다시 국회에 제출
2006.06.	유시민 보건복지부 장관 취임, 새로운 국민연금 개혁안 작성
2006.11.30.	정부·여당 국민연금 개정안 수정 대안 보건복지위 통과. 그러나 이후, 사학법 개정 등을 둘러싼 여야 갈등으로 법제사법위에 장기 계류
2006.12.07.	기초노령연금 제정안이 보건복지위 통과. 법제사법위 계류
2007.03.30.	정부·여당안 국회 본회의에 상정
2007.04.02.	한나라-민노당, 양당 안을 절충하여 국민연금법 대안 수정안과 기초노령연금법 대안 수정안을 국회 본회의에 상정, 표결했으나 두 안 모두 부결. 정부여당의 기초노령연금법이 열린우리-한나라 공조 속에 통과.
2007.07.03.	국민연금법 개정안 국회 본회의 통과

자료: 보건복지부, 일간지 보도

그러나 이 안은 시민사회의 강한 반발에 부딪혔다. 소득대체율을 1998년 70%에서 60%로 10% 포인트나 낮춘 지 5년도 안 되어 다시 50%로 낮추는 것은 국민연금의 노후 소득 보장 기능을 포기하는 것이며, 기금운용위의 개편은 위원회의 민주성을 훼손할 것이라는 비판이

자 했고 복지부와 경제부처들 사이에 심각한 갈등이 벌어졌다. 이 갈등은 청와대의 중재로, 기금운용위 자체는 기존처럼 복지부 산하 조직으로 하되, 기금운용위 위원을 추천하는 장치로 '국민연금정책협의회'를 신설하고 그리고 기금운용의 방향을 정하는 데 경제부처들이 강한 통제권을 행사할 수 있게 한다는 것으로 정리되었다(김연명 2005, 11~12).

한국 복지국가는 어떻게 만들어졌나?

끓어올랐다(참여연대 2003; 민주노총 2003). 또한 재정 안정화에만 신경 쓰고 광범위한 사각지대와 노후 빈곤문제는 눈감고 있다는 비판, 연금 개혁같이 중차대한 사안을 사회적 대화와 정치적 합의 과정을 거치지 않고 정부가 일방적으로 주도한다는 비판도 제기되었다(김수완 2019).

이런 여론을 업고, 2004년 4월 총선을 앞둔 상태에서, 다수당인 한나라당은 제출된 정부안을 심의조차 하지 않으려 했다. 결국 16대 국회 임기 종료와 더불어 이 개혁안은 자동 폐기되었다. 2004년 4월 탄핵 후폭풍 속에 치러진 17대 총선은 여당의 압승으로 끝났다. 노무현 정부는 분점정부에서 단점정부로 이행할 수 있었으나 정부 주도의 연금 개혁을 강행하기에는 여전히 불안한 의석 구도였다. 국회 의석은 여당이 과반보다 겨우 2석 많았고 보건복지위와 법제사법위원회는 여야 동수였다.[4] 게다가 5월에는 인터넷에서 소위 '국민연금 8대 비밀' 유포와 안티국민연금 파동이 일어났다.[5] 이 파동은 1998년에 이어 또 다시 연금 급여 삭감을 계획하고 있는 정부와 국민연금에 대한 일반 국민들의 불신을 적나라하게 드러내고 있었다. 복지부는 공청회를 개최해 '국민연금 바로 알리기'에 나서는 등 이 초유의 사태를 진화하기 위해 부심했다.

파동이 어느 정도 가라앉은 2004년 10월 복지부는 국회에 2003년안과 똑같은 국민연금개정법안을 다시 제출했다. 2003년 개혁안에 대

---

4   국회 의석 분포는 전체 의석 299석 중 열린우리 152, 한나라 121, 민노 10, 민주 9, 자민련 4, 국민통합 1, 무소속 2석이었고, 보건복지위는 열린우리 9, 한나라 9, 민주 1, 민노 1석으로 구성되어 있었다.
5   '안티국민연금' 파동과 '국민연금 8대 비밀'의 논리의 타당성과 오류에 대해서는 오건호(2006, 158~168)를 보라.

해 많은 비판이 제기되었음에도 불구하고 이에 아랑곳하지 않고 동일한 개혁안을 다시 의회에 제출한 것이다. 노동계와 시민단체, 한나라당, 그리고 17대 총선을 통해 새롭게 원내에 진출한 민주노동당(이하 민노당)은 정부의 재정추계 계산의 문제점과 보험료 인상의 부당성을 지적하고, 사각지대 방치를 비난하며 강하게 반발했다.

게다가 한나라당은 이번에는 비판에만 그치지 않고 당내 태스크포스팀을 구성하고 공청회를 거쳐 독자적인 기초연금법 제정안을 발의했다(윤건영 2004). 이 안은 국민연금을 기초연금과 소득비례 연금으로 이원화하고 그 각각의 급여율을 20%씩으로 하여 사각지대 해소와 재정안정을 동시에 도모한다는 내용을 담고 있었다. 기초연금은 65세 이상 '모든' 노인을 대상으로 하고 있었으며 소득비례 연금은 완전 적립방식에 보험료율 7%로 제시되었다. 한나라당의 기초연금안은 여당 안이 결여하고 있던 사각지대 해소책을 파격적 형태로 제시하고 있었으나 그 엄청난 재원(표 6-2)을 어떻게 마련할 것인지가 문제였다. 한나라당은 처음에는 부가세 인상을 제시했다가 국민경제에 부정적 영향을 미친다는 비판을 받은 후 재원 문제에는 계속 모호한 입장을 취했다.

한나라당의 공세에 떠밀려 결국 여당인 열린우리당도 정부안을 상당히 수정한 대안(유시민 외 2004)을 발의했다. 이 안의 핵심은 소득대체율 인하는 정부안과 동일하되 보험료 인상은 2008년 재정 계산 결과를 반영하여 재조정한다는 것이었다. 이외에도 여당 안은 국민연금 지급의 국가 보장 규정 명문화, 출산 크레딧 도입, 급여 병급 조정 수정 등 그동안 학계와 시민사회로부터 제기된 비판을 수용하는 내용을 담고 있었다. 여당의 법안 제출 후인 2004년 11월 국회보건복지위에서 개정안 심의가 시작되었다. 그러나 열린우리당과 한나라당은 자당 안을 고집하며 아무런 합의에 이르지 못했다. 그리고 이런 대치는 2005년까지 계속되었다.

이런 대치-교착국면에 변화가 일어난 것은 2006년 6월 보건복지부에 유시민 장관이 새로 취임하여 기존의 열린우리당 안을 손질한 새로운 개혁안을 제시하면서부터였다. 이 안은 기존 여당 안의 약점이자 비판의 주 표적이었던 사각지대 개선 부분을 보완했고 대신 급여율을 더 떨어뜨리되 보험료율 인상은 축소한 것이었다. 이후 보건복지부는 열린우리당과 긴밀한 당정협의를 통해 개혁안을 확정한다. 이 확정안의 내용은 국민연금은 급여율 40%, 보험료율 13%(2030년까지)로 하고 기초연금은 65세 이상 노인 중 하위 60% 소득층에게 7~10만 원씩을 지급한다는 내용이었다. 이 당정협의안은 9월 국민연금법 개정안(강기정 2006a) 및 기초노령연금법 제정안(강기정 2006b)이라는 여당 안으로 발의되어 연금 개혁의 새로운 국면을 열게 된다(표 6-2). 여당 안이 한나라당과 민노당의 안에 좀 더 가까워진 셈이었다.

민노당 또한 노동계와 시민사회 단체 안을 수렴한 국민연금법 개정안(현애자 2006a), 기초연금법제정안(현애자 2006b)을 내놓는다. 2층 구조로 설계된 민노당 안은 외견상 한나라당 안과 비슷해 보였다. 그러나 한나라당 안은 노후보장에서의 국가 책임을 최저한의 기초보장으로 한정하고 그 이상은 민간이 담당해야 한다는 철학에 입각해 있었다. 즉 국민연금의 비중은 최소화되거나 향후 민간에 이전될 수 있다는 전제를 깔고 있었던 셈이다. 반면, 민노당 안은 국민연금을 여전히 노후보장체계의 근간으로 전제하면서, 그 보장성의 한계를 보완하기 위해 기초연금을 도입해야 한다는 전제에 입각해 있었다(김수완 2008, 164). 이에 따라 민노당 안의 기초연금은 한나라당보다 덜 관대한 구조(적은 적용 대상과 낮은 급여율)를 가지고 있었고 국민연금의 보험료율은 조금 더 높게 잡혀 있었다. 그러나 국민연금의 급여율은 한나라당 안의 두 배로 잡고 있었고 현행 부분 적립 방식을 유지한다는 전제에 서 있었다(표 6-2).

결국 2006년 11월까지 여야의 수십 개의 제·개정안이 발의되고, 열린우리당-민주당의 공조 속에 11월 30일에는 정부·여당의 국민연금 개정안 수정 대안이, 12월 7일에는 기초노령연금 제정안이 보건복지위를 통과했다. 그러나 이 안은 당시 여야 현안이었던 사립학교법 개정안을 둘러싼 갈등과 맞물려 법제사법위에 오래 계류하게 된다. 그리고 해를 넘기면서 한나라당-민노당 간의 연대가 모색된다. 가장 보수적인 정당과 가장 진보적인 정당이 유사한 정책을 매개로 연대하는 사태가 벌어진 것이다.

마침내 법제사법위를 통과한 정부·여당 안이 국회 본회의에 상정되자(2007.03.30.), 한나라-민노당은 양당 안을 절충하여 2007년 4월 2일 국민연금법 대안 수정안과 기초노령연금법 대안 수정안을 상정했다. 그러나 같은 날 이루어진 표결 결과는 누구도 예상치 못한 것이었다. 즉 정부·여당의 국민연금법 대안, 야당의 국민연금법 대안 수정안 및 기초노령연금법 대안 수정안이 모두 부결되고 정부·여당의 기초노령연금법 대안만 가결된 것이다.[6] 이 사태를 초래한 것은 한나라당이

---

6   당시 국회 의석은 재적 296석이었고 한나라 127, 열린우리 108, 통합신당 23, 민주 11, 민노 9, 국중 5, 무

한국 복지국가는 어떻게 만들어졌나?

표 6-2_2007년 연금 개혁안 비교(2008년 불변가격)

		정부원안 (2003)	정부-열린우리당 안 (2006)	한나라당 안 (2004)	민주노동당 안 (2006)	한나라당-민노당 합의안 (2007)	통과 법안 (열린우리당-한나라당 합의안) (2007)
국민연금	급여율	50%	40%	20%	40%	40%	40% (2028)
	보험료율	15.9%	13% (2030)	7% (2006)	9% 현행유지	9% 현행유지	9% 현행유지
기초연금	급여율		7~10만 원	9%(2006) 20%(2028)	5%(2008) 15%(2028)	5%(2008) 10%(2018)	5%(2008) 10%(2028)
	지급 대상		노인 60%	노인 100% 장애 3급 이상	노인 80% 장애 3급 이상	노인 80% 장애 3급 이상	노인 60% (2008) 노인 70% (2028)
	도입 첫해 비용(원)		2조 4천 억 (2008) 3조 3천 억 (2009)	9조 5천 억 (2006)	4조 3천 억 (2008)	4조 4천 억 (2008)	
	필요재정(원) (GDP대비, 2030)		6조 (0.3%)	91조 (5.5%)	50조 (2.9%)	38조 (2.0%)	

출처: 김영순(2011)

었다. 한나라당은 스스로 제출한 기초연금 개혁안이 아닌, 훨씬 덜 관대한 구조를 갖는 정부·여당의 기초노령연금법 제정안에 찬성했던 것이다.

어쨌든 이는 기존 국민연금의 삭감 없이 사각지대 해소를 위한 기초연금만 도입된다는 것을 의미했고, 재정 안정화라는 원래의 목표에 오

소속 13이었다. 기초노령연금법안은 찬성 254, 반대 9, 기권 2로 가결되었다. 국민연금법 일부개정법률안은 찬성 123, 반대 124, 기권 23으로 부결되었다.

히려 역행하는 상황이 벌어졌음을 의미하는 것이었다. 이런 사태에 대해 여론의 비난이 빗발치자(박수진·노경목, 2007), 여야 정당들은 다시 여러 개의 국민연금법 개정안을 발의하고(이종걸 2007; 김효석 2007; 정형근 2007) 새로운 협상에 나선다. 이 과정에서 그동안 민노당과 연대했던 한나라당은 이번엔 여당과의 공조를 모색했다. 두 당이 국민연금법 통과와 사학법 재개정을 맞교환했다는 비판이 무성한 가운데[7] 마침내 4월 열린우리당과 한나라당 간에 합의안이 만들어지고, 이 합의안이 열린우리-민주-한나라 공조 속에 7월 국회를 통과했다.

최종 통과 법안의 주요 내용은 국민연금의 경우 급여율 60%를 40%로 2028년까지 단계적으로 인하하고, 보험료율은 기존 9%를 유지하며, 기초연금은 65세 이상 노인 하위 60%(2028년까지 70%)에 평균 노동자 임금의 5%(2028년 10%)를 지급한다는 것이었다. 이런 연금 개혁이 갖는 의미는 다음과 같이 정리할 수 있다. 첫째, 재정 안정화라는 목표는 애초에 정부가 의도했던 것—2070년 재정 소진—보다 약간 못 미치는 선에서 달성되었다. 급여율 인하 결과 재정 소진 년도는 2047년—개혁 전 제도 유지 시—에서 2060년으로 연장되었다. 둘째, 가입자들의 노후보장이 약화되었다. 특히 가입 기간이 짧아 완전 연

7　사학법 재개정 문제를 두고 열린우리당과 대치를 계속하던 한나라당이 사학법 개정에서 열린우리당의 양보를 받아내고, 대신 민노당 및 시민단체와의 공조를 파기하고 여당의 국민연금 개혁안에 찬성해주었다는 보도들이 법안 통과를 전후해 흘러나왔다. 민주노동당 의원단은 23일 국회에서 긴급 기자회견을 갖고 양당의 '정책공조'를 '대야합 정치'로 규정하며 강도 높게 비판했다. 민주노동당은 "국민연금 사각지대 해소를 위한 기초연금 도입은 한나라당의 주장이며 당론이었다"면서 "(한나라당의 당론 파기는) 연금 개혁 당론이 사학법 개악의 거래 수단 이상이 아님을 스스로 고백하는 것"이라고 비난했다. 또 "연금 개혁은 국민에겐 생명이었지만, 한나라당에게는 사학법 개악 야합의 판돈이었다"고 질타했다(정제혁 2007).

금을 받지 못하는 경우가 문제인데,[8] 예컨대 가입 기간이 20년 미만인 평균소득 맞벌이 부부의 연금 급여액은 최저생계비에 미치지 못하는 수준이 될 것으로 나타났다(김수완 2008, 161). 셋째, 기초연금의 도입으로 사각지대 해소가 가능해졌다. 특히 처음의 여당 안대로 '일정액'이 아니라 한나라-민노당이 주장했던 급여율 개념으로 도입된 것은 연금이 공적부조보다는 공적연금의 성격을 갖게 되었다는 것을 의미한다(오건호 2007, 197). 제도 설계의 경로의존성을 고려할 때 이는 사회 연대적 보편적 복지국가를 지향하는 세력에게는 2차 연금 개혁의 가장 큰 성과라 할 만했다.

이 외에도 중요한 개정 사항으로는 군 크레딧과 출산 크레딧의 인정, 재혼 시 인정하지 않던 분할연금권 인정, 그리고 유족연금 중복 급여 금지 규정 완화 등을 들 수 있다. 이 중 출산 크레딧의 인정이나 재혼 시 분할연금권 인정 등은 호이저만(Häusermann 2015, 70~71)이 얘기하는 이른바 사회 변화에 대응하는 재조정(recalibration)이라고 할 수 있다. 즉 가족의 변화와 여성의 노동시장 참여 증대, 그리고 삶의 개인화 추세가 요구했던 연금제도의 현대화 조치였던 셈이다. 그리고 이런 의미에서 2차 개혁은 급여율의 축소와 더불어, 그보다는 훨씬 미미하지만 사각지대 해소를 위한 공적연금의 확대와 사회 변화에 대응한 재조정 조치가 가미된 다차원적 개혁이었다고 할 수 있겠다.

---

8   2007년 당시 국민연금 평균 가입 기간은 21.7년이었다.

(2) 연금 개혁 정치

이제 2차 연금 개혁을 둘러싼 사회경제적 이해관계와 행위자 상호작용을 살펴보자. 먼저 이해관계의 구도를 정리하자면, 2차 개혁을 둘러싼 가장 큰 쟁점은 재정 안정화 방안과 사각지대 해소를 위한 기초연금 도입안, 두 가지였다고 할 수 있다. 첫째, 처음부터 지나친 저부담-고수익으로 설계된 국민연금의 재정 안정화를 위해서는 보험료율의 인상이나 급여율 삭감 혹은 그 둘 다가 필요했다. 이 두 가지는 모두 미래 세대의 부담을 경감하는 것이면서, 동시에 현세대 가입자들의 이익에 반하는 것이었다. 1999년에 이은 급여율의 추가 인하는 가입자들의 노후보장을 크게 악화시킬 것이었다. 따라서 가입자들의 이해를 대변하는 양대 노총과 여성연합 그리고 참여연대 등은 정부·여당의 '더 내고 덜 받는' 구조로의 연금 개혁에 반대했고 가능한 한 급여율 삭감과 보험료율 인상을 최소화하려 했다(참여연대 외 2006).

2003년 8월 복지부가 주최한 공청회 이후에 한국노총과 민주노총은 국민연금법 개정안에 항의하는 대중 집회를 열었고, 전국농민회총연맹, 참여연대, 여성연합 등도 정부안에 대한 반대 의견을 발표했다(오건호 2006). 한편, 재정적 지속 가능성을 고려할 때 논리적으로 꼭 필요했던 보험료 인상에 진보적 시민단체들이나 민노당이 적극적이지 않았던 것은 '안티국민연금' 파동에서 나타났듯 워낙 국민연금에 대한 대중적 불신이 큰 데다, 보험료 인상이 사각지대에 있는 노동시장 외부자의 연금 가입 문턱을 더욱 높일 것으로 예상되었기 때문이었다.

한편 경영계는 보험료 인상에만 적극 반대했다. 경총은 기업이 근로자들의 국민연금 보험료 절반과 퇴직금을 책임지고 있는 마당에 보

한국 복지국가는 어떻게 만들어졌나?

험료를 더 올리는 것은 기업의 국제 경쟁력을 떨어뜨릴 것이라고 주장했다. 그리고 보험료 인상 대신 퇴직금 전환금 조항을 신설하여 퇴직금의 일정 비율을 국민연금 보험료에서 차감해주어야 하고, 이것이 어렵다면 급여율을 40%로 낮추어야 한다고 주장했다(한국경영자총협회 2004). 또한 자영자 소득 파악 미흡과 소득 축소 신고 탓에 직장 가입자 부담이 가중되고 있는 만큼 급여 방식을 균등 부분과 소득비례 부분으로 이원화함으로써 '기여와 급여의 상응성'을 높여야 한다고 주장했다(『연합뉴스』 2006.11.19).

이 쟁점에 대해 정부·여당이 처음(2003년) 제시한 안은 급여율을 50%로 낮추고 보험료율은 15.9%로 인상하자는 것이었다. 반면 한나라당은 기초연금 도입을 조건으로 급여율 20%(기초연금 포함하면 40%), 보험료율 7%를 제안했다. 민노당은 기초연금 도입을 전제로 급여율 40%(기초연금 포함하면 60%), 보험료율 현행 9% 유지를 주장했다(표 6-2).

둘째, 기초연금 도입은 과거의 제도 부재로 국민연금에 가입할 수 없었던 현 노인세대, 그리고 현세대 중 가입하지 못해 향후 국민연금을 받을 수 없는 노인층의 소득 보장을 위한 제도 개혁이었다. 이 제도 도입 시 가장 큰 수혜자는 당연히 현세대와 미래세대의 저소득층 노인이 될 것이었다. 고소득층의 경우 적용 대상에서 제외되거나, 그렇지 않더라도 재원이 조세로 충당될 경우를 고려하면 이익이 되기보다는 부담이 될 가능성이 컸다.

당연히 기초연금안에 대해 노인 집단은 적극적으로 찬성하고 나왔다. 대한노인회는 높은 투표율을 지렛대로 정당들에 압력을 행사하는 한편, 기초노령연금법안의 국회 표결 시 이를 방청하기도 했다. 참여연대와 민주노총, 한국노총, 여성연합 등의 사회단체들은, '저소득 노인층의 빈곤 해소'라는 공익적 대의를 옹호하는 입장에서 관대한 형태의 기초노령연금 도입을 강력히 주장했다(국민연금가입자단체 2007). 반면 경제5단체는 사각지대 문제는 국민기초생활보장 제도 및 경로연금을 통해 해결해야 하며 조세 방식의 기초(노령)연금 제도는 바람직하지 않다고 주장했다(고형규 2006).

이 쟁점에 대해 한나라당은 노인 100% 적용에 20%의 급여율을 제시했다. 한편 민노당은 노인 80%, 급여율 15%(5%에서 시작) 안을 제시했다. 정부·여당은 처음에는 기초연금을 반대하다가 한나라와 민노당의 공세 속에서 노인 60%, 급여율 5%안을 내놓게 된다(표 6-2).

그렇다면 이런 이해관계에 기반한 행위자들의 상호작용은 어떠했는가? 2차 연금 개혁의 정치과정도 2004년 10월~2005년 6월까지의 1회전과 2005년 6월~2007년 7월까지의 2회전으로 구분할 수 있다. 1회전 동안 복지부는 '더 내고 덜 받는' 연금 개혁안을 제출했으며 사회적 행위자 중에서는 노동계와 시민단체, 정치적 행위자 중에서는 한나라당과 민노당의 강력한 비판에 직면했다. 1차 개혁 때와 달리 한국노총 역시 민주노총, 시민단체과 더불어 정부안에 반대하는 편에 섰다. 경총은 보험료율 인상에 반대하면서 적극적 행동을 취하지 않았다. 정부안에 찬성하는 행위자는 아무도 없었던 셈이다.

이 시기 행위자 측면에서 가장 눈에 띄는 것은 기초연금 도입안을 들고 나온 한나라당이었다. 논쟁 초기 민노당과 시민단체들 역시 기초연금+국민연금의 이층 구조안을 제시했으나 대안 홍보보다는 정부안

한국 복지국가는 어떻게 만들어졌나?

비판에 주력했고 이 대안은 잘 알려지지 않았다. 반면 한나라당은 태스크포스팀을 만들고 공청회를 여는 등 훨씬 적극적인 '세일즈'에 나섬으로써 기초연금안을 자신의 정치적 상품으로 만드는 데 성공한다. 즉 제도 도입 시 공로 주장(credit claiming)을 할 수 있는 기초를 마련한 것이다. 특히 보다 개혁적임을 자처하는 정부·여당이 사각지대에 방치된 빈곤노인층의 문제에 대해 아무런 대책도 제시하지 않는 상황에서 한나라당 안은 새롭고 적절한 대안으로 받아들여졌다. 기초연금 도입 시 재원조달 문제에 대한 입장이 모호하기 때문에 정치 공세에 불과한 것이며, 장기적으로는 국민연금의 소득비례 부분을 민영화하려는 복안을 깔고 있다는 비판이 제기되었으나,[9] 이런 비판은 크게 이슈화되지 않았다. 당연히 한나라당 안은 노인단체의 강력한 지지를 받게 된다.

이 시기 동안 행위자들 간의 상호작용은 활발하지 않았다. 노동계, 시민단체, 민노당은 입장을 함께하긴 했으나 긴밀하게 연대한 것은 아니었고, 각자 정부안에 대한 대응적 비판에 주력했다. 여당은 행정부에 비교적 협조적이긴 했으나 정치적으로 인기가 없을 수밖에 없는 행정부 안에 소극적인 태도로 일관하다가 보험료 인상만을 미루는 미온적 수정안(유시민 외 2004)을 제출했다. 행정부(보건복지부)는 어떤 사회세력으로부터도 지지를 받지 못한 채 고립되었다. 결국 이 시기에는 쟁점에 대한 입장을 두고 보면 '계수조정 개혁을 원하는 정부 여당' 대 '나머지 정치적·사회적 행위자' 구도가 형성되었으나 명확한 연대체와

---

9   진보정당인 민노당보다 훨씬 관대하게 제시된 한나라당 기초연금안의 적용 범위와 급여율은 이런 복안의 뒷면인 것으로 의심받기도 했다.

전선은 만들어지지 않았다고 할 수 있다.

한편 1차 개혁 시의 정부 주도의 일방 개혁을 비판하는 목소리에 대응하기 위해 노무현정부는 2차 개혁에서는 사회적 대화를 시도했다. 정부는 정부 대표 및 전문가와 더불어 노동자, 농민, 자영자, 시민단체, 언론계 등 다양한 사회세력을 포괄하여 국민연금발전위원회를 구성했다. 국민연금발전위원회는 산하에 제도발전전문위원회와 재정분석전문위원회를 두고 있었고 실제 사회적 대화는 이 2개의 전문위원회를 중심으로 이루어졌다. 그런데 제도발전전문위원회는 정부 5인, 국책연구기관 6인, 학계 전문가 4인 그리고 가입자 대표 4인 등 총 19인으로, 재정분석전문위원회는 정부 2인, 국책연구기관 7인, 학계 3인, 가입자 대표 3인으로 구성되었다. 어느 쪽이든 정부의 입김이 크게 작용할 수 있는 구조를 가지고 있었고 가입자 대표의 비중은 낮았다. 게다가 가입자 대표의 전문성 역시 높지 않은 경우가 많았다. 결국 국민연금발전위원회—산하의 재정분석전문위원회—는 국민연금관리공단이 행했던 연금재정 현황과 전망에 대한 기본 자료를 작성해 연금 개혁을 위한 자료의 신뢰성을 높이는 등 나름 역할이 없지는 않았으나 연금 개혁 전체에서 중요한 기능을 수행했다고 보기 어렵다(정홍원 2008, 153~156). 또한 저출산·고령화대책연석회의에서의 연금 개혁 논의 역시 정부가 연석회의 미합의 사항인 국민연금 개혁 계획을 일방적으로 발표함에 따라 2006년 하반기부터는 동력을 잃고 유명무실해졌다. 이런 사정은 정부가 사회적 대화를 비난을 회피하기 위한 형식적 도구나 들러리로 이용한다는 비판을 불러일으켰다.

사회적 대화는 결렬되었으나 2005년 6월~2007년 7월까지의 2회전

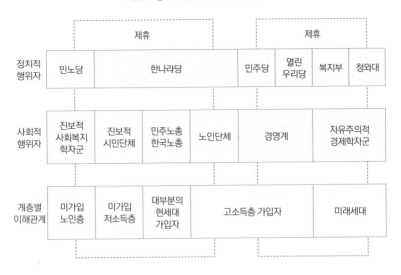

그림 6-2_2차 연금 개혁의 복지정치 구도

		제휴			제휴		
정치적 행위자	민노당	한나라당		민주당	열린 우리당	복지부	청와대
사회적 행위자	진보적 사회복지 학자군	진보적 시민단체	민주노총 한국노총	노인단체	경영계		자유주의적 경제학자군
계층별 이해관계	미가입 노인층	미가입 저소득층	대부분의 현세대 가입자	고소득층 가입자			미래세대

은 1회전과는 비교할 수 없이 활발한 행위자 간 합종연횡이 이루어진, 복지정치 활성화 기간이었다. 특히 정당들의 역할은 괄목하게 달라지는데, 이런 변화의 물꼬를 튼 것은 유시민 장관이 새로 취임하면서 복지부의 입장 변화였다. 복지부가 기초연금적 요소를 반영한 새로운 개혁안을 마련했던 것이다. 즉 국민연금 소득비례 부분을 40%로 더 떨어뜨리되, 노인 60%에게 7~10만 원의 기초노령연금을 지급한다는 것이었다(표 6-2). 이 정부안은 외견상으로는 한나라당 안과 비슷해 보였으나 그렇지는 않았다. 급여율 개념이 아니라 일정 액수로 제시된 '기초노령연금'은 2층 구조를 갖는 공적연금 제도의 1층이 아니라 공공부조의 성격을 가진다는 것을 의미했기 때문이다. 적용 대상이 노인 60%라, 보편연금과도 거리가 멀었다.

어쨌든 이렇게 새 정부안이 나오자 여당도 이전과 달리 보건복지부와 긴밀한 당정 토론회 및 당정협의를 진행한다. 그리고 정부안을 다듬어 새로운 당론을 확정한 다음, 여러 개의 국민연금법 개정안과 기초노령연금법 제정안을 여당 안으로 발의한다. 민노당 또한 그동안의 자신의 입장을 구체화한 국민연금법 개정안과 기초연금법 제정안을 발의한다(표 6-2). 이런 정당 안들의 백가쟁명 속에 2006년 9월 정기국회에서 법안 심사 시기인 11월까지 수십 개의 국민연금 개정안이 발의되었고 정기국회 본회의와 보건복지위에서 열띤 공방이 벌어졌다.

이런 정당들의 연금정치에의 적극적 참여는 한국의 복지정치에서 놀라운 변화를 의미하는 것이었다. 그 계기는 한나라당의 이니셔티브로부터 왔다고 보아야 할 것이다. 한나라당은 2002년 대통령 선거 이후 박세일, 윤건영, 이혜훈 의원 등 다수 연금 전문가들이 입당하면서 이전과 달리 연금 개혁에 대한 확고한 입장을 수립하게 되었다. 그리고 공청회 등을 통해 시민사회와 교감하면서 자신의 정책적 입지를 확고히 했다. 이를 기반으로 1회전에서 이미 한나라당은 능숙한 게임 플레이어의 모습을 보였다. 파격적 기초연금안은 노인층과 저소득층에, 보험료율의 인하는 국민연금을 불신하는, 그리고 당장의 생활고로 연금보험료를 부담스러워 하는 많은 사람들에게 인기 있는 대안이었다. 기초연금의 재원문제는 한나라당 안의 아킬레스건이었지만 어떤 사회적 행위자나 정치적 행위자도 이를 적극적으로 파고들지 않았다. 오히려 국민연금과의 관계를 고려해 덜 관대한 기초연금안을 제시했지만, 공적연금의 전체적 기능을 훨씬 중요하게 설정한 민노당 안이 한나라당 안에 묻혀버리는 모양새가 만들어졌다.

이런 한나라당의 적극적 활동은 열린우리당에 상당한 부담으로 작

한국 복지국가는 어떻게 만들어졌나?

용한다. 국민연금에 대한 국민들의 광범위한 불신과 불만, 시민단체와 노동계의 저항 그리고 원내에 진출한 민노당의 비판에다가, 이제 자신보다 더 보수적인 한나라당이 훨씬 개혁적 대안을 내고 압박하는 사태에 이르게 된 것이다. 이에 대응하기 위해 열린우리당은 2회전에서는 긴밀한 당정협의를 통해 연금 개혁의 주도권을 확보하려 했다. 그리고 이는 다시 비판에 주력하던 민노당으로 하여금 독자적 안을 내고 국회 내 연금정치에 보다 적극적으로 뛰어들게 만들었다. 결국 한나라당의 이니셔티브를 계기로 해서 정당 역할이 활성화되는 연쇄적 상승작용이 일어난 것이다.

정당들의 역할은 이렇게 시민사회의 이익을 결집하여 정책대안을 내는 데 그치지 않았다. 이들은 자신의 안을 관철하기 위해 다른 정당들과 전략적 제휴 관계를 만들어갔다. 이는 여야 어느 쪽도 다수당 지위를 점하고 있지 못한 당시의 상태에서 매우 중요한 의미를 갖는 것이었다. 열린우리당은 표결에 대비해 민주당과 전략적 제휴 관계를 만들어나갔고 이는 보건복지위에서 정부·여당 안의 통과에 결정적 역할을 했다(2006년 11~12월). 한나라당과 민노당은 그 이념과 지지기반의 상이성에도 불구하고 당론의 유사성을 기반으로 연대한다. 양당은 합의안(표 6-2의 한나라당-민노당 합의안)을 만들어 2007년 4월 국회 본회의에 수정 대안으로 제출하였다.

한편 사회적 행위자들 역시 자신의 입장에 따라 합종연횡하며 정치적 행위자들과 연결된다. '가입자 단체들', 즉 민주노총, 한국노총, 전국농민회, 참여연대, 여성연합 등은 민주노동당과 입장을 같이했고 긴밀한 상호작용을 통해 상당 수준의 내용적 연대를 달성했다. 노인단체를 대표하는 대한노인회는 한나라당 안을 지지했다. 나중에 한나라-민노 공조가 이루어지자 이 사회적 행위자들은 양당을 고리로 느슨한 하나의 제휴체를 형성한다. 반면 경총은 거의 중립에 가까운 입장에서 모든 정당의 안을 인기영합적인 것으로 비판했다. 사실 이제 기초연금 도입 없이 국민연금 소득대체율만 40%로 삭감하길 원하는 경총 안을 대변하는 정당 안은 존재하지 않았던 것이다.

이렇게 해서 2007년 4월 국회 표결을 앞두고 연금 개혁을 둘러싼 행위자간 합종연횡은 두 개의 제휴체로 정리된다. 즉 한나라-민노-진보적 시민단체-노동계-노인단체-진보적 사회복지 학자군으로 이어지는 하나의 제휴체와 청와대-정부-열린우리당-민주당으로 연결되는 제휴체가 그것이다(그림 6-2). 어느 쪽도 압도적 우위를 점하지 못한 상태에서 두 개의 제휴체 간의 힘의 균형은 팽팽했다. 그러나 이런 힘겨루기의 결과는 4월 국회본회의 표결에서 정부·여당의 기초노령연금법만이 통과되는 의외의 사태였다. 앞서 보았듯 한나라당은 그동안의 입장을 바꿔 여당의 기초노령연금법안에 찬성했다. 열린우리당에서 탈당한 '중도개혁통합신당' 준비모임 의원들도 이에 찬성했고 이에 따라 기초노령연금법안은 압도적 다수로 통과되었다.[10] 반면 국민연금법 개정안에는 한나라당, 민노당이 반대했을 뿐만 아니라, 통합신당 의원들

---

10   2006년 정부·여당에 대한 민심 이반과 이에 따른 잇단 재보궐선거 패배 속에서 2007년 초반부터 열린우리당 소속 의원들의 탈당이 이어졌다. 탈당 의원들은 2007년 5월 7일 원내 20석의 '중도개혁통합신당'을 창당했다. 이 의원들의 열린우리당 탈당과 탈당한 의원들의 이합집산이 거듭되다 8월 3일에는 의석수 84석의 '대통합민주신당'이 창당되었다. 소속의원 2/3가 탈당해 거의 형해화되다시피 한 열린우리당은 대선을 앞두고 8월 20일 대통합민주신당과 합당 선언을 하면서 역사 속으로 사라졌고, 대통합민주신당은 열린우리당 59석을 흡수해 143석이 되었다.

      한국 복지국가는 어떻게 만들어졌나?

이 기권표를 던졌다. 통합신당 준비모임 의원들은 공로 주장(기초노령연금법 제정)에는 동참한 대신 비난(국민연금법 개정안)은 회피하고자 했고 여당은 이들을 견인하지 못했던 것이다.

이 과정에서 여당이 국민연금법안 통과를 위해 사학법 재개정안 통과에 합의해주었다는 얘기가 흘러나오면서 이런 기형적 사태, 그리고 한나라당의 변신에 대해 여론의 비판이 빗발쳤다. 그러나 그동안 민노당과 제휴했던 한나라당은 이제 여당과의 협상을 시작했다. 그리고 7월, 두 당 안의 절충을 통해 마침내 2차 연금 개혁을 종료한다. 두 개의 제휴체 간의 팽팽한 권력관계는 한나라당이 여당과의 타협을 택하는 순간 붕괴하고, 한나라-여당 합의안으로 연금 개혁은 마무리된다. 민노당과 가입자 단체 우산하의 시민운동 단체들은 '연금제도 정상화를 위한 연대회의'를 구성하고 정부·여당, 한나라당을 규탄했으나 통과된 법을 바꿀 수는 없었다.

2차 연금 개혁의 마지막 모양새는 오랜 협상과 제휴의 과정을 무화시키는 한국 정치의 희극성과 변화무쌍함을 보여주는 듯하다. 그러나 연금 개혁의 결과를 잘 들여다보면 그간의 합종연횡 과정에서 만들어진 권력관계가 막판에 그저 형해화된 것이 아님을 알 수 있다. 한나라당이 여당과 협상에서 제시한 안은 원래의 한나라당 안이라기보다는 한나라당-민노당 합의안에 가까웠다. 정부·여당의 안 역시 가입자 단체와 야당의 비판을 수용하여 이미 최초의 안에서 크게 변형된 상태였고, 따라서 한나라당-민노당 합의안과 간극이 크지 않았다. 다시 말해 연금 개혁의 최종 결과는 개혁을 둘러싸고 만들어졌던 권력관계를 잘 반영하고 있는 것이다.

2차 개혁의 정치 역시 1차 개혁과 비슷한 관점에서 설명될 수 있다. 분점정부라는 권력구조는 정부·여당의 일방적 개혁 추진을 불가능하게 했고 최종 통과 법안은 정부원안에서 크게 변형되었다(김연명 2005; 박광덕 외 2008). 이는 제도가 행위자에게 가한 제약(정부·여당의 입장에서 볼 때)과 기회(정부 주도 개혁에 대한 반대 세력의 입장에서 볼 때)를 보여주지만 2차 개혁에서도 제도의 설명력은 여기까지이다.

2차 개혁 역시 그 구체적 결과를 결정한 것은 궁극적으로는 제휴 형성이 만들어낸 권력관계라 할 수 있다. 2차 개혁 시 권력자원을 더 많이 보유한 쪽은 정부와 여당 쪽이었다. 한나라당이 여전히 여러 분야에서 상당한 권력자원을 보유하고 있었다 해도, 정부·여당은 대통령중심제에서 행정부를 장악했을 뿐만 아니라 잠시나마 과반 의석을 차지하기까지 했기 때문이다. 그러나 불리한 권력자원에도 불구하고 한나라당은 능숙한 플레이를 통해 유리한 권력관계를 만들어냈다.

한나라당은 처음에는 민노당과 연대를 통해, 그리고 민노당에 연결된 영향력 있는 일련의 사회적 행위자들을 자신의 편 쪽으로 편제함으로써 정부·여당을 고립시켰다. 다음으로는 민노당과의 제휴를 하루아침에 뒤집고 공동의 대치 상대였던 정부·여당과 제휴함으로써 연금 개혁에서 자신의 정치적 지분을 챙길 수 있는—그리고 사학법 재개정안까지 챙길 수 있는— 권력관계를 만들었다. 물론 이는 정책을 매개로 한 연대를 하루아침에 손바닥 뒤집듯 해도 별 문제가 없는 한국의 정치 현실에서 가능한 일이기는 했지만, 한나라당은 이런 현실을 최대한 이용했던 것이다.

요컨대 집권 여부라는 조직적, 제도적 권력자원의 가장 핵심적인 변수들은 1차 개혁이나 2차 개혁이나 크게 다르지 않았으나 지지 동원과 제휴 형성을 통해 자신에 유리한 권력관계를 만들어내는 한나라당의 능력은 상당한 변화를 보였다. 게다가 정부·여당은 이 영역에서 상대적으로 매우 무능했고 그 결과 한나라당은 권력자원의 열세를 상당정도 극복할 수 있었던 것이다.

반면 정부·여당은 권력자원의 상대적 우위에도 불구하고, 자신에 유리한 권력관계를 만들지 못한 채 고립되었다. 복지부는 이미 대선 과정 및 안티국민연금 운동 등을 계기로 연금 개혁 문제가 정치화되었는데도 개혁의 정치적 조건 마련에 무관심했다. 많은 비판 속에 실패한 2003년 10월의 개혁안을, 안티국민연금 파동까지 겪고도, 거의 수정하지 않은 채 2004년 10월 다시 국회에 제출한 복지부의 행태는 이를 잘 보여준다. 복지부는 또 사각지대 해소와 노인 빈곤 문제가 뜨거운 사회적 쟁점으로 떠오르고 있는데도 재정 안정화에만 초점을 둔 개혁안을 내세우는 무신경을 보였다. 열린우리당은 연금 개혁 과정 내내 한나라당을 비롯한 야당에 끌려다녔고 비슷한 입장의 야당들을 견인하는 데도 성공하지 못했다. 결국 정부·여당은 연금 개혁과 관련된 모든 비난을 뒤집어썼고, 종국엔 자신이 원했던 안에서 크게 동떨어진 개혁 결과에 도달했다.

미숙한 행위자이기는 민노당도 마찬가지였다. 민노당은 뒤늦은 법안 발의와 공론화로 기초연금 도입의 공로를 한나라당한테 안겨주었다. 민노당은 최종 통과안이 상대적으로 자당 안과 가장 유사한 것이었으므로 공로를 주장하는 한편 그중 자신의 원안에서 많이 후퇴한 기초연금의 부실화를 집중 비판했어야 할 것이었다. 그러나 민노당은 그 대신, 자신이 한나라당과 합의했던 대로 된 국민연금법 개정을 '용돈연금'으로의 축소로 한꺼번에 비판함으로써, '대안(제시) 세력'이라기보다는 '비판(만 하는) 세력'이란 부정적 이미지를 남겼다. 최초로 원내에 진입한 군소정당으로서 권력자원의 근본적 한계가 있긴 했으나, 연금정치의 전략적 행위자로서도 능숙한 모습을 보여주지 못했던 것이다. 최종 통과안이 한나라당이 최초로 주장했던 것과도 많이 다른 것이라는 점에서 한나라당이 얻은 것은 정책적 실리라기보다는 정치적 승리라고 보아야 할 것이다. 이 승리는 상대 정치적 행위자들의 미숙함에 힘입은 바도 적지 않았다.

3. 소결

이제 연금 개혁 결과가 시사하는 일반적인 복지정치에의 함의를 정리해보자. 연금 개혁 결과의 가장 중요한 시사점은 복지정치에서 제도보다는 행위자, 행위자의 권력자원 자체보다는 행위자 간 상호작용과 제휴 형성으로 만들어지는 권력관계가 더 중요하다는 점일 것이다. 권력관계는 정태적인 것이 아니라 동태적인 것이다. 제도적 여건이 불리하고 권력자원이 취약한 집단이라 할지라도, 강한 리더십, 적절한 문제 구도 설정(framing)과 여론 동원 그리고 효과적 제휴를 통해 어떤 결정적 국면에서 유리한 권력관계를 만들어낼 수 있다. 그리고 이 힘이 기존 제도 내의 기득권자들(stakeholders)의 힘을 능가할 수 있을 때 변화를 야기하고 새로운 경로를 만들어낼 수 있다. 리코(Rico 2004)의 말

　　　　　　　　　　　　　　한국 복지국가는 어떻게 만들어졌나?

을 다시 빌자면, 월등한 선수와 재정, 튼튼한 응원군을 갖는 축구팀이 항상 이기는 것은 아니다.

다음으로 두 차례의 연금 개혁의 결과는 한국의 복지정치가 2000년 대 첫 10여 년간 상당히 변해왔음을 보여주었다. 첫째, 2차 개혁의 경우 1차 개혁보다 행위자 수 자체가 증대하고 행위자 간 상호작용이 활발해졌다. 가입자 단체라는 이름의 우산 밑에 결집한 여러—최종 국면에서는 16개에 달했다— 시민단체들, 복지정치에 목소리 내려고 뛰어든 노인단체 등 이익단체, 게다가 인터넷상에서 벌어졌던 '안티국민연금' 운동까지, 여러 집단의 활발한 활동은 이제 한국도 복지정치의 본격화 시기로 진입했음을 알리는 것이었다.

둘째, 정당의 역할이 중요해졌다. 이는 2차 연금 개혁을 통해 나타난 가장 중요한 복지정치상의 변화라고 할 수 있다. 1차 개혁에서 중요했던 행위자는 대통령과 행정부였다. 정권 수뇌부의 정치적 결정이 중요하고, 개혁의 세부 사항은 관료 중심적 정책결정에 의해 이루어졌으며, 여기에 시민단체가 사회경제적 약자를 대변하는 진보정당의 역할을 대신하는 정도였다. 반면 정당들은 행정부에서 마련한 정책대안이나 표출되는 사회적 행위자의 선호를 자신의 정치적 입장에 따라 선택적으로 채택하는 모습을 보였다. 그러나 2차 개혁으로 오면 정당이 매우 중요한 행위자가 되며, 이에 따라 입법부의 역할도 동시에 중요해진다. 정당들은 주도적으로 정책을 입안하고 여론을 형성하며 능동적으로 자신의 지지 세력의 이익을 결집하고 대의하는 모습을 보여주었다. 그리고 이런 정당들의 활발한 전략적 상호작용이 법안의 구체적 내용을 결정했다.

셋째, 양 시기 주요 행위자들의 전략적 행위와 상호작용의 양상도 변화를 보여준다. 1차 개혁 그리고 2차 개혁의 1회전까지도, 사회적·정치적 행위자들은 입장을 공유하나 공개적인 제휴는 맺지 않는 느슨한 연대, 이른바 '암묵적 정책 연합'(김연명 2002, 52) 정도에 그쳤다. 그리고 대치하는 양대 세력 간의 상호작용도 미미한 수준이었다. 그러나 2차 개혁의 두 번째 회전은 공개적인 지지 표명, 활발한 협상과 타협 그리고 명시적 정책 연합으로 특징지어진다. 제휴체 내의 협조적 상호작용이 긴밀해져 상당 정도의 내용적 연대를 달성하게 되고(가입자 단체들 간, 가입자 단체들과 민노당 간), 두 개의 제휴체 간의 공방도 치열해지며, 갈등과 타협의 역동적 과정이 전개된 것이다. 그리고 이런 과정들은 모두 법안을 변형시키면서 흔적을 남긴다.

그렇다면 이런 변화가 한국 복지국가의 미래에 의미하는 것은 무엇이었을까? 1, 2차 연금 개혁 사이에 일어난 변화들은 한국에서도 복지정치가 복지정책을 결정하는 양상이 점차 뚜렷해져가고 있음을 보여주는 것이었다. 그리고 복지가 점점 중요한 정당정치의 이슈가 되어가고 있으며, 머지않아 선거 경쟁의 중요한 쟁점이 될 것임을 예고하는 것이기도 했다. 2010년 지방선거에서의 무상급식 논쟁과 민주당의 승리 그리고 뒤이어 쏟아진 다음 대선을 직접 겨냥한 무성한 복지 담론들은 이런 장기적인 복지 이슈의 정치화 흐름 속에 돌출한 융기 지점으로 보아야 할 것이다.

한국 복지국가는 어떻게 만들어졌나?

7장

노무현정부 이후
보육정책 변화

이 장에서는 노무현정부 이후부터 박근혜정부까지의 보육정책의 변화 과정을 다룬다. 복지정치라는 관점에서 볼 때 한국의 보육 서비스는 다른 서비스 프로그램과 유사한 특징을 가지고 있다. 무엇보다 당장의 재정 부담 회피를 위해 '위임 복지국가'(delegated welfare state)[1]라는 말이 무색하지 않을 만큼, 가능한 한 민간에 공급을 의존하고자

---

1   위임 거버넌스(delegated governance)란 공적으로 재원이 조달되는 복지 프로그램에 대한 책임을 비국가 행위자(non-state actor)에 위임하는 것이다. 관료 기구들이 급여 배분이나 공적 서비스 제공에 완전한 책임이 있다고 상정하는 정부의 직접 관리 프로그램(directly governed program)과 달리 위임 거버넌스하에서 정책 목표는 비영리조직과 영리조직을 포함하는 민간행위자들을 통해 실현된다. 모건(Kimberly J. Morgan)과 캠벨(Andrea Louise Cambell)은 미국의 의료 서비스 체계를 묘사하기 위해 이런 개념을 고안했고 위임 거버넌스에 의존하는 복지국가를 위임 복지국가라고 불렀다(Morgan and Cambell 2016). 한국의 의료, 보육, 노인장기요양 서비스는 모두 이런 위임 거버넌스에 의존한다고 할 수 있다.

했던 행정부의 결정하에 초기 정책이 형성되었다는 점은 의료 및 노인 장기요양보호 서비스와 유사하다. 또 그 결과 성장한 이익단체가 후속 정책 발전에 큰 영향을 끼치게 되었다는 점도 비슷하다.

그러나 보육은 다른 서비스 프로그램과는 상이한 복지정치적 특성도 가지고 있다. 첫째, 보육 서비스는 다른 복지 프로그램에 비해 훨씬 많은 이해관계자가 존재한다. 보육 서비스에는 보살핌의 대상인 영유아, 영유아의 부모, 민간 보육 서비스 시설 소유자와 시설 피고용자 등 시민사회의 많은 이해 당사자들이 연루되어 있다. 이렇게 이해관계자가 복잡한 것은 보육의 경우 보살핌의 대상이 성인이 아니어서 보호자로서의 부모의 개입이 두드러진 영역이라는 점, 그리고 다른 돌봄 서비스와 달리 교육의 측면이 중요하다는 점과 관련되어 있다. 이에 따라 보육은 다양한 시각에서 접근이 가능하고, 어떤 시각에서 무엇을 중시하느냐에 따라 바람직한 정책 방향도 달라질 수 있다(최은영 2004).

둘째, 보육 서비스가 이렇게 다양한 측면을 가지고 있기 때문에 정부 부처도 여러 개가 관여한다. 여성(가족)부, 보건복지(가족)부, 노동부, 교육부, 기획예산처나 재정경제부(혹은 기획재정부), 대통령실 등 여러 정부 부처가 보육정책에 연루되어 있다(백정미 2009, 152). 이에 따라 보육은 정책 조율 과정이 복잡할 뿐만 아니라 부처 간 이해관계에 따른 관료정치의 결과도 다른 프로그램에 비해 정책 내용에 더 많은 흔적을 남기게 된다. 본문에서 논의될, 보육 업무를 어느 정부 부처에서 담당하는 것이 적절한가, 보육 서비스의 설계에서 여성 노동권에 대한 고려가 얼마나 중시되어야 하는가에 대한 논란은 이런 보육과 관련된 사회적, 정치적 행위자의 복잡함을 보여주는 것이라 할 수 있다.

한국 복지국가는 어떻게 만들어졌나?

이 장에서는 노무현정부 이후 한국의 보육정책의 정치를 두 단계로 나누어 설명하고 어떤 힘들의 상호작용이 오늘날의 한국의 보육정책과 제도를 만들어냈는지 분석한다. 첫 번째 단계는 2006년 새싹플랜을 전후한 보육 서비스 확대를 둘러싼 정치과정이다. 이 시기는 저출산 문제에 대한 대응이 사회적 의제로 등장하면서 대통령의 관심 속에 여성가족부를 중심으로 한 범정부적인 보육정책이 형성된 시기라고 할 수 있다. 두 번째 단계는 2010~2013년 보편적 보육 서비스를 도입하게 되는 시기이다. 무상급식으로 촉발된 보편적 복지 논쟁 속에 보육이 정당들 간의 격렬한 정책경쟁의 대상이 되면서, 짧은 시간 동안 유례를 찾기 어려운 프로그램 확대가 일어난 시기이다.

보육정책을 둘러싼 주요 행위자들은 이 장에서 다루는 두 개의 시기에서 상당히 다르게 나타난다. 노무현정부 시기의 중요 행위자들은 정치사회에서는 대통령과 청와대, 여성가족부, 기획예산처, 시민사회에서는 민간보육시설연합회와 여성단체들, 그리고 정치사회와 시민사회에 걸쳐 있는 사회적 대화 기구인 저출산·고령사회위원회와 저출산·고령화대책연석회의였다. 반면 이명박·박근혜 정부 시기의 중요한 행위자들은 대통령과 기획재정부, 보건복지(가족)부, 그리고 양대 정당과 민간 보육 시설 단체들이었다. 두 시기 정부들의 당파적 특징과 정부조직 개편 등이 주요 행위자 변화에 영향을 주었다고 할 수 있다.

이 장의 집필을 위해서도 주요 행위자들과의 면담을 실시했다. 면담 대상자에는 새싹플랜 작성을 전후한 시기의 여성가족부 장관, 대통령 비서실 사회정책수석비서관과 대통령자문 고령화 및 미래사회위원회 위원장을 역임한 인사, 그리고 한국여성단체연합(이하 여성연합) 사회권 국장 등의 핵심 행위자들과, 정책 자문에 응하면서 정책결정 과정을 지켜볼 수 있었던 보육 및 여성가족 정책 전문가들이 포함되어 있다. 이 장에서는 공식 문서나 2차 자료 외에 이들의 진술을 참조하면서 정책결정 과정에서 주요 행위자의 선호와 전략, 그리고 이들의 권력관계가 어떻게 법안의 내용으로 귀결되었는지 살펴보았다.

1. 보육정책 전개 과정

(1) 노무현정부

1991년 노태우정부는 '영유아보육법'을 제정했다. 이를 기점으로 한국에서도 비로소 저소득층 자녀들에게 한정되던 보육 서비스를 중간층 맞벌이 가구로까지 확대하는 정책이 수립되기 시작했다. '탁아' 대신 '보육'이란 개념이 정립된 것도 이 시기이다. 김대중정부는 2001년 '보육사업 중장기 종합발전계획'을 발표하면서 보육을 장기적 국가 과제로 천명했다. 이 발전 계획은 앞으로 사회적 양육이 중요해지리라고 전망하면서 보육 수요를 충족하고 정부의 보육 재정 분담률을 확대하기 위한 4대 영역의 정책 과제들을 제시했다(장하진 외 2015, 113~116). 그러나 역시 한국에서 보편주의를 지향하는 본격적 보육정책이 시작된 시점은 저출산과 고령화에 대한 전 사회적 위기의식이 심화된 노무현정부부터라고 보아야 할 것이다.

노무현정부 출범 이전부터 저출산은 이미 심각한 사회문제로 대두했다. 1990년 1.59에 달했던 합계출산율은 노무현정부 출범연도인

그림 7-1_연도별 출생아 수와 합계출산율 추이

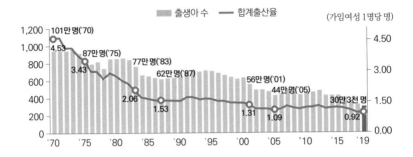

출처: 통계청, 『2019년 출생통계』. 서울: 통계청(2020)

2003년 1.18로 떨어졌다. 반면 노인인구는 급속히 늘어 1990년 5.1%에서 2003년에는 8.3%가 되었다. 게다가 저출산·인구 고령화의 경향은 향후 더욱 심화될 것으로 예측되었다. 이런 추세 속에서 2003년 10월 노무현정부는 급격한 인구 고령화에 대한 종합대책을 마련하기 위해 대통령 직속 사회통합기획단 내에 인구고령사회대책팀을 만들었다. 이 조직은 2004년 2월 9일 대통령 자문 '고령화 및 미래사회위원회'(위원장 김용익 서울대 의대 교수)로 개편되었다.

2005년 합계출산율이 다시 1.09로 떨어지자(그림 7-1), 저출산과 고령화에 대한 사회적 위기감은 더욱 고조되었다. 이에 따라 2005년 6월 「저출산·고령사회기본법」이 제정되었고, 같은 해 9월 대통령 직속 '저출산·고령사회위원회'가 발족했다. 이 위원회는 인구구조 변화가 사회경제에 미치는 영향을 분석·예측하고, 저출산·고령사회 종합대책을 심의하기 위한 조직이었다. 위원회는 대통령을 위원장으로 당시 여성부·재정경제부·교육부·문화관광부 등 12개 부처 장관과 민간 전문가

12명 등 24명의 위원으로 구성되었다.

이와 같은 저출산에 대한 사회적 위기감 외에도 노무현정부 시기 보육 서비스 확대에 기여한 요인으로 다음과 같은 것들을 지적할 수 있다. 첫째, '새로운 사회적 위험'(new social risks)에 대한 관심이 고조되면서 사회 서비스에 대한 관심도 증대되었다. 노무현정부 초기 사회정책학계에서는 복지국가의 발전 방향을 둘러싼 논쟁이 활발했다. 그리고 이 과정에서 김대중정부 시기 동안 복지국가로의 도약이 이루어지긴 했으나, 주로 소득 보장 프로그램과 의료 서비스 쪽으로 편중되었고, 보육과 노인 돌봄 등 사회 서비스 쪽은 상대적으로 저발전되었다는 평가가 대두되었다. 그리고 탈산업 사회의 노동시장과 가족의 변화, 인구학적 변화에 대응하기 위해서는 '새로운 사회적 위험'에 대응하는 사회적 돌봄 서비스를 획기적으로 강화해야 한다는 목소리가 힘을 얻게 되었다. 새로 출범한 노무현정부는 이런 전문가들의 지적과 사회적 압력에 대응해 보육과 노인 돌봄 정책의 일신에 나섰다.

둘째, 노무현정부 후반기를 풍미한 사회투자(social investment) 담론은 복지의 생산주의적 잠재력 극대화를 통한 경제와 복지의 선순환을 강조했는데, 이 역시 보육 서비스의 확대를 뒷받침하는 역할을 했다. 사회투자론에서 보육은 미래의 노동력으로서의 아동과 현재의 노동력으로서의 여성, 모두를 지원하는 핵심 정책이었다(Lister 2003; 김영순 2007).

셋째, 보육을 포함한 사회 서비스의 확대가 일자리 창출이라는 새 정부의 또 하나의 주요 정책 목표에 잘 부합되었다는 점이다. 노무현정부는 초기부터 노동과 복지의 선순환을 중요한 정책 목표로 상정했

한국 복지국가는 어떻게 만들어졌나?

는데 이를 위해서는 무엇보다도 고용률을 끌어올려야 했다. 이런 상황에서 많은 전문가들은 한국에서 신규 일자리 창출이 가능한 유력한 분야로 사회 서비스 일자리 분야를 지목했는데, 보육 서비스의 확대는 노인, 장애인 돌봄 서비스와 더불어 이 분야의 일자리 창출에 기여할 것으로 예상되었다. 실제로 이 무렵 한국의 전체 고용 중 사회 서비스 분야가 차지하는 비중은 12.7%였다(2004년). 이는 OECD 평균인 21.7%의 절반 정도에 불과한 수치여서, 이 분야의 고용 창출 잠재력이 클 것으로 기대되었다(정부·민간합동작업단 2006). 또 당시 한국의 여성 경제활동 참가율은 약 50%로 이 역시 60%를 상회하는 대부분의 OECD국보다 현저히 낮은 수준이었는데 통상 여성 일자리로 간주되는 사회 서비스 일자리의 창출은 여성 고용의 확대에도 기여할 것으로 예상되었다.[2]

이런 상황들을 배경으로 노무현정부의 보육정책이 전개되었다. 노무현정부는 보육 업무의 조직적 정비를 통해 보육정책의 체계적 수립과 집행을 꾀했다. 우선, 여러 논란과 반대에도 불구하고, 여성가족부로 보육 업무를 이관하면서 보육 업무 조직을 확대했다. 그리고 저출산·고령사회위원회는 여성가족부를 중심으로 정부 여러 부처의 합동작업으로 육아지원 정책 방안을 마련했다. 2004년에는 영유아보육법을 전면 개정했고 보편주의적 보육정책 방침을 분명히 했다. 저출산·고

---

2   노무현정부 시기 '돌봄 사각지대 해소', '중장년 일자리 창출'을 목표로 여성가족부의 주도하에 시작된 아이돌보미 사업은 이런 정책 트렌드 속에서 이루어진 사업이었다. 지금도 노동자성을 제대로 인정받지 못하고 있는 이 일자리의 문제점에 대해서는 당시 여성가족부나 여성운동이나 진지한 고려를 한 흔적을 찾기 어렵다(김수정 2015).

령사회위원회는 2004년 6월에는 여성부의 보육정책과 교육인적자원부의 유아교육 사업을 통합한 최초의 정부 계획인 제1차 육아 지원정책 방안을, 이듬해엔 이를 보완한 제2차 육아 지원정책 방안을 발표했다. 이와 같은 조치들은 보육이 '국가적 대응'이 필요한 장기과제임을 분명히 하고, 보육과 유아교육 문제에 대해 정부가 최초로 범부처적 차원의 통합적 접근을 시작했음을 보여주는 것이었다.

2006년 7월에 발표된 여성가족부의 '제1차 중장기 보육계획(2006~ 2010): 새싹플랜'은 위와 같은 노무현정부의 보육 발전 계획을 구체화하여 정책 추진 과제를 제시한 것이었다. 새싹플랜은 보육 패러다임을 저소득층 위주의 선별적 보육에서 중산층까지 포함하는 보편적 보육으로, 그리고 공급자 중심 정책에서 수요자 중심 정책으로 전환할 필요가 있다고 지적했다(장하진 외 2015, 119). 그리고 이런 패러다임의 전환을 위해 보육의 공공성 강화와 보육 서비스의 품질 제고를 목표로, 교육 기반 조성, 부모 육아 부담 경감, 다양한 보육 서비스 제공, 아동 중심의 보육환경 조성, 보육 서비스 관리체계를 5대 정책 과제로 내세웠다.

이 중 핵심적인 정책들과 그 성과 및 한계를 요약하면 다음과 같다. 첫째, 공공보육 서비스가 단기간에 대폭 확대되었다. 보육 관련 중앙정부 예산은 김대중정부에서 57% 증가했으나 노무현정부에서는 396%나 증가했다. 그러나 여전히 보육 지출 중 정부 부담률은 목표치를 크게 하회했다. 정부 부담률은 김대중정부 말인 2002년 30.1%였다. 그런데 2006년 새싹플랜에서는 목표를 60%로 설정했으나 노무현정부 말인 2007년에는 오히려 28.6%로 떨어졌다. 이는 이 시기 보육 아동과 보육 시설의 급증 그리고 보육료의 인상이라는 상황 변화로 인한 것이 긴 했으나, 여전히 정부가 부모들의 양육 부담을 크게 덜어주지는 못했다는 평가를 남겼다. 한편, 보육 수요 대비 공급률을 의미하는 보육 수요 충족률은 김대중정부 말에 74%였으나 보육 시설이 급증하면서 노무현정부 말에는 130%로 두 배 가까이 증가했다. 이는 전국적 수준에서는 공급 초과를 의미했으나 지역적 불균형을 품고 있는 수치였다. 즉 서울특별시나 광역시들은 공급 과잉을 기록하고 있었으나 경상, 충청, 전라 지역은 공급 미달 상태에 있었다(백선희 2009, 120~124).

둘째, 새싹플랜에서는 공공보육 기반을 조성하기 위해 국공립 보육 시설의 대폭 확충을 계획했다. 민간 보육 시설에 비해 학부모 선호가 강한 공공보육 시설을 전체의 30%로까지 확충해 수요에 부응하고 보육 서비스의 질을 높이고자 했던 것이다. 그러나 이는 노무현정부 말기, 목표 대비 성과가 가장 저조한 영역으로 남았다. 노무현정부는 출범 초기 연간 400개소의 국공립 보육 시설 증설을 목표로 천명했으나, 5년간 418개소 증설에 그치고 말았다. 반면 보육료 지원이 동력이 되어 민간 시설은 크게 늘어났다. 결과적으로 노무현정부 시기인 2002년부터 2008년까지 어린이집 시설 유형에서 국공립 시설이 차지하는 비율은 6.0%에서 5.5%로, 보육 아동 수에 있어 전체 시설에서 국공립이 차지하는 비율은 12.9%에서 10.9%로 오히려 줄어들었다(표 7-1).

셋째, 노무현정부는 보편주의 보육으로 가는 첫걸음으로 보육료 지원 제도를 중산층에게까지 확대했다. 그러나 재정 부담을 우려해 보육료 지원 비율은 차등적으로 적용했다. 즉 저소득층은 보육료 전액, 중산층은 보육료의 30~60%를 지원했다. 이후 지원 범위는 가구소득 하

표 7-1_국공립 어린이집 수 및 이용 아동 수(1990~2017)

구분	연도별 현황						
	1990	1992	1997	2002	2007	2012	2017
전체 보육 시설 수	1,919	4,513	15,375	22,147	30,856	42,527	40,238
국공립 보육 시설 수 (비율)	360 (18.8)	720 (16.0)	1,158 (7.5)	1,330 (6.0)	1,748 (5.7)	2,203 (5.2)	3,157 (7.8)
전체 보육 아동 수	48,000	123,297	520,959	800,991	1,099,933	1,487,361	1,413,531
국공립 시설 이용 아동 수(비율)	25,000 (52.1)	49,529 (40.2)	89,002 (17.1)	103,351 (12.9)	119,141 (10.8)	129,656 (10.1)	186,916 (12.9)

주: 연도는 유아보육법 제정(1991년)과 각 정부의 임기를 기준으로 분할
자료: 2007년까지는 백선희(2009), p.129, 2012년과 2017은 〈2018 한국보육실태조사-가구조사보고〉, p.58

위 70%까지로 확대되었다.

넷째, 민간 보육 시설의 서비스 질 제고를 위해 지원-규제를 병행하는 두 가지 장치들을 마련했다. 하나는 민간 보육 시설에 대한 기본 보조금 지원 제도였다. 정부가 보육료 상한제를 실시하고 있는 상황에서 민간 시설에 국공립에 준하는 서비스를 요구하기 위해서는 좋은 서비스 질을 위해 필요한 보육 시설 운영비와 부모들이 원하는 낮은 보육료 사이의 차이를 정부가 지원해주는 제도가 필요하다고 보았던 것이다. 다른 하나는 보육 시설 평가인증 제도 도입이었다. 과거에는 보육 서비스의 질 관리를 민간 자율에 맡겼으나, 이제 정부가 서비스의 내용과 운영에 기준을 제시한 후 평가를 받도록 했다.

노무현정부 시기의 여성가족부는 이 정책들을 '보육의 보편주의적 확대'라는 시각에서 계획하고 집행했던 것으로 보인다. 보육 서비스의 확대는 당장 절박하게 필요한데 국공립 보육 시설의 신설이 난관에 부딪히자, 확대를 미루기보다는 민간 시설이 이 역할을 상당 부분 담당

할 수밖에 없다고 판단했고, 그런 상태에서 보완책을 강구했다는 것이다(피면담자 C). 당시 고위 정책 담당자는 이 우회로가 어느 정도 성과를 거둔 것으로 평가했는데, 그 근거는 학부모들의 국공립 시설 선호가 상당 정도 약화되었다는 것이었다. 2004년 56%였던 학부모들의 국공립 시설 선호 비율은 2009년 38.9%로 감소했다. 또 영유아 가구가 육아 지원 정책으로 가장 바라는 정책에서도 2004년 17.8%를 기록했던 '국공립 시설 확충'은 2009년에는 12.4%로 감소했다(장하진 2011).[3]

그러나 이런 식의 민간 시설에 의존하는 서비스 공급 방식의 유지 내지 확대는 향후 여러 가지 문제점을 낳게 된다. 보조금 제도는 민간 보육 시설로 하여금 정부의 보조금에 의지해 시설을 유지하되, 가능한 한 규제는 피하며 이윤은 극대화하려는 경향을 만들어냈다. 민간 보육 시설은 '영리적 비영리 시설'이라는 태생적 모순 속에서 수익을 추구하면서, 정부보조금에 의존하되 그 밖의 활동을 통해 추가 수익을 확보하는 방식의 생존 전략을 취했다(김수정 2015, 78). 회계 부정이나 어린이 학대 등의 문제가 불거지고 정부가 규제를 강화하려 하면 어린이집은 이를 '사유재산권 침해', '과도한 규제'로 규정하면서 저항했다(윤홍식 2014). 결국 노무현정부는 국공립 시설을 단시간 내에 확충하기 어

---

3   그러나 국공립 시설 확충은 여전히 부모들이 가장 원하는 보육정책이다. 2018년 〈보육실태조사〉에 나타난 정부에게 바라는 가장 중요한 육아지원 정책에서 1위를 차지한 것은 '국공립 어린이집 확충'(35.9%)으로 2위인 '보육, 교육비 지원 인상'(11.7%)보다 압도적으로 높다. 한편 국공립과 민간보육 시설에 대한 이용자 만족도는, 양자 간의 차이는 여전히 존재하지만, 함께 나아지는 추세이다(〈2018 보육실태조사가구조사보고〉, 표 XI-5-1, p. 615). 〈보육실태조사〉에 나타난 어린이집 유형별 만족도(5점 척도)는 2012년 국공립 3.85, 민간 3.65였고, 2015년 국공립 4.08, 민간 3.97, 2018년엔 국공립 4.11, 민간 3.97였다(〈2018 보육실태조사-가구조사보고〉, 표 VI-5-3, p. 341).

렵다는 전제하에 규제 속에 민간 시설을 이용하는 방법을 택했으나 장기적으로는 이들의 저항으로 인해 보육 서비스 공급에서 민간 의존도를 줄이지 못하고, 영세 민간 보육 시설이 정부 보조에 의존해 유지되며, 이로 인해 막대한 재정 투입에도 불구하고 전체적인 보육 서비스의 질을 높이지 못하게 하는 악순환적 부작용을 낳았던 것이다.

(2) 이명박·박근혜 정부

보수정부였던 이명박·박근혜 정부 시기 동안 보육 프로그램들은 오히려 확대되었다. 그 배경에는 심화되는 저출산 경향에 대한 우려와 더불어 복지 이슈의 정치화가 자리 잡고 있었다. 이명박정부 시기 이루어진 보육정책에서 중요한 변화는 '수요자 중심'과 '선택의 자유'의 기치 아래 시장기제가 도입되었다는 것이다(송다영 2010).

이명박정부는 출범 직후인 2008년, 원래 2010년까지로 계획되어 있던 노무현정부의 새싹플랜을 수정해 '아이사랑플랜'을 발표했다. 아이사랑플랜은 새싹플랜과 달리 공공보육 확대 대신 민간부문의 역할을 강조하기 시작했다. 이명박정부는 여전히 부모들의 공공보육 시설 선호가 명확했지만, 국공립 시설의 확대를 더 이상 중요하게 거론하지 않았다. 국공립 보육 시설의 확충은 명목적으로는 선언되었지만 예산에서는 반영되지 않았고, 농어촌이나 산간벽지를 제외한 나머지 지역에서는 현상을 유지하는 것으로 방침이 정해졌다. 이에 따라 국공립 보육 시설 기능 보강과 관련된 예산은 2005년 약 500억 원에서 2008년 240억 원, 2010년 94억 원, 2011년 약 140억 원으로 절대적인 예산 규모에서나, 보육 예산 전체에서 차지하는 상대적인 비율로나 급격히 감소했다(『보육통계』 각년도).

그 대신 이명박정부는 민간 시설에 대한 보육 서비스 의존을 기정사실화하면서 '수요자 중심 보육'의 기치 아래 민간 시설들 간의 경쟁을 통한 보육 서비스의 질 제고로 정책 방향을 선회했다. 그리고 경쟁 제고의 수단으로 보육 바우처('i-사랑 카드') 제도를 도입했다. 서비스 소비자인 부모들에게 직접 바우처를 지급하고 부모들이 여러 시설 중 선택을 하게 한다면, 부모에게는 자신들의 요구에 부합하는 좋은 보육 시설을 선택할 수 있는 자유와 권한을 주는 것이며, 이는 시설 간 경쟁을 유발하여 전체적인 서비스의 질을 향상시키리라는 것이었다.

그러나 보육 서비스의 경우, 그 특성상 집과의 근접성이 중요해 선택의 여지가 그리 크지 않았다. 특히 대도시의 경우 교통 사정으로 인해 집에서 먼 보육 시설을 이용하기가 더더욱 어려웠다. 또한 어린이집 선택의 폭 자체도 제한되어 경쟁을 통한 질 제고는 쉽지 않은 상황이었다. 그러나 이 정책은 정치적으로는 매우 유용했다. 부모를 경유하지 않고 어린이집에 직접 지급되던 과거의 보육료에 비해 부모들이 일단 보육료를 받았다가 자신이 선택한 어린이집에 지급한다는 점에서 정책 수혜를 체감하기 쉬웠기 때문이다. 논란 끝에 도입된 바우처제도는 공적 서비스를 확충하는 것을 포기하고 정부의 역할을 보육 서비스의 구매력을 보조하는 데 국한되게 했고(김종해 2008), 결국 한국의 보육 서비스를 비용 지원 중심으로 굳어지게 하는 데 기여했다(김수정 2015, 81).

다음으로 '맞춤형 보육'의 기치 아래 도입된 양육수당은 보수정부의 정책 지향을 잘 드러낸 또 하나의 새로운 정책이었다. 양육수당은 보육

표 7-2_가정 양육수당 지원 아동 수(2010/2012~2018)

단위: 명(%)

구분	0세아	1세아	2세아	3세아	4세아	5세아	6세 이상	계
2010 (전체아동 대비비율)	24,447 (5.45)	27,391 (6.17)	- -	- -	- -	- -	- -	51,838 (1.62)
2012 (전체아동 대비비율)	37,727 (8.12)	44,128 (9.34)	18,486 (3.93)	1,178 (0.26)	573 (0.12)	381 (0.08)	180 (0.04)	102,653 (3.14)
2013 (전체아동 대비비율)	385,585 (11.81)	346,952 (10.63)	145,049 (4.44)	63,164 (1.93)	38,360 (1.18)	40,445 (1.24)	40,929 (1.25)	1,060,484 (32.49)
2014 (전체아동 대비비율)	383,389 (11.94)	309,908 (9.65)	145,075 (4.52)	60,126 (1.87)	39,152 (1.22)	34,803 (1.08)	39,883 (1.24)	1,012,336 (31.54)
2015 (전체아동 대비비율)	386,361 (12.12)	310,212 (9.73)	132,195 (4.15)	66,546 (2.09)	40,139 (1.26)	37,894 (1.19)	35,999 (1.13)	1,009,346 (31.66)
2016 (전체아동 대비비율)	363,178 (11.5)	305,911 (9.7)	117,302 (3.7)	47,840 (1.5)	34,711 (1.1)	30,609 (1.0)	33,602 (1.1)	933,153 (29.6)
2017 (전체아동 대비비율)	317,981 (10.4)	274,578 (9.0)	106,954 (3.5)	43,300 (1.4)	29,134 (1.0)	32,163 (1.1)	32,180 (1.1)	836,290 (27.5)
2018 (전체아동 대비비율)	292,010 (10.0)	228,272 (7.8)	83,314 (2.9)	37,808 (1.3)	27,988 (1.0)	29,013 (1.0)	31,913 (1.1)	730,321 (25.1)

자료: 보건복지부(각년도). 『보육통계』

시설을 이용하지 않는 영유아 가구에 현금을 지원하는 제도이다. 이명박정부의 양육수당 정책은 2009년 보육 서비스를 이용하지 않고 가정에서 양육되는 차상위계층의 0~1세아에게 월 10만 원을 지급하는 것으로 시작되었다. 이후 2011년부터는 3세 미만 차상위까지, 2013년부터는 초등학교 미취학의 7세 미만 전 계층으로 확대되어 어린이집, 유

표 7-3_시설 보육료 전액 지원 대상 확대 추이(1999~2013)

연도	만 0~2세	만 3~4세	만 5세
1999년	법정 저소득층		법정 저소득층 + 기타 저소득층
2000년			
2004년			
2005년			도시근로자가구 평균소득 80% 이하
2006년	법정 저소득층 + 차상위계층		도시근로자가구 평균소득 90%(도시) 100%(농촌)
2007년			도시근로자가구 평균소득 100% 이하
2009년	영유아 소득하위 50%		영유아 소득하위 70%
2011년	영유아 소득하위 70%		
2012년	전 계층	영유아 소득하위 70%	전 계층(누리과정 도입)
2013년~	전 계층		

자료: 『보육사업 안내』 각년도
출처: 이혜원(2013), p. 11

치원, 종일제 아이 돌봄 서비스 등을 이용하지 않고 가정에서 양육하는 모든 아동을 대상으로 지원되기에 이르렀다. 금액은 2011년부터는 만 0세(0~11월)인 경우 월 20만 원, 만 2세(12~23월)까지는 월 15만 원, 만 5세(24~84개월)까지는 월 10만 원의 현금을 지원하고, 이 금액을 매월 아동 또는 부모 등의 계좌로 입금하도록 했다. 결국 양육수당은 박근혜정부 시기에 이르면 전체 아동의 약 1/3가량이 수급하는 거대 프로그램이 되었다.

양육수당은 수요자의 선택권 확대라는 긍정적 측면을 가지고 있었다. 또한 바우처제도 도입으로 보육료가 과거보다 체감하기 쉬운 형태로 지원되자 시설을 사용하지 않아 아무 지원도 받지 않는 아동의 부모들의 상대적 박탈감은 더 커졌는데, 양육수당은 부분적으로나마 이를 무마할 수 있는 수단이기도 했다. 그러나 양육수당은 저소득가구가 더 많이 선택할 가능성이 높은, 그래서 보육의 계층화를 초래할 위험이 있는 정책이었다. 저소득가구의 경우 현금 지원을 선호하는 경향이 있는 데다, 보육 시설 이용 시 특별활동비 등으로 추가되는 비용에 대한 부담도 크게 느끼기 때문에 중산층 이상 가구보다 더 양육수당을 선택하는 경향이 있었다. 그런데 이는 시설 교육을 통해 다양한 경험을 해야 하는 3~5세 시기에 재가양육을 부추겨 발달을 저해할 우려가 있었고, 여성의 경제활동 참여를 방해해서 성별분업을 유지시킬 가능성을 안고 있었다(송다영 2010, 370~371). 이런 이유들 때문에 노무현정부 시기에는 온갖 저출산 대책의 속출 속에서도 양육수당이 정책대안으로 논의되지 않았던 것인데, 이명박정부 시기에 확대되기 시작해 박근혜정부에서는 거대한 프로그램으로 성장한 것이다. 이는 노무현정부 시기에 시작된 공공보육 서비스의 확대와 돌봄의 사회화라는 정책 지향에 배치되는 비일관적 정책 포개기(policy layering, Thelen 2011)를 초래했다.

이보다 더 극적인, 이명박정부 말기부터 박근혜정부 초기에 걸쳐 이루어진 보육정책의 변화는 이른바 무상보육의 완성이었다. 이명박정부 초기에는 점진적인 보육료 지원 확대가 이루어졌다. 2009년 7월부터는 보육료 지원기준에서 '도시근로자 월평균 소득'을 '소득분위' 기준으로 변경하여 저소득가구 중심 지원을 모든 영유아가구 지원으로 전환하는 기초를 마련했다. 지원 계층은 기존의 5개 층에서 3개 층으로 단순화되었으며, 보육료 지원 대상도 차상위 이하에서 소득 하위 50%로까지로 확대되었다.

그런데 이렇게 점진적으로 확대되던 보육 서비스는 2010~2011년 무상급식 논쟁 이후 양대 선거를 거치면서 통제되지 않는 정치화의 과정에 휘말리고 그 결과 단기간에 무상보육에 이르게 된다. 2012년 만 0~2세 영아 무상보육이 시작되었고 만 5세 누리과정 도입과 함께 만 5세아 무상보육도 실시되었다. 이어 2013년부터는 누리과정이 만 3~4세로 확대되어 미취학 아동에 대한 전면 무상보육 제도가 완성되었다. 보편적 무상보육이 과거 그토록 보편복지와 무상복지를 공격해왔던 보수정당 정부에 의해 달성된 것이다. 이에 따라 보육 적용률(coverage), 즉 어린이집과 유치원에 다니는 아동의 비율도 급격히 늘어났다. 어린이집의 경우 이 비율은 2012년까지 지속적으로 증가했는데, 특히 0~2세와 5세의 무상보육이 시작된 2012년의 전년 대비 증가율이 눈에 띈다(그림 7-2). 유치원의 경우 2010년까지 유치원 취원아 수의 변화가 크게 나타나지 않았다. 그러나 2010년 이후 증가세가 두드러져 2016년 유치원 취원아 수도 2010년 대비 30.7% 상승했다(육아정책연구소 2017, 20).

이런 무상보육의 급속한 확대 뒤에는 복지문제의 뜨거운 정치 쟁점화가 자리 잡고 있었다. 2011년 지방선거, 2012년 국회의원선거와 대통령선거 국면에서 보편적 복지 바람이 거세지면서 여야 모두 앞다투어 보육 서비스 확대를 공약하고 실행에 옮겼던 것이다. 그러나 이런 급속한 확대는 정책적 합리성보다는 정치적 필요성에 더 좌우되면서 시설보육 필요성이 큰 3~4세보다 0~2세 무상보육이 먼저 도입되고,

그림 7-2_연도별 어린이집 이용률

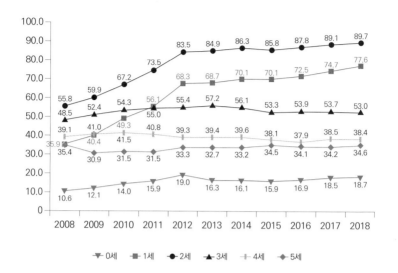

자료: 1) 보건복지부(각년도). 보육통계(12월말 기준)
　　 2) 행정자치부(각년도). 주민등록 인구통계: 만0~6세(12월 31일 기준)
출처: 육아정책연구소, 『유아교육·보육 통계』(2018), p. 32

보육 재정 문제를 둘러싼 중앙-지방정부 간의 갈등, 외벌이 가구와 맞벌이 가구 간의 갈등이 심화되는 등 혼란과 진통 속에 이루어졌다.

　부모의 맞벌이 여부를 고려하지 않은 채 하루 12시간의 무상보육을 제공하는 것이 적절한 것인가도 커다란 논란거리가 되었다. 대부분의 나라들에서 보육 서비스의 이용 자격을 취업 부모로 제한하거나 그들에게 우선권을 주는 것과 달리 한국에서는 취업모 우선권은 고려되지 않았다. 그리고 이에 따라 대체로 높은 영아 보육률은 여성 고용률의 증가와 연결되는데 한국은 그렇지 않았다. 그림 7-3은 한국이 2012년 무렵 0~2세 영아 보육률이 여성 취업률보다 높은 유일한 나라임을 보

그림 7-3_0~2세 어린이집 이용률 및 어머니의 취업률

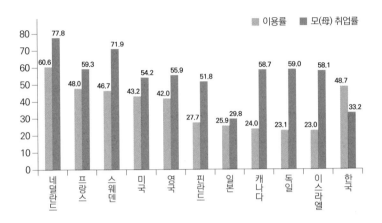

그림 7-3_0~2세 어린이집 이용률 및 어머니의 취업률

(단위: %)

주: OECD 각국의 모(母)취업률은 자녀 최소연령 기준 0~2세가 있는 경우로 2010년 기준
  단 캐나다와 이스라엘은 2008년 기준, 한국의 이용률과 취업률은 2012년 기준
자료: OECD Family Database(2013.07.29.); 보육실태조사(2012)
출처: 윤희숙 외(2013), p. 3에서 가져옴.

여준다(윤희숙 외 2013).

  이런 맞벌이 여부를 고려하지 않는 무상보육 제공은, 노무현정부 시기에는, 보육 서비스를 받는 것은 부모의 권리라기보다는 아동의 권리라는 논리로 정당화되었다. 또 한국은 저소득층이 맞벌이를 하는 경우가 많은데 저소득층 취업모는 비정형적 노동에 종사하는 경우가 많아 취업 여부나 취업 준비 상태임을 증명하기가 쉽지 않다는 주장으로 뒷받침되었다(피면담자 C). 이런 원칙은 사회 전체적으로는, 보육 서비스 확대가 여성 노동권의 확대나 취업 부모를 지원하는 것이라기보다는 보육의 사회화와 가족의 육아 부담 경감을 통한 저출산 극복을 목적으로 하는 것으로 인식되면서 큰 논란을 낳지 않았다. 그런데 이렇게

모든 아이에게 12시간의 무상보육이 제공되어 보육 수요가 예상 수준 이상으로 폭발하자, 그리고 그 과정에서 보육 시설이 빨리 아이를 데려가는 전업주부 가정의 아이를 선호하고 오히려 취업모를 차별하는 현상까지 발생하자, 정책은 큰 논란에 휩싸이게 된다(백선희 2015; 송다영 2014; 김영미 2013, 106). 이런 난맥상을 두고 보수주의적 연구자들이나 언론이 강하게 비판했음은 물론, 보편보육을 주장하는 진보적 연구자들 내에서도 정책 목표와 효율성에 대한 회의적 평가가 적지 않았다.

이상에서 살펴본 바와 같이 이명박·박근혜 정부 시기에는 보편적 무상보육 서비스가 완성되고 그 위에 양육수당까지 얹혀짐으로써 일견 한국의 보육은 체계적 시스템을 갖춘 것처럼 보이게 되었다. 그리고 보육 지출이나 보육률에 있어서도 북구 국가에 버금가는 수치를 기록하게 되었다. 그러나 여전히 많은 민간 시설 이용자들은 보육 서비스의 질에 만족하지 못하고, 보육 시설이 요구하는 추가 비용을 부담스러워하는 것으로 나타났다. 그리고 이런 불만족에서 비롯되는 여전한 국공립 시설 확충에 대한 수요자들의 요구와 더불어, 아동 양육 지원의 형평성 논란, 보육교사의 열악한 처우 등도 계속해서 현안으로 남아 있었다(김수정 2015, 65).

2. 보육정책 결정의 정치

(1) 노무현정부

노무현정부의 보육정책은 한국 보육정책 역사에서 중요한 분수령을 이룬다. 보육이 국가적 과제로 인식되면서 대통령을 위원장으로 하는 위원회가 만들어지고 전(全)부처적 차원의 통합적 접근하에 보육 서비스가 급속히 확대되는 기점이 되기 때문이다. 이제 이 시기 보육정책들이 어떤 정치적 과정들을 거쳐 만들어지게 되는지 살펴보기 전에 보육 업무를 둘러싼 정부 조직 개편이 이루어지는 과정을 먼저 살펴보도록 하겠다. 정부의 보육 관련 조직 개편은 보육정책을 둘러싼 행위자들의 행위의 맥락을 재조정할 뿐만 아니라 주요 행위자 자체를 재설정하는 중요한 의미를 갖기 때문이다.

대통령 후보 시절 여성부 신설을 공약했던 김대중 대통령은 1998년 대통령 자문 여성특별위원회를 만들었고 6개의 내각 부처에 양성평등 부서를 만들었다. 2001년 여성특별위원회는 여성부로 개편되었다. 양성평등 실현을 전담 업무로 하는 내각 부처가 최초로 설립된 것이다. 여성부는 노무현정부의 출범 이후인 2004년 6월에 보건복지부로부터 영유아 보육에 관한 사무를 이관받았으며 1년 뒤에는 여성가족부로 개편되었다. 이후 여성(가족)부에는 오랫동안 여성운동에 몸 담아왔던 인사들이 장관으로 입각했다. 김대중정부에서 초대 여성부 장관을 맡았던 한명숙, 노무현정부에서 여성(가족)부 장관을 맡았던 지은희, 장하진은 모두 오랫동안 진보적 여성운동 단체에서 일해온 인사들이었는데 이런 이들의 경력은 당연히 여성부로 이관된 이후의 보육정책에 큰 영향을 미쳤다.

노무현정부에서 여성부로 보육 업무의 이관은 상당한 논란을 동반했다. 여성부는 김대중정부 시기 독립된 내각 부처가 되기는 했으나 예산도 직원도 너무 작은 '미니 부서'여서 존재감이 약했다. 덩치를 키우

기 위해서는 비중이 큰 새로운 업무가 필요했다. 또한 시민사회의 여성
운동 단체와 여성부에 진입한 여성운동 지도자들은 보육정책은 아동
의 복지뿐만 아니라 여성의 노동권 확대와 일-가족 양립을 촉진하는
방향이어야 하며, 이를 위해서는 여성부의 관할 업무가 되는 것이 바람
직하다고 주장했다(피면담자 C; 피면담자 P).

　반면 기존에 보육 업무를 맡고 있던 보건복지부, 사회복지학계의 대
다수 전문 연구자들, 공공 어린이집 보육교사들은 보육 업무의 여성부
이관에 반대했다. 보육정책은 어머니인 여성의 노동자로서의 권리보다
아동의 권리를 최우선시해야 한다는 것이 이들의 주된 반대 논거였다
(『중앙일보』 2003.04.27.). 한국사회복지사협회, 아동복지시설연합회, 한
국보육시설연합회 등 9개 단체로 구성된 사회복지공동대책위원회는
2003년 4월 27일 회의를 열어 "복지정책을 후퇴시키는 업무 이관 결정
을 철회하지 않으면 전국의 보육 시설이 휴업에 들어갈 것"이라고 경고
했다. 복지부 직원들의 모임인 복지부공무원직장협의회도 4월 26일 성
명에서 "보육 업무의 여성부 이관은 보육 사업의 근본 목적에 부합되
지 않는 결정"이라고 비판했다(『동아일보』 2003.03.26.). 서론에서 언급
한 보육에 연루되는 다양한 행위자들의 다양한 시각과 이해관계를 잘
보여준 풍경이라고 할 수 있다.

　그러나 이 논란에서 노무현 대통령이 강하게 여성부에 힘을 실어줌
으로써 결국 보육 업무는 2004년 여성부로 이관되었다. 그리고 여성부
는 여성가족부로 명칭이 변경되었다(2005년). 다시 한 번 한국의 복지
정책의 결정 과정에서 대통령의 힘을 확인하게 되는 대목이다. 새싹플
랜을 통해 이루어졌던 보육정책의 진일보는, 많은 한계에도 불구하고,

이런 권력자원과 권력관계 속에서 가능했다고 할 수 있다.[4]

　노무현정부의 보육정책, 특히 이를 집대성한 새싹플랜은 이렇게 새롭게 만들어진 여성가족부(이하 여가부)가 주축이 되어 이루어진 장기 보육 계획으로서 시민사회에서 오랫동안 운동했던 여성가족부 수장들의 보육에 대한 시각이 각인되어 있었다. 물론 지금의 시점에서 돌아보면 이런 시각에 입각한 정책들에 한계가 있었던 것도 사실이다. 당시 여성가족부의 보육정책의 기조에는 아이를 맡기고 일터로 나가야 하는 여성 노동자에 대한 고려에 비해, 직접 보육을 담당해야 하는 역시 대부분 여성인 돌봄 노동자에 대한 정책적 고려—전문화, 임금결정 구조 관리 등—는 매우 부족했다. 그리고 이 역시 두고두고 많은 문제점을 남기게 된다.[5]

　어쨌든 이 시기 보육정책의 수립과 집행에는 여러 행위자들의 이해관계와 이들 간의 힘의 관계가 반영되어 있다. 이제 주요 정책결정을 둘러싼 핵심 이해관계자들의 입장과 이들이 갈등하고 타협해 간 정치과정을 살펴보자.

4　2005년 3대 여성부 장관에 취임했다가 이어 초대 여가부 장관을 맡았던 C 씨에 의하면, "노무현 대통령 퇴임 후 봉하로 찾아갔을 때, '보육 업무를 여가부 쪽으로 보내야 하겠다고 생각한 데에는… 여성부가 의미 있는 부서로 존속하기 위해서는 일정한 규모를 갖춰야 하는데, 당시로서는 너무 관할 업무가 작은 미니부서라는 생각이 크게 작용했다'고 술회했다"고 한다. 또한 특정부서에서 원하는 업무를 추진하기 위해서는 청와대-총리실-국회와의 조율이 중요한데, 당시 청와대 사회수석이었던 K 씨는 정책조율 과정에서 여러 번 여가부에 힘을 실어주는 역할을 했다고 한다. 예컨대 기획예산처의 보육료 상한제 폐지 요구를 끝내 막아낼 수 있었던 것은 청와대가 여가부의 편에 섰기 때문이라는 것이다(피면담자 C).

5　이 지적은 보육정책 전문가인 동아대 김수정 교수의 것이다. 그러나 그 역시 이런 한계는 단지 당시 여가부 보육정책 담당자들만의 한계가 아니라 '당대의 한계일 수도, 그리고 노조나 조직이랄 것이 아예 없었던 보육부문의 한계라고 할 수도 있다'고 덧붙였다.

1) 보육료 지원과 민간 보육 시설 기본보조금

노무현정부의 보육정책은 보편적 보육 서비스의 지향을 분명히 하고 있었다. 이는 노무현정부에서 도입된 차등보육료 지원과 기본보조금 제도에서 잘 드러난다. 차등보육료 지원은 보육료 지원의 형태이고 차등적이긴 하나 그간의 저소득층 지원에 한정되었던 보육 서비스를 중간층으로 확대했다는 점에서 보편보육의 물꼬를 튼 정책이라 평가된다. 이 정책은 보육 서비스를 중간층으로 확대하되, 재정 부담은 급격히 늘이지 않기 위한 절충책으로 저소득층은 보육료를 전액 지원하나 중산층은 보육료의 30~60%를 지원하도록 했다. 이후 지원 범위는 가구소득 하위 70%까지로 확대되었다.[6] 여성단체들은 보육료 지원 수준을 올리고 전 계층을 포괄하는 완전한 보편보육을 실시할 것을 주장했다(피면담자 P). 보육의 경우 가구 소득에 따른 선별적 지원은 맞벌이 가구의 경우 소득이 높아지기 때문에 맞벌이를 제외하게 되는, 따라서 더 필요한 대상을 정책 대상에서 배제하는 모순을 갖게 된다는 것이었다(송다영 2011, 295). 그러나 기획예산처는 이에 완강히 반대했다. 그리고 여가부는 재정 부담과 정부 내 정책결정 구조의 역학을 의식하면서 즉각적인 완전 보편보육은 현실적으로 어렵다고 판단하고 이를 강하게 주장하지 않은 것으로 보인다.

한편 기본보조금 제도는 민간 보육 시설에 다니는 모든 아동을 대상으로 아동 1인당 금액을 책정해 보육 시설에 지급하는 제도로 부모

---

6   아동 양육가구에 대한 보육료 지원은 2013년 완전 무상보육이 실시될 때까지 점차 확대되고 관대해졌다(서문희·이혜민 2014, 50~65).

한국 복지국가는 어떻게 만들어졌나?

소득에 관계없는 지원이라는 점에서 더 보편주의적 요소를 강하게 가지고 있었다. 기본보조금을 연도별로 증액시켜 나가면 결국 최종적으로 무상보육으로 갈 수 있다는 장기전망이 이 정책 설계의 밑에 깔려 있었다. 영아 기본보조금은 2006년부터 실시되었다. '새싹플랜'은 점진적으로 유아에게도 기본보조금을 실시할 것을 명시하고 있었으나 정부 부처 내 합의를 이루지 못하여 노무현정부하에서는 시범 실시로 끝났다. "예산권을 쥐고 있는 경제부처는 모든 아동에게 무차별로 지급하는 형식의 정책을 납득하지 못한다는 관점을 가지고 있었으며, 여러 번의 조정 회의를 거쳤지만 끝내 미루어지고 말았"(장하진 2016)기 때문이다.

여성가족부나 진보적 여성운동 단체들은 소득수준을 고려하지 않고 기본보조금을 지원해도 역진적 효과를 가져오지는 않는다고 주장했다. 어차피 최상층은 공공보육 시설 이용률이 낮으며 영아의 경우 도우미를 고용해 가정보육을 하고, 유아의 경우 영어 유치원 등을 보내는 경향이 있기 때문이라는 것이 그 근거였다. 즉 보육 시설에 주는 기본보조금은 결국 중산층 이하 가구를 지원하는 성격이 강하다는 것이었다(피면담자 C). 그러나 기획예산처 등 경제부처와 재계는 '이건희의 손자에게까지 보육료 지원을 해야 하는가'라는 논리로 반대했다(장하진 2011).

기본보조금 정책은 국공립 시설의 신규 증설이 쉽지 않은 상태에서 보편주의적 공공보육을 확대해 나가기 위해 선택한 노무현정부의 우회로였으나 그것이 과연 적절한 정책이었는지에 대해서는 평가가 엇갈린다. 기본보조금은 결국 늘어난 보육 예산을 민간 보육 시설로 흘러들

어가게 한 셈이며, 민간 보육 시설의 증가를 부채질해 이들의 영향력을
키웠기 때문이다.

2) 국공립 보육 시설 확대

새싹플랜은 보육의 국가 책임성 및 공공성을 분명히 하면서 공공보
육 시설의 확충을 주요한 목표로 설정했다. 이에 따라 노무현정부는
장기적으로 국공립 보육 시설을 전체의 30%까지 끌어올리겠다는 목
표를 세우고 정부 예산을 할당하고 공공보육 시설을 확충하려 했다.[7]
그러나 이 계획은 제대로 달성되지 못했다.

국공립 어린이집이 전체 보육 시설에서 차지하는 비중은 1990년
만 해도 전체의 18.8%로 적지 않았다. 그러나 김영삼정부는 보육 시
설 확충 3개년 계획을 추진하면서 단기간에 보육 시설을 대규모로 확
충하기 위해 민간의 참여를 유도했다. 정부가 국민연금 기금을 이용하
여 민간에 저리융자를 제공해 어린이집 설립을 지원했던 것이다. 그 결
과 1995~1997년간 민간 보육 시설은 7,590개가 증가하면서 보육 서
비스 공급에서의 민간 의존도는 급속히 높아졌다(장하진 외 2015, 194).
1998년 어린이집 설립이 인가제에서 신고제로 전환하자 민간 어린이
집의 설립은 더욱더 용이해졌다.[8]

이런 상태에서 노무현정부가 보편보육으로의 도약을 명분으로 차등
보육료, 영아 기본보조금 등 민간 보육 시설에 다니는 어린이들에 대한

---

7   '전체 시설의 30%를 국공립 시설로'를 목표로 했던 초기 노무현정부의 계획은 2006년에 이르면 '전체 보
    육 아동의 30%의 국공립 시설 이용'으로 조정되었다(백선희 2009, 128).
8   2004년 노무현정부하에서 다시 인가제로 환원했다.

지원을 확대하자 민간 보육 시설은 자신들의 시장 확대와 수호에 적극적으로 나서게 된다. 증대된 민간 보육 시설은 국공립 보육 시설의 확대에 반대하는 거대한 이익집단으로 성장했던 것이다.

민간 시설들은 정부의 보육료 통제하에서 자신의 시설 투자 비용을 회수하고 보육교사 인건비를 지급해야 하며 자신의 이익도 남겨야 했다. 반면 국공립 시설은 시설 투입비 부담이 없고 정부가 인건비, 운영비, 환경 개선비를 지원하기 때문에 민간 시설에 비해 보육 서비스의 질이 좋았다. 당연히 학부모들은 국공립 시설을 선호했다(장하진 2011). 이에 따라 조직화된 지역 보육시설연합회들은 지방자치단체에 로비를 통해, 혹은 지방단체장에게 다음 선거에서의 지지나 반대를 지렛대로, 국공립 어린이집 신설에 반대했다.[9] 게다가 어린이집 신설을 위해서는 중앙정부와 더불어 지방정부도 재원의 반을 투여해야만했고, 설립 이후에는 지속적으로 운영비 부담을 안아야 했다. 지자체장으로서는 어린이집 신설이 부담스러울 수밖에 없었다.

노무현정부 시기 국공립 시설의 미미한 증가는 직접적 재원 부족 자체보다도 이런 보육을 둘러싼 이해관계자들의 힘의 관계에 기인한 것이었다. 2005~2008년 여가부 장관을 맡았던 장하진 장관의 다음과 같은 회고는 당시 민간 시설의 반대로 인한 국공립 시설 건립의 어려움을 생생하게 보여준다.

---

[9] 예컨대 창원에서는 2007년 4월 '창원시 시립 어린이집 설립 반대 대책 위원회'가 만들어져 공공어린이집 설립 반대 운동을 펼쳤다. 이 위원회는 창원시 민간어린이집연합회, 창원시 가정어린이집연합회, 창원시 사립유치원연합회 등으로 구성되었다. 또한 2009년 5월 이천시에서는 민간어린이집 연합회 중심의 비상 대책위원회가 결성되어 시립 어린이집 설립 반대 운동을 벌였다(김영미 2013, 102).

"국공립 시설 설치의 어려움 문제는 현재의 보육 지형과 얽혀 있다. 참여 정부 시절 정부 예산에 매년 몇 백 개 정도를 신설하도록 책정되었으나, 많은 노력에도 불구하고 100개 정도 신축하고 불용되고 말았다. 그 이유는 시민단체들도 충분히 이해하고 있다. 국공립 시설 확충 사업은 지자체가 주도적으로 추진하는 사업이며, 먼저 지자체에서 신설 계획을 수립하고 부지 매입 등의 문제를 해결해야 한다. 국공립 보육 시설의 운영은 중앙정부, 광역단체, 기초단체가 예산을 50 대 25 대 25로 분담하는 방식이다. 그러나 먼저 보육 시설을 개축하고 문을 열려고 하면 주변의 민간 시설이 필사적으로 반대한다. 상대적으로 서비스의 질이 좋고 저렴한 국공립 시설에 어린이가 몰려 기존의 민간 보육 시설이 심각한 타격을 받기 때문에, 민간 보육 시설 차원에서 기초 자치단체장에게 거세게 항의하면 유권자의 표를 얻어야 하는 단체장의 입장에서는 소극적이 되고 만다. 또한 한번 설치되면 매년 책정되어야 하는 예산도, 재정이 넉넉지 않은 기초 지자체 실정에서는 부담이 되기 때문에 소극적이 된다. 따라서 정부 차원에서 아무리 적극적으로 국공립 시설의 설치를 권유해도 현장의 기초 자치단체에서 적극적으로 정책을 추진하지 않고 있다(장하진 2011)".

새싹플랜을 주도했던 장하진 여가부장관은 지방자치단체를 순회하며 간담회를 개최하고 국공립 보육 시설의 확충을 독려했으나, 성과는 미미했다(피면담자 C). 이런 상황을 감안하면, 국공립 시설을 늘릴 수 있는 현실적인 방법은 결국 중앙정부와 지방정부가 매칭펀드 형식으로 분담하고 있는 국공립 시설 설치와 운영 예산을 중앙정부가 전적으로 책임지는 방식으로 바꾸는 것이었다. 실제로 한국여성단체연합에서는 국공립 시설 신규 건설 시 지자체의 매칭 비율을 50%보다 훨씬 낮게 잡을 것을 주장하기도 했으나(피면담자 P), 이는 당시 정부 내 부처 간 역학구도상으로는 실현되기 어려웠다. 결국 어렵게 얻어낸 국공립 시설 신설을 위한 예산마저 상당 부분 불용되고 말았다(장하진 2011). 그리고 이에 따라 2000년 6.7%였던 국공립 보육 시설의 비율은 노무현정부 말기인 2007년엔 5.7%로 오히려 줄어든다.

결국 국공립 시설 확충 계획은 전혀 성공적이지 못했다. 그리고 이는 민간 보육 시설 운영자들의 반대에, 지자체장들의 소극적 태도 그리고 기재부의 재정적 보수주의가 더해진 결과였다. 일차적 원인은 민간 시설의 반대였지만, 결국은 정부 내에서 보육 인프라의 민간의존에서 탈피하여 '위임 복지국가형' 보육정책의 경로를 변경하려는 세력의 힘이 기재부의 견제를 넘어설 만큼 강하지 못했기 때문이었다고 할 수 있다.

3) 보육료 상한제 유지

이 시기 보육의 공공성이란 차원에서 이루어진 또 하나의 중요한 정책결정은 보육료 상한제 폐지 주장을 저지한 것이었다. 노무현정부 이전부터 경제관료들이 일관되게 보육료 상한제 폐지를 주장했다. 경제관료들의 시각에서 볼 때 보육료 상한제 폐지는 부모들의 선택권 강화, 시장기제의 작동을 통한 서비스의 질 개선, 그리고 —보육료를 자율적으로 정하는 시설의 경우 기본보조금을 지급하지 않는다는 점에서— 재정 절감까지 한꺼번에 해결할 수 있는 좋은 정책이었다.

한국개발원(KDI)을 중심으로 한 경제학자들 역시 적극적으로 이런 주장을 폈다(조병구, 조윤영 2007; 조윤영, 김정호 2008). 보육료를 자율화하면 보육시장을 활성화할 수 있다는 것, 가격경쟁을 통해 획일적 서비스가 지양되고 그래서 중간층도 만족할 만한 질 높은 서비스, 혹은 휴일 보육, 시간제 보육과 같은 수요자가 원하는 다양하고 새로운 형태의 보육 서비스가 제공될 수 있다는 것이 이 주장의 핵심적 논거였다. 보육의 공공성을 강조하여 모든 아동에게 동질의 서비스를 제공하는 정책은 오히려 서비스의 하향평준화를 초래하며 보육료 상한제는 '강남의 고소득층 학부모'가 믿고 맡길 수 있는 보육 시설이 생길 수 없게 한다는 것이었다. 또한 이들은 질 높은 보육 시설을 찾아갈 수 있는 충분한 정보를 부모들에게 제공한다면 질 낮은 서비스를 제공하고 있는 시설들은 자연히 도태될 것이며, 수요자가 원하는 다양한 시설이 시장에서 공급될 수 있어 보육시장이 활성화되고 여성의 취업률 확대에도 기여하게 될 것이라고 주장했다.

이런 논리에 근거한 경제관료들의 보육료 상한제 폐지 주장은 노무현정부에서도 계속되었다.[10] 노무현정부에서 사회수석을 지냈던 K 씨는 "재경부가 국공립 어린이집 시설 확충을 반대하진 않았는데… 그 바터로 보육료 상한제 폐지를 계속 주장했다"고 술회했다(피면담자 K). 저출산·고령화위원회에서 경제계까지 동의할 정도로 사회적 합의가 강한 국공립 시설 확충을 전면에서 반대할 수 없었던 재경부 입장에서

---

10 그러나 민간 보육 시설들이 간절히 원했던 보육료 상한제 폐지는 여가부 및 여성운동 단체의 강력한 반대, 그리고 비우호적 여론 속에 결국 이루어지지 않았다.

한국 복지국가는 어떻게 만들어졌나?

는 보육료 상한제 폐지가 시장경제 활성화와 재정 절감으로 통하는 우회로로 여겨졌을 것이라는 해석이 가능하다.

이런 경제부처의 입장은 한덕수 부총리 겸 재정경제부 장관이 2005년 10월 4일 재경부에 대한 국회 재정경제위원회의 국정감사에서 "보육료 자율화는 관계 부처와의 협의에서 어느 정도 합의된 상태"라고 밝힘으로써 빚어진 한바탕의 소동에서도 잘 드러난다. 한 부총리는 "공공지원을 받지 않는 기관은 2007년부터 통제를 폐지하는 방안을 협의 중"이라고 말했고, 재경부 관계자는 "보육료 상한 제도를 폐지함으로써 보육 시설 수준을 높이고 저출산 위기도 타개하는 방안을 추진하고 있다"고 설명했다(『한국경제』(2005.10.05.) https://www.hankyung.com/economy/article/2005100434821).

그러나 여가부는 상한제 폐지는 먼저 부모의 보육료 부담을 증가시킬 것이라는 점, 해외의 경험을 보면 보육료 자율화는 보육료는 올리고 서비스 질은 크게 향상되지 않은 경우가 많다는 점, 한정된 지역 내에서 시설 간의 담합이 발생할 수 있으며, 부모는 어린이를 이동시키기가 쉽지 않아 비싼 보육료를 감당해야 하는 상황이 발생할 것이라는 점을 들어 이에 반대했다(피면담자 C). 여성연합도 비슷한 입장이었다(박차옥경 2007).[11]

이런 논거에 따라 정부 내에서 여가부는 보육료 상한제 폐지 논쟁이 불거질 때마다 이에 완강하게 반대했는데, 위의 한덕수 부총리의 발언

---

11 당시 한국여성단체연합 사무처장이었던 P 씨는 참여정부 시절 보육정책 형성에서 여성연합이 했던 가장 의미 있는 역할 중 하나로 보육의 계층화 방지를 위해 보육료 상한제 주장이 나올 때마다 이의 저지에 앞장섰다는 점을 꼽았다(피면담자 P)

이 나왔을 때도 마찬가지였다. 이런 여가부의 입장이 관철될 수 있었던 것은 당시 청와대 사회수석실과 총리실에서 힘을 실어주었기 때문이었던 것으로 보인다. 노무현정부에서 초대 여가부 장관을 맡았던 C씨에 의하면 당시 기획예산처나 재경부의 강한 보육료 자율화 주장으로 인해 통상 3~4차례면 끝나는 당정협의가 10여 회 가까이 열렸는데, L 국무총리와 K 사회수석이 보육료 자율화를 반대하는 여가부 쪽을 지지하고 도움을 주었다고 한다(피면담자 C).

여론 역시 보육료 자율화 반대쪽으로 기울면서 결국 이 안은 관철되지 못했다. 그리고 이 역시 경로설정 효과를 발휘해, 이후 보육료 자율화 입장의 끈질긴 잔존에도 불구하고 현실화되지는 못했다. 이명박 정부 등장 이후 이 주장은 다시 고개를 들었고, 2012년 보육료 자율화 시설 시범 사업이 예정되었으나, 무상보육 정치화의 회오리 속에 결국 무산되었다.

4) 아동수당과 양육수당

노무현정부 시기 동안 아동수당과 양육수당은, 논의는 진행되었으나 주된 정책으로 채택되지 못했다. 진보적 입장을 취한 시민단체들은 아동수당 도입에 찬성하는 입장이었으나, 어느 단체도 이를 최우선 과제로 추진하지는 않았다(김희찬 2016). 이는 한국의 현실에서 보육정책 우선순위는 보육 서비스이지 아동수당은 아니라는 판단에 입각한 것이었다(피면담자 P). 즉 아동수당에 반대하는 것은 아니나, 2인 소득자 모델의 시대에 보다 시급한 것은 부모를 대신하여 자녀들을 돌보아줄 보육 시설이므로 여기에 정부의 정책이 우선적으로 개입해야 한다는

한국 복지국가는 어떻게 만들어졌나?

것이었다. 특히 저소득층일수록 맞벌이가 요구되기 때문에 자녀를 돌보아줄 보육 시설이 필요하다는 것도 보육 서비스를 우선시하는 중요한 이유 중 하나였다. 이렇게 보육 서비스 확대가 더 시급하며, 이후 재정적 여력이 생기면 아동수당 제도를 채택해야 한다는 데에는 여가부도 진보적 여성단체들과 뜻을 같이했다. 여론조사 결과도 보육 서비스를 훨씬 우선시하고 있었다(장하진 2011).

아동수당은 저출산·고령화 대응 1차 기본계획 수립을 위한 연석회의에서 의제로 상정되었다. 연석회의에서 시민사회 행위자들 가운데 경제계는 모두 반대 입장을 표했다. 반면 참여연대(참여연대 2006)는 지지 성명을 발표했다. 한국노총·민주노총·여성연합은 연석회의 이후 아동수당에 관하여 특별한 입장을 보이지 않았으나, 2003년 '신빈곤 해소를 위한 10대 우선 과제'에서 아동수당 도입을 건의한 바 있었다. 보수적 시민단체인 '바른사회시민회의' 역시 즉각 입장을 표하지는 않았으나 2008년 발행한 책자에 "아동수당이나 기본보조금 형태보다는 소득층에 따른 차등 지원이 출산율 제고나 여성의 경제활동 참여에 더 효과가 있다"라고 밝혀 결국 반대를 표명했다(김희찬 2016).

저출산·고령화연석회의에서 아동수당은 논의 끝에 경영계의 반대로 결국 결렬되고, 추후 도입을 검토해보겠다는 규정만 남겨둔 상태에서 사회협약이 맺어졌다. 이후 검토를 명시한 협약문대로 여당(열린우리당)과 복지부는 당정협의를 열고, 아동수당 도입을 위한 구체적인 방법을 논의했다. 이 협의에서는 둘째 아이부터 월 10만 원씩 지급하되, 1단계로 기초수급자와 차상위계층에게 우선 지급한 후 도시근로자 평균소득의 130% 이하 가구 계층에게 확대하고 최종적으로 모든 아동을 대상으로 확대하는 방식에 의견 접근이 이루어졌다. 그러나 기획예산처는 이런 당정협의에 제동을 걸고 나섰다. 예산처 장병완 장관은 "아동수당은 시급성이 떨어진다"(『머니투데이』 2006.07.26.)라고 밝히며 아동수당 도입에 반대했다. 결국 예산처의 반대에 따라 복지부와 여당 간 합의된 도입 논의는 더 이상 구체화되지 못하고 부처 간 마찰음만 낸 채 사실상 중단되었다(김희찬 2016).

한편 이 시기엔 양육수당을 둘러싼 논쟁은 활발히 진행되지 않았다. 보육 시설을 이용하는 영유아들과의 형평성을 고려하여 보육 시설을 이용하지 않는 영유아의 부모들에게 지급되는 양육수당은 여가부나 진보적 여성단체에서 반대하는 정책이었다(피면담자 P). 이들은 3세 이상의 경우 가정보육보다 교육 효과가 높은 시설보육이 아동발달에 더 필요하다고 보았다. 뿐만 아니라 양육수당은 현금이 아쉬운 저소득층 어머니들에게 가정보육을 선택하게 하여 노동시장으로부터의 퇴장을 초래하며, 결과적으로 성 역할 고착화에 일조한다고 보았다. 재계나 기재부는 재정 부담을 높이는 어떤 제도의 신설도 반대했으므로 양육수당 주장은 제기되지도 않았다. 또 아동 보육 시설들은, 나중에 분명해지는 것처럼, 자신의 시장을 줄일 수 있는 양육수당에 반대하는 입장이었다. 결국 양육수당 논의는 이명박정부 시기에 들어서야 표면화된다. 노무현정부 시기 양육수당 이슈의 수면하 잠복은 여성의 노동시장 진출과 노동권을 중시하는 입장의 여가부와 노무현정부의 정치적 색채가 만들어낸 무의사결정(non-decision)의 결과로 보아야 할 것이다.

마지막으로 노무현정부 시기 보육정책 결정 과정에서 또 하나 언급해둘 만한 것은 저출산·고령화대책연석회의라는 사회적 대화 기구이다. 저출산·고령화대책연석회의는 저출산과 인구 고령화 문제의 해결을 모색하기 위해 경제, 노동, 종교, 여성, 시민사회 단체, 학계 등 사회 각계각층이 모인 '국민적 협의 기구'로 2006년 1월 26일 출범했다. 그리고 5개월간 논의 끝에 같은 해 6월 20일 국공립 보육 시설 30% 확충을 골자로 한 사회협약을 체결했다(국무조정실 저출산·고령화대책연석회의지원단 2007). 이는 정부와 시민사회 여러 행위자들이 보육을 국가적 과제로 보고 집중 논의해 대타협을 이룬 초유의 일이라는 점에서 의미가 컸다.

하지만 이 협약은 연석회의의 법·제도적 한계, 정부의 미숙한 운영, 국회와의 협력체계 미흡으로 인한 입법화 전략 부재 등으로 흐지부지됐다. 참여 주체가 너무 다양한 점도 구체적인 실행 방안을 마련하는 데 걸림돌로 작용했다고 평가된다(www.segye.com/content/html/2008/01/03/20080103001510.html).[12] 게다가 5장에서 보았듯 연석회의 자체도 2006년 하반기부터는 연금 개혁 문제를 둘러싼 참여자 간 갈등이 심화되고[13] 노무현정부가 임기 말 권력 누수기로 들어가게

---

12 박영삼 한국노총 홍보선전본부장은 "연석회의는 기존의 노사정 대화의 법적 기구인 노사정위원회와 달리 대통령 훈령으로 설치된 임시기구로 그 위상과 역할에 한계가 있을 수밖에 없었다"고 지적했다. 참여연대의 한 관계자는 "정부가 연석회의 미합의 사항인 국민연금 개혁 계획을 일방적으로 발표하는 등 운영 방식과 절차에도 문제가 있었다"며 "정부가 사회적 대화를 주장하면서도 실제로는 정부 정책의 모양 좋은 장식품으로 간주한다고 판단해 2006년 말 연석회의를 탈퇴했다"고 말했다(『세계일보』(2008.01.04.), "노무현정부 실패에서 배운다: ③ 저출산·고령화대책 연석회의", http://www.segye.com/newsView/20080103001510. 검색일: 2019.05.21.).

13 이렇게 합의가 어렵고 갈등적인 연금이란 사안을 어떻게 저출산·고령화위에서 논의하게 되었는가에 대해 당시 사회수석이자 위원회 운영위원장이었던 K 씨는 다음과 같이 얘기했다. "연금개혁 논의는, 정부 내에서는 경제부처의 연금 급여율 삭감 요구로 시작되었다. 김근태 장관은 이를 무시했다. 그러나 유시민 장

됨에 따라 동력을 잃고 유명무실해졌다. 그리고 이 과정에서 성과로 거론되던 저출산 대책에 대한 사회협약 역시 후속 조치와 연결되지 못하고 유야무야되었다.

(2) 이명박 · 박근혜 정부

이명박정부가 들어서면서 다시 보육 업무를 둘러싼 정부 부처의 개편이 이루어졌다. 이 시기에도 구체적 보육정책의 정치과정을 살펴보기 전에 먼저 보육 업무를 둘러싼 정부 조직 개편이 이루어지는 정치과정을 살펴보도록 하겠다.

우선 보육 업무가 여성가족부에서 보건복지부로 다시 이관되었고 이에 따라 여성부(여성가족부의 새 명칭)가 아닌 보건복지가족부(보건복지부의 새 명칭)가 보육정책 결정에 중요한 행위자로 등장했다. 서울특별시장 재임 시 여성정책관실을 폐지한 전력이 있는 이명박 대통령은 당선인이었던 시절 인수위에서 여성가족부 폐지를 주장했다. 그리고 실제로 새 정부 출범 이후 '작고 유능한 실용 정부'를 표방하면서 단행한 정부 조직 개편안에서 여성부를 보건복지부에 통합하려 했다. 그러나 여성계와 야당들이 강하게 반발하자(정유경 2008) 여성가족부를 여성부로 변경하여 존치하되 가족·보육 업무를 보건복지부로 이관하도록 했다. 2010년 청소년·가족 업무 및 다문화 가족과 '건강가정' 사업을 위한 아동 업무가 보건복지가족부로부터 여성부로 이관되었고,

---

관은 연금 개혁이 필요하다고 생각했다. 그리고 연금 개혁을 위해서는 사회적 합의가 필요하다고 생각해 연석회의로 들고 왔던 것이다. 연석회의는 그 유탄을 맞은 셈이며, 연석회의가 주체적으로 이 안(연금 개혁을 논의)을 제안한 것은 아니었다"(피면담자 K).

부서들의 명칭은 다시 보건복지부와 여성가족부로 변경되었다. 어쨌든 보육 업무를 다루는 정부 부처가 이명박정부 이후로는 보건복지부로 바뀐 것이다. 또한 노무현정부 시기의 진보적 여성운동 단체 및 시민단체와 여성부의 보육정책 네트워크도 더 이상 작동하지 않게 되었다(피면담자 P).

한편 정부 조직 개편에서 기획예산처는 재정경제부와 통합되어 기획재정부(이하 기재부)가 새로 발족했다. 양 부처의 통합으로 정책 기획과 재정 집행 기능의 상호 견제가 이루어지지 않을 경우 IMF 구제금융 위기 같은 국가 재정위기가 올 수 있으며, 권한이 너무 커져 정부 안에서 독주를 부를 것이라는 우려가 나왔지만(김규원 2020) 이명박정부는 통합을 단행했다. 그간 주로 기획예산처에 의해 행사되던 복지 관련 정책에 대한 재정 건전성 논리에 입각한 통제도 이제 기재부라는 새 공룡 부처에 의해 행해지게 되었다.

그렇다면 이렇게 보수정부의 집권에 따라 정치 지형이 바뀌고 주요 행위자들과 그들의 권력자원이 달라진 이명박정부 이후 보육문제를 둘러싼 정치과정은 어떻게 전개되었는가? 이 시기의 주요 쟁점이었던 보육료 지원 확대―'무상보육 문제'― 및 양육수당 문제를 중심으로 이를 살펴보도록 하겠다.

1) 보육료 지원 확대

앞서 언급한 바와 같이 이명박정부는 원래 2010년까지로 계획되어 있던 노무현정부의 새싹플랜을 수정해 2009년 아이사랑플랜을 발표했다. 그리고 그 핵심은 이미 만들어진 공공보육 서비스 체계를 인정하고 점진적으로 확대하되, 그 내에서 시장기제 활성화에 주력하고, 소비자들의 '혜택에 대한 체감'을 증대시켜 보육 확대의 공로를 정치적으로 향유하는 것(김수정 2015, 79~80)이었다. 그러나 이런 이명박정부의 초기의 정책들은 2011년 이후 엄청난 변화의 바람에 휘말리게 된다.

이명박 대통령은 대선공약으로 무상보육을 내세웠으나 그 이행 속도는 더뎠다. 이대통령은 대선 후보 시절, 2012년까지 3~5세 아동에게 무상보육—0~2세는 소득하위 60%에게 지원—을 실시하겠다는 공약을 발표했다. 취임 이후인 2009년 아이사랑플랜에서는 소득하위 80%까지 보육비 전액 지원을 발표했다. 또 한나라당은 2008년 18대 총선 공약으로 2012년까지 만 0~5세까지 모든 영유아를 대상으로 보육 시설 이용비 지원을 확대하겠다고 밝혔다(『경향신문』, 2012.07.04.). 그러나 2010년 3월, 정부는 제2차 저출산·고령사회기본계획—'새로마지플랜'—을 발표하면서 이런 약속들보다 후퇴한 계획을 내놓았다. 2015년까지 만 0~5세 중산층과 어려운 서민—소득하위 70%—가구 아동에게 보육료 전액 지원하겠다는 것이었다. 이런 후퇴는 언론과 시민단체의 거센 비판을 불러일으켰다.[14]

그런데 이 계획의 발표 직후 치러진 2010년 6월 지방선거에서 여당도 야당도 전혀 예상치 못한 사태가 전개되었다. 2010년 지방선거에서는 5기 광역단체장, 광역의회 의원과 더불어 교육감을 동시에 선출했

---

14 참여연대는 이 계획이 "이명박 대통령의 대선공약과 2009년 정부가 발표한 중장기보육계획(아이사랑플랜)보다 후퇴한 안이라는 점에서 국민을 기만한 것"이라고 지적하고, "한나라당과 이명박정부가 보육비 부담으로 고통 받고 있는 중산층과 서민을 생각한다면 '무상급식' 요구를 물타기할 목적으로 '보육정책'을 정치적으로 이용할 것이 아니라, 보육 부담을 낮출 수 있는 실질적인 대책을 마련해 하루 빨리 이행해야 한다"고 주장했다(참여연대 2010).

다. 그런데 서울, 경기 지역에서 무상급식 운동을 해왔던 시민운동 단체들은 교육감 선거를 중요한 계기로 보고 강하게 이 이슈를 제기했다. 이에 따라 교육감 후보들이 학교 급식에 대한 논쟁을 벌이게 되자, 서울시장과 서울시 의원 후보들 역시 이 의제에 대한 입장을 표명하고 논쟁에 뛰어들게 되었다. 그리고 무상급식이 보편복지의 표상처럼 되면서 무상급식 논쟁이 복지국가 비전 논쟁의 성격을 띠고 전국으로 번져나가는, 누구도 예기치 못한 사태가 벌어졌다(임성은 2013).[15]

민주당은 2010년 지방선거 내내 친환경 무상급식을 쟁점으로 끌고 가면서 보편적 복지의 필요성을 주장했고, 천안함 사건이라는 안보 이슈의 돌출에도 불구하고 크게 승리했다. 승리에 고무된 민주당은 선거 직후 개최된 전당 대회에서 새 당헌·당규에 '보편적 복지'를 명시하고 더 대담하고 진보적인 복지정책을 천명했다. '3무 1반'—무상의료, 무상보육, 무상급식+반값 등록금—이 그것인데, 실제로 이를 실현할 재원 확보 방안이나 정책 우선순위 및 효과는 제대로 고려하지 않은 상태였으나, 정치적으로는 민주당 진보화의 상징으로 비쳐졌다. 보육에 있어서도 민주당은 2011년 1월, 만 5세 이하 아동을 양육하는 가정은 소득수준에 관계없이 보육비를 전액 지원하고, 저소득층에만 지원되는 양육수당도 만 5세 이하의 모든 아동으로 확대하겠다고 밝혔다(『한겨레』, 2012.07.05.).

민주당의 3무 1반 정책에 대해 한나라당은 처음에는 '공짜 기만극',

---

15 복지제도로서의 대표성이 약한 무상급식이 보편복지의 표상처럼 떠오르고 그것이 이후 복지국가를 둘러싼 선거 경쟁으로 비화된 자세한 과정에 대해서는 남찬섭(2020)을 참고하라.

'망국복지론'으로 비판했다. 당 최고위원들은 연일 강도를 높여가며 무상복지론을 공격했다. 그러나 한나라당의 입장은 서울시장을 야당이 차지하게 되는 2011년 재보궐선거를 계기로 극적으로 변화하게 된다.

서울특별시의 경우 2010년 6·2 지방선거에서는 당시 시장이었던 한나라당 출신의 오세훈이 재선되었다. 그러나 서울시 의회는 2/3 이상을 야당이 차지하게 되었고, 서울시 교육감에는 진보 성향의 곽노현이 당선되었다. 당시 서울시는 저소득층만을 대상으로 하는 매우 제한적 무상급식을 시행 중이었는데, 지방선거 이후 야당이 다수가 된 서울시 의회 및 교육감은 전면 무상급식을 주장했다. 2011년 1월 6일, 서울시 의회는 서울시 행정부와 한나라당의 반대에도 불구하고 민주당 의원들의 단독처리로 무상급식조례안을 통과시켰다. 그러자 오세훈 시장은 무상급식 조례의 공포를 거부함과 동시에 법원에 무효소송을 내겠다고 발표했다. 그러나 서울시 의회는 시장의 공포 거부에 맞서 다음 날 의장 직권으로 이를 공포해버렸다(차형석·김은지 2012).

이후 무상급식에 대한 찬반 논란이 거세지자 마침내 오세훈 서울시장은 주민들에게 서명을 받아 주민투표를 발의했다.[16] 그리고 8월 12일에는 여권 다수 인사들의 만류에도 불구하고 주민투표 패배 혹

---

16 오세훈 서울시장은 2011년 1월 10일 기자회견을 열고 "무상급식 때문에 서해 뱃길 등 서울시 미래가 걸린 사업들의 발목이 잡혔다"며 "민주당의 '망국적 무상 쓰나미'를 막지 못하면 국가가 혼들린다"고 말하면서 이 문제를 주민투표에 붙이겠다고 선언했다. 오 시장이 이런 정치적 모험을 강행한 것은 여론조사 결과, 충분히 승산이 있다고 판단했기 때문이었던 것으로 보인다. 이 무렵 실시된 언론사 여론조사는 물론이고 서울시 자체 여론조사에서도 최대 75%의 시민이 점진적 급식 지원을 선호하는 반면, 전면 무상급식은 25~30%만이 선호한다는 것이 서울시 설명이었다("오(吳) '망국적 '무상 쓰나미' 막자' 승부수", 『동아일보』(2011.01.11. https://www.donga.com/news/Politics/article/all/20110111/33843891/2).

은 무산 시 사퇴하겠다고 공언했다. 무상급식을 '망국적 포퓰리즘'으로 단정하면서 그 척결에 시장직을 걸겠다는 것이었다. 단순히 '패배'가 아니라 '패배, 혹은 무산'이라고 얘기한 것은 최종 투표율이 30% 미만이면 개표하지 않은 채 투표가 무산된 것으로 간주하도록 주민투표 규정이 되어 있었기 때문이었다. 이에 따라 무상급식 찬성 진영은 투표 참여 반대 운동을, 무상급식 반대 진영은 투표 독려 운동을 전개했다. 8월 24일 무상급식 주민투표에서 최종 투표율은 25.7%를 기록했고, 오세훈 시장은 사퇴했다. 그리고 이어 치러진 보궐선거에서는 후에 민주당에 입당하게 되는 무소속의 박원순 후보가 당선되었다.

한나라당의 무상보육 정책은 이런 분위기에서 배태되었다. 참패한 재보궐선거 직후 한나라당의 당 대표를 선출하는 후보 토론회에서 처음으로 무상보육 지지 발언이 나왔다. 이후 여전히 선별복지를 주장하는 일부 의원들이 반발하는 등 당내 정책 갈등이 심화되었다. 그러나 2011년 이런 혼란 속에서 당 대표로 선출된 홍준표 의원은 한 매체와 인터뷰에서 만 4세 이하 보육료의 전액 지원을 현실화하도록 노력하겠다고 밝혔다(『한국경제』, 2011.07.15.). 이후 한나라당의 싱크 탱크인 여의도연구소도 '한나라당 뉴비전 보고서'를 통해 0~5세 무상보육을 제시했다. 곧이어 황우여 원내대표까지 '만 0세부터 전면 무상보육'을 시행하겠다고 밝힘으로써 한나라당 내에는 보편적 무상보육의 기류가 강해지기 시작했다. 청와대는 반대했지만, 한나라당은 당 대표, 당 원내대표, 당 싱크 탱크까지 모두 무상보육을 받아들인 것이다.

이는 2012년으로 다가온 4월의 19대 총선과 12월의 18대 대선 때문이었다. 단임 임기의 현직 대통령과 달리 다음 선거를 치러야 하는

표 7-4_무상보육의 정치 전개 과정

날짜	주요 사건
2007 대선	이명박 한나라당 후보, 2012년까지 만 3~5세 아동에게 무상보육(만 0~2세는 소득하위 60%에게 지원) 공약
2009.06.	아이사랑플랜, 2012년까지 소득 하위 80% 가구 아동 보육료 지원 계획 발표
2010.06.12.	전국 동시 지방선거
2010.09.	제2차 저출산·고령사회기본계획(새로마지 플랜), 2015년까지 만 0~5세아 소득 하위 70%까지 보육료 지원 발표
2011.01.	서울시 의회, 오세훈 시장과 한나라당의 반대에도 불구하고 민주당 의원들이 단독 처리로 무상급식조례안을 통과시킴.
2011.01.	민주당, 무상보육 당론 채택
2011.08.24.	서울시 무상급식 주민투표 최종투표율 25.7%로 무산, 오세훈 시장 사퇴
2011.08.	한나라당 황우여 원내대표 "0세부터 무상보육" 발표
2011.09.	만 5세 누리과정 무상보육 결정
2011.12.	만 0~2세 영아의 전 계층 보육료 지원 결정
2012.03.	만 0~2세 영아 보육 비용 전액 지원 시행
2012.03.	전국시도지사협의회 1차 공개회의, 항의서 발표
2012.04.	전국시도지사협의회 2차 공개회의, 무상보육 예산 추경에 반영 않기로 결정
2012.04.11.	제19대 국회의원 선거
2012.05.	총선 이후 무상보육 재정위기 공방
2012.05.08.	박근혜 새누리당 대선 예비 후보, "내년부터 모든 가정 양육-보육비 지원"
2012.06.25.	문재인 민주통합당 대선 예비후보, "향후 전면적 무상보육 실현"

국회의원들과 대선 후보들은 민심의 추이를 살피면서 보편복지 바람에 편승하는 쪽을 택했던 것이다. 임기 말 권력 누수 시기로 접어든 청와대는 당에 영향력을 행사하기 어려웠다. 어쨌든 이런 정치적 고려에 경사된 당 정책의 급속한 선회는, 정책 도입 과정에서 꼭 실시했어야만

한국 복지국가는 어떻게 만들어졌나?

날짜	주요 사건
2012.07.03.	김동연 기획재정부 차관, "선별적 지원으로 바꿀 것"
2012.07.04.	서초구, 전국 지자체 가운데 최초 무상 보육 중단 선언
2012.09.24.	보건복지부, 0~2세 무상보육 폐지 및 개편안 발표
2012.11~12.	유력 대선후보 3인(박근혜·문재인·안철수), 0~5세 무상보육 공통 공약
2012.12.19.	제18대 대통령 선거
2013.01.31.	전국시도지사협의회, 박근혜 대통령 당선인 만나 영유아 무상보육사업 국비 증액 요구
2013.02.20.	영유아보육비 국고보조율 높이는 내용의 영유아보육법 개정안 국회 법제사법위원회 처리 불발
2013.02.22.	정부, 영유아보육법 시행령 심의·의결
2013.03.01.	0~5세 무상보육 전면 시행
2013.04.16.	전국시도지사협의회·전국시도의회의장협의회·전국시장군수구청장협의회·전국시군자치구의회의장협의회, 영유아보육법 개정안 통과 촉구 기자회견
2013.05.15.	서초구 5월말 양육수당 중단···무상보육 "6월 대란" 현실화
2013.05.27.	기재부, "지자체에 보육료 추가 지원 어렵다" 발표
2014.10.	전국시도교육감협의회, 2015년 누리과정 예산 중 보건복지부에서 관할하는 어린이집 예산편성을 거부하겠다고 발표. 교육부는 교육감들이 누리과정 재정지원정책을 추진하는 데 필요한 예산을 편성할 의무가 있다고 확인
2016.07.	정부, 맞춤형 보육 도입, 외벌이 가구 0~2세 영아의 어린이집 이용을 하루 6시간 이내로 제한
2016.12.	여야 합의로 정부가 누리과정 특별회계를 신설하는 '유아교육지원 특별회계법안'(3년간 한시적으로 적용) 국회 통과
2019.04.	맞춤형 보육 폐지를 골자로 한 영유아보육법 개정안 국회 통과. 2020년 3월부터 맞벌이·외벌이 가정 구분 없이 0~2세 자녀를 최대 8시간 어린이집에 맡길 수 있게 됨

자료: 일간지 보도

할 정책 세부 사항들의 합리성과 예상 효과에 대한 제대로 된 검토를 가로막았다.

그런데 이렇게 지방선거에서의 패배, 그리고 박원순 시장의 당선이라는 일련의 정치 흐름 속에 정부·여당이 대통령 선거와 국회의원 선거를 앞두고 내세운 보육정책의 핵심 내용은 갑작스런 0~2세 무상보육의 도입이었다. 세계적인 추세는 0~2세 영아의 경우 육아휴직을 통한 가정보육을 우선시하거나 최소한 시설보육과 병행하는 것이고 유아교육의 필요성이 큰 3세 이후에야 시설보육을 우선시하는 것이었다(OECD 2001). 한국에서도 그 이전에 국회에서 발의된 안들 중에서 0~2세 영유아 무상보육에 관한 법안은 전혀 없었다(김주경·현재은 2016, 545). 그동안 여러 차례 논의되어 왔던 것은 시설에서의 유아교육의 필요성이 더 절실한 3~5세에 대한 무상보육안이었다.

그런데도 0~2세 무상보육안은 사회적 토론과 합의 과정을 전혀 밟지 않은 채 2011년 12월 31일 국회 예산결산특별소위원회 회의 마지막 날(제7차 회의) 갑작스럽게 발의, 심의되고, 전격 결정되었다. 그리고 제대로 된 준비도 없이 2012년 3월부터 시행에 들어갔다. 이렇게 0~2세 무상보육이라는 비합리적 정책이 갑작스럽게 결정된 이유로는 선거를 앞두고 정치적 생색내기와 예산 증액 최소화라는 재정적 고려 둘 다를 충족시키려 했던 한나라당의 입장 때문이었다는 해석이 설득력 있게 제기되었다. 3~4세 대신, 가정양육을 선호해 시설보육 수요가 훨씬 적으리라 예상되는 0~2세를 대상으로 한다면, 이미 결정된 2012년분 보육 예산(3,697억 원)으로도 무상보육을 실시할 수 있다고 계산했으리라는 것이다.[17]

---

17 차형석·김은지(2018). 2011년 보육통계에 따르면 어린이집 및 유치원에 다니는 아동 비중은 0세가 27.9%, 1세가 51.7%인 반면, 3세는 80.8%, 4세는 71.9%에 달했다(보건복지부, 『보육통계』, 2011).

한국 복지국가는 어떻게 만들어졌나?

그러나 0~2세로의 무상보육 도입도 예산상 문제가 없는 것은 아니었다. 보육비의 국고 보조율이 50% ―서울특별시의 경우 20% ―에 불과하고 나머지는 지방정부가 매칭으로 부담해야 하는 상황에서 0~2세 전면 무상보육의 실시는 지방정부의 부담금 급증을 의미하는 것이었다. 이에 따라 2012년 1월, 예상되는 무상보육 비용에 대한 우려 속에서 6대 광역시 지자체장들은 0~1세 보육료의 국고 부담율을 90%까지로 올려줄 것을 요구했다. 그러나 정부는 한나라당이 그간 반대했던 무상급식을 폐기하고 그 예산을 무상보육에 쓰라고 응수했다. 게다가 수혜에서 배제된 3~4세아 부모들의 반발이 이어지자[18] 무상보육을 3~4세로도 확대하고, 0~2세 양육수당도 대폭 확대하겠다고까지 발표했다. 이어 5월에는 박근혜 새누리당 대선 예비후보가 내년부터 모든 가정의 양육, 보육비를 지원하겠다고 밝히자, 6월에는 문재인 민주당 예비후보 역시 0~5세의 전면적 무상보육을 약속했다.

이렇게 해서, 예산부처의 견제 속에 점진적으로 성장해왔던 보육 프로그램은 단기간에 갑자기 확대의 회오리에 휘말리게 되었다. 그러나 제대로 된 토론이나 사회적 합의를 거치지 않은 준비 없는 보육 확대의 부작용은 만만치 않았다. 우선 맞벌이라도 특별한 경우가 아니면 생후 24개월 이하 아기를 시설에 맡기려는 부모가 많지 않을 것이라는 복지부의 예상과 달리 0~2세아 무상보육이 시작되자 이들의 보육 서

---

18 3~4세아의 부모들은 시위, '국민신문고'의 정책토론방을 통한 대정부 항의서한 전달, 주요 포털에서의 청원운동 등을 통해 만 3~4세의 무상보육 지원을 요구했다. 시민운동 단체들도 보편보육의 완성을 위한 사각지대 해소를 요구했다(『노컷뉴스』, 2012.01.06.; 『한국일보』, 2012.01.05.; 『서울신문』, 2012.02.21.).

비스 이용이 폭증했다. '공짜인데 맡기지 않는 사람만 손해'라는 인식이 확산되면서 50%대에 머물던 0~2세아의 시설 이용률은 80%까지 치솟았고, 이 때문에 정작 맞벌이 부부들은 아이 맡길 곳이 없어졌다는 여론의 질타가 이어졌다(『경향신문』, 2012.07.04.).

혼란은 여기에 그치지 않았다. 정부가 보육 서비스의 범위를 확대하면서 커진 재정 압박으로 인해 보육 수가를 인상해주지 않자, 민간 보육 시설들은 이를 부모 자부담의 특별활동비를 인상함으로써 해결하고자 했다. 이는 부모들 사이에 실질적 무상보육이 아니라는 불만을 키웠다. 정부는 이에 대응해 어린이집 특별활동비 등을 동결하고 회계를 공개하라는 규제를 내렸고, 교사 임금도 동결했다. 이는 다시 민간 시설의 반발을 불러 2012년 2월 27일에는 한국어린이집총연합회를 중심으로 한 총파업이 발생했다(김주경·현재은 2014, 551).

지방자치단체의 재정 위기도 현실화되었다. 전국시도지사협의회는 2012년 3월과 4월 연이어 공개항의서를 발표하고 중앙정부가 결정한 보육 확대 부담을 중앙정부가 질 것을 촉구했다(『매일경제』, 2010.04.02.). 7월에는 서초구청이 3월 이후 시행된 0~2세 무상보육으로 인한 보육 예산 고갈에 따라 무상보육을 중단한다고 선언했다. 이어 서울시구청장 협의회는 0~2세 무상보육 중단 위기에 따른 중앙정부의 대책 마련을 촉구했다. 9월에는 서울시가 무상보육에 대한 국비 전액 지원을 요구했다. 보육 예산을 둘러싼 중앙-지방정부 간의 갈등은 지방정부와 지방 교육청 간의 갈등으로 비화하기도 했다.

이렇게 무상보육의 재정을 둘러싼 중앙-지방정부 간 갈등이 깊어지자 결국 예산을 쥐고 있는 기획재정부의 주도로 관계 부처 합동 대책

한국 복지국가는 어떻게 만들어졌나?

이 나오게 된다. 9월 24일 보건복지부에 의해 발표된 이 대책의 골자는, 소득과 맞벌이 여부에 따른 차등 지원이라는, 경제부처와 보수적 연구자들의 오랜 주장을 반영한 것이었다. 즉 5세 누리과정을 3~4세로 확대하고, 0~2세의 경우 무상보육은 폐지하고 소득 하위 70% 가정으로 지원을 제한하며, 보육료는 맞벌이 여부에 따라 차등적으로 지원한다는 것이었다. 즉 만 0~2세의 경우 소득 상위 30%는 어린이집 보육료를 지불해야 하며, 하위 70%도 외벌이 가구엔 반일제 보육료만, 맞벌이 가구에게는 종일제 보육료가 지원된다는 것이었다(『경향신문』, 2012.07.04.).

그러나 바로 다음 날, 대선을 목전에 둔 유력 후보들은 모두 이런 복지부의 발표에 반대의 뜻을 분명히 하고 전면 무상보육의 실현을 공약했다. 그리고 대선 열기가 뜨거워지던 11월에서 12월까지 박근혜, 문재인, 안철수 후보는 모두 0~5세 무상보육을 거듭 약속했다. 대선이 끝나자 2013년 전국시도지사협의회는 박근혜 대통령 당선인에게 영유아 무상보육 사업 국비 증액을 요구했다. 그러나 2013년 2월 국회 법제사법위원회는 영유아 보육비의 국고 보조율을 높이는 영유아 보육법 개정안을 처리하지 않았다. 이에 따라 박근혜정부가 들어서고 난 후인 2013년 3월 이후 무상보육이 전면 시행되었으나 이후로도 재정 분담을 둘러싼 중앙정부와 지자체 간 갈등은 끊이지 않았다. 2013년 7월에야 이 문제의 해결을 위해 서울은 무상보육비 국고 보조율을 현행 20%에서 40%로, 서울 이외 지역은 50%에서 70%로 올리는 방안을 담은 영유아보육법 개정안이 국회 보건복지위원회를 통과했다. 지자체장들은 여야를 막론하고 중앙정부의 부담 증대를 지지했고 국회에서도 이를 반영한 개정안을 만들었던 것이다. 그러나 결국 이 법안도 표결 전날 법사위 전체 회의에서 재정 부담 증가를 이유로 내건 기재부의 반대로 처리되지 못했다(http://www.viewsnnews.com/article?q=101036. 2013.07.12.).

재정 부담 외에도 준비 없는 급속한 무상보육 확대에 따른 다른 부작용 또한 만만치 않았다. 보육 시설 이용 수요가 늘어나면서 보육 지원금을 타내려는 어린이집이 우후죽순 생겨났고 보육의 질이 떨어지는 문제가 발생했다. 게다가 어린이집에서 이용 시간이 상대적으로 짧은 외벌이 가정의 자녀를 선호하면서 정작 지원이 절실한 맞벌이 가정 자녀가 소외되는 현상까지 빚어졌다. 몇 시간을 돌보든 정부에서 받는 보육료는 같았기 때문이다. 이에 따라 박근혜정부는 2016년 다시 맞춤형 보육 도입을 추진하기 시작했다. 그리고 2017년부터 부모가 만 0~2세 자녀를 어린이집에 맡길 수 있는 시간을 맞벌이 가정은 하루 12시간, 외벌이 가정은 6시간으로 나누고 외벌이 가정에 대한 몇 가지 보완책을 제시했다. 그러나 이 정책은 외벌이 가정과 민간 보육 시설들의 반발에 부딪혔고, 반발에 대한 무마책으로 실시된 긴급 보육 바우처제도도 별 실효성이 없었다. 결국 문재인정부는 2019년, 하루 7~8시간을 기본으로 하는 모든 보육 가정에 대한 보편적 지원 쪽으로 다시 선회했다(『중앙일보』 2019.04.08.).

2) 국공립 보육 시설 확충

한편 이렇게 보육료 지원정책이 전 계층, 전 연령대로 급속히 확산되는 동안 '국공립 어린이집 확충'은 큰 진전이 없었다. 이명박정부 시기인 2007~2012년간 국공립 보육 시설이 전체 어린이집에서 차지하는 비중은 5.7%에서 5.2%로, 국공립 시설에서 돌보는 아동 수는 전체 보육 시설 이용 아동의 10.8%에서 10.1%로 오히려 줄었다. 박근혜정부 시기에는 이보다는 나아져서 2012~2017년간 국공립 보육 시설이 전체 어린이집에서 차지하는 비중은 5.2%에서 7.8%로, 국공립 시설에서 돌보는 아동 수는 전체 보육 시설 이용 아동의 10.1%에서 12.9%로 늘어났다.

2012년 대선 직전 그토록 보편복지 바람이 거셌던 국면에서도 양대 정당은 모두 국공립 시설 확대에는 미온적인 모습을 보였다. 새누리당은 민간 어린이집이 부족한 취약지역에만 국공립 어린이집을 확충하겠다고 공약했다. 민주통합당은 2017년까지 국공립 어린이집을 총 2,000개 신설하겠다고 밝혔는데 이는 2010년 기준 전체 어린이집의 10.6%였다. 그나마 구체적 실행 계획은 전혀 제시되지 않았다. 대신에 양당은 모두 국공립 어린이집 이용 아동을 40%까지 늘이겠다고 공약했다(참여연대 사회복지위원회 2012). 그러나 그동안 국공립 시설을 확충하는 데 가장 큰 걸림돌이었던 민간 시설의 저항을 어떻게 넘어설 것인지, 재정은 어떻게 확보할 것인지, 구체적인 계획은 전혀 제시되지 않았다.

막대한 재원이 투여되는 보육료 지원 사업은 급격히 확대한 반면, 부모들이 가장 원하는 보육정책인 국공립 시설의 확충이 이렇게 지지부진했던 것은, 보수정부 스스로 이를 원하지 않았던 데다, 야당의 입장에서도 조직화되지 않은 부모들의 압력보다 조직화된 민간보육시설연합회의 저항이 여전히 훨씬 부담스러웠기 때문이었을 것이다. 또 보육

문제가 뜨거운 쟁점이 된 2011~2012년의 선거 국면에서는 시간이 걸리고 중앙-지방정부 간 조율이 복잡한 국공립 시설 건설보다 당장 유권자가 체감할 수 있는 혜택인 보육료 지원이 보다 득표에 효과적이었다는 점이 더 중요한 요인이었다고 할 수 있을 것이다.

3) 양육수당과 아동수당

마지막으로 양육수당의 확대를 둘러싼 정치를 간단히 살펴보자. 앞서 정리했듯 이명박정부는 2세 미만아의 가정보육의 이점, 수요자의 선택권 제고, 시설 이용 아동과 미이용 아동 간의 형평성 제고란 명분 하에 2009년 7월 처음 양육수당을 도입했다. 2009년 7월 1일부터 시행된 첫 양육수당 제도는 국민기초생활수급 가구 및 차상위계층 가구―소득 하위 15%―의 0~1세 미만 아동에게 월 10만 원의 양육수당을 지급하는 것을 골자로 하고 있었다. 이후 양육수당은 빠르게 확대되어 2013년 이후로는 0~5세 전체 아동의 약 1/3이 수급하는 거대 프로그램이 되었다. 그렇다면 이런 단시간의 빠른 확대는 어떤 정치과정을 거쳐 이루졌는가?

양육수당 도입 이후 여당은 물론 야당인 민주당으로부터도 양육수당을 더 확대하자는 주장이 나왔다. 민주통합당 양승조 의원은 국회 보건복지상임위원회에서 2009년 2월 25일과 2009년 12월 8일 거듭해서 양육수당을 만 5세까지 확대할 것을 주장했다.[19] 정부·여당 안보다 관대한 이 민주당 쪽의 양육수당안은 보건복지가족부, 기재부와

---

19 국회회의록시스템 http://likms.assembly.go.kr/record/index.html. 검색일: 2020.03.10.

여당의 반대 속에 입법화되지는 못했다. 그러나 노무현정부 시기 보육 정책의 기초를 이루었던, 비공식 보육을 억제하고 시설을 통한 공공보육을 확대한다는 원칙에 위배되는 주장이 민주당으로부터 나왔다는 것은, 그리고 이후로도 간헐적으로 되풀이되었다는 것은 보육정책의 난맥상과 과도한 정치화를 잘 보여준다.

한나라당이 양육수당 확대에 보다 적극적으로 나오기 시작한 것은, 보육 서비스 확대의 경우와 마찬가지로, 제5대 동시 지방선거에서의 패배 이후였다. 2010년 9월 29일 안상수 한나라당 대표는 보육 시설을 이용하지 않는 아동에게 제공하는 양육수당을 2011년부터 하위 70%의 아동 보육 가구로까지 확대하고 급여액도 일괄 20만 원으로 올리겠다는 안을 내놓았다. 이에 민주당이 다시 소득 하위 80%를 주장했다. 양육수당을 둘러싸고도 주요 양당이 관대성 경쟁을 하는 모양새가 만들어진 것이다. 여당 안이 관철되지 않은 것은 여전히 기재부가 제동을 걸었기 때문이었다. 2010년 12월 8일 한나라당은, 정부쪽의 주장으로 소득 하위 70% 계층에게까지 양육수당을 지급하기 위해 책정된 3,541억 원에서 897억 원으로 대폭 삭감된 예산안을 국회에서 강행 처리했다(이승윤 외 2013, 215). 그리고 이로써 양육수당을 둘러싸고 형성된 여야 합의의 분위기도 냉각되었다.

노무현정부에서와 마찬가지로 진보적 시민단체나 여성단체는 양육수당 도입이나 확대에 강력 반대했다. 비공식적인 가정보육이 갖는 — 특히 저소득가구의— 아동 발달에 대한 부정적 영향과 전통적 성별 분업의 고착화, 그리고 보육의 계층화 우려 때문이었다(피면담자 P). 참여연대나 여성연합은 수차례 성명을 내거나 복지부 주최 공개 토론회 등에서 "남성(아버지)의 양육 참여가 여전히 미흡한 상황에서 양육수당을 확대하는 것은 그렇지 않아도 고착화된 성별 분업을 더욱 강화시키고, 여성의 일하고자 하는 의욕을 가로막는 반평등적 정책"이라고 비판했다. 그리고 "정부가 진정으로 아동을 양육하는 가구의 경제적 부담을 덜어주고, 필요한 지원을 하고자 한다면 보육 시설을 이용하지 않는 조건으로 지급되는 아동 양육수당을 확대할 것이 아니라 소득수준, 보육 시설 이용 여부와 관계없이 지급되는 보편적 아동수당을 도입하고, 공적 보육 시설을 확대해야 한다"(참여연대 2012)라고 주장했다.

이후, 2012년 4월 총선과 12월 대선을 앞두고 벌어진 무상보육을 둘러싼 정당 간의 과열경쟁은 양육수당의 확대에도 영향을 미치게 된다. '3무 1반'의 기치 아래 0~5세 무상보육을 당론으로 채택한 민주통합당은 4월 총선 직전, '0~5세 모든 아동에게 보육료 전액 지원과 아동수당의 도입'이라는 공약을 내놓았다(민주통합당 정책위원회, 2012). 양육수당은 아동수당과 별개로 0~5세까지 지원을 확대하되, 2015년 이후 평가 후 재검토를 통해 지속 여부를 결정하겠다고 발표했다. 양육수당이 아닌 아동수당을 우선적 당론으로 내세운 것은 그간 양육수당 확대 논쟁의 와중에서 여성연합과 참여연대 그리고 진보적 사회정책학자들로부터 계속해서 양육수당의 문제점들에 대한 지적이 이어지고, 양육수당이 아니라 보편적 아동수당이 필요하다는 주장이 제기된 데 따른 것이었다. 또한 그럼에도 불구하고 시설보육 확대를 위한 보육료 지원과 논리적으로 부딪히는 양육수당 공약을 동시에 모호하게 제시한 것은 총선을 의식한 것이었다. 이런 난맥상은 대선까지 이어져 2012년 12월 대선에서 문재인 후보는 0~5세에게 보편적 아동수

한국 복지국가는 어떻게 만들어졌나?

당을 지급할 것을 공약하면서 이미 확대된 양육수당에 대해서는 별다른 정책을 제시하지 않았다. 반면 총선에서 전 계층의 만 0~5세아에게 양육수당 확대를 공약했던 새누리당은 대선에서도 같은 공약을 내걸게 된다. 단기간에 급속히 확대된 양육수당의 뒤에는 보육료 지원을 둘러싼 논란만큼은 아니나, 선거 국면에서 과열된 정당들의 정책경쟁이 자리 잡고 있었다.

3. 소결

이상에서 노무현정부 이후 보육정책 결정 과정의 정치를 살펴보았다. 이 시기 동안 한국의 보육 서비스는 단기간에 급팽창하여 2000년대 초반 민주노동당이 얘기할 때만 해도 도저히 현실화될 것 같지 않았던 보편적 무상보육이란 목표를 달성했다. 그러나 민간 시설에 의존한 공공보육의 확대를 특징으로 했던 이런 양적 성장의 이면에는 여전히 믿고 맡길 곳이 부족하다는 부모들의 호소가 보여주듯 무수한 문제점들이 도사리고 있었다. 보수정부하에서도 보육 프로그램들은 계속 확대되었으나 보수정부의 정치적 지향에 따른 시장 논리의 강화, 자율화 및 가족을 통한 결정이란 기제들이 삽입되었다(송다영 2010). 그리고 이런 기제들이 노무현정부 시기의 정책들에 얹혀지게 됨에 따라 비일관적 보육정책의 혼합이 만들어졌다. 또한 2010년 무상급식 논쟁이 촉발한 복지 이슈 정치화의 한복판에 보육문제가 놓이게 됨에 따라 비합리적 정책의 졸속 도입과 행위자 간 갈등의 첨예화 등의 문제가 누적되었다.

이런 보육정책의 특징과 그 결과는 보육을 둘러싼 복지정치의 행위자들의 선호 및 권력관계와 밀접히 연관되어 있다. 2006년 새싹플랜을 전후한 노무현정부의 보육정책에서 주도적 역할을 한 것은 보육 업무를 관할했던 여성가족부였고 실제 정책결정에 가장 큰 영향력을 행사했던 것은 대통령실과 기획예산처, 여가부 그리고 민간 보육 시설들이라고 할 수 있다.

과거 여성운동에 깊숙이 관여했던 여가부의 수뇌부들은 보편주의적이고 평등주의적이며 국가 책임이 강조된 보육정책을 원했으나 이미 만들어진 보육정치 지형과 정책 유산, 그리고 내각 내 낮은 영향력으로 인해 자신의 의지를 관철시키는 데 한계가 있었다. 여성단체를 비롯한 진보적 시민단체들은 이런 여가부의 입장을 이해하는 상태에서 때로는 지지를, 때로는 비판을 했으나 그 자체로 큰 힘을 발휘하지는 못했다. 그러나 노인장기요양 서비스와 비교한다면 이런 시민사회 내의 비판적 지지자의 존재는 그나마 보육정책에서 보편성과 공공성을 유지하는 데 버팀목이 되었다고 보아야 할 것이다.

정부 내에서 기획예산처와 재경부는 저출산이 전 국가적 문제로 대두한 상태에서 보육 프로그램 확대 자체를 반대하지는 않았으나 시장 원리에 입각한 보육 확대를 강하게 주장했다. KDI나 대부분의 경제학자들, 경제단체들 그리고 이해관계자로서의 민간 보육 시설들 역시 비슷한 입장이었다.

이런 상황에서 여가부 쪽의 입장이 관철되는 정도는 결국 대통령과 청와대의 지지에 의해 결정되었다. 예컨대 대통령이 강력하게 지지했던 여가부로의 보육 업무 이관이나 사회수석실이 협조적이었던 보육료 상한제 유지 등은 여가부의 의지대로 관철되었다. 새싹플랜으로 상징되는 보편주의적 공공보육으로의 진일보는, 많은 한계에도 불구하고, 이런 권력자원과 권력관계 속에서 가능했다고 할 수 있다. 반면 국공립 보육 시설 확대는 그렇지 못했다.

이 시기 보육 서비스의 민간 의존 고착화 과정은 초기 정책의 경로 설정 효과에 이해관계자 간 권력관계가 겹쳐진 결과라고 할 수 있겠다. 국가 재정을 투입하지 않고 시장에 의존해 보육 서비스 수요를 충당하려 했던 김영삼정부의 정책은 민간 보육 시설이라는 이해관계자들을 양산함으로써 이후 보육정책의 경로를 설정하게 된다. 민간어린이집연합회는 거대한 이익집단으로 성장하여 로비나 집단적 저항을 통해 조직적으로 정부의 정책 기조에 영향을 미쳤다. '새로운 정책이 새로운 정치를 만들어낸'(Schattschneider 1935; Pettinicchio 2012, 504에서 재인용) 것이다.

저출산에 대한 사회적 위기의식이 심화된 시기에 복지문제에 전향적인 입장을 가지고 있었던 노무현정부의 등장은 경로 변경의 기회를 제공했으나 결국 정책 유산과 그것이 만들어낸 힘의 관계를 넘어서지 못했다. 노무현정부가 국공립 시설을 확대하려 하자, 민간 시설들은 강경하게 이를 저지하려 했다. 지자체는 재정 부담을 우려했을 뿐만 아니라 조직화되지 않은 학부모보다 조직화된 민간 보육 시설의 압력에 더 민감해 국공립 시설 확대를 주저했다. 또, 민간 시설 서비스의 질을 높이기 위해 정부가 도입한 여러 가지 방법의 시설지원책은 영세시설을 정부 지원에 의존해 살아남게 했고, 이렇게 살아남은 시설들이 생존을 위해 낮은 서비스의 질을 유지하는 악순환을 초래했다.

이런 상황을 돌파할 수 있었을 중요한, 거의 유일한 해법은 지자체의 재정 부담—시설 신축 시 50%의 매칭 부담과 신설 후 운영비 부담—을 덜어주는 중앙정부의 조처였으나 예산처는 이를 전혀 고려하지 않았다. 예산처 스스로가 기본적으로 보육 예산을 급속히 증대시키지 않아야 한다는 전제 속에서 이미 성장한 민간 시설을 이용하고, 서비스의 질은 민간 시설들 간의 경쟁을 통해 해결할 수 있다는 입장을 가지고 있었기 때문이다.

전체적 역학관계를 보면 여가부나 여성운동은 국공립 시설 확충을 통한 공공보육 강화를 원했으나 정책결정 구조에서 이들의 힘은 민간 시설 운영자들과 정부 내의 경제부처들의 힘을 넘어서지 못했다고 할 수 있다. 결국 여러 복지정책의 결정 과정에서 보여지는, 세부 사항들에서의 견제와 통제를 통해 복지정책들을 자유주의로 변형시키는 예산부처의 힘을 여기서도 다시 한 번 확인하게 된다. 현실의 정책은 '국공립 어린이집 30%'라는 수많은 '플랜'들의 구호가 아니라 입법과 집행 과정에서의 세부 규정에 의해 좌우되며 이를 좌우하는 가장 큰 힘은 예산부처에 있기 때문이다.

이명박정부 이후 보육을 둘러싼 복지정치에서 나타난 중요한 변화는 핵심 행위자가 달라지고 보육문제의 정치화에 따라 정당의 역할이 강화되었다는 것이다. 이 시기 핵심 행위자 구성의 첫 번째 변화는 대통령실이 시장주의적 성향의 행위자들로 바뀐 것이었다. 보수정부로의 정권교체에 따른 당연한 귀결이다. 두 번째는 보건복지(가족)부가 다시 보육 업무의 관할 부처가 된 것이다. 이 두 가지 변화는 모두 보육의 공공성을 약화시키고 시장 논리를 강화하는 데 기여했다.

노무현정부 시기 가장 보육의 공공성과 성인지성을 강조했던 주요 행위자는 여성운동 단체들과 이들과 요구에 민감했던 여성가족부였다. 그리고 이런 여가부의 정책들을 부분적으로나마 엄호해준 것이 대통령실이었다. 그러나 이제 대통령실이 보수정당에 장악되고 보육 업무가 복지부로 넘어가자 이들의 목소리는 정책에 반영되지 않았다. 대신 경제부처의 영향력이 커졌고 결과적으로 보육정책은 훨씬 더 시장주의적, 가족주의적 색채를 띠게 되었다. 바우처를 통한 민간 보육시장의 활성화, 양육수당 확대는 이런 권력관계의 산물이었다.

한편 이명박·박근혜 정부 시기에 나타난 또 하나의 중요한 변화는 정당들이 보육문제를 둘러싼 복지정치의 중요한 행위자로 떠올랐다는 것이다. 서구 복지국가의 역사에서 정당이 가장 중요한 행위자였음에 비해 한국의 정당들은 민주화 이후로도 오랫동안 제대로 정책형성 기능을 하지 못했고 이는 복지의 영역에서도 마찬가지였다. 정당들은, 여야를 막론하고 자신의 정책을 가지고 주도적으로 문제에 접근하기보다는 오히려 소극적, 사후적으로 이익집단과 행정부의 정책에 반응했을 뿐이다.

복지 이슈를 두고 정당이 스스로 자신의 입장을 세우고 의미 있는 역할을 수행하기 시작한 것은 2005~2007년 국민연금 개혁과 노인장기요양보험법 도입 과정에서였다. 이후 잠깐 다시 잠복하는 듯했던 정당의 복지정치에서의 역할은, 2011년 이후 확실한 존재감을 드러내게 된 것이다. 그리고 그 한복판에 놓여있던 것이 보육문제였다.

2011년 이후 정당들의 보육 이슈에 대한 개입은 그 이전과는 비교

할 수 없을 정도로 폭발적인 정치화의 과정을 겪었다. 민심 이반이 가속화되던 이명박정부 막바지, 총선과 대선을 눈앞에 둔 시점에서 무상급식 문제를 계기로 복지 논쟁이 촉발되자, 보수정당은 저출산 추세 속에 가장 광범위한 국민적 지지를 받기 쉬운 보육문제에서 파격적인 공약을 들고 나왔고 중도정당 역시 이에 맞불을 놓으면서 전 사회적인 격렬한 논쟁이 벌어졌다. 이후 공약의 실현 과정에서 나타난 여러 후유증들은 정당 간 복지 논쟁의 일상화, 그리고 이와 연결된 시민사회 논쟁이 일상화를 가져왔다.

이로써 마침내 복지가 선거의 핵심 이슈가 되고, 정당이 선거 및 일상적 복지정치의 핵심 행위자가 되는, 선진 복지국가들과 비슷한 현상이 한국에도 등장하게 되었다. 그리고 이후 정당은 복지정치에서의 핵심적인 행위자로 확고히 자리 잡았다. 여전히 일관되고 체계적인, 그리고 합리적 재정 방안으로 뒷받침되는 정책경쟁과는 거리가 있었으나, 이제 정당들은 중요한 선거들에서는 물론, 일상적으로도 복지문제를 두고 빈번하게 공방을 벌이게 되었다.

한국 복지국가는 어떻게 만들어졌나?

8장

노인장기요양보험
제도 도입

　장기요양 서비스(Long-term care services: LTC)란, 국제적으로 합의된 엄격한 정의는 없으나, 일상생활을 스스로 영위할 수 없는 사람들이 가능한 한 독립적이고 안전하게 생활할 수 있도록 지원하는 모든 종류의 서비스를 의미한다(OECD 2020, 2). 한국의 노인장기요양보험법에서 정의되는 노인장기요양 서비스는 고령이나 치매·중풍 등 노인성 질병으로 인하여 6개월 이상 혼자서 일상생활을 수행하기 어려운 노인 등의 가정을 장기요양 요원이 방문하여 식사·목욕·가사 지원 및 간호 서비스 등을 제공하거나 요양 시설에 입소하도록 하여 전문 서비스를 제공하는 것을 의미한다(노인장기요양보험법 제1조).

　2008년 노인장기요양보험법 시행으로 한국에서도 보편적인 노인장기요양 서비스가 시작되었다. 소득 기준에 의해 수급자를 선별하여, 가족에 의한 사적 부양이 작동하지 않을 때만 잔여적 서비스를 제공했던 과거와 달리 모든 노인을 대상으로 장기요양 서비스를 제공하게 된 것이다. 또한 이 제도의 출범은 욕구 기준에 입각해 표준화된 급여를 제공하는 공식적 성격의 공적 장기요양 서비스가 시작되었음을 의미하는 것이기도 했다. 즉 민간기관이 수급 자격과 서비스 내용을 결정하던 과거와 달리 정부가 등급판정을 통해 수급 자격을 결정하고 재가급여와 시설급여를 제공하게 되었다. 서비스 공급 자체는 여전히 대부분 민간에 맡겨졌으나 이제 정부가 시장을 형성하고 관리하는 역할을 하게 된 것이다.

그런데 이렇게 출범한 장기요양보험 제도는 시행 10년이 넘었지만 여전히 많은 문제점을 가지고 있다. 전 국민에게 보험료를 징수하면서도 실제 급여 대상자는 노인 인구의 극히 일부―2019년 노인 인구의 약 10% 정도―에 머무르는 점, 이용자 본인 부담이 높다는 점, 민간공급기관에의 서비스 공급 의존에 따른 낮은 서비스의 질, 요양 시설의 난립과 과당 경쟁, 부당 청구, 중·고령 여성이 주로 담당하고 있는 요양보호사의 열악한 근무 환경과 낮은 임금 및 처우 문제, 적정 인력 배치 기준 부재로 인한 인권침해 등이 그것이다(이미진 2017). 이 중에서 가장 큰 문제이자 다른 문제들을 파생시키는 핵심 문제로 가장 많이 지적되는 것은 서비스 공급을 민간에 의존하고 있다는 것으로, 7장에서 언급한 한국이 지닌 '위임 복지국가'로서의 성격을 선명히 보여준다.

이런 문제점들은 장기요양 정책 결정과도 무관치 않다. 노인장기요양보험은 정부 주도로 비교적 '조용히' 법이 만들어졌으며 정부 부처 내에서 입장이 엇갈리는 주요 쟁점들은 대부분 경제부처의 주장이 관철되는 형태로 제도 설계가 이루어졌다. 반면 서비스를 이용할 당사자들이나 시민단체 등 사회적 행위자들은 정책 의제화 단계에서 전혀 주도권을 행사하지 못했고, 뒤늦게 개입했으나 정책 내용에 별다른 영향력을 행사하지 못했다. 이런 노인장기요양보호 제도의 정책결정 과정은 '새로운 사회적 위험'에 대한 주목 속에 비슷한 시기에 발전한 또 하나의 사회적 돌봄 서비스인 보육 서비스의 정책결정과도 대비된다(7장 참조).

그렇다면 실제로 노인장기요양보험은 어떤 정책결정 과정을 밟아 입법화가 이루어지게 되었는가? 이 결정 과정의 주요 행위자들은 누구이며 이들은 어떤 선호와 전략을 가지고 정책결정 과정에 개입했는가? 이들 간의 권력관계는 어떤 것이었으며 이는 정책 내용에 어떻게 반영되었는가? 노인장기요양보험법의 주요 행위자들과 결정 과정은 다른 복지제도 입법의 경우와는 어떻게 달랐는가? 이 장에서는 이런 물음들에 답함으로써 노인장기요양보험 제도 도입 과정이 한국의 복지정치에서 차지하는 의미를 정리해보고자 한다.

이 장의 집필을 위해서는 별도의 인터뷰를 하지 않았다. 노인장기요양보험법은 다른 복지입법에 비해 정책결정 과정에 직접 참여하거나 관찰한 공무원들 및 시민운동가에 의한 논문이 많이 나와 있는[1] 매우

---

1   박하정(2008)은 보건복지부 노인정책관(2005년 1월~2007년 2월)으로 일하면서 주무국장으로서 노인장기요양보험법 정부안을 마련하는 과정, 그리고 국회 보건복지상임위원회의 법안심의 과정에 참여했던 경험을 반영한 연구이다. 장병원(2003; 2004)은 제도 도입기 주무 부서였던 복지부 노인보건과와 노인요양보장과의 과장으로 일했던 경험을, 이광재(2009; 2011)는 복지부에서 노인장기요양보험법 제정 작업에 참여한 후, 2008년 이후에는 국민건강보험공단이라는 제도 운영 현장에서 일했던 경험을 반영하고 있다. 또한 조경애(2007)는 노인장기요양보험법 입법 과정에서 가장 활발히 개입한 시민단체 '건강세상네트워

독특한 사례여서 이들의 참여관찰 기록을 풍부하게 이용할 수 있었기 때문이다. 이 장에서는 공식 문서나 2차 자료 외에 이들의 기록을 참조하고 상호대조하면서 정책결정 과정에서 주요 행위자의 선호와 전략, 그리고 이들의 권력관계가 어떻게 법안의 내용으로 귀결되었는지 살펴보았다.

1. 노인장기요양보험 제도 도입 배경과 과정

일본에 장기요양 서비스를 위한 개호보험(介護保險)이 도입되었던 2000년 일본의 고령인구 비율은 17.2%였다. 이미 '고령사회'(aged society, 노인인구 비율이 14% 이상인 사회)로 접어든 후였다. 반면 한국에 노인장기요양보험이 도입된 2008년 한국의 노인인구는 10.3%로 아직 '고령화사회'(aging society, 노인인구 비율이 7% 이상~14% 미만인 사회) 수준이었다. 따라서 한국의 고령화에 따른 돌봄 문제에 대한 대응은 일견 선제적인 것으로 보인다. 그러나 이미 당시에 한국의 고령화 '속도'는 일본은 물론 그 어느 나라보다도 빨라서 더 이상 이 문제를 외면하기 어려웠다. 표 8-1이 보여주듯 한국의 노인인구는 1995년 이래 매 5년마다 거의 2% 포인트씩 늘고 있었다. 고령화사회에서 고령사회로 가기까지 걸린 기간이 프랑스 115년, 미국 73년, 이탈리아 61년, 독일 40년, 일본 24년이었던 데 비해 한국은 19년밖에 걸리지 않을 것으

크'의 대표로 일했던 경험에 기반해 쓰여졌다.

한국 복지국가는 어떻게 만들어졌나?

표 8-1_인구구성 추이

(단위: 천 명)

	총인구**	0~14세		15~64세		65세 이상	
			구성비		구성비		구성비
1960T*	24,989	10,153	40.6	13,886	55.6	935	3.7
1970T	31,435	13,241	42.1	17,154	54.6	1,039	3.3
1980T	37,407	12,656	33.8	23,305	62.3	1,446	3.9
1990T	43,390	11,134	25.7	30,094	69.4	2,162	5.0
1995T	44,554	10,236	23.0	31,678	71.1	2,640	5.9
2000T	45,985	9,639	21.0	32,973	71.7	3,372	7.3
2005T	47,041	8,986	19.1	33,690	71.6	4,365	9.3
2010T	47,991	7,787	16.2	34,779	72.5	5,425	11.3
2010R*	48,748	7,880	16.2	35,507	72.8	5,360	11.0
2015R	49,706	6,907	13.9	36,230	72.9	6,569	13.2

주: * T(Traditional): 전통적 방식, R(Register-based): 등록센서스 방식
　　**외국인 제외
자료: 통계청, 「인구총조사」 각년도
출처: 통계청, 『2016 고령자 통계』, p.13

로 예측되었다(UN 2000).

　하지만 이런 고령화 속도에 비해 노인 돌봄을 담당할 제도는 대단히 미흡했다. 1990년대 초반부터 중증 노인성 질환을 가진 고령인구는 증가하고 있었으나, 대가족 제도는 빠르게 해체되어 가고 있었고 자녀들의 부모 부양 의식도 점점 약화되고 있었다. 그러나 사회적 돌봄 장치들은 지극히 저발전해 있었다. 2000년 65세 이상 노인의 재가 서비스 수혜율은 0.5%, 시설 입소 비율은 0.6%에 불과했다(표 8-2). 결국 노

표 8-2_노인 요양 서비스의 수혜율과 공적 노인요양 비용의 국가 간 비교

	2000년, 65세 이상				공적 노인요양비 ('92~'95)	
	총인구 (백만 명)	65세 이상 인구(%)	재가 서비스 수혜율(%)	시설 입소 비율(%)	대GDP비중 (%)	시설급여 비중(%)
한국	47	7.2	0.5	0.6	-	-
일본	126	17.2	5	6	0.9	65
독일	83	15.9	10	7	0.8	45
프랑스	59	15.9	6	6	0.5	59
덴마크	5.3	14.7	20	7	2.2	80
스웨덴	8.9	16.7	11	9	2.7	-
미국	277.8	12.4	16	6	0.7	67

자료: OECD Health Data 2003; 보건복지부 내부 자료
출처: 공적노인요양보장추진기획단(2003), p. 5

인 돌봄이 불가피하게 가족에 맡겨져 있는 상태에서, 노인 학대, 돌봄 부담으로 인한 가족 간 불화 등 다양한 문제가 야기되었다. 돌봄이 필요하나 방치되는 노인의 비율도 26%에 달했다(공적노인요양보장추진기획단 2003.05.). 이에 따라 적절한 공적 노인 돌봄 서비스 체계를 마련해야 한다는 사회적 압력도 점점 커져가고 있었다.

한편 이렇게 노인 돌봄을 위한 보편적 사회 서비스가 없는 상태에서 중증 노인 질환자에 대한 돌봄은, 제도적으로는 주로 건강보험과 의료급여에 의해 해결되고 있었다.[2] 이에 따라 자립 생활이 어려운 노

---

2   일반인의 경우는 건강보험과 의료급여에 의해, 취약계층의 경우는 양로 시설, 실비 노인 요양 시설, 무료 및 유료 요양 시설 등의 시설 보호에 의해 돌봄이 이루어졌다(보건복지부 2015, 269~270).

한국 복지국가는 어떻게 만들어졌나?

표 8-3_고령화와 노인 의료비 전망(2000~2030)

구분	2000년	2001년	2010년	2030년
노인인구 비중 (%)	7.2	7.6	10.7	23.1
노인 의료비 비중 (%)	20.3	22.2	30.1	47.9

주: 1) 노인 의료비는 전체 국민 의료비를 추계하고, 그중 노인 의료비 비중을 추정하여 계산(*노인 의료비 비중은
　　선진 6개국의 노인의 인구비중과 의료비 비중을 참조하여 추정). 단, 2000~2001년은 최근의 추계치를 이용
　　2) 국민 의료비는 의료비의 소득탄력성 1.119를 이용하여 추정. 다만, 2000~2001년은 최근 자료를 이용
출처: 공적노인요양보장추진기획단(2003), p.3

인들이 꼭 의료적 서비스가 필요하지 않은 경우에도 입원을 통해 문제
를 해결하는 이른바 '사회적 입원' 현상이 점점 증대했다. 이런 상황에
서 노인인구가 급격히 증가하자 노인수발로 인한 의료비 증대는 건강
보험에 점점 더 심각한 부담이 되어갔다. 1990년에 노인 의료비는 전
체 의료비의 10.8%였으나, 2001년에는 22.2%로 증대했다. 2004년 공
적노인요양보장추진기획단은 중증 노인 질환자의 돌봄 문제를 이렇게
계속 건강보험에서 해결할 경우 2010년에는 전체 의료비의 약 30%,
2030년에는 47.9%가 노인 의료비로 사용될 것으로 예측했다(표 8-3).

　이와 같은 건강보험의 재정문제는 정부가 노인장기요양보험 도입을
추진하게 된 가장 직접적이고도 중요한 요인이 되었다. 게다가 2001년
의약분업 시행 과정에서 의사단체의 요구를 받아들여 의료수가가 대
폭 인상되자 건강보험 재정에 대한 우려는 더욱 커졌다. 복지부가 2001
년 건강보험 재정안정 종합대책을 발표하면서 제도 개선 추진 과제로
노인요양보험 제도 도입을 포함시킨 것은 이런 맥락에서였다(박하정
2008, 45).

　노인장기요양보험 제도를 도입하려는 최초의 움직임은 김대중정부

시기인 1999년 10월 보건복지부에서 이 제도의 도입을 검토하면서 시작되었다. 1999년 12월에는 복지부 차관을 단장으로 하는 '노인장기요양보호정책기획단'이 구성되었고 제도 도입을 위한 준비와 검토 작업이 이루어졌다. 이어 2001년 5월 보건복지부는 '건강보험 재정안정 및 의약분업 정착 종합대책'에서 사회보험 형태의 노인장기요양보험 제도 도입을 장기적인 노인 의료비 대책으로 제안했다. 그리고 이런 준비 작업에 기반해 김대중 대통령은 2001년 광복절 경축사에서 노인장기요양보호 제도의 도입을 처음으로 천명했다. 2002년 대통령 선거 과정에서는 노무현 대통령 후보가 노인장기요양보호 제도의 도입을 대선공약으로 제시했다. 다른 모든 주요 정당의 후보들도 노인장기요양보험 제도의 도입에 원칙적으로 찬성했다. 노인장기요양보험 제도는 기능적으로 필요했을 뿐만 아니라 정치적으로도 노인들의 지지를 받을 수 있는 정책이었다.

노무현정부가 들어서면서 노인장기요양보험 도입과 관련된 논의도 본격적으로 진행되었다. 노무현정부에서는 위에 서술한 배경 이외에도 사회 서비스의 중요성을 강조하는 세계적 정책 트렌드, 그리고 일자리 창출을 강조하는 새 정부의 방침과 맞물리면서 노인장기요양보험 도입이 한층 탄력을 받게 된다. 이는 앞서 언급한 보육 서비스의 확대 배경과도 중첩되는 대목이다. 즉, 첫째, 탈산업 사회의 노동시장과 가족의 변화, 인구학적 변화에 대응하기 위해서는 '새로운 사회적 위험'을 수습할, 그러나 한국사회에서는 아직 저발전 상태인 사회적 돌봄 서비스를 획기적으로 강화해야 한다는 목소리가 힘을 얻게 되었다. 그리고 이에 따라 보육 서비스의 확대와 마찬가지로 노인장기요양 서비스의 도입도 중요한 과제로 부각되었다.

둘째, 공적 노인장기요양 서비스의 도입은 일자리 창출이라는 노무현정부의 또 하나의 주요 국정 목표에도 잘 부합되었다. 이 점에 있어서는, 이미 민간시장이 커져 있던 보육 쪽보다 새로 제도가 만들어지고 노동시장이 형성될 장기요양 쪽이 좀 더 고용창출 잠재력이 클 것으로 예측되었다. 노인장기요양보호 서비스의 도입은 요양보호사 등 5만 명 이상의 새로운 일자리를 창출함과 동시에 여성을 노인 돌봄으로부터도 자유롭게 하여 고용률을 획기적으로 끌어올릴 수 있는 방안으로 주목받았다(박하정 2008, 55).[3]

이런 일자리 창출 효과에 대한 관심은 복지부뿐 아니라 대통령실, 예산처 등 정부 내의 다른 부처가 장기요양보험 제도 도입을 지지하게 된 중요한 이유가 되었으나 그 부작용 역시 적지 않았다. 즉 일자리 창출이라는 부수적 목표가 과도하게 강조되고 단기적 성과에 집착하게 됨에 따라, 노인장기요양 서비스가 노인의 돌봄 욕구 충족이라는 원래의 목표에 충실하도록 충분히 준비되지 않은 상태에서 시작되었고, 많은 문제점들을 만들어냈다. 또한 보육과 마찬가지로 새로 창출될 이 돌봄 서비스 노동자들의 노동자 권리에 대해서는 진지한 고려가 이루어지지 않았다(남찬섭 2006; 윤자영 2012; 석재은 2014; 송다영 2014; 양난주 2016).

---

3   당시 복지부의 장병원 노인요양보장과장은 2004년 한 심포지움에서 발표한 글(장병원 2004, 2~15)에서 다음과 같이 말하고 있다: "(노인장기요양보험 제도가 도입되면) 노인 간병 인력, 전문간호사 등의 새로운 일자리가 마련되는 등 고용창출 효과도 매우 크게 나타날 것이다. 특히 이러한 인력의 대부분은 여성 인력으로서, 제도가 성숙되는 2013년경에는 약 20만 명의 여성이 취업되고 노인 부양 부담 완화로 여성의 사회적 진출에 크게 기여할 것이다".

표 8-4_노인장기요양보험 도입 과정

날짜	추진 경과
1999.10.	복지부, '노인복지종합대책'에서 노인장기요양보호 제도 도입 검토
2000.01.	복지부, '노인장기요양보호정책기획단' 설치
2001.05.	복지부, '건강보험 재정 안정화 대책' 발표
2001.08.	김대중 대통령, 광복절 경축사에서 노인장기요양보호 제도 도입 천명
2002.12.	노무현 후보, 대통령 선거에서 공적노인요양보호 제도 도입 공약
2003.02.	노무현정부 인수위 국정과제에 공적노인요양보호 제도 포함
2003.03.	'공적노인요양보장추진기획단' 설치(위원장: 복지부 차관, 김용익 서울대 교수)
2004.01.	보건복지부, '노인보건과'를 '노인요양보장과'로 변경
2004.03.	'공적노인요양보장제도 실행위원회' 설치(위원장: 복지부 차관, 차흥봉 한림대 교수)
2004.08~09.	제도 시안 공청회
2005.10.	정부안 입법예고
2006.04.	정부입법 국회 제출
2006.11.	노인장기요양보험법 제정에 관한 국회 공청회
2007.04.02.	노인장기요양보험법 국회 통과
2008.07.01.	노인장기요양보험 제도 시행

자료: 공적노인요양보장추진기획단(2004), 박윤영(2010)에서 재인용, 재구성

이런 배경 속에서 대통령 공약 사업이었던 노인장기요양보호 제도
의 도입은 본격적 궤도에 오르게 된다. 노무현 후보가 대통령에 당선
된 후, 대통령직 인수위원회는 2003년 2월 신정부의 역점 추진 정책
중 하나로 요양보호 필요 노인을 위한 공적 제도 도입을 발표했다. 그
리고 노무현정부 출범 직후인 3월 보건복지부는 '공적노인요양보장
추진기획단'(2004년 2월까지 활동, 이하 '추진기획단')을 설치하고, 제도
의 기본 설계와 실행 모형을 개발하기 시작했다. 이어서 보건복지부는

한국 복지국가는 어떻게 만들어졌나?

2004년 3월 '공적노인요양보장제도 실행위원회'(2005년 2월까지 활동, 이하 '실행위원회')를 구성했다. 실행위원회는 수차례의 공청회와 국민 여론조사를 실시했고 추진기획단이 마련한 제도 설계를 더욱 구체화 했다. 실행위원회는 2004년 11월 사회보험 방식의 노인요양보험 제도 최종안 모형과 더불어 이를 뒷받침할 법률안과 시범 사업 모형을 제시 했다.

2005년 10월에는 보건복지부가 실행위원회가 만든 계획안을 수정 하여 입법예고안을 고시했고, 이어 공청회 등 다양한 의견 수렴이 이 루어졌다. 이후 정부 관계부처 협의를 거쳐 2006년 2월에는 정부 입법 안이 최종 확정되었고 4월부터 국회 심의를 시작했다. 정부안이 제출 되고 난 뒤 국회에서는 정당들과 시민사회 단체들이 활발히 소통하면 서 많은 비판과 대안을 제시하였다. 그 결과 국회 소관 상임위원회인 보건복지위원회에는 5건의 의원발의안과 한나라당 고경화 의원을 소 개의원으로 한 1건의 청원안이 접수되었다. 총7건의 법률안이 회부된 것이다. 이 법률안들은 9월 18일 보건복지위원회에 일괄 상정되었고 법안심사소위원회로 회부되었다. 법안심사소위에서 단일안을 만들기 위한 논의가 진행되었으나 쟁점에 대한 여야의 이견이 좁혀지지 않아 법안 심의는 다음 해로 연장되었다.

법안은 진통 끝에 2007년 2월 22일에야 보건복지 상임위에서 의결 되었고, 4월 2일에는 국회 본회의를 통과했다. 그리고 마침내 4월 27 일 '노인장기요양보험법'이 공포되었다. 법안은 이명박정부 출범 이후 인 2008년 7월 1일부터 실행에 들어갔다. 표 8-4는 이런 노인장기요양 보험 제도의 의제화에서 입법에 이르는 과정을 간략히 정리한 것이다.

2. 정책결정 과정의 정치

이제 구체적인 노인장기요양보험 제도 도입의 정치과정을 살펴보고
자 한다. 먼저 이 제도의 도입과 관련된 주요 행위자들이 누구였는지
정리해보도록 하겠다. 다음으로 정책결정 과정을 두 단계로 나누어 살
펴본다. 첫 번째는 의제형성과 제도 준비 단계로 김대중정부하에서 노
인장기요양보험 제도를 도입하려는 최초의 움직임이 나타난 1999년
10월부터 실행위원회가 노인장기요양보험 제도 최종안과, 이를 뒷받침
할 법률안 및 시범 사업 모형을 제시한 2004년 11월까지라고 할 수 있
다. 두 번째는 정책결정 단계로 복지부가 실행위원회 최종 보고서를 기
초로 주무 부처의 최종안을 만든 후 당정협의를 거쳐 입법예고를 하는
2005년 10월부터 노인장기요양보험법이 국회에서 통과된 2007년 4월
2일까지라고 할 수 있다.

(1) 주요 행위자

노인장기요양보험 제도의 도입 과정에서 중요한 역할을 한 행위자들
로 정치적 행위자와 사회적 행위자로 나눌 수 있다. 정치적 행위자 중
행정부 내 행위자로는 보건복지부(이하 복지부), 국민건강보험공단(이하
건보공단), 기획예산처(이하 예산처), 재정경제부(이하 재경부), 대통령실
을, 의회 행위자로는 각 정당들을 들 수 있다. 사회적 행위자로는 노인
단체, 의사협회, 간호사협회, 노인시설협회, 노동계 및 경영계 대표자들
과 같은 이해관계자들, 시민단체라 불리는 공익적 주창 조직들, 그리고
학계의 전문 연구자들을 들 수 있다.

한국 복지국가는 어떻게 만들어졌나?

이 중에서 실제로 노인장기요양보험 도입 과정에서 핵심적 역할을 한 행위자들은 복지부와 건보공단, 기획예산처 등의 정부 행위자들이었다. 여야 정당들은 정부안 확정 이후 의회 심의와 대안 마련 과정에서 법안을 일부 수정하는 정도의 역할을 했다. 또한 시민운동은 보육과 달리 노인장기요양보험정책 도입 과정에서는 개입이 매우 늦었고, 행정부의 정책 라인과 공식적, 비공식적 연계도 약해서 정책의 형성 및 결정 과정에서 전체적으로 영향력이 크지 않았다. 공익적 시민단체뿐만 아니라 노인단체 등 이익단체의 개입 또한 미약했다. 노인단체들의 이 제도에 대한 이해는 기초연금 같은 현금 급여에 비해 훨씬 낮았고 이에 따라 적극적인 의견 표출은 이루어지지 않았다.

이제 향후 서술할 정책결정의 정치과정에 대한 이해를 돕기 위해 이들 주요 행위자들의 입장과 역할을 간단히 정리해보도록 하자.

첫째, 복지부는 초기 의제설정 단계에서 주도적 역할을 했을 뿐만 아니라 제도를 디자인하고 법안이 만들어지는 과정에서 가장 많은 역할을 한 행위자이다. 김대중정부 시기였던 1999년 10월 28일 보건복지부 장관은 '노인보건복지 중장기발전계획'을 대통령에게 보고하면서 장기요양보장 제도 도입을 최초로 건의했다. 그리고 그 결과 2000년 1월 '노인장기요양보호정책기획단'이 복지부에 만들어져 그해 말까지 운영되었다. 2003년 2월 복지부는 새로 들어서는 노무현정부의 대통령 인수위에서 장기요양보호 제도 도입 계획을 보고했고 곧바로 3월에는 복지부 산하에 '공적노인요양보장추진기획단'을 설치하고 제도의 골격을 디자인했다. 2004년에는 2007년 제도 시행을 목표로 '공적노인요양보장제도 실행위원회'를 만들어 기획단의 안을 보다 구체화하여 실행 준비에 들어갔다. 보건복지부는 2004년 1월에는 노인 서비스의 주무 부서인 노인보건과도 노인요양보장과로 개명·개편하여 요양 업무를 핵심적 업무의 하나로 내세우게 되었다.

복지부가 이렇게 노인장기요양보험 제도 도입에 적극적으로 나서게 된 공식적 이유는 인구 고령화로 이 제도의 사회적 필요가 커져가고 있다는 것, 선진 복지국가로의 도약을 위해서도 이 제도의 도입이 필수불가결하다는 것이었다. 그러나 보다 현실적인 목전의 이유는 공적 노인 돌봄 서비스의 부재가 복지부의 또 다른 소관 업무였던 건강보험에 가했던 재정 부담이었던 것으로 보인다. 앞서 지적했듯 이는 복지부로 하여금 노인장기요양 서비스의 도입을 서두르게 한 중요한 이유 중 하나였다. 이에 더하여 복지부의 적극적 제도 도입 추진의 이면에는 관료조직으로서 복지부의 이해관계가 깔려 있었다. 즉 새로운 복지제도의 도입을 통해 복지부의 관할 업무 영역을 넓히고 부처 위상을 제고하려는 것이었다. 복지부는, 비록 성공하지는 못했으나, 노인장기요양 서비스의 관리 운영기관으로 복지부 산하에 '수발평가원'을 만들어 업무 영역을 확대하고 조직을 확장하려고도 했다.

행정부 내의 또 다른 주요 행위자는 예산과 관련된 기획예산처와 재정경제부, 지방 재정 부담 및 관리 운영체계와 관련이 있는 행정자치부였다. 제도 준비 단계 및 정부 법안 결정 과정에서 복지부 안에 주로 의견을 제시한 것은 예산처였고 재경부와 행자부는 거의 의견 제출이 없었다(박하정 2008, 78). 예산처는 인구 고령화에 따른 새로운 복지 욕구에 부응한다는 정책 목표의 구현보다는 정부 재정 부담을 최소화한다는 입장에서 상당한 영향력을 행사하면서 정책을 변형시켜갔다. 즉 정

한국 복지국가는 어떻게 만들어졌나?

부 입법 단계에서 재원 조달 방안, 수급자 범위, 관리 운영기관 등 핵심 쟁점 등에서 그간의 다른 행위자들의 잠정적 합의를 무력화시키고 예산 절감이라는 자신의 목표를 대부분 관철시켰다.

마지막으로 중요했던 정부 측 행위자는 건보공단이었다. 노인장기요양보험 제도는 노인 의료 서비스를 담당하고 있는 건강보험 제도와 연결이 되므로, 그리고 노인장기요양보험 제도 도입 이전에는 노인 돌봄 서비스의 역할도 노인 의료 서비스에서 일부 담당하고 있었으므로, 두 제도 간의 기능적 조정은 당연히 필요했다. 그런데 이런 기능 조정의 문제를 넘어서서, 건보공단은 절박한 조직적 이해관계로 인해 노인장기요양보험 도입 논의 초기부터 이 문제에 큰 관심을 가지고 적극적으로 개입했다. 건보공단은 스스로가 노인장기요양보험의 보험자(insurer)이자 관리 운영의 주체가 되어야 한다는 입장을 내세웠고, 복지부 및 다른 이해관계자들, 전문가들의 반대를 무릅쓰고 결국 관철해냈다. 공단 측이 이렇게 자신의 입장을 관철할 수 있었던 것은 스스로의 권력자원 때문이라기보다는 힘을 가진 경제부처들이 예산 절감이란 관점에서 공단으로의 관리 운영 일원화 쪽을 선호했기 때문이었다.

여야 정당들은 국회 입법 단계에서 개입해 활발히 활동한 행위자들이다. 이들은 모두 중요한 유권자들인 노인층 지지 확보를 위해 기본적으로는 이 제도의 도입에 찬성했으나, 각각 자신의 입장에서 수정 대안을 내고 그 관철을 위해 노력했다. 그러나 이들은 모두 의제설정 단계가 아니라 정부안이 확정되고 난 후에야 개입을 시작하여 정부안을 소폭 수정하는 정도에 그쳤다고 할 수 있다.

이제 사회적 행위자 쪽을 살펴보자. 앞서 언급한 바와 같이 노인장기요양보험법의 경우 시민단체들은 김대중·노무현 정부 시기의 다른 복지 입법에서와 달리 제도 도입의 추동력을 제공하지 않았고 상대적으로 늦게, 반응적 개입을 하게 된다. 시민단체들은 정부 입법 단계가 되어서야 당사자의 권익 옹호와 정부 책임의 확대라는 관점에서 정부 안에 대한 비판과 대안 제시에 나섰다. 이들은 국회 입법 단계에서는 입법 발의라는 형태의 적극적인 개입을 시도하면서 정당과 국회 법안 심사위원들을 설득하려 했다. 그러나 시민단체들의 핵심 요구는 대부분 최종 법안에 반영되지 않았으며 법률 조항이 아닌 부대 의견에 명시되는 정도의 제한적 성과만을 거두었다(조경애 2007).

한편 직능 이익단체들은 대부분 제도 도입이 기정사실화되고 법안의 골격이 마련된 후 이 제도에 자신과 연관된 서비스를 확대할 것을 요구했고, 이 중 일부는 반영되었다. 복지부와 의료계 외의 민간단체들은 노인장기요양보험 제도 운영에서 가급적 의료 영역을 제외하기를 원했으나 의료계는 요양 등급판정 시 의사 소견서 제출 의무화를 요구했다. 그리고 의사단체와의 큰 마찰을 피하고자 했던 복지부는 정부 입법 단계에서 결국 의사 소견서 제출을 원칙으로 하고, 등급판정 위원회에 의사의 참여를 제도화하도록 했다(박하정 2008, 88~89). 반면 노인복지시설협회는 시·군·구가 관리 운영 주체가 되도록 노력했으나 이를 관철시키지는 못했다. 경총이나 노총 등은 정책이 이미 구조화된 실행위원회 단계 이후 논의 과정에 참여하기는 했으나 거의 법안 내용에 영향력을 행사하지 못했다(조경애 2007; 이광재 2011, 15).

국책 연구기관인 한국보건사회연구원과 사회복지학계의 전문 연구자들 역시 정책결정에 관여한 행위자 중 하나이다. 이들은 일찍부터

한국 복지국가는 어떻게 만들어졌나?

제도 도입과 사전 준비의 필요성을 꾸준히 제기했다. 그리고 복지부가 이를 수용하자 기초연구들을 제공해 제도 도입을 위한 정책 자료를 공급했다. 그러나 이들이 설계한 제도의 구성 요소들은 정부안 결정 과정에서 부처 이해관계나 재원 조달상의 이유로 채택되지 않은 경우도 많았다(박하정 2008; 이광재 2011). 이들은 이런 정부 주도 입법 과정에서 정부 부처들이 설정해놓은 경계선 안에서 정책의 세부 사안들에 일정한 영향력을 행사했다고 보아야 할 것이다.

(2) 의제형성과 제도 준비 단계 (1999.09.~2004.10.)

앞서 언급한 바와 같이 노인장기요양보험 제도를 도입하려는 최초의 움직임은 김대중정부 시기인 1999년 10월 보건복지부에서 제도 도입을 검토하면서 시작되었다. 노인들의 돌봄 욕구에의 부응과 인구 고령화에 따른 사회적 노인 돌봄의 필요성 증대가 전면에 내세워진 일차적 이유였다. 복지부 내부적으로는 사회복지학 교수 출신이었던 차흥봉 장관이 노인장기요양 서비스에 큰 관심을 가지고 있었던 점도 의제형성을 촉진한 원인 중 하나로 지적된다(조경애 2007, 26).

그러나 노인장기요양 서비스의 도입이 검토된 보다 현실적이고 직접적인 이유는 앞서 언급했듯 건강보험의 재정 압박이었다. 즉 보편적인 노인 돌봄 서비스의 부재로 인해 의료 서비스가 필요하지 않은 노인들까지 병원에 입원하는 '사회적 입원'이 증대하게 됨에 따라 노인 의료비가 걷잡을 수 없이 늘어나고 있었던 것이 당장 급히 해결해야 할 문제였다. 이렇게 건강보험 재정문제가 노인장기요양 서비스 도입의 주된 추동력이었다는 점은 이 제도의 도입이 건강보험 재정안정 방안의 일환으로 처음 공론화되었다는 데에서도 잘 드러난다. 복지부는 1999년 12월 차관을 단장으로 하는 '노인장기요양보호정책기획단'을 구성했고 2000년 12월까지 운영하면서 제도 도입을 위한 준비와 검토 작업을 시작했다. 그런데 이런 초기 검토 단계였던 2000년 건강보험 통합과 의약분업 실시로 보험 급여 비용이 급등하고 '건강보험 재정 파탄' 우려가 비등하자, 복지부는 서둘러 노인장기요양 서비스의 도입을 발표했다.[4] 복지부는 2001년 5월 '건강보험 재정안정 및 의약분업 정착 종합대책'을 발표하면서 노인장기요양보험 제도를 장기적인 노인 의료비 대책의 일환으로 제안한 것이다.

이런 사정은 노인장기요양보험의 도입을 위한 실무 작업에서 중요한 역할을 담당했던 장병원 당시 복지부 노인보건과장(후에 직제개편에 따라 노인요양보장과장이 됨)의 다음과 같은 언급에서도 확인할 수 있다.

"노인요양보장 제도를 왜 도입하여야 하는가에 대한 이념과 목적이 불분명하다. 그간의 논의 및 제안 등을 보면, 새로운 노인요양보장 체계를 구축하려는 궁극적인 목적이 '노인 의료비 절감 등을 통한 건강보험 재정 안정인지', '요양보호 비용의 사회적 분담인지', 아니면 '요양보호 가족의 부담 경감 및 지원인지'를 명확히 하지 않고 있다. … 이는 노인요양보험 제도가 2001. 5. 31 건강보험 재정 대책의 일환으로 처음 제기된 데도 원인이 있지만, 자립생활 지원이라는 노인요양보호 이념에 대한 사회적 인

---

4   이런 판단은 당시 야당이었던 한나라당도 공유하고 있었던 것으로 보인다. 한나라당 역시 건강보험 재정 파탄의 대응책으로서 노인장기요양보험의 도입을 한나라당 백서를 통해 제시하고 있기 때문이다(유은주 2008, 170).

식이 충분하지 못하기 때문일 것이다"(장병원 2004, 2~9).

어쨌든 이렇게 노인장기요양보험 제도를 장기적 노인 의료비 대책의 일환으로 설정한 복지부는 국책연구기관인 한국보건사회연구원에 용역을 주어 공적 요양보호 체계 구축을 위한 기초연구과제를 수행하게 했다. 그리고 이런 준비 작업에 기반해 김대중 대통령은 2001년 노인장기요양보험 제도를 도입할 예정이라고 공식적으로 천명했다. 다음해인 2002년 7월에는 고령화사회에 대비한 '노인보건복지종합대책'이 수립되었는데 여기에 노인장기요양보험 제도 도입이 핵심 항목으로 포함되었다.

그러나 노인장기요양보험 도입 준비가 본궤도에 오른 것은 임기 말을 맞고 있던 김대중정부가 아니라 새로 출범한 노무현정부에서였다. 노무현 당선자의 대통령직 인수위원회는 2003년 2월 신정부의 역점 추진 정책 중 하나로 요양보호 필요 노인을 위한 공적 제도 도입을 발표했다. 노무현정부 출범 직후인 3월 보건복지부는 '공적노인요양보장 추진기획단'을 설치하고, 제도의 기본 설계와 실행 모형 개발을 시작했다. 추진기획단에는 4개의 전문위원회—제도·총괄, 평가·판정, 수가·급여, 시설·인력—가 설치되었고, 복지부 차관과 김용익 서울대 교수를 공동위원장으로 하여, 정부위원뿐만 아니라, 보건학, 간호학, 사회복지학계의 전문가들, 대한노인회와 복지 시설 관계자 등 이익단체 대표 및 여러 시민단체의 대표 등이 포함되었다. 추진기획단은 두 차례의 공청회를 거쳐, 재원 조달 방안 및 관리 운영 체계, 대상자 평가·판정 기준, 급여 및 요양수가 체계, 시설 및 인력 양성 등에 대한 제도 설계를 했다.

보건복지부는 2004년 3월 다시 보다 구체화된 제도 설계를 위해 '공적노인요양보장제도 실행위원회'를 구성했다. 실행위원회는 보건복지부 차관과 차흥봉 한국노인과학학술단체연합회장을 공동위원장으로 하여 정부위원 4인, 위촉위원 17인—보건·의료·사회복지 전문가, 노인·시민단체, 경제계 및 노동계, 언론계, 건강보험 및 연구기관 등—으로 구성되었으나 운영은 복지부와 산하 기관을 중심으로 이루어졌다 (박하정 2008). 실행위원회는 2004년 11월 사회보험 방식의 노인요양보험 제도 최종안 모형을 제시했고, 이를 뒷받침할 법률안과 시범 사업 모형을 제시했다(박하정 2008; 이광재 2009).

이제 의제형성 단계의 주된 쟁점과 행위자들의 선호 및 상호작용을 살펴보자. 이 단계의 최대 쟁점은 재원 조달 방식이었다. 추진기획단에서는 선택 가능한 정책대안으로 1) 조세로 시작해 시설 기반과 전달체계를 갖춘 후 사회보험 방식으로 이행, 2) 사회보험 방식으로 하되 조세 지원을 병행하고 저소득층에겐 부조 제공, 3) 조세 방식의 세 가지를 제안했다(공적노인요양보장추진기획단 2004). 형식적으로는 조세 방식도 선택지 중 하나로 제시된 것처럼 보이나 실제로 보건복지부는 조세 방식을 전혀 비중 있게 검토하지 않았다. 재정 부담을 가중시키는 조세 방식으로는 정부 내에서 경제부처를 설득하기 어렵고, 그럴 경우 제도 도입 자체가 어려워질 수 있다는 판단을 가지고 있었기 때문이었다. 이런 복지부의 판단은 사실상 초기 제도 설계에 관여한 많은 전문가들도 공유하고 있었던 것으로 보인다.

초기 논의 과정에서 대한노인회 등 이익단체나 참여연대 등 시민운동 단체는 사각지대 없이 모든 대상자가 서비스를 이용할 수 있게 해야 한다는 이유로 조세 방식을 주장했다(박동수 2006). 그러나 이는 의견 제시에 그쳤을 뿐 강한 대중적 캠페인으로 나간 것은 아니었다. 결국 2003년 7월의 추진기획단 2차 공청회 무렵에 이르자 전문가 집단, 경제계, 노동계, 의료계, 시민단체 등 주요 행위자들은 사회보험＋조세라는 재원 조달 방식에 기본적으로는 동의하기에 이른다(박하정 2007, 84).

쟁점은 국고지원의 '비율'이었다. 추진기획단의 최종안에서는 조세 : 보험료 : 본인부담금의 비율을 30:50:20으로 제시했었다. 그러나 한국노총과 시민운동 단체들은 국고지원을 50%로 올리고 저소득층 본인부담은 10% 수준으로 내려야 한다고 주장했다. 반면, 예산처는 국고지원은 없이 재원을 보험료와 본인부담만으로 조달하며 본인부담율은 30%로 상향 조정해야 한다고 주장했다. 시민단체, 노동단체에서는 장기간의 요양은 일시적인 치료보다 개인의 부담이 더 크다는 논리로, 본인부담을 건강보험의 20%보다 낮은 10%로 낮춰야 한다고 주장했다. 그러나 예산처는 강하게 반대했다. 실행위원회는 결국 본인부담을 20%로 하되 저소득자 경감 대책 및 고액 진료비 경감 제도를 마련하는 것으로 이 문제를 매듭지었다(박하정 2008, 84).

실행위원회 최종안은 국고지원을 30%, 본인부담은 20%로 하며, 보험료는 건강보험료 부과체계에 따라 산출하는 것으로 했다(박하정 2007, 84; 조경애 2007, 32~33). 결국 조세 방식이나 조세 비중을 높게 배합하는 방식은 채택되지 않았고 예산처의 주장대로 보험료와 본인부담을 높이는 쪽으로 재원 조달 방안이 정리된 것이다(조경애 2007,

32~33). 이와 같은 국고지원을 축소한 재원 조달 방식은 대상자와 급여 항목의 범위에 영향을 미치게 된다.

두 번째 쟁점은 수급권자의 범위였다. 초기 노인장기요양보험 제도 설계 과정에서 가장 뜨거운 쟁점 중의 하나는 급여 대상을 어디까지로 할 것인지였다. 어느 정도의 중증 노인까지를 수급권자로 할 것인지, 돌봄이 필요한 65세 미만의 장애인도 수급권자에 포함시킬 것인지가 주된 쟁점이었다.

정책형성 초기 단계라 할 수 있는 추진기획단 및 실행위원회의 단계에서는, 급여 대상 범위 문제를 두고는 크게 학계, 시민단체, 노동단체, 그리고 정부 부처들(복지부, 기획예산처)의 입장이 대립했다. 학계와 시민단체는 경증 노인까지 포함하여 노인인구 전체의 14~15%선까지, 최소한 10%선까지는 수급권을 보장해야 한다고 주장했다. 그 정도는 되어야 애초에 제도 도입을 논의할 때 목표로 천명했던 대로 진정한 보편적 사회 서비스가 될 수 있고 한국사회가 직면한 노인 돌봄의 위기도 해결할 수 있다는 것이었다.[5] 장애인단체를 비롯한 일부 시민단체는 장애인 역시 수급 대상에 포함시켜야 한다고 주장했다. 그러나 장애인 포함 여부는 크게 논란이 되지는 않았다. 당시 장애인운동 단체들은 장기요양보험 서비스에 대한 이해가 높지 않았고 이에 따라 명확한 입장을 밝히지 못했던 것으로 알려져 있다(조경애 2007, 35).

복지부와 경제부처들은 예산 제약과 실행 인프라 부족을 이유로 장

5　2000년대 초 OECD 국가들에서 65세 이상 노인 중 공적 장기요양서비스 수급 대상자 비율은 노르웨이 21.9%, 오스트리아 21.6%, 호주 20.2%, 독일 11.9%, 일본 8.7%, 미국 8.5%였다(Lundsgaards 2005, 17~29).

　　　한국 복지국가는 어떻게 만들어졌나?

애인과 경증 노인을 제외하고 중증 노인만을 대상으로 일단 시작해야 한다고 주장했다. 이들은 또한 아직까지 한국에서는 가족 수발이 일반적이라는 이유로 수급 요건 범위를 넓게 잡을 필요도 적다고 보았다. 결국 복지부는 추진기획단 단계에서는 장애인을 2013년 이후 적용 대상에 포함시키는 것으로 했다가, 실행위원회 단계에서는 적용 대상에서 제외하는 것으로 결론을 내렸다(공적노인요양보장실행위원회 2005). 2005년 4월 실행위원회의 최종 보고서가 발표된 직후, 복지부는 자신의 주장대로 수급 대상을 최소한으로 좁혀 잡은 부처 최종안을 발표했다. 이 역시 제도 도입 초반 수급자가 정확히 예측되지 않는 상태에서 재정 부담을 최소화하려는 의도였던 것으로 해석된다.

세 번째 쟁점은 노인장기요양보험 제도의 관리 운영 주체였다. 관리 운영 주체 문제란 요양 서비스 이용자의 욕구를 사정(査定)하여 욕구 충족에 필요한 여러 종류의 서비스를 이용자의 상황에 적합하도록 선별하고 조직화하는 기능을 어떤 기관에서 담당할 것인가의 문제를 말한다. 사회보험 방식으로 운영할 경우 이런 역할은, 당시 이미 존재하던 조직 중에서는 건보공단과 시·군·구 지자체에 의해 수행될 수 있었다. 공단이 관리 운영을 담당할 경우 자격 관리, 보험료 부과·징수, 급여비 심사·지급 업무를 한꺼번에 관리해서 효율적인 재정 운영을 할 수 있었다(박하정 2008). 그러나 이렇게 보험자(insurer)가 급여비 심사, 지급까지 하게 될 경우 재정 절감을 위해 과소 판정을 할 우려가 있었다. 반면, 시·군·구가 담당할 경우 지역주민이 접근하기 쉽고 기존 노인 복지 서비스와 연계된 서비스를 제공할 수 있으나, 관리 비용이 많아지고, 지역 간 재정 불균형을 초래하며, 공무원을 증원해야 하는 문제점이 있었다(차흥봉·석재은·양진운 2006; 허윤정 2010, 96~111).

관리 운영 주체 문제는 노인장기요양보험 제도 결정 과정에서 가장 뜨거운 쟁점 중 하나였으나, 초기 제도 설계 시기인 기획단 논의 과정에서는 제기되지 않았다. 이 문제가 쟁점으로 떠오른 것은 실행위원회 단계에서부터였다. 이 단계에서 학계, 의료계, 대부분의 시민단체는 노인장기요양 서비스의 관리 운영에서 지자체가 많은 역할을 담당할 것을 주장했고, 노동단체와 건보공단은 공단이 관리 운영 주무 기관이 될 것을 주장했다. 시민운동이나 의료계, 그리고 사회복지 전문가들은 기초 지자체(시·군·구) 산하에 요양전문센터를 신설하고 이 센터에 전문 케어 매니저들을 소속시켜 사례 관리를 해야 한다고 강하게 주장했다. 사례 관리를 보험자인 공단이 함께 수행하는 것은 적절치 않으며 사례 관리 전문가가 욕구 사정, 등급판정 그리고 케어플랜 작성 등의 역할을 맡게 해야 한다는 것이었다.

반면 건보공단 측은 자신이 사례 관리까지 포함한 노인장기요양보험 관리 운영의 주무기관이 되어야 한다고 강하게 주장했는데, 이 주장에는 공단 측의 절박한 조직적 이해관계가 자리 잡고 있었다. 2000년 직장의료보험과 지역의료보험이 통합되면서 만들어진 국민건강보험공단은 불가피하게 과잉 인력 문제를 안게 되었고, 지속적으로 인력을 감축해야 했다. 그런데 공단은 이 과정에서 주로 하위직들을 감축하고 신규 직원을 충원하지 않음에 따라 상위직이 매우 비대한 기형적 구조를 가지게 되었다. 이런 기형적 인력 구조와 방만한 인력 운용에 따른 재정 적자는 수차례 감사원 감사에서 지적되었고, 이는 인력 감축 압력으로 이어졌다. 이런 상황에서 공단이 노인장기요양보험 업무에 대한 관리 운영을 맡게 된다면 공단은 인력의 상당 부분을 이 분야로 재배치함으로써 인력 감축 압력으로부터 벗어날 수 있었다. 바로 이 때문에 공단은 필사적으로 자신이 노인장기요양보험 제도의 관리 운영을 전담해야 한다고 주장했고 그 논리적 근거를 마련하기 위해 자체 연구를 비롯한 여러 작업을 계속해 오고 있던 터였다(허윤정 2010, 105).

실행위원회 최종안을 받아든 복지부는 이 쟁점에 대해 처음에는 학계와 시민단체의 주장으로 경사된 결정을 내렸다. 즉 복지부는 일반적 관리 운영은 보험자인 국민건강보험공단이 담당하고, 사례 관리는 지자체가 담당하는 것으로 정리했다. 지자체가 요양 시설의 확충 및 관리 책임을 갖고 지역별 노인요양보장사업 계획 수립을 의무화하도록 법률에 명시하고, 요양보호사 자격 인정 및 관리, 요양보호사 양성훈련기관 지정 권한 등을 지자체에 부여하며, 요양보호 대상자 판정에도 지자체가 참여토록 했다.

그러나 실행위원회 안의 최종 정리 과정에서 결국 복지부는 케어 매니저 제도를 도입하지 않기로 한다. 대신 복지부는 '복지부 산하'에 '노인수발평가관리원'이라는 기관을 신설하여 관리 기능을 수행하도록 한다는 쪽으로 입장을 정했다. 공단은 보험자로서 자격 관리, 보험료 부과 징수 및 급여 비용 심사 지급 업무를 담당하고, 신설하는 복지부 산하 노인수발평가관리원에서는 요양 신청자에 대한 조사, 요양 등급판정, 요양 계획서 작성 및 급여의 질 관리를 담당하도록 업무를 분담하는 것이 바람직하다는 것이었다(박하정 2008, 70). 복지부가 이렇게 입장을 정리한 것은 노인장기요양보험의 급여 대상을 중증 노인으로 한정하고 급여 수준도 낮게 잡음에 따라 케어 매니저의 역할이 크게 필요치 않을 것이라는 판단에 따른 것이었다고 한다(허윤정 2010, 102). 그러나 사례 관리 업무를 지자체에 주지 않고 자신이 직접 통제하려는 복지부 나름의 조직적 이해관계 역시 작동했던 것으로 보인다.

마지막 주요 쟁점은 급여 형태와 급여 종류였다. 급여 형태는 현금, 현물, 또는 현물의 선택 방식 등 어떤 형태로 급여를 제공하는가의 문제이다. 급여 종류는 실제로 제공되는 서비스의 종류를 말하는 것으로 어떤 공간—병원, 요양 시설, 가정 등—에서 어떤 서비스가 제공되는가의 문제이다. 급여 형태 중 현금은 이용자의 선택권을 충분히 보장할 수 있으나 다른 용도로 유용될 가능성을 안고 있다. 또한 여성의 노동시장 참여를 억제하여 성별 분업을 고착화하고, 노인 돌봄의 가족 의존을 유지하며, 장기적으로 요양 인프라의 확충을 지체시키는 부작용을 낳을 수 있다(허윤정 2010, 111~112). 급여 종류를 어떻게 할 것인가에는 요양시설 및 의사 집단과 요양병원의 이해관계가 걸려 있었다.

급여 형태와 관련해서 2003년 7월 1차 공청회에서의 의견 수렴 결과는 보편적 현금 급여가 바람직하다는 의견이 다수였다. 노인의 선택권 보장 및 인프라의 절대 부족, 재정 절감 등이 그 이유였다. 대신 현금 급여를 할 경우 반드시 평가체계를 확립하여 서비스 실시 여부를 확인하고 서비스 질 평가를 해야 한다는 제안이 나왔다. 그러나 여성단체가 여성의 사회 참여 저해 등의 이유로 현금 급여에 강력히 반대하자, 실행위원회는 현물 급여를 원칙으로 하고, 일부 예외적인 경우에만 현금 급여를 인정하는 방식으로 운영하기로 합의하였다(조경애

2007, 35~36).

급여 종류는 실행위원회 단계에서 위원들의 입장이 부딪히는 쟁점이 되었는데 특히 요양병원 및 요양 병상의 포함 여부가 문제가 되었다. 의료 서비스적 성격의 요양병원과 가정간호는 노인요양보험 제도에서 제외하고 보건소에 의한 방문 간호 정도만 급여 항목에 포함시키자는 안과, 요양병원 입원 노인의 간병 서비스 등도 요양보호 급여에 포함시켜야 한다는 안이 대립했다. 의사협회는 노인요양 제도가 의료 영역을 최소화한 채 복지 서비스 중심으로 만들어지는 것을 '현대판 고려장'으로 비판했다. 그러나 몇 차례의 논의를 거쳐 실행위원회 최종안에서는 요양병원 및 병상은 급여에서 제외하는 것으로 정리되었다(조경애 2007, 36). 이 역시 새로 만들어지는 요양보험의 재정 부담 최소화를 위한 것이었다.

마지막으로 한 가지 지적해둘 만한 것은, 제도 출범 후 서비스 공급의 민간 의존이 두고두고 그토록 문제가 되었음에도 불구하고 공공 요양 인프라 확충 문제가 초기 의제설정 단계에서부터 정책결정까지 크게 중요한 쟁점이 되지 않았다는 점이다. 2002년 복지부가 세운 노인보건복지종합대책 중 시설 확충 10개년 계획에 의하면 2011년까지 시설 수요의 완전 충족을 목표로 시설 인프라를 확충하며 그중 70%는 공적 시설로 하도록 되어 있었다. 그리고 이 연장선상에서 실행위원회는 요양 시설의 경우 전체 수요의 50~60% 수준, 재가의 경우 전체의 30% 수준을 공공이 담당하도록 요양 인프라 확충 계획을 제시했다. 그리고 이를 위해 2011년까지 공공부문이 매년 100여 개 시설을 1,600억 원을 투입하여 확충해야 한다고 밝히고 있다(공적노인요양제도 실행위원회 2005, 양난주 2020에서 재인용). 그러나 당시 노인장기요양보험 제도 도입을 준비하고 있던 보건복지부 주무 부서인 노인보건과장에 의해 쓰여진 2003년 논문의 다음과 같은 진술은 실제로 복지부 내부에서 이런 시설 인프라 확충 계획을 매우 비관적으로 보고 있었음을 방증한다.

> 먼저 시설 인프라와 관련해서는 현재의 시설 인프라는 수요의 30% 수준, 재가는 수요의 5% 수준에 불과한 실정이어서 앞으로 3~4년 아무리 대폭 확충한다 해도 과연 2007년에 공적 제도가 시행될 수 있을 정도의 기반 확충이 가능할 것인가 하는 점이다. … 노인보건복지종합대책 중 시설 확충 10개년 계획에는 2011년까지 시설 수요의 완전 충족을 목표로 시설 인프라를 확충하되 그 70%는 공적 책임으로 확충하는 것으로 되어 있다. 여기에 소요되는 총예산은 4조 2,843억 원에 이른다. 하지만 일반 재정의 확대 한계 등을 들어 이 계획의 실효성에 많은 의문이 제기되고 있음을 부인하기 어렵다. 따라서 효율적인 재원 확보를 위한 특별재원대책 등에 대한 다양한 논의가 필요하다(장병원 2003, 162).

그러나 이렇게 중요한 공공 요양 인프라 문제에 대해서는 어떤 주요 행위자도 크게 공론화가 될 만큼 심각하게 문제 제기를 하지 않았다. 그리고 그 결과는 '다양한 논의'는 이루어지지 않은 채 노인장기요양 서비스를 민간 시설에 의존한 공적 서비스로 굳어지게 만든 것이었다. 한국 복지국가의 발전 과정에서는 의료 서비스를 필두로, 사회 서비스들을 도입할 때마다 정부가 충분한 준비 기간을 갖고 재정을 투입하여 공적 전달체계와 인프라를 갖춘 후 서비스를 시작하기보다는 일단 최소의 비용으로 민간 시설을 이용해 시작하고 추후 보완하겠다는 경우가 많았는데, 노인장기요양 서비스의 경우도 예외가 아니었던 셈이다.

이상에서 노인장기요양보험 제도의 의제형성 과정에 대해 살펴보았다. 이 시기 복지정치의 특징은 다음과 같이 정리할 수 있다.

첫째, 의제형성이 철저히 정부 주도로 이루어졌다. 급속한 고령화 추세에도 불구하고 공적 노인 돌봄 제도의 필요성은 아직은 사회적으로는 크게 공론화되지 않은 상태였다. 보육에 비해 시민단체들 역시 이 문제에 큰 관심을 보이지 않았다. 이에 따라 제도의 준비 과정은 전적으로 정부가 이끌었고 이 과정에서 사회적 논란도 커지지 않았다. 이런 의제형성 과정은 장기요양보호 제도 도입 시 재원 조달 방식을 두고 20년 가까이 논쟁을 벌인 독일과 크게 대비된다(장병원 2003, 153). 결과적으로 이런 정부 중심의 의제형성-제도 준비 과정은 제도의 초기 설계에 있어 정부 내의 권력관계와 관료정치가 그대로 반영되는 원인이 되었다. 복지부의 애초의 구상이나 전문가들의 권고에 반해 예산 절감을 우선순위에 둔 제도 설계 변형이 이미 상당 정도 나타났던 것이다(박하정 2008, 65~120).

둘째, 노인요양보험 제도 도입이 돌봄이 필요한 노인들의 복지 향상과 가족 부담의 경감이라는 본래의 목적보다는 다른 필요성에 의해 촉발되었고, 이 역시 제도 설계에서 예산 관련 부처의 주장이 크게 반영되는 원인이 되었다. 정부 내에서 최초에 장기요양보험 제도 도입의 필요성이 대두된 직접적 계기는 건강보험 재정 악화였다. 또 노무현 정부에서는 사회 서비스 일자리의 확대라는 관점에서 이 제도 도입이 탄력을 받게 되었다. 이는 노인들의 자립생활 지원을 통해 삶의 만족도를 증진하고 돌봄을 사회화해 가족 돌봄의 부담을 덜어준다는 본래의 목적보다 부수적 목적이 의제형성 과정을 지배했음을 보여준다. 이런 주객전도의 의제형성 과정은 결국 제도 설계 전반이 경제부처의 주장대로 철저히 예산 절감 원칙의 지배하에 놓이게 되는 방식으로 영향을 미치게 된다. 시민사회나 비판적 전문가들의 개입은 초기 정책 과정에서 형성된 제도 설계의 기본 틀을 변경시키기엔 너무 늦게 시작되었던 것이다.

셋째, 시민운동 단체나 이익단체의 영향력과 개입은 크지 않았다. 의제형성 자체가 정부 주도로 이루어짐에 따라 시민단체나 이익단체들은 이 제도에 대한 이해가 부족한 경우가 많았고, 복지부가 전문가들을 동원해 집중적으로 설계한 이 초기안에 대해 이견을 제시하기 어려웠다. 게다가 노무현정부 출범 이후 복지부가 정부 임기 내 제도 출범을 내부적 목표로 세우고 정책의 공적 토론을 최소화하고 제도의 시급성과 당위성을 홍보하는 데 주력했기 때문에 민간단체들의 개입의 여지는 더욱 좁아졌다(조경애 2007, 38~41).

이익단체 중 의사협회 등 의료계 대표자들은 기존의 복지부와의 공식, 비공식적 보건의료정책 협의 채널을 통해 자신의 입장을 전달했다. 반면, 사회복지사협회, 간호협회, 노인복지시설협회 등은 공청회에 참여하여 단체의 입장을 밝히는 방식으로 의견을 표명했다. 민주노총과 참여연대, 경실련 등 시민단체들은 추진기획단과 실행위원회에 참여해 의견을 개진했다. 그러나 시민단체는 스스로 주도하여 문제를 제기하고 대안을 제시했던 다른 복지정책들에 비해 노인장기요양보험법의

한국 복지국가는 어떻게 만들어졌나?

경우는, 전체적으로는 소극적 개입을 했다고 할 수 있다(조경애 2007, 38-41). 이들은 적극적으로 정부 설계안의 문제점을 공론화하고 대안을 형성하거나 연대적 대응을 위한 작업에 나서지 않았다. 정부안이 진척될 때마다 원칙적으로 제도 도입을 찬성하는 입장에서 소극적으로 문제점들을 지적하는 성명서를 내는 정도에 그쳤다. 참여연대 같은 시민단체는 내부적으로는 정부, 그것도 상대적으로 진보적인 정부가 추진하는 사회 서비스 시장 창출 정책에 대한 비판적 입장과, 사회 서비스의 확대의 필요성과 당위성에 입각한 마지못한 양해 입장이 공존하는 가운데 뚜렷한 대안을 만들어내지 못했던 것으로 보인다(남찬섭 2020).

(3) 정책결정 단계(2005.10.~2007.04.)

1) 정부안의 확정

2004년 12월 실행위원회 최종 보고서가 준비되고 있던 무렵, 복지부는 새로운 법률안을 마련하는 본격적 준비 작업에 착수하였다. 기획단-실행위원회 단계를 거치면서 정리된 사안도 많았지만, 적지 않은 부분은 여전히 미결정 상태에 있었다. 노인요양보험 제도를 건강보험의 틀 내에서 우선 시행할지, 처음부터 독립 제도를 만들지조차 확정되지 않은 상태였다. 이에 복지부는 정부안 확정을 위한 작업에 나서게 되는데, 이 시기부터를 본격적인 정책결정 단계로 보아야 할 것이다.

복지부는 우선 실행위원회 최종 보고서를 기초로 한 시행안을 발표했다. 복지부가 '복지부 시행안' 즉, '노인장기요양보장제도 기본안'을

2005년 5월 23일 발표하자, 각계의 비판이 쏟아졌다. 이에 복지부는 여론 수렴을 위해 9월 15일 공청회를 개최했다. 대부분의 토론자들은 이 공청회에서 정부법안의 반대와 수정을 요구했다. 재원 조달 방식에 대해 참여연대와 한국노총은 여전히 조세 방식이 바람직하다고 주장했다. 경실련은 보험 방식으로 하더라도 보험료 부담이 너무 높지 않도록 적정선이 되어야 한다고 주장했다. 여성연합과 장기요양연대회의는 본인부담분 20%가 너무 높다고 비판했다(조경애 2007, 43~44).

그러나 복지부는 이런 공청회에서의 비판들을 전혀 반영하지 않은 채 당정협의를 거쳐 2005년 10월 19일 아래와 같은 내용의 법안을 입법예고했다. 입법예고안이 5월에 발표되었던 '노인장기요양보장제도 기본안'과 달라진 부분은 시행시기 연기, 법안 명칭에 '수발'이란 용어가 들어간 것, 그리고 그간 전혀 논의되지 않았던 노인수발평가관리원을 신설하기로 한 것 정도였다. 복지부 최종안이라고 할 수 있는 이 입법예고안의 핵심 내용은 다음과 같았다(박하정 2008, 68~69).

첫째, 법의 명칭이 「노인수발보장법」으로 변경되었고, 지금까지 논의에서 계속 사용되었던 '요양', 혹은 '장기요양'이라는 용어가 '수발'로 변경되었다. 요양이라는 용어가 이미 건강보험법에서 사용되고 있어 개념 혼란 소지가 있다는 것, 우리말인 '수발'이 비의료적 서비스 제공이 주목적인 이 제도의 취지에 더 잘 맞는다는 것이 그 이유였다. 이런 용어 변경의 이면에는 의사단체와의 갈등이 자리 잡고 있었던 것으로 보인다. 의사협회는 노인장기요양 서비스가 의료영역을 최소화한 채 복지 서비스 중심으로 만들어지는 것을 줄곧 비판해왔는데(김명원 2005), 이 비판에 대응하고 새 제도의 성격을 보다 분명히 하기 위해 아예 비의료적 의미가 강한 '수발'로 용어를 변경했다는 것이다.

둘째, 시행시기를 연기했다. 복지부 시행안에서는 실행위원회에서 제시한 두 가지 안, 즉 2007년 건강보험 제도 내에서 노인장기요양 서비스를 시작한 뒤 2010년부터 독립된 노인장기요양보험 제도를 출범시키는 안과, 2007년 7월 처음부터 독립된 제도로 시작한 후 단계적으로 대상을 확대하는 방안 중 후자를 선택했다. 그러나 당정협의 이후 만든 입법예고안에서는 독립 제도로 시작하되, 시설 인프라 등 준비 미비 상태를 감안해 시행시기를 2008년 7월로, 1년 연기하는 것으로 변경했다(박하정 2008).

셋째, 의제설정 및 제도 준비 단계에서 가장 논란이 많았던 재원 조달 방안은 실행위원회 최종안을 받아들였다. 즉 보험료 50%, 본인부담 20%로 하며 정부지원은 건강보험 국고 부담 체계와 같은 수준을 유지한다는 것이었다. 이럴 경우 국고지원분이 직장가입자의 경우는 30%이나, 지역가입자는 당시 건강보험 적자의 조기 해소를 위해 제정된 「국민건강보험재정건전화특별법」으로 인해 한시적으로 50%가 되었는데, 이는 입법예고 후 논란의 불씨가 되었다.

넷째, 대상자가 최소화되었다. 급여 대상자는 실행위원회 논의대로 65세 이상 노인과 '65세 미만 노인성 질병을 가진 자'로 하고, 장애인은 포함하지 않는 것으로 했다. 대신 노인 요양 보장 수준에 맞추어 장애인 복지정책을 확대해 나가기로 했다. 또 실행위원회안은 2013년까지 경증까지 포함하도록 대상을 확대해나간다는 것이었으나 입법예고안은 확대 조항을 삭제하고 중증과 중등도(中等度)의 대상자에게만 장기요양보험을 적용하는 것으로 했다.

다섯째, 급여의 내용은 대체로 실행위원회 논의를 반영한 것이었다. 급여에 노인요양시설(전문요양시설 포함)은 포함하되, 요양병원의 경우 의료적 진료는 건강보험에서 담당하고, 수발보험은 입원한 수발 인정 자에게 수발비(간병비) 일부를 지급하는 것으로 했다.[6] 재가 수발 급여 는 실행위원회 안과 거의 동일했다. 여성운동 단체들이 이의를 제기했 던 현금 지급은 수발 시설이 없는 지역 등 부득이한 경우에만 제한적 으로 허용하도록 했다.

여섯째, 관리 운영 주체는, 논란 끝에 복지부 시행안에서는 일반적 관리 운영은 보험자인 건보공단이 담당하고, 사례 관리는 지자체가 담 당하는 것으로 정리했다. 그러나 입법예고안에서 복지부는 갑자기 지 자체의 역할을 축소하고 지자체 산하의 사례 관리 제도를 도입하지 않 으며, 복지부 산하에 '노인수발평가관리원'을 신설하여, 욕구 사정, 등 급판정, 케어플랜 작성 등은 여기 소속된 사례 관리 전문가들에게 담 당하게 하는 쪽으로 입장을 바꿨다. 그리고 시·군·구 지자체는 요양 시설의 확충과 관리 책임만을 갖도록 했다.

입법예고가 되자 여러 이해관계자들의 반발이 이어졌다. 경실련과 참여연대, 민주노총 등은 입법예고 직후 성명을 통해 정부안에 공청회 에서 지적된 내용들이 전혀 반영되지 않았다고 비판하며 제도 재설계 를 촉구했다. 경총은 기업 부담에 대한 우려를 표명했다. 수발평가관리 원을 설치하는 것에 대해서는 당연히 조직적 이해관계가 걸려 있는 건

---

6   이 조항은 최종적으로 입법된 노인장기요양보험법에도 '요양병원 간병비'라는 형태로 살아남았다. 그러 나 실제 시행되지는 않았다.

보공단이 크게 반발했다. 건보공단은 행정 비용 절감을 위한 관리 일원화를 명분으로 공단이 사례 관리 역할을 맡아야 한다고 강하게 주장했다. 시민사회에서도 의사협회만 수발평가관리원 안을 지지했을 뿐 한국노총, 경실련, 여성연합, 대한노인회, 노인복지시설협회 등은 모두 반대했다. 이들은 사례 관리는 시·군·구의 지역복지센터에서 담당하는 쪽을 지지했다. '수발'이란 이름이 들어간 법 이름에 대해서는 대한노인회, 의사협회, 간호협회, 여성연합이 반대했다. 비의료적, 비전문적이고, 봉건적인 함의가 크다는 것이었다(박동수 2006). 사회복지협회는 전문 인력 배치 문제를 두고 정부안을 비판했다. 대한의사협회는 의료적 기능이 미흡한 노인 시설의 이용으로 노인의 치료받을 권리를 부당히 제한하는 결과를 낳는다고, 정부안을 강하게 비난했다. 시행시기에 대해서도 대한노인회는 원안대로 2007년 시행을 주장했으나 참여연대는 시설 인프라 미비 등 준비 부족을 이유로 5~10년의 유예를, 경총은 한국의 고령화율이 아직 심각하지 않다는 이유로 3~5년간 시범 사업 후 실시를 주장했다(조경애 2007, 43~44).

이런 반대와 비난에도 불구하고 정부는 시민사회 행위자들의 요구를 반영해 법안을 수정하지 않았다. 입법예고 후 정부안 확정까지 수정된 주요사항은 두 가지로, 모두 예산부처의 요구에 의한 것이었다(박하정 2008; 이광재 2010; 허윤정 2010; 박윤영 2010).

첫째, 복지부 법률안에서 국고지원을 건강보험 제도와 같은 수준에서 한다고 되어 있는데 이럴 경우 지역가입자의 경우는 장기요양 서비스 비용의 50%를 지원하게 되어 있었다. 이에 대해 재경부와 기획예산처는 강한 반대를 표명했다. 두 부처는 국고보조를 건강보험 수준으로 하는 것에는 반대하지 않으나, 한시법인 「국민건강보험재정건전화특별법」의 국고보조 조항을 새로 제정하는 노인장기요양보험 법률에 명시하는 것은 적절치 못하다고 반대했다. 그리고 향후 건강보험 재정에 대한 국고지원 방식이 확정되면 이에 준해 지원할 수 있도록 하고, 당장 노인장기요양보험의 국고지원 정도는 대통령령으로 정할 수 있도록 하자고 주장했다(보건복지부 2006.02.07. 〈노인수발보험법 제정안 보도자료〉). 이에 따라 최종 정부안에서는 국고지원 규모를 대통령령으로 정하도록 위임한 후, 건강보험의 국고지원 방식이 최종 결정되면 이와 동일하게 규정하는 것으로 정리되었다.

둘째, 경제부처들은 복지부 산하 수발평가관리원의 신설 역시 추가 비용 문제를 이유로 반대했다. 입법예고안에 사례 관리를 위한 수발관리평가원의 신설 조항이 등장하자 처음부터 건보공단으로의 관리 일원화를 주장했던 공단 측은 이에 반발하면서 공단이 사례 관리 역할을 맡아야 한다고 강하게 주장했다. 이런 대립 상황에서 결국 공단으로의 관리 운영 일원화 안으로 정책결정의 방향을 틀게 하는 결정적 계기가 되었던 것은 또 다시 경제부처들의 입장이었다. 복지부 안이 구체화되던 무렵부터 재경부와 기획예산처는 노인수발사업 관리 조직의 이원화와 이에 따른 관리 운영 비용 증가를 이유로 수발평가원 신설에 부정적인 견해를 표했다. 그리고 정부안의 국회 제출 직전 국민건강보험공단 일원화 안을 밀어붙였다. 예산절감을 무엇보다 중시하는 경제부처의 입장이, 조직 자체의 이해관계로 인해 노인장기요양 서비스의 관리 운영 관할권을 간절히 원했던 건보공단 쪽의 손을 들어주게 된 것이다. 결국 예산처의 압력에 밀린 복지부는 자신의 입장을 철회하고 건보공단 일원화 안을 받아들인다.

이렇게 정리된 정부안은, 국무회의를 거쳐 2006년 2월 16일 국회에서 정부 입법 형식으로 발의되었다.

2) 의회 입법

정부안이 제출되고 난 뒤 5건의 의원 발의안과 한나라당 고경화 의원을 소개의원으로 한 1건의 청원안이 국회 소관 상임위원회인 보건복지위원회에 접수되었다. 총7건의 법률안이 회부된 것이다. 이 법률안들은 9월 18일 보건복지위원회에 일괄 상정되었고 법안심사소위원회로 회부되었다.

국회에서 6개나 되는 대안 입법이 발의된 것은 주요 정당의 당론이 통일되지 않고 다양한 시민사회의 이해관계가 의회 채널을 통해 반영되었기 때문이었다. 의회 입법 단계에서는 정부 입법 단계와 달리 시민사회 행위자들의 참여가 활발해지고 이들과 정당 간의 네트워크가 활성화되었다. 여러 의원들이 법률안을 작성하는 과정에서 전문가들의 참여와 노인단체, 시민단체들과의 접촉이 활발해져 이들의 주장이 법안에 반영되고, 국회 공청회나 법안심사소위 진행 과정에서 다양한 의견들이 수렴되었던 것이다. 6개의 대안 입법을 쟁점에 따라 정리하면 표 8-5와 같다.

이제 의회 입법 단계의 주요 행위자들의 기본 입장과 쟁점별 입장 및 이를 둘러싼 갈등 및 조정 과정을 살펴보자.

먼저 주요 행위자들의 입장을 살펴보면, 첫째, 복지부는 2006년 2월 법안을 국회에 제출한 뒤 여당과의 공조를 위한 작업에 착수했다. 복지부 장관은 열린우리당을 방문해 '노인수발보험법'의 국회 통과를 위한 협조 요청을 했고, 수차례의 실무 당정협의를 통해 법안의 국회 통과를 모색했다. 또한 법안이 2006년 정기국회에서 통과되지 못하자 2007년에는 지역별로 토론회를 개최해 법안 통과를 위한 여론을 조성하고자 했다. 한편 정부안 작성 과정에서 공단으로의 관리 운영 단일화라는 복지부의 양보를 받아낸 건보공단은 복지부와 입장을 함께하면서 국회 및 국민여론 설득에 나섰다. 특히 국회 심의과정에서 관리 운영 기관 문제가 가장 뜨거운 쟁점 중 하나가 되자 공단의 입장 설명을 위해 활발히 움직였다.

둘째, 여당인 열린우리당은 대체로 정부안을 지지하는 입장이었다. 그러나 정부안 중 적용 대상자에서 장애인이 제외되고, 국고부담분이 불분명한 점이 여론의 질타의 대상이 되자 이를 수정한 당론을 장향숙 의원을 대표로 해서 발의했다. 특기할 만한 사항은 열린우리당 김춘진 의원이, 정부안이나 당론이 아니라 민주노동당 안에 가까운 안을 개인적으로 발의했다는 점이다. 김춘진 의원 안은 국고지원을 40%로 여당보다 훨씬 높게 책정하고 있었고 사례 관리도 시·군·구 지자체가 담당하도록 하고 있었다.

셋째, 제1야당인 한나라당은 노인장기요양보험 제도 도입에 적극 찬성하는 입장이었으나, 당에서 세 개의 의원 입법이 발의된 데에서 잘 드러나듯 이 제도에 대한 당론은 없었다. 세 개의 의원 입법은 모두 국고부담이나 적용 대상자 문제에 있어 정부안보다 강한 국가 책임을 강조하는데, 보수정당이 오히려 더 진보적인 안을 지지하고 있다는 점에서 흥미롭다. 이는 한나라당의 주요 지지기반인 노년층 유권자에 대한 정치적 소구 의도에서 나왔던 것으로 보인다.[7] 한나라당은 연금 개혁에서 기초 연금안을 적극적으로 제기했을 때와 마찬가지로 자신의 지지기반과 밀착하는 복지정치 전략을 구사했다.

넷째, 진보정당인 민주노동당은 원내에서 그리고 정치적 행위자 중에서, 요양보호 제도에서의 국가 책임을 가장 강하게 주장한 행위자였다. 민노당은 이런 당론을 장기요양보험 제도의 공공성 강화를 위한 시민단체 연대체인 '장기요양보장쟁취를위한연대회의'(이하 연대회의)와 공조하에 현애자 의원 안으로 정리해 발의했다. 현애자 의원 안은 국고 지원을 50%로 하고 본인부담은 10%로 인하해야 하며 기초생활보장 수급자는 물론이고 차상위 저소득층까지 보험료를 면제하는 안을 담고 있었다.

흥미로운 것은 정당별 입장이 당파적 도식과 꼭 맞지 않고 따라서 정당 간 정책 연합도 정당의 일반적 정책 지향과는 무관하게 이루어졌다는 점이다. 위에 지적한 바와 같이 한나라당은 여당보다 훨씬 진보적인 안을 제시했다. 또 열린우리당 김춘진 의원과 한나라당 정형근 의원은 자신의 소신대로 비슷한 법안을 제출한 민노당 현애자 의원과 법안통과 과정 내내 연대했다(조경애 2007, 79). 국민연금 개혁-기초연금 도입과 비슷한 정치적 양상이 벌어진 것이다.

다섯째, 시민사회의 이익단체 중에서는 노인단체가 적극적으로 입장을 표명했다. 2006년 봄 지방선거를 앞두고 여야 정당의 대표들이

---

7   법안 통과 뒤인 2007년 4월 4일 한나라당은 정책 브리핑에서 "정부안보다 2배 이상의 많은 어르신들이 혜택을 보아야 한다고 주장하여 결국 대상자를 16만 명으로 확대하고, 어르신의 부담도 낮추어 법안을 통과시켰다"고 홍보하며(박하정 2008, 104~105), 자신의 공로를 주장했다.

표 8-5_정부안과 의원 발의안 비교

	수급 자격	급여 내용	재원 조달	관리 운영 체계
정부안	-65세 이상 노인+64세 이하의 노인성 질환자 -장애인: 2008년 1~2급, 2010년 3급까지 확대(4~5급 경증 제외)	-재가급여: 가정수발 등 5종, 복지용구 제공, 방문재활 등 대통령령으로 정한 것 -시설급여: 노인복지법상의 요양 시설 -가족수발비: 특수한 경우로 제한 -요양병원 수발비 일부	-국고지원: 대통령령으로 정함 -본인부담: 20%	-보험자: 건보공단 -자격관리와 사례 관리 등 모든 업무를 건보공단이 담당
장향숙 의원 안 (열린 우리)	-정부안+장애인 포함	-정부안과 동일	-국고지원: 중앙정부 20% -본인부담 20%	-정부안과 동일
김춘진 의원 안 (열린 우리)	-전 국민(장애인 포함) -장애인: 2008년 1~3급, 2014년 4급까지, 2020년 5급까지 확대	-복지용구 대여, 방문재활을 재가급여 일종으로 명시 -가족간병비 포괄적으로 인정 -기타 사항은 정부안과 동일	-국고지원: 중앙정부, 지자체 40% -본인부담 :20%	-보험자: 시군구 *보험료 징수, 급여비 용심사, 지급 등은 건보공단에 위탁 가능 -자격관리 등 모든 업무: 시군구(요양지원센터)로 일원화
정형근 의원 안 (한나라)	-정부안+장애인 포함 -장애인: 2008년 1~3급, 2014년 4급까지, 2020년 5급까지 확대	-복지용구 대여, 방문재활을 재가급여 일종으로 명시 -기타 사항은 정부안과 동일	-국고지원: 중앙정부 40%, 지자체 10% -본인부담: 20%	-보험자: 건보공단 -자격관리, 보험료 징수, 급여비 심사 및 지급, 등급판정, 요양시설 지정: 공단 담당 -요양인정 신청, 접수, 요양계획서 작성, 요양 시설 허가관리: 시군구(지역요양관리센터) 담당
안명옥 의원 안 (한나라)	-정부안+장애인 포함 -장애인: 2008년 1~2급, 2010년 3급, 2014년 4급, 2020년 5급까지 확대	-복지용구 대여, 주거환경 개선, 방문재활, 요양 서비스 관리를 재가급여 일종으로 명시 -시설급여로 노인전문병원(공공기관 운영) 추가 -기타 사항은 정부안과 동일	-국고지원: 중앙정부, 지자체 40% -본인부담: 20%	-보험자: 시군구 *보험료 징수, 급여비 용심사, 지급 등은 건보공단에 위탁 가능 -자격관리 등 모든 업무: 시군구(요양지원센터)로 일원화

	수급 자격	급여 내용	재원 조달	관리 운영 체계
고경화 의원 안 (한나라)	-정부안과 동일	-정부안과 동일	-국고지원: 대통령령으로 정함 -본인부담: 10%	-보험자: 건보공단 -자격관리, 보험료 징수, 급여비 심사 및 지급, 등급판정, 요양시설 지정: 공단 담당 -수발인정 신청·접수·조사, 등급판정위 운용, 표준수발이용계획서 작성, 수발 시설 지정: 시군구(수발지원사업소)
현애자 의원 안 (민노)	-전 국민(장애인 포함) -장애인: 2008년 1-2급, 2010년 3급, 2014년 4급, 2020년 5급까지 확대	-복지용구 구입 및 대여, 주거환경 개선, 방문재활을 재가급여 일종으로 명시 -기타사항은 정부안과 동일	-국고지원: 중앙정부 50% -본인부담: 10%	-보험자: 건보공단 -자격관리, 보험료 징수, 급여비 심사 및 지급, 등급판정, 요양시설 지정: 공단 담당 -요양계획서 작성, 사례관리, 복지용구 대여 등: 시군구(지역요양관리센터) 담당

자료: 박하정(2008), p. 99~100을 일부 수정

대한노인회를 각각 방문했고, 이 자리에서 노인회는 법안의 조기 제정을 촉구했다. 한편 노인복지사업 단체인 노인복지시설협회는 공단이 일원화된 관리 운영 주체가 될 경우 수가 통제를 엄격히 할 것을 우려해 사례 관리를 지자체가 하도록 하는 안을 강하게 주장했다. 또한 한의사협회는 요양 등급판정을 위해 의사 소견서를 발급하는 의사에 한의사를 포함시킬 것을, 그리고 치과의사협회는 급여 서비스에 구강 관리를 포함시킬 것을 요구했다. 이 이익단체들은 보건복지위 의원들을 개별 방문하여, 혹은 법안심사소위에 참석하여 이러한 이해관계에 기반한 주장을 개진했다.

마지막으로 시민단체는 의회 입법 단계에서도 가장 강하게 정부안을 비판한 행위자였다. 국고부담이 법률에 명시되지 않고 본인부담이 높게 책정된 재원 조달 방안, 이에 따른 협소한 제도 적용 대상, 공단이라는 부적절한 사례 관리 기관 등이 주된 비판의 초점이었다. 초기부터 이 문제에 가장 큰 관심을 가지고 있었던 건강세상네트워크는 2006년 4월 여러 복지단체, 빈민단체, 건강단체 등과 함께 '장기요양보장제도쟁취를위한연대회의'를 구성하고 정부 책임을 강화하는 대안 마련을 촉구했다. 연대회의는 이런 감시와 촉구에 그치지 않고 적극적인 대안 입법 마련에도 나섰고 결국 민노당의 현애자 의원 안에 자신의 입장을 상당 부분 반영했다.

흥미롭게도 참여연대나 경실련, 그리고 여성연합과 같은 대규모의 시민단체들은 연대회의에 참여하지 않았다. 이런 종합적 시민운동 단체들은 당시 보다 큰 사회적 관심이 집중되었던 사립학교법 제정과 건강보험법 및 국민연금법 개정에 더 집중하면서 노인장기요양보험법을 우선순위에 두지 않았다(조경애 2007). 한국에서 복지정책 수립 시 시민운동의 힘은 대규모 종합적 시민운동 단체가 주축이 되어 연대체를 구성하고 이를 기반으로 여론을 동원할 때 영향력을 가질 수 있었으나, 노인장기요양보호법 제정의 경우 이런 대규모 시민운동 연대체의 연성 권력자원들이 동원되지 않은 것이다. 장기요양보장제도쟁취를위한연대회의의 동원력과 지도력은 여러 모로 이런 종합적 시민운동 단체들에 미치지 못했다.

이제 쟁점별로 주요 행위자들의 입장이 무엇이었으며, 쟁점들을 둘러싼 갈등이 최종적으로 어떻게 타결되었는지 살펴보자. 국회 입법 절차에 따라 11월 2일 국회 보건복지위 주관의 공청회가 열리고 시민사회가 주최하는 크고 작은 토론회가 열리자 정부안에 대한 각계의 비판과 요구가 봇물처럼 쏟아졌다.

적용 대상에 대해, 한국노총은 각종 공청회, 토론회에서 국고부담을 확대해 보편적 보장이라는 요양보험의 본래 의미를 살려야한다고 주장했다. 다른 시민단체나 전문가들도 수급 대상 확대를 주장했다. 이런 시민사회의 비판과 반발은 여러 의원 입법안에도 이미 반영된 터였다. 정부안은 경증 대상자들을 제외하고 있었으나 현애자 안(2015)과 정형근 안, 안명옥 안, 김춘진 안(2020)은 향후 경증 대상자에게 확대되도록 했고 그 적용 시기를 명시하고 있었다. 또한 정형근 안, 안명옥 안, 장향숙 안은 적용 대상에 장애인을 추가하고 있었고, 김춘진 안, 현애자 안은 요양보호가 필요한 모든 국민을 포괄하고 있었다.

그러나 복지부는 재정적 한계, 요양 인프라의 부족, 가족주의적 전통 등을 들어 정부안을 고수했다. 그리고 그 밑에는 정치적 부담으로 보험료를 올리기 어렵고, 경제부처의 반대로 조세 부담을 올리기도 어려우며, 그렇다면 결국 수급 대상을 좁게 잡을 수밖에 없다는 판단이 깔려 있었다고 할 수 있다. 급여 대상은 1, 2등급의 중증노인만을 대상으로 하고 2010년까지 3등급으로 확대하는 것으로 최종 결정되었다. 그리고 이에 따라 수급권은 전체 노인의 약 3.1% 정도로 책정되었다. 제도 준비 과정에서 전체 노인의 10~15% 정도로 논의되던 수급권 범위가 정부안 확정 과정에서 예산부처의 주장에 의해 전체 노인의 1.7%로까지 축소되었다가 국회 심의 과정에서 여러 비판을 받고 겨우 전체 노인의 3.1%로 정해진 것이다. 장애인은 수급 대상에서 결국 제외되었다. 다만 부대 결의를 통해 장애인에게 별도의 요양 서비스를 제공하되 2010년 6월까지 요양보험에 장애인 포함 여부를 다시 결정한 장애인 서비스 대책을 국회에 보고하도록 하도록 했다(국회 보건복지상임위원회 법안심사소위 속기록 2006.11.27.: 국회 보건복지상임위원회 법안심사소위 속기록 2006.11.29.).

다음으로 재원 조달 방안에 있어 정부안은 정부 지원 규모를 대통령령에 위임하고 본인부담을 20%로 잡고 있었다. 반면 의원 발의 법률안들은 모두 정부 지원을 40~50%로 높여 잡았다. 정형근 의원 안은 본인부담 20%, 국가보조 50% 안을, 현애자 의원 안은 본인부담 10%, 국가보조 50%를 주장했다. 또한 고경화, 현애자 의원 안도 본인부담을 10%로 낮추도록 하고 있었다. 참여연대와 경실련은 성명을 내어 국고부담 규모를 대통령령에 위임한 것을 비판하면서 정부가 생색만 내지말고 국고부담 증대를 통해 국가 책임을 강화할 것을 촉구했다. 한국노총은 국고부담을 50%까지 올려야 한다고 주장했고 경실련도 국고부담이 최소 25% 이상은 되어야 한다고 주장했다(조경애 2007).

그러나 2006년 11월 국회 보건복지위원회 법안심사소위 1차 회의에서는 보건복지부 노인정책국장이 참여한 상태에서 보험료 65%, 국고 20%, 본인부담은 시설 20%, 재가 15%를 제안했다. 이후 2006년 11월 29일 법안심사소위 4차 회의에서는 본인부담률을 시설은 20%, 재가는 15%로 한다는 방안을 확정하였다(국회 보건복지상임위원회 법안심사소위 속기록 2006.11.29.) 대통령령으로 정하기로 했던 국고지원 비율을 확정할 수 있었던 것은 2006년 12월 건강보험법이 개정되면 보험료 예상 수입액의 20%를 국고에서 지원할 것이 확실시되었고, 이에

한국 복지국가는 어떻게 만들어졌나?

표 8-6_노인장기요양보험 추진 단계별 주요 쟁점과 최종 입법

	추진기획단 안 (2004.02)	실행위원회 안 (2005.02)	입법예고안 (2005.09)	국회제출 정부안 (2006.02)	국회 의결안 (2007.04)
수급 자격	-45세 이상으로 하되 65세 이상 노인부터 적용 -1~4단계구분 후 단계적 확대 -장애인 추후 검토	-45~64세 노인성 질환자 + 65세 이상 -1~4단계구분 후 단계적 확대 -장애인 추후 검토	-64세 이하 노인성 질환자 +65세 이상 -중증, 중등증만을 대상으로 하고 경증 제외 -장애인 제외	-좌동	-좌동 ※ 65세 미만과 장애인에 대한 부대의결 채택
재원 조달	-보험료 50% -국고지원 30% -본인부담 20%	-국고지원팀: 건강보험과 동일수준 -본인부담 20%	-좌동	-국고지원분 대통령령으로 정함 -본인부담 20%	-보험료 65% -국고지원 20% -본인부담:시설 20%, 재가 15%
관리 운영 체계	-건보공단	-건보공단	-건보공단 -노인수발평가 관리원 신설	-건보공단	-건보공단
현금 급여	-미정	-서비스 공급자가 없는 지역에 한정	-좌동	-좌동	-좌동

자료: 박하정(2007), p.95~96; 이진숙·조은영(2012). p. 16에서 재정리

따라 노인장기요양보험에 대한 국고지원도 동일하게 보험료 예상 수입액의 20%를 지원하는 것으로 명시할 수 있었기 때문이었다(박하정 2008, 110). 재가 서비스 이용 시 본인부담률 일부 인하는 건강세상네트워크·민노총·한노총·민주노동당의 의견이 일부 반영된 결과였다(이광재 2011, 21).

관리 운영 체계는 의회 입법 단계의 가장 뜨거운 쟁점 중 하나였다. 의원 입법안이나 시민사회 행위자들은 대부분 정부안인 국민건강보험 관리공단으로의 관리 일원화에 반대하는 입장이었다. 대부분의 의원 입법안들도 관리 운영을 이원화하고 시·군·구의 지역요양관리센터―혹은 요양지원센터, 혹은 장기요양센터―에서 수발 신청 접수, 등급판

정, 요양 계획서 작성 사례 관리를 맡아야 한다는 안을 담고 있었다. 안명옥, 김춘진, 고경화 의원 발의안은 시·군·구가 주된 관리 책임을 맡되, 보험료 징수나 급여 비용 심사 등을 공단에 위탁할 수 있게 했다. 정형근, 현애자 의원 안은 공단을 주된 관리자로 하되 요양 계획서 작성 등 일부 업무를 시·군·구가 맡도록 하고 있었다.

11월 국회 공청회에서도 국민건강보험관리 공단을 제외한 모든 대표자들, 즉 전문가, 노인단체, 노인 시설 운영자, 경영계, 노동계 등은 관리 운영의 주체로 공단이 아니라 시·군·구 즉 기초 지자체가 적합하다고 주장했다. 그러나 경제부처의 압력을 수용해 자신의 안을 철회한 복지부는 '공단 일원화 안'을 가지고 국회를 설득했다. 결국 2006년 11월 27일 법안심사소위 3차 심사에서는 정부안을 거의 그대로 담은 법안이 확정되어, 사례 관리를 포함한 전체적인 관리 운영은 건강보험공단이 수행하게 되었다. 공단 내의 등급판정위원회가 피보험자의 서비스 이용의 적격 여부를 심의하고, 등급판정 후 장기요양인정서와 표준장기요양이용계획서를 발급하는 방식으로 대상자 사정이 이루어지게 되었다. 다만 공단 일원화 안에 대한 강력한 반대 의견들에 대한 타협책으로 몇 가지 세부 조항은 손질했다. 즉 등급판정위원회 구성에서 위원 15인 중 시장·군수·구청장이 7인을 추천하고, 시·군·구 공무원이 위원에 포함되도록 했다. 또 장기요양기관의 지정과 취소 권한을 공단에서 시·군·구로 변경했다(박하정 2008, 110). 최종적으로 국회에서 통과된 법률안을 이전에 논의된 안들과 비교하면 표 8-6과 같다.

2006년 9월 18일 국회 법안심사소위에 회부된 7건의 법률안을 두고 쟁점들에 대한 여야의 이견이 좁혀지지 않음에 따라 법안 심의는

한국 복지국가는 어떻게 만들어졌나?

다음 해로 연장되었다. 진통 끝에 2007년 2월 22일에야 여야 절충으로 단일안이 만들어져 보건복지상임위에서 의결되었고(표 8-6의 국회의결안) 이 안이 4월 2일 국회 본회의를 통과했다. 그리고 마침내 4월 27일 「노인장기요양보험법」이 공포되었다.

3. 소결

노인장기요양보험법은 민주화 이후 복지 입법 중에서도 가장 행정부 주도성이 강하고 경제부처의 입장이 강하게 나타난 사례이다. 급여 대상자, 재원 조달, 관리 운영 체계라는 가장 중요한 쟁점들이 모두 기획예산처와 재정경제부의 예산 절감의 논리하에 조정되었고 제도 설계에 결정적 영향을 미쳤다. 예산처는 시민단체, 노동단체 및 여야 모든 정당으로부터 국고지원 확대 요구가 강하게 제기되었음에도 불구하고 건강보험에 대한 국고지원 비율 이상으로 지원할 수 없다는 자신의 입장을 관철했다. 이에 따라 대상자 범위는 처음 제도 설계 당시 전문가들이 제안했던 목표치의 1/3 수준에서 결정될 수밖에 없었다. 또한 전달체계에 있어서도, 대부분의 전문가들이 제안했던 지자체에 책임과 권한을 주고 관련 업무를 위한 공적 조직과 인력을 확대하는 것이나, 복지부가 제안했던 노인수발평가관리원을 설치하는 것에 대해 관리 운영비 증가를 이유로 반대해 결국 건보공단으로의 관리 일원화안을 관철시켰다.

정부 내 권력관계에서 열위에 있던 복지부는 예산처의 요구대로 제도 준비 단계의 설계들을 모두 변경시켰고 이는 대부분 최종 입법에 반영되었다. 최종 입법 결과는 관료정치의 역학을 잘 반영하고 있다. 반면 사회적 행위자들끼리의 광범위한 연합이나, 정치적 행위자와 사회적 행위자를 연결하는 제휴체의 형성, 그리고 이를 이용한 행위자 간 권력관계의 반전은 일어나지 않는다.

그렇다면 노인장기요양보험 도입 과정에서 유난히 두드러지는 이런 강력한 관료 주도성과 예산부처의 영향력은 어디서 비롯되는 것일까? 정부의 경제부처들이 복지제도에 있어 예산 절감을 강조하고 가족과 시장에 의한 해결을 선호해 온 것은 어제, 오늘의 일이 아니라 거의 상수와 같았다. 그렇다면 왜 다른 복지제도와 달리 노인장기요양보험 제도의 경우에는 이런 경제부처의 입김이 더 두드러진 것일까?

우선 노인 돌봄의 사회화에 대한 사회적 압력이 강해지기 전에 건강보험 재정 안정화라는 제도 외적 목적에 의해 도입 논의가 시작된 것이 한 원인일 수 있다. 한국이 고령사회로 접어들기도 전에 노인장기요양보호 제도 도입 논의를 시작한 것은 다른 나라의 경험과 비교할 때, 그리고 한국이 후발 복지국가였다는 사실을 고려할 때, 매우 이례적인 일이었다. 게다가 노인 돌봄 문제는 보육 서비스 확대나 국민기초생활보장 제도와 달리 시민사회에서 이를 중대한 문제로 인식하고 문제 해결을 촉구하는 압력이 거세었던 것도 아니다. 그러기 전에 먼저 행정부 관료들에 의해 공적 노인 돌봄의 부재가 해결해야 할 문제로 인지되었던 것이다.

그런데 이렇게 행정부에 의해 인지된 '문제의 핵심'은 돌봄이 필요한 노인의 욕구 해결과 자립 생활 지원, 혹은 노인을 돌보는 가구에 대한 공적 지원보다는 재정문제였다. 즉 늘어가는 노인 요양 문제가 그렇지 않아도 위기에 처한 건강보험 재정을 위협하고 있었기 때문에 의료 서비스 밖에서 노인 돌봄 문제를 해결하기 위한 장치 마련이 시급하다고 판단하게 되었던 것이다. 이렇게 제도 외적 목적이 더 중요했던 행정부가 의제설정을 주도하게 되자, 초기에 법안을 구조화하는 과정에서도 이런 관심사가 제도 구상에 우선적으로 반영되었다. 복지부의 건강보험 재정 적자 우려, 경제부처들의 전체적인 예산 절감의 필요성이라는 입장이 제도 설계 전체를 지배하게 되었던 것이다.[8] 그리고 이런 경로 설정은 이후 두고두고 서비스 공급의 민간 의존에 따른 여러 가지 문제를 해결하기 어렵게 하는 원인이 되었다.

둘째, 법 제정 최종 단계의 정부 내 역학관계 역시 경제부처의 입장이 제도에 강하게 각인되게 된 중요한 원인이었다고 할 수 있다. 예컨대, 국민기초생활보장법과 비교해보자면, 국민기초생활보장법 제정 시기는 대통령의 권력 누수가 가시화되고 있었으나, 여전히 민주화로부터 그리 멀지 않은 시점이어서 아직은 대통령의 권위가 강하게 살아있던 상태였다. 따라서 대통령이 울산 발언을 통해 법 제정 의지를 강하게 밝히자 법안은 탄력을 받고 기사회생했다. 그리고 의제설정을 주도했던 시민운동이 디자인하고 여당이 거의 그대로 받아 발의한 제도가 법으로 제정될 수 있었다. 기획예산처는 법 제정 이후 시행령과 시

---

8   이런 의미에서 '새로운 제도를 만드는 것이었기 때문에 법안 작성, 예산 편성, 관리 운영 체계 설계, 장기요양 수가 결정 등 많은 사항이 정부의 행정력에 의해 뒷받침되어야 하므로 정부 측에서 주도권을 가지고 의사결정을 하였다'(박하정 2008, 87~88)는 주장은 일면적이라고 할 수 있다. 국민기초생활보장법의 경우도 완전히 새로운 제도를 만드는 것이었지만 정부의 주도권이나 예산부처의 영향력이 훨씬 약하게 작용했다.

행세칙 제정 과정에서야 세부 사항들에 개입했고 예산 절감이라는 자신의 입장을 애초의 주장에 비해 훨씬 적은 폭으로 관철할 수 있었다.

반면 노인장기요양보험법의 경우, 권력기관 개혁을 통해 대통령의 권력을 스스로 약화시키고, 당정분리를 공식화했던 노무현정부가 권력누수기에 접어들던 시기에 법 제정이 이루어졌다. 게다가 정부안 결정과 법안의 의회 심의 당시 대통령과 여당은 노무현 대통령의 지지율 하락, 연이은 선거 패배, 심화되는 당·청 갈등 등으로 영향력이 약화될 대로 약화된 상태였다. 이런 상태에서 대통령실이 법 제정에 개입하지 않게 되자, 결국 행정부처의 통상적 권력관계가 반영된 관료정치에 따라 예산처의 의사가 강하게 반영된 정부안이 결정되었다. 복지부는 예산처가 반대하는 사안을 고집할 경우 제도 도입 자체가 좌초할 것을 우려해 예산처의 주장을 거의 모두 수용했다. 여기에 여당 역시 큰 반발 없이 정부안을 지지함에 따라 결국 예산처 안이라고 할 수 있는 정부안이 최종 법안으로 통과되었다.

셋째, 시민운동의 개입이 약했다. 국민기초생활보장법 제정이나 '새싹플랜' 이후 새로운 보육정책 제정의 경우, 시민운동 단체가 먼저 문제의 심각성을 제기하고(awareness-raising) 입법과 정책 변화를 촉구했다. 반면 노인장기요양보호 제도의 경우 시민사회 쪽의 필요성에 대한 인식이 매우 약해서, 복지부 쪽의 제도 도입 검토 이전에는 본격적 문제제기가 없었다. 게다가 제도 도입 문제가 공론화되어 공중 의제(public agenda) 단계에 접어든 후에도 참여연대나 경실련, 여성연합 등 이른바 정당처럼 '대의의 대행'을 수행하던 종합형 시민운동 단체들은 강하게 개입하지 않았다.

시민단체들이 이 문제에 대해 관심이 적었던 이유는 다음과 같은 몇 가지로 추측해볼 수 있다. 우선, 장기요양보험 제도 도입 문제가 수면 위로 떠오른 이 무렵만 해도 한국의 고령인구 비율이 그렇게 높지 않았고 심각한 사회문제로는 인지되지 않았다는 점이다. 참여연대나 경실련 등 종합적 시민운동 단체들이 당시 보다 큰 사회적 관심이 집중되던 국민건강보험법 및 국민연금법 개정(혹은 사립학교법 제정)에 더 집중하면서 노인장기요양보험법을 감시의 우선순위에 두지 않았다(조경애 2007)는 것도 크게 보면 이런 사회적 분위기를 반영하는 것이라고 할 수 있을 것이다.

다음으로, 여성운동 단체들은 적절한 보육 서비스의 결핍을 여성노동권 확대에 중요한 장애물로 인식했던 반면 장기요양 서비스는 그렇지 않았다. 노인 돌봄 역시 가족, 특히 여성 가족 구성원에게 맡겨져 있었으나 이들은 대부분 노동시장에서 퇴장해 있던 배우자나 자녀 등 주로 중년 이후에 접어든 중·고령 여성들이었다. 이 때문에 노인 돌봄은 보육처럼 일·가족 양립이나 여성의 경력 단절 문제와 밀접히 연관되어 논의되지 않았고, 여성단체들도 이를 적극적으로 공론화하지 않았다.[9]

이런 상황에서 건강세상네트워크를 중심으로 관련 시민운동 단체들과 전문가들은 기획단과 실행위원회를 거치며 정부안이 이미 상당 정도 구조화된 후에야 여러 가지 비판을 가하고 새로운 제안을 제시했으나, 정부안을 넘어서지 못했다. 이는 국민기초생활보장법이나 보육문

---

9   여성단체와 노동조합이 장기요양보험 제도에 본격적 관심을 갖게 된 것은 제도 도입 후 중·고령층 여성들이 주로 요양보호사 역할을 하게 되고 이들의 노동권 문제가 부각되면서부터였다.

제와 달리 시민운동이 자신이 가진 연성 권력자원의 동원에 집중하지 않았고, 결국 전 국민적 관심이나 여론 동원에 성공하지 못했음을 의미하는 것이라 할 수 있겠다.

행정부나 입법부에 시민운동과 직간접적으로 연결된 제도 내 활동가(institutional activists, Pettinicchio 2012)가 없었던 것도 장기요양보험법 제정에서 시민단체의 영향력이 최소화된 원인 중 하나였다. 국민기초생활보장법 제정, 새싹플랜 이후 보육정책 혁신 그리고 서울시 청년수당 도입의 경우, 행정부 혹은 여당에 시민운동이 제기하는 법안과 정책의 취지에 깊이 공감하는 내부자, 즉 제도 내 활동가들이 존재했다. 보육의 경우에는 여성운동에 오래 몸담았던 인사들이 담당부처였던 여성가족부의 장관들이 되었고, 보육이 여가부의 업무로 이관되자 시민단체들과 소통하면서 정책을 만들어나갔다. 그러나 노인 돌봄은 보건복지부의 주도하에 제도 도입이 검토되기 시작했고, 시민운동과 연결된 제도 내 활동가가 존재하지 않았으며, 보육과 같은 정책 네트워크가 만들어지지 않았다. 건강세상네트워크를 주축으로 하는 장기요양연대회의는 뒤늦게 민노당과 연결되어 현애자 의원 안에 자신의 입장을 반영했으나, 민노당의 권력자원은 이를 법안으로 연결시키기엔 턱없이 부족했다.

넷째, 시민사회의 또 다른 행위자인 이익집단 역시 크게 영향력을 행사하지 않았다는 점도 정부 주도성이 커진 원인이라고 할 수 있다. 노인단체들은 정부안이 상당 정도 구체화되기 이전까지 노인장기요양 서비스 문제에 별 관심을 보이지 않았다. 경로 연금이나 노인 취업, 그리고 경로당이나 노인정 등의 문제와 달리 노인 돌봄 서비스의 경우는

한국 복지국가는 어떻게 만들어졌나?

정부에 정책 마련을 요구하지 않았던 것이다(박하정 2008, 64). 이는 가족에 의한 노인 돌봄을 어느 정도는 당연시했던 당시의 사회 분위기 속에서 노인들 역시 그런 통념을 가지고 있었기 때문이라고 보아야 할 것이다. 노인단체들은 정부안 작성 과정에서 원론적 수준에서 장기요양보험 제도의 도입에 찬성을 표했을 뿐 구체적인 쟁점들에 대해서는 별다른 입장 표명이 없었다. 정부 밖의 페미니스트 활동가들과 정부 내의 페모크라트들의 연계와 교감을 중요한 동력으로 했던 보육정책과는 상황이 매우 달랐다. 의사협회 등 다른 이익단체들은 정부안 작성과 국회 심의 단계에서 자신들의 요구 일부를 법안 세부 사항에 반영했으나, 법안 골격에 영향을 미칠 정도는 아니었다.

다른 한편, 장기요양보험법 통과 과정은 행정부와 예산부처의 주도성이 두드러지기는 하지만 복지정책 결정에서 정당의 역할이 활성화되고 있음도 보여주었다고 할 수 있다. 여당은 정부안과 유사한 안이기는 하나 당론으로 독자 안을 냈다. 제1야당인 한나라당 역시 3개의 법안을 제출했고, 민주노동당도 독자 안을 냈다. 이런 야당 안들은 여러 이익단체나 시민단체의 안을 반영한 것으로 정당이 복지정치에서 이익 집약과 이익대표 기능을 수행하기 시작했음을 알리는 것이라고 할 수 있다. 특히 한나라당은 국민연금 개혁 시 기초연금에 대해 적극적으로 안을 제시하고 이를 자당의 정치적 상품으로 세일즈했던 것과 마찬가지로 노인장기요양보호 제도에서도 포괄 범위와 재원 조달에서 관대한 제도 설계를 주장하면서 자신이 노인층의 이익 옹호자임을 부각시키려 했다. 이는 정당이 자신의 지지기반과 밀착하는 복지정치 전략을 적극적으로 구사하기 시작했음을 알리는 징표라고 할 수 있겠다.

비슷한 시기 이루어진 국민연금 개혁에서의 정당의 역할 강화와 더불어 이는 매우 주목할 만한 변화이다. 즉 그전까지 정당들이 이런 기능을 거의 수행하지 않았고 이에 따라 이런 기능이 시민단체에 의해 대행되었던 것과 달리, 그리고 의회가 시민사회의 다양한 의견들이 대표되고 타협되는 장이 아니라 통법부의 역할을 해온 것과는 달리, 복지정치에서 정당과 의회의 기능이 정상화되었음을 알리는 신호이기 때문이다. 다만, 제도의 세부안에 대한 정당별 입장은, 역시 국민연금의 경우와 마찬가지로, 당파적 도식과 꼭 맞지 않고 따라서 정당 간 정책 연합도 정당의 일반적 정책 지향과는 무관하게 이루어졌는데(조경애 2007, 79), 이는 복지정치에서 정당 경쟁이 시작된 초기였기 때문이었을 것으로 보인다.

9장

서울시 청년수당
도입[1]

이 장에서는 서울시 청년수당[2] 정책의 도입 과정을 살펴보고자 한다. 이 책의 다른 장들이 중앙정부를 무대로 한 전국적 수준의 행위자들의 상호작용을 다루고 있는 데 비해, 이 장은 서울시라는 지방정부 차원의 복지정치를 다룬다. 서울시는 한국 총인구의 약 20%를 차지하는 큰 지자체로서 중앙 복지정치의 축소판적 성격을 가지고 있다. 특히 청년수당의 경우는 사회적 파장도 커서 도입 시 큰 논란을 불러일

---

1 이 장은 김영순·이태형(2020). "제도 내 활동가(institutional activists)와 내·외부자 협력의 복지정치: 서울시 청년수당 정책결정 과정". 『한국사회정책』 제27권 제3호를 수정, 보완한 것이다. 공동집필자 중 한 사람인 이태형은 청년 당사자 조직의 일원으로 서울시 청년수당 정책 도입 과정에 참여한 경험을 바탕으로 원래의 논문을 같이 썼다.
2 정식 명칭은 서울시 '청년활동지원 사업'이나 이 연구에서는 대중적으로 보다 잘 알려진 이름인 서울시 '청년수당'으로 칭하기로 한다.

으켰고, 중앙정부의 반대로 집행의 난관에 부딪혔다가 결국 중앙정부 권력이 교체된 이후 온전하게 실시될 수 있었다. 권력교체 이후에는 역으로 중앙정부에서도 유사 정책이 채택되고, 유사한 거버넌스 구조가 도입되었다.[3] 따라서 서울시 청년수당의 도입은 지방-중앙정부 간의 복지정치의 양상을 살펴볼 수 있는 흔치 않은 기회를 제공했다는 점에서도 주목할 만한 사례라고 할 수 있다.

한편, 서울시 청년수당은 청년 구직자라는 노동시장 외부자를 위한 복지제도가 당사자를 대변하는 사회운동과 지방정부의 적극적 협업에 의해 도입되었다는 점에서 새로운 복지정치 모델로도 주목할 만하다. 노동시장과 복지제도의 부정합(mismatch)은 점점 더 현대 복지국가의 심각한 문제가 되어가고 있다. 표준적 고용관계를 기반으로 작동하던 사회보험 모델은 이제 증대하는 비정형 노동자들, 즉 노동시장 외부자들에게는 적용되기 어렵기 때문이다. 이에 따라 복지국가에 대한 노동시장 내부자와 외부자의 이해관계가 점점 달라지는 가운데 (Häusermann and Schwander 2012) 외부자의 이해관계가 복지정치에서 제대로 대변되지 못하는 것 또한 중요한 문제로 부상하고 있다. 조직화되지 않아 스스로를 대변할 수 없는 노동시장 외부자 집단은 그 자체로 민주주의와 평등이라는 관점에서 문제가 된다. 게다가, 정치적 소외로 쌓인 이들의 불만은 복지 쇼비니즘과 정치적 양극화로 이어지

---

3   2020년 8월 청년기본법이 시행되기 시작했는데, 이는 서울시에서 2015년 1월 제정, 시행한 서울시 청년기본조례가 그 원형이라 할 수 있다. 또한 문재인정부는 2020년 9월 청년정책을 전반적으로 심의, 조정할 컨트롤 타워로 청년정책조정위원회를 국무총리실 산하에 설치했는데, 이 역시 청년청 등 서울시에서 먼저 설치했던 것과 유사한 조직이라고 할 수 있다.

고 있다(Piketty 2018). 그렇다면 이렇게 노동시장이 변화하는 가운데 복지정치에서 노동시장 약자들의 목소리가 제대로 대변되고 정책화될 수 있는 길은 무엇일까? 외부자들의 조직화와 민주주의의 혁신이 답이 겠으나, 어떤 형태로 그것이 가능할지는 당장 답하기 쉽지 않다.

이런 상황에서, 서울시 청년수당은 노동시장 외부자를 위한 복지제 도가 사회운동과 지방정부의 협업에 의해 도입되었다는 점에서 새로 운 복지정치 모델로 눈길을 끈다. 게다가 도입된 정책이 긍정적 피드백 에 의해 수년간 지속되고 있으며, 타 지자체들 나아가 중앙정부로 모 방, 확산되었다는 점에서 새로운 정책 모델로도 주목을 요한다. 이 장 의 실천적 목적은 어떻게 이런 노동시장 외부자의 이익을 대변하는 새 로운 형태의 복지정치가 가능했는지 밝혀 그 현실적 확대 적용 가능성 을 가늠해보는 것이다.

서울시 청년수당은 그 도입 과정에서부터 정치적 논란 속에 주목의 대상이 되었고, 이미 이에 대한 연구들도 상당히 존재한다. 그러나 그 대부분은 거버넌스에 초점을 둔 행정학적 관점의 미시적 연구들이며 복지정치라는 보다 폭넓은 시야에서의 연구는 많지 않다. 또한 최근 들어 정치제도의 내-외부가 점점 희미해져가는 추세임에도 불구하고 기존 연구들은 내부-외부의 이분법을 전제하고 있어 내-외부자의 협 력을 균형 있게 설명하기 어려웠다.

서울시 청년수당 도입의 역동적 과정은, 사회운동에만 주목하는 혁 신가론이나 정치과정론만으로는 다 설명하기 어렵다. 그러나 다른 한 편 이 과정은 행정학 쪽의 협력적 거버넌스 모델로는 다 설명되지 않 는 새로운 요소들 역시 가지고 있다. 과거의 사례에서 찾아보기 힘든

'제도 내 활동가'의 중요한 역할이 그것이다. 이런 판단하에 이 장에서는 사회운동의 맥락을 중시하면서도 제도 내부에 주목하는 제도내활동가론(institutional activism)을 원용해 청년수당의 도입 과정을 보다 풍부하게 설명해보고자 한다. 즉 여기서는, 서울시 청년수당이라는 청년 '노동시장 외부자'를 위한 복지정책이 지방자치단체와 청년 당사자 조직이라고 하는 '정치적 제도 내-외부자'의 협업에 의해 도입된 경우라고 보고 이 협업을 가능하게 하는 요인이 무엇인지 탐색해보고자 한다. 이런 관점은 노동시장 유연화 시대의 복지정치에 대한 균형 있는 설명과 바람직한 대안을 찾는 데 일조할 것이다. 또 한국처럼 운동정치가 일상화된 나라에서 복지 분야에서 운동과 제도 정치 및 행정기구 간의 바람직한 관계가 어떻게 가능할 것인지도 보여줄 수 있으리라 생각된다.

1. 사회운동, 협력적 거버넌스, 제도 내 활동가

2장에서 언급했듯 사회정책과 복지국가의 변화를 다룬 연구들은 크게 구조와 제도를 중시하는 입장과 행위자를 중시하는 입장으로 나눌 수 있다. 이 중 행위자를 중시하는 입장은 노조와 좌파 정당, 고용주 조직, 정부와 국가관료, 경쟁하는 정당 일반, 혹은 시민운동을 각각 주요 행위자로 강조한다. 그리고 서울시 청년수당은 이런 기존에 주목받았던 단일 행위자가 아닌, 두 주요 행위자 간의 긴밀한 협업에 의해 정책이 도입된 매우 독특한 경우이다. 즉 기존의 사회정책들과 달리 관

한국 복지국가는 어떻게 만들어졌나?

료와 사회운동, 양자 간의 상호작용에 의해 제도가 만들어진 것이다. 그렇기 때문에 복지정치에 대한 기존 입장으로 설명하기도 어렵다.

어떻게 이런 예외적이고 독특한 정책결정이 가능했는가? 이 장에서는 이를 기존의 관료조직과 사회운동 조직을 매개한 '제도 내 활동가'(institutional activists)의 역할에 초점을 두고 해명해보고자 한다. 사회정책 형성에서 사회운동의 역할에 관심을 두었던 기존 연구들이 공식적 제도 밖에 있는 복지 관련 사회운동의 동기·자원·전략에 더 관심을 두었다면, 이 장에서는 공식적 제도 내에서 사회운동의 이슈를 다루는 제도 내 활동가들에 초점을 둔다.

기존 연구를 서울시 청년수당 정책 형성이라는 소재를 중심으로 살펴보면, 가장 많은 비중을 차지하는 것은 주로 행정학 쪽의 거버넌스에 초점을 둔 연구들이다. 정용찬·하윤상(2019)은 시민 주도적인 협력적 거버넌스(collaborate governance)의 모델 사례, 즉 정부가 복지정책을 수립하는 과정에서 민간주체를 제도화된 틀 속에 끌어들여 지속적이고 구조화된 형태로 참여시키고, 그들의 의사를 반영해 정책을 형성해간 사례로 청년수당을 다루고 있다. 또, 박순종·신현두(2019)는 정책결정 과정에서 서울시와 보건복지부의 갈등에 주목하여 변화하는 한국의 중앙-지방 거버넌스를 보여주는 대표 사례로 청년수당정책을 분석했다. 그런데 이런 거버넌스론의 시각은, 민-관의 협치를 강조함에도 불구하고, 기본적으로는 민-관의 관계를 설명하는 데 있어 관심과 이해를 달리하는 공적인 권위체가 민간을 견인, 동원, 포섭한다는 함의를 품고 있는 경우가 많다.

김선기 외(2018)는 (지방)정부가 아닌 반대편, 즉 협치의 또 다른 축인 사회운동의 시각에서 정책 거버넌스를 바라보고 이를 사회운동의 '새로운 운동 전략'으로 위치 지움으로써 이런 위험을 피해가고자 한다. 이 연구는 자원동원론의 하위 이론인 정치과정론(political process theory)에 입각하여, 새로 열린 정치적 기회 구조(political opportunity structure)하에서 청년 당사자 운동이 적극적으로 만들어낸 새로운 사회운동의 공간으로 서울시 청년정책 거버넌스를 인식하고 있다. 이런 관점은 운동 조직의 정책 거버넌스 참여를 사회운동이 자율성을 상실하고 정부에 포섭되는 현상으로 이해하는 부정적 시각에 맞서, 그 긍정적 측면을 포착했다는 점에서 의미 있다. 그러나 이런 해석은 청년수당정책의 형성 과정에서 명백히 나타나는 지방정부 내 공식적 행위자들의 주도성은 어떻게 해석할 것인가의 문제를 남긴다. 또한 정책결정 과정에서 내부와 외부, 즉 정부와 시민사회 사회운동 조직이 엄격히 이분법적으로 분리되며, 외부와 내부가 늘 상이한 시각과 대립하는 이익을 가지는가에 대한 의문을 제기하게 한다.

김지혜(2019)는 기존 연구들에 비해 청년수당이라는 정책 도입 과정에서 제도 내-외부자의 역할을 보다 균형 있게 분석하고 있다. 그러나 이 연구는 정부 내부와 외부를 엄격히 구분하고, 내부에서 주도하는 모델은 동원형, 외부에서 주도하는 모델은 외부주도형이라고 보는 콥외(Cobb, Ross & Ross 1976)의 이분법적 이론에 의존함에 따라, 결국 서울시 청년수당의 사례를 동원형에 속하는 것으로 보고 있다. 그리고 서울시 청년수당은 기본적으로 동원형 모델의 경로를 따르고 있으나 정책결정 과정은 외부주도형에 가깝다는 모호한 결론을 내리게 되는데 이는 결국 분석 내용이 분석 틀을 침해하는 결과를 초래한다.

이 장에서는 선행 연구들의 문제점을 보완하기 위해 자원동원론의 이론적 전통에 뿌리를 둔 제도내활동가론의 관점을 활용하여 서울시 청년수당 정책의 도입 과정을 분석해보고자 한다. 제도 내 활동가란 자원과 권력, 정책결정 절차에 접근할 수 있는 제도화된 공적 조직의 내부자이지만, 도전적 사회운동이 제기하는 대의를 전향적으로 추구하는 사람(Tilly 1978; Pierson 1994; Pettinicchio 2012), 즉 외부자의 대의에 복무하는 내부자(Santoro & McGuire 1997; Pettinicchio 2012에서 재인용)이다. 우리말로는 '활동가적 제도 내부자' 혹은 '제도 내 운동가'로도 번역될 수 있겠다.[4] 일반적으로, 충원의 경로는 중요하지 않으며, 제도 내에 상대적으로 안정적인 기간 동안 지위를 가지고 있으면서도 외부 사회운동의 대의를 적극적으로 추구하는 사람을 일컫는다. 이들은 외부자의 동원이 쇠퇴한 후에도 그 대의에 부합했던 정책을 내부에서 추진하는 경우가 많으며, 정책을 심화하거나 확대하는 경향을 갖는다 (Pettinicchio 2012).

제도내활동가론은 자원동원론의 기본 전제를 공유하나, 한 걸음 더 나아가 제도 내부와 외부의 이분법을 넘어서 정책 변화의 다이내믹스를 설명하고자 하는 접근법이라고 할 수 있다. 잘 알려진 바와 같이 자원동원론은, 사회운동을 축적된 불만의 표출이자 예외적인 일탈로 보

---

[4] 제도 내 행위자들을 강조하는 또 하나의 접근 방법으로 제도혁신가론(institutional entrepreneur model, DiMaggio 1988; Battilana, Leca & Boxenbaum 2009)이 있다. 제도혁신가론은 제도 제약의 구속성을 강조하는 사회학적 신제도주의의 한계를 극복하기 위해 제시된 이론으로, 어떤 행위자들은 제도의 제약에도 불구하고, 특정 조건하에서는 자신을 배태, 구속하고 있는(embedded) 제도를 변화시키기도 한다는 것을 핵심 명제로 한다. 이 이론은 제도 내 행위자와 사회운동과의 관계가 아니라, 구조와 행위 간의 관계 자체가 초점이라는 점에서 제도내활동가론과는 구분된다.

는 이전의 심리학적, 기능주의적 집합행동론에서 벗어나, 충돌하는 이익들을 둘러싸고 벌어지는 또 하나의 지속적이고 일상화된 집단행동으로 간주했다. 자원동원론은 상호 대립적이면서도 보완적이기도 한 세 가지 하위 이론으로 분화했다. 이 중 혁신가론(entrepreneurial theory)은 사회운동이 불만에 의해 자연발생적으로 만들어지는 것이 아니라 혁신가, 즉 고도로 숙련된 전문가와 활동가에 의해 조직될 때 발생한다고 보았다. 그리고 사회운동은 제대로 형식을 갖춘 조직(formal structure)을 기반으로 외부의 엘리트와 자원을 효과적으로 동원할 때 성공할 수 있다고 주장했다(McCarthy & Zald 1977). 제도내활동가론은 이런 혁신가론의 기본명제들을 받아들이면서도 혁신가론이 내-외부자의 이분법에 갇혀 있다고 비판한다. 혁신가론은 공식적 정체(polity) '밖에' 존재하는 도전자들이, 공식구조에 접근해 그 '안의' 동조적인 엘리트의 주의를 끌 수 있을 때 목표를 이룰 수 있다고 본다는 것이다.

한편 자원동원론의 또 하나의 중요한 분지인 정치과정론(political process theory)은 운동 내부의 혁신가의 역할보다 아래로부터의 대중의 도전과 저항을 강조한다. 그리고 운동의 자원과 전략을 결정하는 중요한 조건으로서 정치적 기회 구조를 중시한다. 그런데 이 입장은 대중의 자발성을 강조하게 됨에 따라 혁신가론보다 더 강한 운동-제도 이분법을 견지하게 된다. 그리고 제도 내 엘리트의 역할을 대체로 부정적인 것으로 취급한다.[5] 엘리트는 사회운동에 적대적일 수도 있고 동

---

5   이 입장에서 사회운동의 가장 중요한 조건으로 간주되는 것은 정치적 기회 구조이다. 대표적인 정치과정 이론가인 매캐덤은 정치적 기회 구조의 4가지 구성요소로 제도정치의 개방성의 정도, 엘리트 내부 연대의 안정성, 엘리트 내 사회운동 동맹세력의 존재 여부, 운동에 대한 정부의 탄압 정도를 꼽는다(McAdam

조적일 수도 있으나, 사회운동은 엘리트가 그 목표를 전향적으로 수용하면 운동의 성공—즉, 목표 달성— 때문에, 반대로 받아들이지 않으면 실패로 인한 실망 때문에 쇠퇴한다는 것이다(Tarrow 1998). 포섭(co-optation), 즉 공적 권위체가 사회운동의 도전을 피상적으로 흡수, 제도화하는 것도 흔한 위험의 형태이다(Selznick 1949; Pettinicchio 2012, 500에서 재인용).

제도내활동가론은 정치과정론의 이런 전제들에도 의문을 제기한다 (Goldstone 2004; Pettinicchio 2012). 이 이론에 따르면 현대사회에서 제도의 안과 밖의 경계는 점점 희미해져가고 있으며, 사회운동은 제도 밖에 외떨어져 존재하는 것이 아니라 제도 안팎을 넘나드는 일상적이고 지속적인, 매일매일 정치의 일부가 되어가고 있다. 공식적 제도 내에도 운동의 대의와 목표를 공유하는 내부자들이 존재하며, 사회운동가들은 이들과의 긴밀한 연관하에 운동 목표의 달성을 추구한다. 당연히 이런 관점은 사회운동과 공식조직의 협력과 그에 의한 목표 달성을 운동의 쇠퇴로 인식하지 않으며, 체제 내화나 포섭(co-optation)으로 보지도 않는다.

서울시 청년수당 도입의 역동적 과정은, 그 사회운동적 속성에만 주목하는 혁신가론이나 정치과정론만으로는 다 설명하기 어렵다. 그러나 이 과정은 행정학 쪽의 동원형 정책의제설정 모델이나, 협력적 거버넌스 모델로는 다 설명되지 않는 새로운 요소들 역시 가지고 있다. 과거의 사례에서 찾아보기 힘든, 제도 내-외부자의 실질적 협력을 가능

1982). 그런데, 뒤의 세 가지는 결국 제도 내의 엘리트와 관련된 것이다.

하게 한 제도 내 활동가의 결정적 역할이 그것이다. 이런 판단하에 여기서는 혁신가론과 정치과정론을 비판적으로 계승하면서도 제도 내부에 주목하는 제도내활동가론을 원용해 청년수당의 도입 과정을 보다 입체적이고 풍부하게 설명해보고자 한다.

제도 내 활동가의 역할을 축으로 하면서 내-외부자의 협력을 설명하고자 하는 이 장의 분석 틀은 그림 9-1과 같이 도해할 수 있다. 서울시 청년수당의 정책결정과 관련된 주요한 행위자들은 제도 내부자와 외부자로 나눌 수 있다. 내부자들로는 선출직 지방자치단체장(서울시장)과 관료조직, 청년문제를 전담했던 서울혁신기획관(실) 그리고 서울시 의회(의원들)를 들 수 있다. 외부자로는 청년유니온과 청년정책네트워크 그리고 청년의회를 들 수 있다. 이들 중 제도 내 활동가라고 부를 수 있는 행위자는 서울시장, 서울혁신기획관, 서울혁신기획관 산하 청년정책과 담당주무관, 그리고 서울시 의회의 청년발전특별위원회 위원장을 맡았던 시의원이다. 이 장에서는 스스로는 내부자인 이들이 어떻게 외부자들이 제기하는 문제를 수용하고 상충하는 요구들을 조정하여 내-외부자 협력에 의한 청년수당 정책을 만들어내게 되는지 그 과정을 살펴볼 것이다. 행위자들이 처한 구조적 위치와 상호관계에 대해서는 본문의 거버넌스 구조 설명에서 보다 자세히 다루도록 하겠다.

한편 정책결정이 서울시 수준에서 끝난 뒤 순조롭게 집행되지 못하고 중앙정부와의 대치로 넘어가고 그 대치가 다시 해결되는 과정은 권력자원과 권력관계로 설명 가능할 것이다. 이 부분은 결론부에서 간단히 언급하도록 하겠다.

이 장에서는 문헌들로 잘 포착되지 않는 상황적 맥락과 정책결정의

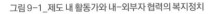

그림 9-1_제도 내 활동가와 내-외부자 협력의 복지정치

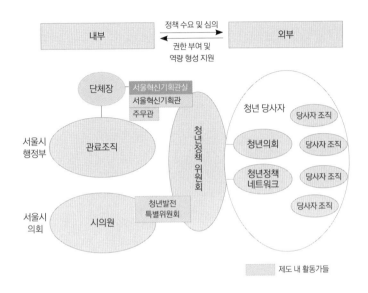

비공식적 과정을 이해하기 위해 이 장의 공동집필자 한 사람의 참여관찰 결과를 이용했다. 또 서울시 내부 및 청년운동 단체의 주요 행위자들의 피면담 자료를 이용했다. 피면담자들은 모두 셋으로, 숫자는 많지 않지만 모두 강한 대표성을 갖는 행위자들이다. 첫 번째 피면담자는 2014~2018년간 서울혁신기획관을 지낸 C 씨이다. 서울혁신기획관실은 박원순 시장의 서울시장 당선 이후 시민 참여를 위해 만들어진 시장 직속 기구였고, 청년정책은 이 기구의 핵심 업무 중 하나였다. 그리고 청년수당은 혁신기획관실이 관장한 청년정책 중 가장 많은 사회적 주목과 정치적 논란을 일으킨 정책이었다.[6] C 혁신기획관은 서울

---

6   서울혁신기획관은 사회혁신담당관실, 민관협력담당관실, 지역공동체담당관실, 청년정책담당관실, 갈등

시 청년정책을 총괄하는 고위직 내부자이면서, 청년수당 결정 과정에서 가장 중요한 제도 내 활동가의 역할을 수행한 인물이라고 할 수 있다. 그는 청소년 대안교육운동 단체에서 활동한 시민운동가 경험을 가지고 있었고, 혁신기획관으로 부임하기 직전에는 서울시 청년허브의 초대 센터장을 맡아 청년 당사자들과 다양한 사업을 진행하며 소통한 바 있었다.

다음 피면담자는 서울특별시청의 P 주무관으로, 서울시 일자리 정책과에서 청년정책을 담당하다가 박원순 시장 취임 이후 청년정책이 서울혁신기획관실로 이관되자 그쪽으로 자리를 옮겼다. 그리고 서울시의 청년정책 기본계획을 수립하고 사업을 관리했다. 청년수당정책이 입안되고 그를 둘러싼 논란이 진행되는 동안 서울시 담당부서에서 핵심 실무자로 일한 행위자라고 할 수 있다. 직업공무원으로서 기존 조직의 내부자의 입장에서 청년수당 정책결정 과정을 설명해 줄 수 있다고 생각해 면담했다.

피면담자 J는 청년수당 도입 당시 외부자의 입장을 대변했던 대표적 청년단체, 청년유니온의 정책국장이었다. 그는 서울시가 만든 청년 거버넌스 조직인 청정넷 일자리 노동 분과 간사를 맡아 서울시 청년조례, 청년수당이 포함된 서울시 청년 기본계획 수립 과정에서 청년 당사자들의 입장을 대변하는 역할을 했던 핵심적 인물이다.

조정담당관실, 인권담당관실로 구성되었다.

2. 서울시 청년정책 거버넌스의 구조와 제도 내 활동가

청년수당의 결정 과정을 둘러싼 중요 행위자들 간의 상호작용을 이해하기 위해서는 먼저 2011년 10월 박원순 시장 취임 후 도입된 서울시의 새로운 청년정책 거버넌스 구조를 이해할 필요가 있다. 서울시 청년정책 결정 과정의 공식적 주체는 서울시 행정부의 담당부서 및 관련 부서들, 청년정책위원회 그리고 서울시 의회다. 그러나 2011년 10월 이후로는 당사자 조직으로서 청년정책네트워크와 청년의회가 청년 당사자들의 이해와 의견을 수렴하여 정책에 투입하는 역할을 수행하고, 결정된 정책의 집행에 연계된 활동을 진행해 왔으므로 이를 함께 살펴볼 필요가 있다(그림 9-1 참조).

시 행정부의 청년정책 관련 제도들은 박원순 시장 취임 직후 재조직되었다. 새 시장은 우선 기존의 일자리나 주택 담당 부서들에 흩어져 있던 청년정책 업무를 새로 만들어진 서울혁신기획관실 산하의 청년정책담당관실에서 관장하도록 했다. 서울혁신기획관실은 기존의 행정부시장(副市長) 산하 기구가 아니라 서울시장 직할조직으로서 시장의 역점 추진 사업을 반영하는 6개 정책 영역을 담당하도록 했는데, 이 중 하나가 청년정책이었다. 직제 개편 후 서울혁신기획관은 청년정책담당관실을 지휘하는 서울시 행정부의 청년정책 분야 최상급 행정 직위에서 향후 청년정책을 총괄하게 된다. 이런 조직 편제의 변화는 새 서울시 행정부가 청년을 주요 정책 대상으로 상정했음을 보여주는 것이라고 할 수 있겠다. 피면담자 C는 청년수당정책이 만들어진 기간이 포함된 2014~2018년 동안 이 혁신기획관직을 수행한 인물이다. 피면담자 P는 서울시 일자리 정책과에서 청년정책을 담당하다가 혁신기획관실 설치 이후 혁신기획관실로 자리를 옮겼다.

서울시 의회도 서울시 입법부로 청년정책의 한 축을 담당했다. 서울시 의회는 2013년 10월 「서울특별시 청년일자리기본조례」 제정, 2015년 1월 「서울특별시 청년기본조례」 제정, 그리고 관련 예산을 통과시켜 서울시 청년정책의 제도화를 뒷받침했다. 또 2015년 11월에는 의회 내에 '청년발전특별위원회'를 구성해 청년문제에 대한 정책대안 마련에 나섰다.

다음으로 당사자 조직 쪽을 살펴보자. 서울시는 청년정책의 방향 전환을 모색하면서 잘 대표되지 않는 청년 당사자들의 정책 수요를 정확히 파악하기 위해 새로운 통로를 모색했다. 2012년 1월의 '희망서울 시정운영계획(2012~2014)'에 따라 2013년 4월 문을 연 서울시 청년일자리허브(이하 청년허브)는 그 첫 번째 가시적 결과물이었다(서울시 청년허브 2018). 청년허브는 한편으로는 서울시의 청년정책의 집행 단위였지만, 다른 한편으로는 공간 및 연구 지원을 통해 다양한 청년 커뮤니티를 연계시키고 당사자들의 요구를 정치과정에 투입하는 역할을 함으로써 향후 청년정책 거버넌스의 기반 역할을 하게 된다(서복경 외 2017, 23).

'청년정책네트워크'(이하 청정넷, 그림 9-1 참조)는 2013년 7월 서울시가 청년들의 이해와 의견을 수렴하기 위해 서울 청년 100명을 공개모집해 만든(이후 추가모집) 청년 당사자 조직이다. 서울시는 일단 공개모집까지만 관여하고 그 후의 운영에는 관여하지 않았고, 참가자들은 활동 내용과 방식을 스스로 결정했다. 이 과정에서 여러 활동들이 이루어졌고 다양한 정책 아이디어들이 제시되었으며, 이 아이디어들은 정책 요구의 형태로 서울시 행정부에 전달되었다.

청정넷 외에 서울시가 만든 또 하나의 당사자 조직으로 '서울 청년의회'를 들 수 있다. 2015년 청년기본조례를 근거로 서울혁신기획관실과 청정넷이 주도해 만든 청년의회는 청년 당사자들이 지속적이고 체계적으로 시정에 참여하도록 하는 기구였다.[7] 청년의회 회의는 서울시장이 정책 보고를 하고 청년의회 의원들이 시장과 서울시 행정부 실·국장을 대상으로 각 의제별로 정책 질의와 제안을 하는 형식으로 진행되었다. 이런 형식은 서울시의 관료적 행정조직이 청년 당사자들의 정책 평가와 제안에 제대로 반응하지 않을 것을 우려한 시장의 제안에 따른 것이었다고 한다(피면담자 C; 피면담자 P).

그런데 이렇게 시가 기획한 거버넌스 조직이 자발적이면서 적극적으로 자기 의제를 제시하는 청년 당사자들로 채워지고 원활하게 운영된 데에는 서울시 밖에 이미 존재하고 있던 청년 사회운동 단체들의 호응이 중요한 역할을 했다. 가장 대표적인 사례가 '청년유니온'이다. 청년들은 다양하고 이질적인 구성을 가지고 있는데다 잘 조직화되어 있지 않아 자신들의 요구를 정치적으로 표현하기 쉽지 않은 집단으로 평가된다. 이런 상황에서 2010년 3월 창립 직후부터 '88만원 세대의 노조', '백수노조' 등으로 불리며 큰 주목을 받았던 청년유니온은 새로운 조직 방식과 운동 방식을 통해 한국의 청년 불안정 노동자를 대변하는

---

7   만 19~39세 청년을 공개모집한 후 이 중 추첨으로 선정한 위원과 청년정책네트워크 추천 위원으로 구성되었다.

대표적 조직으로 성장했다.[8] 청년유니온은 스스로를 '사업장의 틀과 조합원의 이익이라는 범위를 넘어서 시민사회 전체를 활동 영역으로 삼고 청년 노동 전체를 대변하고자 사회적인 의제와 방법으로 싸워온', '사회운동적 노동조합'으로 규정했다(정준영 2015, 9). 이런 스스로 규정한 성격과 위상이 청년유니온으로 하여금 서울시 청년정책 거버넌스에 적극적으로 참여하게 했다고 할 수 있을 것이다. 2012년, 진보적 단체장이 집권한 서울시와의 '사회적 교섭'[9]으로 새로운 교섭 전략을 실험한 청년유니온은, 서울시가 청년정책 거버넌스를 정비하고 당사자 참여의 기회를 개방하자 이에 주도적으로 참여하게 된다. 청년유니온 외에 민달팽이유니온, 복지국가청년네트워크 등의 청년 당사자 조직 구성원들도 서울시 청년정책 거버넌스에 관심을 가지고 참여했다.

마지막으로, 청년정책위원회는 청정넷과 청년의회라는 서울시 외부의 당사자 조직과 서울시 행정부 그리고 서울시 의회라는 내부자가 같이 참여하는 서울시 청년정책 결정 과정의 주체라고 할 수 있다. 당연직 6인은 서울시장과, 혁신기획관을 포함한 서울시 행정부 관련 부서

---

8   청년유니온은 구직자와 실업자를 포함한 만 15세부터 39세까지의 청년을 조직 대상으로 한다. 개별 가입이 가능한 일반노조이지만 노조라는 이름 대신 '자발적 결사체'라는 의미를 강조하는 유니온이라는 명칭을 채택하고 있고, 상급단체에 가입하지 않은 채 독립적 지위를 유지하고 있다. 2018년 현재 조합원 수는 1,400여 명이며, 전국 청년유니온 본부 외에 7개의 지역 지부와 1개의 계층 지부(청소년유니온)를 가지고 있다.

9   청년유니온은 노조신고필증을 받은 후인 2012년 8월, 7개 분야 25개 요구안(청년을 위한 일자리 조례, 청년고용할당제 이행, 공공부문 이력서 개선 등)을 담은 노동조합법상 단체교섭 요구 공문을 서울시에 공식 제출했다. 서울시는 시의 법적인 사용자 단체성은 부인했으나 사회적 교섭 논의 테이블은 유지할 것을 제안했다. 이에 따라 2012년 9월~2013년 1월까지 청년유니온과 서울시 간의 총 7차례의 실무 교섭 회의가 있었고 2013년 1월 28일에는 협약 체결식이 이루어졌다(http://youthunion.kr/2394. 접근일: 2020.09.10.).

장 5인[10]으로 구성되며, 위촉직 14인은 청년 당사자 5인을 포함, 서울시 의회 의원, 전문가들로 구성되었다. 2015년 청년정책위원회는 일자리, 주거, 생활안정의 3개 분과로 구성되었으며, 청년수당은 주로 일자리 분과에서 논의되었다.

이 청년정책 구조 속에서 제도 내 활동가 역할을 한 행위자는 적게는 둘, 많게는 넷으로 볼 수 있다. 첫째는 서울시장 자신이다. 오랜 시민운동 경력을 가지고 있었던 박원순 시장은 당선 직후 민관협치를 시정의 기본 방침으로 천명했고 청년정책에서도 청년 당사자가 요구하는 정책을 추진하는 데 관심을 가졌다. 박원순 시장은 청년수당정책이 서울시 내부의 공무원들이나 외부 중앙정부의 반대로 고비를 맞을 때, 청년 당사자들의 의사를 우선시하는 의사결정을 통해 청년수당정책이 좌초되지 않도록 하는 역할을 했다(피면담자 C; 피면담자 P; 피면담자 J). 둘째는 C 서울혁신기획관(2014~2018년)이다. 전술한 바와 같이 그는 서울시 청년정책을 총괄하는 내부자이지만 외부자들과 활발히 소통하면서, 서울시 청년수당 결정 과정에서 가장 중요한 제도 내 활동가의 역할을 수행하게 된다.

이 이외에도, 제도 내 활동가를 '제도화된 공적 조직의 내부자이지만, 도전적 사회운동이 제기하는 대의를 전향적으로 추구하는 사람'으로 정의해 범위를 넓힌다면, 청년수당 결정 과정에 나타나는 두 사람을 더 제도 내 활동가의 범주에 넣을 수 있을 것이다. 서울혁신관실 청

---

10 서울시 행정관료 중에서는 혁신기획관을 포함한 일자리노동정책관, 복지본부장, 문화본부장, 주택건축국장의 5개 부문 고위직 담당자가 참여했는데, 모두 서울시에서 집행하고 있는 청년정책 유관분야라고 할 수 있다.

년정책과 소속으로 청년수당 정책을 담당했던 P 주무관과, 서울시 의회 내에서 청년수당에 대한 여론을 반전시켜 관련 조례와 예산 통과를 이끌어내는 데 기여한 더불어민주당 소속 S 시의원이 그들이다.

3. 청년수당 정책결정 과정

이하에서는 청년수당을 둘러싼 정책 과정을 크게 두 단계로 나누어 분석한다. 첫 번째 단계는 2011년 10월부터 2015년 11월 5일까지로, 서울시 수준에서 청년수당 정책이 결정되는 과정이다. 이 단계는 시민운동가 출신의 박원순 시장이 당선되면서 청년정책의 방향전환과 제도 정비가 이루어진 시기, 그리고 이런 기반 위에서 핵심적 제도 내 활동가인 혁신기획관을 고리로 내부와 외부가 연결되면서 협력적 거버넌스에 의해 청년수당 정책을 만들어내기까지의 과정이다.

두 번째 단계는 2015년 11월 초부터 2017년 4월 7일에 이르는 시기이다. 통상의 지방정부의 정책결정과 달리 청년수당의 경우는 시 차원의 정책결정으로 끝나지 않았고 중앙정부와의 극심한 갈등 속에 소송전이 이어졌고 본격적 집행에 들어갈 수 없었다. 두 번째 시기에서는 청년수당 도입을 둘러싼 서울시와 복지부 및 대통령실 간의 갈등이 증폭되면서 청년수당 정책이 여러 가지 변형을 겪은 후 중단 위기에 처했다가, 마침내 박근혜 대통령 탄핵 이후 복지부가 서울시의 결정을 수용하게 되는 과정을 다룬다.

(1) 정책결정 1단계: 서울시에서의 의제형성과 정책결정

서울시 청년수당 결정 과정의 첫 단계는 서울시장 보궐선거에서 박원순 시장이 당선된 후부터 '2020 서울형 청년보장'—서울시 청년정책 기본계획—이 발표되기까지의 서울시 차원의 정책결정 단계이다. 2010년대에 접어들면서 한국사회의 청년정책 의제는 새로운 경향성을 띠기 시작했다. IMF 금융위기 이후 오랫동안 청년문제가 청년실업 문제로 등치되어 왔다면 2010년대 이후에는 일자리를 넘어서 등록금, 주거, 부채 문제로 확대되었다. 이런 프레임 전환에는 청년 당사자 운동 단체들의 주창(advocacy) 활동이 큰 역할을 했다. 그러나 정부의 청년정책은 중앙·지방을 막론하고 여전히 일자리 문제에 초점이 맞춰져 있었다. 서울시 역시 마찬가지였다.

그러나 무상급식 논란 이후 복지논쟁이 가열되는 가운데 보궐선거로 새 시장이 취임한 서울시는 청년정책의 방향전환을 시도한다. 서울시는 우선 '청년명예부시장' 제도를 만들고 청년허브를 열어 당사자들의 정책적 요구를 수렴했다. 이후 서울시의 정책 전환에는 이런 통로들을 통해 투입된 청년 당사자들의 요구가 큰 역할을 한 것으로 알려져 있다. 청년유니온을 필두로 한 청년 당사자 조직들은 일자리 정책에 초점이 맞춰진 그간의 중앙·지방정부의 청년정책은 큰 효과가 없을 뿐만 아니라 청년들을 '묻지마 취업'에 밀어넣는다고 비판했다. 이들은 청년들이 보편적으로 공유하는 속성을 '이행성'으로 정의하고, 이행 과정에서 발생하는 여러 문제들을 해결하는 것을 청년정책의 목표로 삼아야 한다고 주장했다(김민수 외 2018, 1). 교육과 취업이 곧바로 연결되지 않는 현실에서, 이 사이의 시간은 좁은 의미의 구직활동 기간이 아니고

넓은 의미의 진로탐색을 위한 이행기일 수밖에 없으며, 그렇다면 이 시기의 청년에게는 구직활동 지원 외의 다양한 정책이 필요하다는 것이었다.

이후 체계화된 서울시의 '청년정책 기본계획'은 이런 청년 당사자들의 요구에 부응하여 수립된 것이다. 즉 구직지원(일자리)뿐만 아니라 니트(NEET: Not in Education, Employment, or Training, 교육·훈련·취업 중 어느 것도 하고 있지 않은 상태) 등 사회 밖에 놓여진 청년들의 활력제고를 위한 청년활동(놀자리), 사회활동(설자리), 주거(살자리)까지 포함하는 포괄적 사회정책으로 전환한 것이다. 후에 서울시 청년수당으로 불리게 된 청년활동지원 사업 역시 이런 맥락에서 탄생했다.

한편, 2010년 이후 정부와 기성 정치권, 전문가 집단의 청년문제에 대한 접근 방식을 비판하고 대안을 제시하면서 사회적 발언권을 키워온 청년 당사자 조직들은 이런 서울시의 정책 전환을 중요한 정치적 기회의 창이 열린 것으로 파악했다(김선기 외 2018; 피면담자 J). 그리고 2013년 서울시가 협력적 거버넌스를 시도하자, 이에 적극적으로 응했다. 특히 청년유니온은 이미 청년허브에서 적극적으로 활동한 바 있었고, 2013년에는 서울시와 정책 협약을 체결했던 경험도 가지고 있었기에 청정넷과 청년의회, 청년정책위원회 등 새로운 거버넌스 구조가 만들어지자, 이에 주도적으로 참여했다. 그리고 이를 통해 그동안 청년유니온에서 추구해왔던 청년의제를 서울시정에 반영하려 했다. 당시 청년정책위원회 일자리 분과의 청년 당사자 대표 3인 중 2인은 청년유니온 소속 활동가였다. 이 중 청년유니온 정책국장이었던 활동가(이 연구의 피면담자 J)는 청년수당 정책의 최초안을 제안하고 정책결정 과정에 깊숙이 관여했다. 이 최초안은 사실상 2013년 1월 서울시와의 정책 협약에서 청년유니온이 이미 '서울형 실업부조'라는 이름으로 제안했던 정책이기도 했다.

이들 청년유니온 활동가들은 청년수당을 포함한 서울시 청년정책 결정 과정에서 적극적으로 당사자들의 요구를 조직해 대변함으로써 내-외부 협업의 복지정치를 만들어낸 가장 중요한 외부 행위자였다고 할 수 있다. 이들은 청년수당 의제가 '동원형 의제설정 모델'(Cobb, Ross & Ross 1976)에 기울지 않고, 본래적 의미의 '협치'에 가까운 결정 과정을 밟아나가는 데 중요한 역할을 한 것으로 보인다.

이제 청년수당정책의 의제형성 과정을 좀 더 자세히 살펴보자. 서울시 청년수당은 청정넷 일자리·노동 분과에서 청년 미취업자들의 소득보장 문제를 논의하는 과정에서 의제로 떠올랐다. 처음 청정넷에서 제기된 안은 두 가지였다. 먼저, 아래 인터뷰가 확인해주듯, 청년유니온 소속 활동가들은 2015년 3월 이미 청년유니온의 주요 사업 목표 중 하나였던 '서울형 실업부조'를 서울시의 사업으로 제안했다. 서울형 실업부조는 취업 경력이 없고 따라서 실업급여 대상이 될 수 없었던 구직 청년들의 소득을 보조하는 일종의 고용지원 정책이었다.

(2015년) 당시 (나는) 청년유니온 정책국장으로 일하며 동시에 청정넷 일자리 노동 분과 간사 역할도 겸하고 있었다. 청년수당은 2015년에 청년유니온의 정책 아이템을 서울시에 밀어넣고자 한 노력이 반영된 것이다. 초기 우리가 주장한 안은..… 청년유니온을 창립하고 난 뒤에 한국형 실업부조를 만드는 것이 하나의 목표였는데, 이를 반영시켜보자 하는 논

표 9-1_청년수당 의제형성 과정 주요 일지

날짜	추진 경과
2011.10.	서울시장 보궐선거
2013.07.	서울청년정책네트워크 1기(서울청정넷 시즌 1, 청정비빔밥) 구성
2015.01.	서울시 청년기본조례 제정
2015.02.	'청년정책의 재구성' 기획 연구 용역 진행
2015.03.	제1회 청년정책위원회 개최(청년수당 초안에 대한 최초 제안)
2015.05.	제1차 청년정책위원회 일자리분과 회의 개최
2015.07.	제안과제 담당부서 실행계획 및 후속 조치 요청
2015.08.	청년수당(안) 법률 검토
2015.10.	제2회 청년정책위원회 개최
2015.11.	서울시 청년정책 기본계획 발표 청년활동지원 사업(청년수당) 추진계획 발표

자료: 서울시 내부 자료, 면담 내용을 바탕으로 재구성

의에서 '서울형 실업부조'라는 이름으로 (청정넷에서) 정책을 제안하게
된 것이다(피면담자 J, 괄호 안은 필자 삽입)

한편 같은 시기 청정넷의 일자리·노동 분과에서 또 다른 청년 소득
보장안이 제안되었는데 이는 좁은 의미의 구직활동을 조건으로 하지
않고 사회활동 전반을 지원하는 현금 지원 정책이었다. 많은 청년들이
학업에서 취업으로의 이행 과정에서 다양한 형태의 어려움을 겪고 있
으며 니트 상태에 있는 경우도 많기 때문에, 일단 사회 안으로 들어와
자신의 미래를 자율적으로 모색할 수 있도록 하는 데 정책의 목표를
두고, 엄격한 조건을 달지 말아야 한다는 것이었다. 당시 서울혁신기획
관실 청년정책과에서 이 문제를 전담했던 P 주무관은 이 안을 ─구직

활동을 조건으로 하지 않는 현금 지원이라는 점에서—'기본소득제에 가까운 안'(피면담자 P)이었다고 묘사했다.

그런데 이 두 안은 모두 당시 서울시의 기존 관료조직에게는 낯설기 그지없는 정책이었다. P 주무관의 말에 따르면, 노인이나 아동이 아닌 노동능력이 있는 청년들을 소득지원이 필요한 '취약계층'으로 상정한다는 것, 게다가 구직과의 관련성을 묻지 않는 조건으로 현금급여를 한다는 것은 정책을 추진해야 할 공무원들 스스로 납득하기 힘든 정책이었다. 또 대부분의 공무원들은 이런 낯선 정책안을 '외부자'가 들고 온 '외부 안'으로 인식했다(피면담자 P). 이는 서울시 공무원들에게는 거버넌스 구조에 들어와 있는 청년 당사자 조직뿐만 아니라 직업공무원 출신이 아닌 혁신기획관도 외부자로 인식했음을 의미하는 것이다. 이런 상황에서 실제로 청년수당안에 관한 논의는, 2015년 3월 청년정책위원회 개최 이전까지는, 주로 혁신기획관실과 청정넷을 중심으로 이루어졌다.[11] 이런 증언들은 외부자가 제기하는 정책 아이디어들이 기성의 관료조직에서 쉽게 받아들여지기 어렵다는 것을 잘 보여준다.[12]

마침내 2015년 3월 30일 시의 공식 정책결정 기구인 청년정책위원회의 첫 번째 회의가 열리고, 청년수당안은 비로소 본격적 논의 테이

---

11 후에 청년수당 정책의 지지자가 된 P 주무관은 본인도 처음엔 혁신기획관을 '외부자'로 생각했다고 토로했다. 즉 혁신기획관실은 시민운동가 출신 시장이 '서울시 내부에 만든 희망제작소'이며, 청년수당은 '시민운동가적 마인드'를 지닌 혁신기획관이 외부의 청년 당사자들과 협의해 만들어낸 정책으로 인식되었다는 것이다(피면담자 P). 이는 제도 내 활동가가 제도 내부에서 어떻게 인식되는지를 잘 보여준다.

12 직업공무원인 P 주무관은 이 단계는 물론 청년정책위원회에서 논란이 벌어지는 동안에도 관료적 합리성의 관점에 볼 때 많은 문제를 가지고 있는 청년수당 정책의 실현 가능성을 높게 보지 않았다고 했다. "… 이런 경우 보통은 위(시장)에서 관심을 보이니까 하는 시늉은 하지만… 검토 중이라고 하면서 시간 끌고, 연구용역 줘서 또 시간 가고… 그러다 유야무야되는 경우가 많죠"(피면담자 P).

블에 올라가게 된다. 이 회의는 서울시 「청년기본조례」(2005.01) 제정 이후 최초로 열린 공식 회의로 이례적으로 위원장인 시장까지 참석했다. 그런데 여기서 논의 대상이 된 안은 청년유니온 정책국장이자 일자리 분과 간사인 피면담자 J에 의해 제시된 '서울형 실업부조' 안이었다. 즉 청년 당사자들로부터 제기된 두 안 중 보다 보수적이라고 할 수 있는, 구직활동을 전제로 한 고용정책에 가까운 안이었던 것이다. 이후 2015년 11월 서울시 '청년활동지원 사업' 추진 계획이 발표될 때까지 이 정책의 세부 사항을 둘러싼 본격적인 논란은 두 축을 중심으로 전개되었다. 하나는 서울시 청년정책위원회 및 위원회 산하 일자리 분과의 공식적인 논의이고, 다른 하나는 청정넷을 통한 청년 당사자들과 서울시의 비공식적인 협의였다.

그렇다면 이 단계 논의의 쟁점들은 무엇이었는가? 제1차 청년정책위원회 회의에서 제안된 서울형 실업부조는 구직활동을 하는 저소득층 청년(가구소득 기준 중위소득 60% 미만인 자) 중 고용보험 실업급여의 혜택을 받지 못하는 사람에게 월 40만 원의 구직 수당을 최장 1년 제공하되, 서울시의 공공 고용 서비스 프로그램에 참여하는 것을 조건으로 하고 있었다(서울시 내부 자료).[13]

최초안에서 가장 큰 쟁점이 되었던 것은 급여 대상과 조건이었다. 앞서 기술했듯, 청정넷 일각에서 나온 또 다른 안은 저소득 청년이 아닌 모든 청년을 대상으로 하며, '구직활동'이 아니라, 청년의 포괄적 '사회

---

13 이 안은 청년유니온이 2012년 8월 서울시와 진행했던 '청년유니온-서울시 사회적 교섭'에서 제안되었던 바 있다(청년유니온 교섭집담회 자료, 2012).

활동'을 지원해야 한다는 것이었다. 이런 관점에서 본다면 서울형 실업부조안은 지나치게 구직활동 쪽에 경도된 안이었다.[14] 흥미로운 것은 이런 청년 당사자들로부터 나온 두 개의 다른 제안에 대해 혁신기획관이 후자를 지지했다는 것이다. 그는 현재와 같은 노동시장 상황에서 좁은 의미의 구직활동을 독려한다고 해서 취업이 되는 것은 아니며, 고용노동부의 '취업성공패키지II'(이하 취성패II)의 저조한 성과가 이를 잘 보여준다고 생각했다.

> 처음 청년수당을 고민하면서 살펴보았던 것이 취업성공패키지(이하 취성패)였어요. 그런데 취성패는 상담과 교육, 취업 과정을 알선하는 것인데, 나는 (이런 것들이) 취업과 직접적 연관성은 높지 않다고 봤어요. 지금은 상담 받고 그러는 것이 아니라 개인이 자발적으로 모색하고 스터디하고 하는 시대이니까.… 그렇다면 그런 자원을 청년들에게 직접 주고 선택하게 하자, 그리고 사회 밖의 청년들도 정책 대상으로 만들자, 이게 청년수당의 처음 아이디어였습니다(피면담자 C).

혁신기획관은 서울시가 청년들이 일단 사회 속으로 들어와 도전하고 실험할 수 있도록 조건 없이 지원하는, 고용정책을 넘어선 사회정책을 펼치는 것이 바람직하다고 보았다(피면담자 C). 이런 그의 관점은

---

14 실제로 당시 청정넷에서는 다듬어지지 않은 여러 아이디어들이 제안되었다고 한다. 즉 '조건 없이'라고 할 때도, 1)성남시의 청년배당처럼 특정 연령대 모든 청년에게 지급하자는 안과, 2)선발은 하되 사용처를 좁은 의미의 구직활동이 아니라 포괄적으로 넓힌 사회활동 지원금으로 하자는 입장이 섞여 있었다는 것이다(피면담자 J). 서울시 내부의 논의 과정에서 이 조건은 후자 쪽으로 수렴되어 갔다.

"취업, 창업 지원 이전에 청년이 자기 관심에 따른 활동과 기회가 필요하며… 우선 동료를 만나고 개인과 사회가 만나는 장이 필요하다"는 그의 청년허브센터장 시절의 인터뷰에서도 잘 드러난다(『한국경제신문』, 2013.10.04.). 흥미롭게도 초기 의제설정 과정에서 외부자라고 할 수 있는 당사자 조직 대표는 여론이나 실현 가능성을 고려해 전통적인 고용정책에 가까운 보다 보수적 안을 주장한 반면, 고위 내부자인 혁신기획관은 무조건적 급여에 가까운 비관례적인 안을 지지한 셈이다(피면담자 C; 피면담자 P).

반면, 서울시의 담당 부서나 시의회 쪽은 보다 온건한 '서울형 실업부조' 안에도 난색을 표하며 부정적 의견을 내놓았다. 당시 서울시 담당 공무원들 사이에는 아동이나 노인이 아닌 청년들에게 현금 수당을 지급한다는 아이디어에 대한 거부감이 광범위하게 존재했다(피면담자 P). 게다가 구체적인 정책 설계로 들어가면 행정적 난점 또한 적지 않았다. 서울형 실업부조를 도입할 경우 정책 대상이 될 서울시 청년 구직자들의 숫자는 가용예산 범위를 훨씬 초과할 것으로 보였다. 또 이들 중 일부를 선별해야 한다면 이를 위해 엄청난 행정력이 필요할 것으로 예상되었다. 시의 일자리 정책과는 이를 조목조목 지적하며, 그리고 중앙정부와의 사업 중복성, 예산문제, 효율성 등을 들어 반대했다. 그리고 중앙정부 시행 사업을 활용하는 것이 바람직하며, 서울시에서 추가로 지원을 하더라도 대상자와 지급 수준을 설계하고, 지급 기간과 그 기간 동안의 구직활동에 대한 의무 조항을 마련하는 것이 필요하다고 주장했다(서울시 내부 자료).

서울시 의회 역시 부정적이었다. 청년수당 정책은 사전에 정책의 타당성 조사도 충분히 진행되지 않았고, 관련 조례도 존재하지 않으며, 관계 법률에도 배치되므로, 관련 절차를 준수해 검토해야 한다는 것이었다(김지혜 2019, 70).

이런 상황에서 서울시 일자리정책과와 청년정책과가 기존 관료조직의 논리를 고수하지 않고 점차 입장을 수정해간 데에는 청년 당사자 쪽에서 나온 제안은 가능한 한 정책화하라고 독려한 시장의 역할이 컸다고 한다. 단체장의 의지가 강했기 때문에 담당 공무원들은 거버넌스 구조 속에서 수동적이나마 혁신기획관실 및 청년 당사자들과 협의를 계속했고, 결국 전향적인 쪽으로 조금씩 변화하지 않을 수 없었다는 것이다(피면담자 C; 피면담자 P).

시의회 쪽으로는 청년정책위원회에 참여한 시의원들을 중심으로 조금씩 입장 변화가 진행되었다. 거버넌스 구조 속에서 청년 당사자들의 목소리를 접하면서, 그리고 혁신기획관실의 설득으로 일부 민주당 시의원들 사이에 정책에 전향적인 쪽으로 입장 변화가 일어났다. 대표적인 인물이 이후 의회에서 관련 조례와 예산안 통과를 주도한 민주당 소속 S 의원이라고 할 수 있다(피면담자 C; 피면담자 P; 피면담자 J). 시의회의 민주당 의원들은 2015년 1월 지방정부 최초로 「청년기본조례」를 제정하는 데 앞장섰으며 의회 내에 청년발전특별위원회(이하 청년특위)를 2015년 11월 발족해 청년정책이 순조롭게 입안될 수 있도록 지원했다.

제1차 청년정책위원회 이후 혁신기획관과 청년정책 거버넌스에 참여한 당사자들은 수차례의 회의를 통해 이견을 좁혀갔다. 정책 대상은 구직 의사가 있는 청년뿐만 아니라 사회 참여 의사가 있는 '사회 밖 청년'으로 넓혀 니트까지 포괄하도록 했다. 또 급여 조건으로 좁은 의미의 구직활동이 아니라 진로 탐색, 창업, 창작, NGO 활동 참여 등 다양한 사회활동까지 포괄하자는 데 의견 접근을 보았다. 정책 목표 자체가 구직 기간 동안의 소득 보전에서 사회 밖 청년들의 사회 참여 활동을 고무하고 관계망을 형성하는 것으로 변화한 것이다. 이에 따라 2015년 5월 제1차 일자리분과 회의 이후에는 청년들에 대한 급여를 고용정책을 넘어선 포괄적인 사회(안전망)정책으로 자리매김한다는 합의가 이루어졌다. 그리고 '서울형 실업부조'라는 명칭 대신 '청년활동지원금'이라는 용어가 사용되기 시작했다(서울시 내부 자료). 최초에 서울형 실업부조안을 제안했던 청년유니온 쪽 역시 사회활동 지원이 구직활동 지원과 별개의 영역이 아니며 포괄적 의미로서 유효하다고 평가했다(김지혜 2019, 66).

그러나 2015년 10월 언론에 서울시의 청년수당안이 보도될 때까지, 서울시 내부의 협의 과정에서 급여 대상과 조건의 세부 사항들에 대한 여러 행위자들 간의 이견은 일부 남아 있었다. 또 관료조직 한편의 회의적인 분위기도 여전히 남아 있었다(피면담자 P). 이런 상태에서 2015년 10월 5일, 11월로 예정된 '2020 청년기본계획' 발표 전 심의를 위해 제2회 청년정책위원회가 개최되었다. 이 자리에서 혁신기획관은 청년수당안을 포함한 기본계획을 발표했으나, 청년수당의 세부안은 이 회의에서도 여전히 확정되지 못했다. 그런데 이 회의에 참석했던 시의원 한 사람이 당일 언론에 서울시가 청년들을 위한 현금급여를 계획하고 있다는 얘기를 흘렸다. 그리고 다음 날 거의 모든 주요 언론에 관련기사가 났다. 상황이 급박하게 돌아가자 서울시는 '슈퍼데스크 회

표 9-2_서울시 청년수당안의 변화

구분	서울형 실업부조	청년수당 추진 계획	청년수당 시범사업
논의/발표 시기	2015년 3월 30일	2015년 11월 5일	2016년 7월 1일
정책 목표	구직활동 지원	사회활동 지원	구직/사회활동 포괄
	저소득 청년 구직자의 소득보전	청년의 사회역량 강화 및 활력 제고	청년들의 요구를 반영한 다양한 구직활동 지원
사업 대상	가. 서울에 거주하며 졸업 혹은 실업 후 3개월 이상 미취업 상태에 있는 청년(만 15~34세) 구직자 나. 고용보험 가입 이력이 없거나 실업급여 수급요건 을 충족하지 못하는 자	가. 서울에 거주하는 만 19~34세 청년 나. 서울 소재의 대학에 재학(혹은 휴학) 중 다. 최근 '3개월' 이상 미취업상태인 자	가. 만19~29세의 미취업 청년 3,000명 ※ 서울시 거주 ※ 재학생은 제외 (16년 8월 졸업예정자는 신청 가능) ※ 주 30시간 미만 근로자도 신청 가능 나. 가구소득 제한 없음
선정 방식	저소득자 우선	저소득자 우선	저소득자 및 미취업 기간 등 고려
조건	서울시가 제공하는 공공 고용서비스에 참여	사회참여 활동 (세대 간 협력 모델, 지역협력 모델, 도시혁신모델, 자기주도형 모델 등)	취·창업을 포함한 다양한 역량 강화 지원 프로그램
수당 금액	월 40만 원	월 50만 원	월 50만 원
지급 기간	최장 1년	2개월 ~ 12개월	6개월

자료: 서울시 보도자료 및 내부 자료

의'—시장, 부시장단, 관련 국장, 기조실장이 참여하는 회의—까지 열어 계획안을 검토했다(피면담자 P). 그런데 이 와중에 언론 대응에 나선 혁신기획관은 한 인터뷰에서 그때까지 아직 급여 대상자를 확정하지 못했던 이 제도를 '청년수당'이라고 지칭했다. 이는 '수당'이란 명칭이 주는 사회 수당적 함의, 즉 특정 연령 집단 내에서의 무조건성과 보편성에 입각한 현금 지급이란 속성으로 인해, 이후 엄청난 논란을 불러일으키게 된다.[15] 그리고 이 제도의 세칭도 정식 명칭인 '서울시 청년 활동지원금'이 아니라 '서울시 청년수당'으로 굳어지게 되는 계기가 된다(피면담자 C; 피면담자 P; 피면담자 J).

이후 포퓰리즘 논쟁이 뜨거워지는 가운데 서울시는 결국 여론과 재정적 한계를 고려해 급여 대상자를 저소득층 청년 중 일부를 선발하는 것으로 한정했다. 그리고 제도의 정식 명칭도 여전히 (청년수당이 아닌) '서울시 청년활동지원금'으로 남겨 두었다. 그러나 급여 조건은 좁은 의미의 구직활동으로 한정하지 않고 청년 활동 전반을 지원하는 방향으로 확정지었다.

이런 안은 2015년 11월 5일, 한 해 동안 서울시 내부에서 이루어진 논의를 집대성한 '서울시 청년정책 기본계획'의 일부로 발표되었다. 서울시는 서울에 거주하는 소득이 없고 교육, 노동, 직업 훈련에서 배제된 청년을 대상으로 활동 계획서를 심사하여 최대 6개월 동안 월평균 50만 원의 수당을 지급하며, 이 기간 동안 넓은 의미의 사회 참여 활동을 할 수 있도록 하겠다고 발표했다. 서울시는 2016년 시범 사업으로 약 3,000명을 선발할 계획이라고 밝혔으나 구체적인 선발기준과 지급 수단(현금 여부) 등 세부 사항은 여전히 발표하지 않았다.

---

15 특히 청년수당의 '현금 지급'이란 방식은 엄청난 논란을 불러일으켰다: "(현금이냐 카드냐에 대해서는) 다시 재논의를 하기로 했는데 얼마 지나지 않아 혁신기획관님은 (언론에) 현금 지급을 하겠다고 얘기를 하셨습니다. 이 때문에 시의회, 국회, 언론사 등에 왜 카드가 아니고 현금을 지급하는지에 대해서 대응을 해야 했습니다. … 사용처도 알 수 없는 현금성 지원이 포퓰리즘으로 몰려 제도 자체의 입안이 불투명해질 수도 있었던 상황이 되었습니다"(피면담자 P).

한국 복지국가는 어떻게 만들어졌나?

(2) 정책결정 2단계: 중앙정부와의 정책갈등 및 해소

서울시가 2015년 11월 5일 청년정책 기본계획의 일환으로 청년수당안을 발표하자 즉시 뜨거운 논란이 시작되었다. 보수언론들은 청년수당은 청년들의 표를 얻기 위한 '인기영합주의 정책', 인생 출발선에 선 청년들의 '의존성을 심화시키는 아편'이라고 비판했다. 또 당시 여당 대표는 '서울시의 청년수당 정책은 청년의 마음을 돈으로 사겠다는 전형적 포퓰리즘으로, 정말 옳지 못한 행위'라고 비판했다(『연합뉴스』, 2015.11.05.).

정부도 즉각적으로 반대 입장을 표명했다. 보건복지부는 11월 12일 지방자치체인 서울시의 청년수당은 중앙정부의 복지부와 사전 논의가 필요한 '복지사업'이라며, 협의를 요구했다.[16] 이에 대해 서울시는 청년수당은 복지사업이 아닌 청년 일자리 사업이고, 미취업자 전체가 아닌 공모를 통해 선발되는 제한된 대상만 지원하는 정책이므로 복지부와 협의 대상이 아니라고 반박했다(『연합뉴스』, 2015.11.13.). 또한 이기권 고용노동부 장관은 청년수당이 고용노동부의 취성패II와 중복된다며 반대 입장을 밝혔다. 그러나 이에 대해서도 서울시는 취성패II는 구직 의사가 있는 청년만을 대상으로 하나, 서울시 청년수당은 구직 의욕을 상실한 니트 등 기존 정책의 사각지대까지 아우르는 정책이라고 맞섰다.

---

16 이런 복지부의 주장은 '지방자치단체가 복지제도를 신설하려 할 경우 보건복지부와 협의해야 한다'는 사회보장법 조항(제26조 3항)과 '지방자치단체의 사무에 관한 그 장의 명령이나 처분이 법령에 위반되거나 공익을 해치는 경우 주무부 장관이 시정을 명령할 수 있다'는 지방자치법 조항(제169조 1항)에 근거한 것이었다.

가열되는 논란 속에서 서울시 의회에서는 11월 22일 민주당 의원들에 의해 '청년활동지원 사업(청년수당)을 위한 조례'가 발의되었다. 청년수당의 집행을 위해서는 법적 근거가 필요했기 때문이다. 새누리당 소속 대부분의 시의원들은 '포퓰리즘' 논리로 이에 반대했다. 정책결정 1단계에서는 민주당 소속 의원들 사이에서도 '청년'을 대상으로 '현금 지원'을 하는 것에 대한 의구심이 적지 않았다. 이런 시의회의 분위기를 반전시키는 데는 민주당 소속 S 의원이 중요한 역할을 했다고 한다(피면담자 C; 피면담자 P). 그는 오늘날 청년들이 학업에서 취업으로의 이행기에 맞닥뜨린 특수한 상황들에 대해 설명하고 사회 밖 청년들을 사회 안으로 포용해 들이는 정책의 중요성을 역설했다(『매일노동뉴스』, 2015.12.22.).

정책결정 2단계에서는 청년수당 논란의 '당파화'도 민주당 의원들을 찬성 입장으로 돌아서게 하는 데에 큰 역할을 했다. 청년수당을 둘러싼 논쟁이 새누리당 박근혜정부와 단체장이 민주당 소속인 서울시 간의 싸움처럼 되어버리고, 보수언론과 진보언론이 각각의 입장을 지원하는 모양새로 연일 논란을 이어가자, 민주당 우위의 시의회는 시 행정부의 정책에 손을 들어주게 되었던 것이다. 결국 시의회는 12월 22일 조례안을 통과시켰고,[17] 청년수당 지원 예산 90억 원이 포함된 2016년 서울시 예산안을 원안대로 심의·의결했다.

서울시가 2016년 예산안을 통과시키자 보건복지부는 서울시에 재의(再議)를 요청했다. 그러나 서울시는 지방자치단체의 자치권을 훼

---

17   표결 결과는 전체 의원 55명 중 43명 찬성, 11명 반대, 1명 기권이었다(『매일노동뉴스』, 2015.12.22.)

표 9-3_청년수당 도입 과정에서 서울시-중앙정부 갈등

날짜	주요 사건
2015.11.05.	서울시, 청년활동지원 사업의 일환으로 청년수당 계획 공식 발표
2015.11.12.	복지부, 서울시에 청년수당안 협의 요구, 서울시는 거부
2015.11.22.	서울시 의회, '청년활동지원' 사업 위한 조례 제정 청년수당 예산안이 포함된 2016년 예산안 통과시킴
2015.12.30.	복지부, 서울시에 재의 요청, 서울시는 즉각 거부
2016.01.14.	복지부, 서울시 의회를 대법원에 제소하고 '청년수당 사업집행정지' 신청
2016.01.25.	서울시, 헌법재판소에 '지방교부세법 시행령'에 대한 권한쟁의심판 청구
2016.01.27.	서울시-복지부 간 1차 사전 실무회의
2016.03.30.	관계기관 대책회의(복지부 사회조정과장, 사회보장위원회 사무국장, 고용노동부 서기관, 기획재정부 서기관, 서울시 청년정책과장, 서울시 청년정책팀장, 서울시 담당 주무관 참여) 열림
2016.05.26.	복지부, 1차 협의 결과에 대한 입장('청년수당 부동의') 통보 및 사업 재설계 후 재협의 권고
2016.06.14.	복지부, 사회조정과장과 서울시 청년정책과장 수정안 협의 및 비공식적 합의 도달
2016.06.15.	동아일보 1면에 "복지부, 서울시 청년수당 수정안 수용"이 보도됨 복지부, 2차례에 걸쳐 해명자료를 발표하며 서울시 안을 수용하지 않기로 결정했음 을 발표
2016.06.30.	복지부, 최종적으로 서울시의 '청년수당 시범계획서' 부동의 통보

자료: 서울시 내부 자료

손한다며 이를 거부했다. 그리고 재의는 불가하지만 협의는 이어나가
겠다며 2016년 1월 12일 보건복지부에 협의 요청서를 발송한다. 하
지만 복지부는 2016년 1월 14일 재의 요구에 불응한 서울시 의회를
대법원에 제소하며 '청년수당 사업 집행정지'를 신청했다(『서울신문』,
2016.01.14.). 그러자 서울시는 1월 25일 중앙정부에 의한 지방자치단
체의 자율성 훼손을 규탄하며 헌법재판소에 '지방교부세법 시행령'에

대한 권한쟁의심판을 청구하며 맞섰다.

그런데 흥미로운 것은 이 시기 서울시와 복지부 사이에 갈등만 존재했던 것은 아니라는 점이다. 서울시는 '일이 되게 하기 위해서는' 협의가 불가피하다고 판단하고 복지부와 계속 협의를 진행했다.[18] 서울시 내부 자료인 '청년활동지원 사업 협의 일지'에 따르면 서울시는 복지부에 협의 요청서를 2016년 1월 12일 이후 2차례 발송했다. 중앙정부도 이에 응했다. 복지부와의 수차례 협의가 이루어졌고 3월 30일에는 고용노동부와 기획재정부, 사회보장위원회, 국가연구기관 연구원이 참여하는 일종의 '관계기관 대책회의'까지 이루어졌다. 이 과정에서 쟁점이 된 것은 다음과 같은 사항들로 모두 서울시 내부의 정책결정 과정에서도 논란이 되었던 사안이었다.

첫째, 청년수당의 정책 효과성이다. 복지부는 청년수당을 지급하려면 취업률 제고와 같은 분명한 정책 목표가 있어야 하고, 정책 결과를 측정할 성과지표가 있어야 한다고 주장했다. 이에 서울시는 청년수당은 취성패II와 달리 구직 의사를 상실한 청년까지 정책 대상에 포함시켜 청년의 활력을 높이는 것이 정책 목표이며, 따라서 취업률과 같은 좁은 목표를 설정하고 성과 평가를 하는 것은 바람직하지 않다고 맞

---

18 이런 상황은 서울혁신기획관과의 다음과 같은 면담 내용에서도 확인할 수 있다: "중앙정부에서는… 협의 대상이라고 했지만, 사실상 협의가 아니라 승인을 받으라는 것이었어요. 애초에 청년수당은 아동수당이나 노인수당처럼 현금으로 지원하되 그 사용처를 묻지 않는 방식을 생각했는데, 보건복지부와 다른 부처(고용노동부)는 수급 조건으로 구직 관련성이 있는 것은 지급하는 것이 가능하나, 어떤 명확한 활동을 한다는 것을 증빙할 수 없는 것은 승인할 수 없다는 입장을 고수했습니다. 어쨌든 저희 입장에서는 사업은 진행해야 되겠고, 협의가 결렬이 되면 안 되니까 (법적인 다툼에도 불구하고) 6개월 동안 지속적으로 보건복지부와 조율을 했습니다."(피면담자 C).

한국 복지국가는 어떻게 만들어졌나?

표 9-4_서울시와 복지부의 쟁점별 입장 차이와 협의안

쟁점	서울시	복지부	서울시-복지부 협의안
정책의 목표 및 효과성	-사회진입이 지체되거나 실패한 청년들의 자존감 회복 및 활력 제고(사회활동 지원을 위한 사회안전망)	-취업 및 창업 (고용지원정책)	-정책 목표에 사회활동과 더불어 구직활동을 포함하도록 함
	-엄격한 성과 측정 곤란	-성과 평가를 위한 분명한 지표 필요	-정책 성과를 측정할 수 있는 지표를 수정 보완함
급여 항목의 제한	-역량기반지원서(자기소개서)를 바탕으로 자신이 세운 활동 계획에 수당을 사용하며, 단순 NGO 활동 등 개인의 다양한 사회참여 활동 포괄	-취업, 창업 관련 활동에 한해 수당 사용	-사용범위에 대한 가이드라인과 요건을 제시하도록 함
지급-모니터링 방식	-자유로운 사용을 위해 현금을 지급하며 사용처 증빙 불필요	-정책 목표에 부합하는 지출을 위해, 사용처 증빙과 모니터링이 가능한 카드 지급 필요	-모니터링 방안 수정 보완하고 일부 사용처는 제외
			-현금 대신 카드 지급

자료: 서울시 내부 자료(청년활동지원 사업 협의일지)와 면담내용을 바탕으로 재구성

섰다.

둘째, 급여 항목 제한 여부이다. 서울시 안은 청년수당의 조건으로 폭넓은 사회활동을 허용하고 있었으나 복지부는 단순 사회활동을 공공재원으로 지원하는 것은 타당하지 않다고 주장하며 급여 항목을 취·창업에 관련된 활동으로 한정할 것을 요구했다.

셋째, 지급 수단이다. 서울시에서는 청년들이 자신이 필요한 곳에 자유롭게 쓸 수 있도록 현금 지원을 해야 한다고 주장했다. 반면 복지부는 참여자들이 부적절한 곳에 지출하지 못하도록 지출 현황을 모니터링할 수 있는 카드 지급 방식을 선호했다.

복지부와의 협의 과정을 거치면서, 그리고 포퓰리즘이라는 부정적

여론에 대응하는 과정에서, 서울시는 청년수당 초안을 일정 부분 수정한다. 첫째, 정책 목표는 청년의 사회활동 지원에 구직활동 지원을 추가하는 방식으로 수정되었다. 둘째, 급여 항목은 좀 더 좁은 범위로 제한되었다. 취·창업과 직접 연관이 있어야 하는 정도까지는 아니지만, 개인 활동이나 NGO 활동 같은 매우 폭넓은 사회활동을 허용했던 서울시의 초안에서는 한 발 후퇴하게 된 것이다. 셋째, 현금을 지급하고 용처를 제한하지 않는 방식에서 카드를 지급하고 몇몇 용처를 제한하는 방식으로 바뀌었다(표 9-4).

수차례의 줄다리기 끝에 마침내 6월 14일, 복지부 사회조정과장과 서울시 청년정책과장 협의 이후, 복지부로부터 비공식적인 최종 '수정 협의(안) 수용 통보'가 서울시 측에 전달되었다. 여기서 비공식적이라 함은 문서상으로가 아니라 실무자 간의 무선 통화를 통한 구두통보였기 때문이다.[19] 이는 세간에 많이 알려진 것과 달리, 협의 끝에 복지부와 서울시가 사실상의 합의에 도달했음을 의미하는 것이었다. 하지만 바로 다음 날인 6월 15일 한 일간신문 1면에 "복지부, 서울시 청년수당 수정안 수용해 7월 시행"이라는 제목으로 협의안 수용 건이 보도되자 복지부의 입장은 급선회한다(『동아일보』 2016.06.15.). 6월 15

---

19 그러나 이 무선통화의 내용은 수신자와 발신자의 이름을 포함해 서울시 내부문건 자료에 남아 있었고, 이는 『주간경향』(2016.08.16.)에도 보도되었다. 필자들도 당시 관계 주무관을 통해 이 문건의 존재를 확인할 수 있었다. 이 문건에는 "-2∼3일 내에 서울시에서 보낸 수정안대로 협의가 완료되었다는 내용으로 공문이 시행될 예정임(복지부). -공동 보도자료를 내기는 쉽지 않더라도 공문 발송 시점에, 보건복지부와 서울시가 협치의 정신을 살려 협의를 이뤄냈다는 내용으로 동시에 보도자료를 내는 것이 좋을 듯함(서울시)"이라고 적혀 있다. (http://m.weekly.khan.co.kr/view.html?med_id=weekly&artid=2016081 61743481&code=115&s_code=n0001#c2b#csidx94ce807a1424ac49235ef6df16343a7).

한국 복지국가는 어떻게 만들어졌나?

일 아침 복지부는 서둘러 '정해진 바가 없다'는 1차 해명 자료를 냈다. 그리고 당일 저녁 다시 2차 해명 자료를 통해 '수용 불가'를 결정했다고 발표한다. 6월 30일, 복지부가 최종적으로 서울시에 '청년수당 시범 사업계획서'에 '부동의' 의견을 통보함으로써 마침내 양자 간의 협의는 결렬되었다.

이렇게 한때 합의에 이르는 듯했던 보건복지부와 서울시의 협의가 파국에 이른 것은 청와대에서 서울시 청년수당 정책에 부정적 입장을 피력하면서 보건복지부를 강하게 문책했기 때문이라는 해석이 유력하다. 당시 박근혜정부는 임금피크제 도입으로 청년실업 문제를 해결해야 한다며 '노동 개혁' 의제들을 강하게 밀어붙이고 있었다. 그리고 노동계와 청년 당사자들은 '아버지 봉급 깎아 아들 일자리 마련하는 것'이 노동 개혁이냐고 반발하며 정부와 날카롭게 각을 세우고 있었다(정용인 2016). 이런 와중에서 나온 청년수당을 비롯한 서울시의 청년정책계획안은 중앙정부의 정책에 맞서는 정책으로 인식되었으리라는 것이다.[20]

협의가 결렬된 후 서울시는 청년수당 시범 사업 참여자 모집 계획을 발표했다. 이후 서울시가 대상자 선정 작업을 거쳐 청년수당 지급 절차를 밟아나가자 복지부는 2016년 8월 3일 '청년수당 지급 강행에 대한 시정명령'을 발표하면서 서울시에 시정명령 이행 결과를 다음 날 오전까지 보고하라고 요구했다(보건복지부 보도자료 2016). 하지만 서울시

---

[20] 박근혜 대통령 탄핵 후 청와대에서 발견된 문서들 중에서는 2016년 당시 작성된 '서울시가 청년수당을 강행하면 지방교부세 감액 등 불이익 조치를 하라'는 내용의 문건이 발견되기도 했다(『한겨레』 2017.07.20.).

표 9-5_보건복지부-서울시 간 청년수당안 협의 결렬 이후 주요 일지

날짜	주요 사건
2016.06.30.	서울시, 청년수당 참여자 모집계획 발표
2016.08.02.	서울시장, 국무회의에서 청년수당 당위성 설명
2016.08.03.	서울시, 청년수당 시범 사업 대상자에게 수당 지급
2016.08.04.	복지부, '청년활동지원 사업' 직권취소 결정 및 환수 조치 요구
2016.08.19.	서울시, 복지부의 직권취소 행위를 대법원에 제소
2017.03.10.	헌법재판소, 박근혜 대통령 탄핵 인용
2017.04.07.	복지부, 서울시의 청년수당 수정안 수용 통보
2017.04.26.	서울시, 청년수당 사업 6월 본격 시행 계획 발표
2017.05.09.	문재인정부 출범
2017.09.01.	복지부와 서울시가 청년수당 관련 상호 간의 소송 취하 결정

자료: 일간지 보도

는 2016년 8월 3일 청년수당 시범 사업 지급 대상자 3,000명 중 2,831명에게 청년수당을 지급해버렸다. 이에 복지부는 다음 날인 2016년 8월 4일 서울시 청년수당에 대해 직권취소 조치를 취하고 전액환수를 요구했다. 그러나 서울시는 2016년 8월 19일 직권취소 조치에 대한 취소처분과 가처분을 구하는 소송을 대법원에 제기했고, 복지부는 다시 서울시의 위법에 엄정 대응하겠다고 맞섰다.

이렇게 중앙정부와의 힘겨루기가 가속화되는 과정에서 서울시가 청년수당 정책을 관철할 수 있었던 데에는 제도 내 활동가들의 적극적 움직임과, 외부자인 청년 당사자들의 유연한 입장 및 적극적인 지원이 중요한 역할을 했던 것으로 보인다. 우선 박원순 시장은 2016년 8월 2일 직접 국무회의에 참석해서 국무위원들과 논쟁하며 청년수당을 옹호했

다.[21] 그리고 결국 복지부가 직권취소라는 방법으로 청년수당 철회를 압박하자, 대법원 제소라는 강수로 맞섰다. 지자체장의 이런 태도는 복지부의 석연찮은 태도 변화에 대한 반감과 겹쳐, 서울시 관련 공무원들로 하여금 이 정책을 지키는 데 적극적으로 나서게 만들었다고 한다 (피면담자 P).

처음부터 이 정책을 실질적으로 총괄해왔던 혁신기획관 역시 서울시 내외부를 설득하고 조정하는 한편, 언론을 통한 적극적인 여론전을 수행했다. 이 시기 중앙정부와의 갈등에 대해 당시 혁신기획관은 다음과 같이 회고했다.

> "복지부와의 협의 과정에서… (수급 조건으로) 구직과 관련된 연관성도 더하고 복지부 측에서 요구하는 쟁점들에 대해서도 좀 수용하고 그런 과정을 거치면서 결국에는 합의를 할 수 있을 거라고 생각했어요. 나중엔 거의 합의에 이르러… (서울시-복지부) 공동 기자회견까지 해보자 이런 이야기가 나왔던 걸로 기억해요. 그런데 서울시 수정안을 복지부가 받는다는 기사가 나오자 (복지부는) 이를 부인했어요. 당시에 청와대에서 심하게 질책했다고 하는 이야기도 있었습니다. … 이후 복지부와 다시 협의를 했는데 결국 설득이 안 됐고 복지부 입장은 '전혀 동의한 적

---

21 8월 2일 청와대에서 열린 국무회의에서 이기권 장관은 프랑스의 유스 개런티(Youth Guarantee)는 공공취업지원 서비스와 연계해 실직청년들을 직접 지원하는 사업인데, 서울시의 지원사업은 그런 연계가 없다고 비판했다. 또 정진엽 보건복지부 장관은 "직접적인 현금 지원이 교육훈련이나 구직활동에 사용되지 않으면 도덕적 해이가 나타난다"고 주장했다. 이런 공격에 대해 박원순 시장은 "서울시의 청년정책을 잘못 이해하시는 것 같은데, 교육훈련 등에 사용되지 않는다는 것이 아니라 본인이 선택하도록 하자는 것"이라고 반박했다(정용인 2016).

없다'로 정리가 된 거죠. 그래서 저희는 '그렇다면 원래 계획(서울시의 계획)대로 집행하겠다' 이런 입장이었습니다"(피면담자 C).

또한 그는 서울시 내부를 설득하고 외부 비판을 방어하는 과정에서 청년 당사자의 입장에 섰다. 즉 청년수당의 정책 목표와 급여 항목, 지급 수단 등 예민한 쟁점에서 가장 비관료적이고 기층 당사자들이 원하는 안들을 옹호했던 것이다. 이는 외부 당사자와의 긴밀한 소통과 대변이 제도 내 활동가의 중요한 성공 조건임을 보여준다 하겠다.

2단계의 정책 과정에서 중요한 역할을 한 또 한 사람의 내부자로 당시 서울혁신관실 청년정책과 주무관(피면담자 P)을 들 수 있다. 그는 1단계의 정책 초기 과정에서는 청년수당 정책을 '외부자가 들고 온 낯선 정책'으로 인식했던 시 공무원 중 한 사람이었다. 그러나 그는, 청년수당 입안 과정에서 혁신기획관과 교감하고 청년 당사자들과 자주 접촉하면서 청년수당의 정책 목표에 공감하게 된다. 그리고 담당자로서의 통상적 업무 수행 이상의 관심을 가지고 이 정책이 채택되도록 노력했다(피면담자 P). 이런 의미에서 넓게 본다면, 직업공무원이었던 그 역시 제도 내 활동가의 한 사람이었다고 할 수 있을 것이다.[22]

그렇다면 이렇게 정책 변형이 이루어지는 동안 청년 당사자들은 어떻게 정책형성에 참여했는가? 앞서 언급한 바와 같이 복지부와의 협의 과정에서 급여 항목과 지급 방식은 복지부의 요구를 수용해 변경되었

---

22 이런 면모는 청년정책과의 다른 구성원들이 다음 인사이동에서 모두 청년수당으로 풍파가 많았던 청년정책과를 떠난 반면 그는 여전히 자원해 이 부서에 남았다는 데서도 잘 드러난다.

다. 이렇게 정책이 변형되자 청정넷의 청년 당사자들은 크게 반발했다. 이들은 소득 기준 여부에 따른 대상자 선정, 선정 이후의 관리, 급여 대상 활동의 취업과 창업 분야로의 제한, 사용처 모니터링 등의 제한 조항에 민감하게 반응했다(피면담자 P). 청년들은 이 중에서도 특히 사용처 모니터링을 위해 현금이 아닌 클린 카드로 수당을 지급한다는 것에 큰 반감을 보였다. 서울시 내부에서는 진통 끝에 현금 지급으로 결론을 보았던 지급 방법이 복지부와의 협의 과정에서 다시 카드 지급으로 변경되었기 때문에 더더욱 그러했다. 카드를 지급하고 사용처를 일일이 확인할 수 있다는 것은 청년 당사자의 입장에서는 수용하기 힘든 조치로 받아들여졌다(피면담자 P).

> (복지부와의 협의가 진행되던) 2016년도 초 서울연구원에서 거의 완성된 (청년수당)안을 만들었습니다. 그런데 당시 청년 당사자들은 기존에 자신들이 제안했던 초안과 달리 (이 안이) 현금이 아닌 카드 지급이고 또 (사용 출처에) 여러 제약 조건들이 달리게 되는 것에 대해서 의문을 가졌습니다. … 카드로 쓰게 될 경우 지원금 사용 내역이 알려지게 되는 등의 문제가 발생하는 것 아니냐는 것이었습니다(피면담자 P).

그러나 청년 당사자들은 결국 이런 정책 변형을 상당 정도 수용하는 선에 타협한다. 이는 정책결정 2단계에서 서울시와 중앙정부 간의 대치가 날카로와지면서 정책이 유산될 수 있다는 위기감이 커지자, 서울시 수준의 내-외부자의 결속력이 강해졌기 때문이었다. 당시 청정넷과 청년정책위원회에서 청년수당 입안 과정에 주도적으로 참여했던 청년유니온 활동가는 '좀 후퇴한 수정안이라도 우선 청년수당을 시작하는 것이 중요하고, 주요 쟁점 사안들은 정책이 실행되는 과정에서 수정·보완하면 된다'는 것이 거버넌스 조직에 들어와 있던 청년 당사자들의 주된 입장이었다고 밝혔다(피면담자 J).

이런 오랜 협의 끝에 마침내 타결되는 듯했던 청년수당 정책을 결국 복지부가 직권취소하자 청정넷을 비롯한 청년 당사자 단체는 서울시 행정부 및 의회와 더불어 강력히 항의했다. 이들은 '청년의 삶까지 직권취소할 수 없습니다'라는 슬로건을 내걸고 시청 앞 등지에서 직권취소 반대 시위를 했다. 또 서울시가 청년수당 직권취소는 부당하다면서 이를 대법원에 제소하자, 재판부에 탄원서를 보냈고 법원 앞에서 기자회견을 하기도 했다. 청년수당 정책에 대한 서울시 밖의 탄압은 서울시 내-외부자들 간의 차이를 덜 중요한 것으로 만들고 연대하게 만들었던 셈이다. 이런 과정들은 2단계 정책결정 과정에서도 여전히 서울시와 당사자 조직들 간의 실질적 협치가 이루어졌음을, 그리고 이럴 수 있었던 데에는 제도 내 활동가의 역할이 결정적이었음을 알 수 있다. P주무관과 S 시의원 역시 넓은 의미에서는 이런 제도 내 활동가의 역할을 수행했다고 보아야 할 것이다.

서울시는 직권취소 결정 이후, 한편으로는 중앙정부를 대법원에 제소했으나, 다른 한편으로는 꾸준히 정부와 협의해 어떻게든 청년수당 정책을 정상적으로 실행하겠다고 발표했다. 그런데 복지부가 청년수당 정책을 직권취소한 지 4개월 뒤인 2016년 12월 9일 박근혜 대통령 탄핵소추 사건이 발생한다. 그리고 2017년 3월 10일 결국 박근혜 대통령 탄핵이 결정되면서 청년수당 정책도 영향을 받게 된다.

한국 복지국가는 어떻게 만들어졌나?

19대 대선을 한 달 앞둔 2017년 4월 7일 복지부는 서울시의 청년수당 수정안을 수용하겠다는 의사를 밝혔다. 그리고 4월 26일 서울시는 6월부터 청년수당정책을 본격적으로 시행하겠다는 계획을 발표했다. 이후 문재인정부로 정권교체가 이루어졌고, 2017년 9월 1일 복지부와 서울시는 청년수당 관련 상호 간의 소송을 취하했다. 그리고 비로소 청년수당 정책은 정상궤도에 오를 수 있었다. 이후 서울시 청년수당 정책은 다른 지자체들로 확산되었으며, 문재인정부 출범 이후에는 중앙 정부(고용노동부)의 새로운 청년정책의 요소로 편입되었다.

4. 소결

이상에서 서울시 청년수당 정책의 결정 과정을 제도 내 활동가를 매개로 한 제도 내-외부자 간의 협업의 산물이라는 관점에서 살펴보았다. 공식적 제도의 내·외부 행위자를 엄격히 구분하는 기존의 정책결정 모델의 가정과 달리 청년수당 정책은 외부자와 내부자의 협력적 거버넌스의 전면화에 의해 정책이 형성되었다. 즉 외부의 당사자 조직에서 요구와 아이디어가 생겨나고, 제도 내 활동가가 내부에서 거버넌스 구조를 만들면서 외부자들을 적극적으로 끌어들이고, 외부의 사회운동 조직들은 이를 중요한 정치적 기회 구조가 열린 것으로 인식하고 적극적으로 참여해 협업을 시도한 결과로 정책이 만들어진 것으로 볼 수 있다. 정책의 내용을 볼 때는, 이례적이게도 외부자가 초기에 제시한 정책 아이디어가 내부 정책 과정에서 오히려 더 급진화되었다가 중앙정부와의 갈등 과정에서 보다 관례적인 안으로 회귀하는 경로를 밟았다.

이렇게 내-외부자의 실질적 협업에 의해 청년 당사자가 요구하는 정책이 제도화될 수 있었던 요인으로 기존 연구들은 각각 제도의 내부와 외부에 주목하여 시민 참여적인 거버넌스 조직의 창출과 운영, 혹은 청년 거버넌스를 운동의 장으로 전유하려 했던 청년 당사자 운동의 전략 등을 지적했다. 이 연구에서는 이런 요소들을 실질적으로 작동하게 했던 요인으로 내·외부를 연결한 제도 내 활동가의 역할에 주목했다. 혁신기획관을 핵으로 해서 연결된 자치단체장, 그리고 일부 주무관과 시의원이라는 제도 내 활동가들은 외부자들의 실질적인 참여를 지원했고, 회의적인 관료들과 시의원들을 설득했다. 특히 청년수당안이 동력을 잃지 않고 의제화, 정책화되는 데는 시민운동의 경험을 가지고 있던 제도 내 활동가들의 역할이 중요했다. 정책 과정에서 내-외부자 간의 갈등도 존재했고, 외부 당사자의 요구가 변형된 부분도 없지 않았으나 제도 내 활동가들이 내-외부자 간 신뢰의 형성에 중요한 역할을 함으로써 타협된 형태의 정책을 산출할 수 있었다.

서울시 청년수당 정책결정의 사례가 정책적, 이론적으로 시사하는 바는 다음과 같다. 첫째, 복지정치에 있어 제도의 내부와 외부의 경계는 점점 희미해지고 있으며 이 과정에서 제도 내 활동가가 복지 개혁에 의미 있는 역할을 할 수 있는 여지가 커졌다는 것이다. 정책결정의 정치과정에서 제도의 내·외부의 경계가 희미해지는 현상은 이미 유럽의 많은 사회운동 단체들과 좌파 정당들, 독일의 환경운동과 녹색당, 미국의 티파티 운동(Tea Party movement)과 공화당 간의 관계에서도 관찰된 바 있다(Pettinicchio 2012, 501). 그런데 제도 내부와 외부를 분명히 구분되는 것으로 봤던 기존 사회운동론, 특히 정치과정론은 이런 현상을 부정적인 시각에서 바라봤다. 사회운동은 그 자체로 제도 밖에 있는(extra-institutional) 것이며 제도 내 엘리트의 역할은 이중의 의미에서―즉 운동 목표의 달성은 달성대로, 실패는 실패대로― 동원과 운동의 쇠퇴를 가져온다는 것이었다. 그러나 서울시 청년수당의 사례는 이런 비관적 가정에 부합하지 않는다.

또 서울시 청년수당의 사례는 사회운동과 공식적 정체(polity)의 긴밀한 협력을 경계의 눈으로 보는 또 하나의 이유인 포섭(co-optation), 즉 권위체가 사회운동의 도전을 피상적으로 제도 내화함으로써 외부자를 순치시키는 것 역시 불가피한 일이 아님을 보여준다. 청년수당의 경우 외부자의 요구는 내부자의 필요대로 굴절되지 않은 채 정책으로 귀결되었고, 외부의 당사자 조직은 이를 운동의 성과로 받아들이면서, 또 다른 요구를 조직화할 수 있었다. 협업의 성과인 정책 자체도 다른 지자체와 중앙정부로 확산되었다. 사회운동 이론 내부에서도 요구의 정책화 성공을 동원의 쇠퇴가 아니라 발전으로 해석하는 흐름(Baumgartner & Mahoney 2005)이 있는데, 서울시 청년수당은 이 경우에 해당한다고 보아야 할 것이다. 또한 이런 성공적 협력을 매개한 것이 내부와 외부를 매개한 제도 내 활동가(들)이었다는 점에서 이들의 역할은 이론적으로나 실천적으로나 주목을 요한다 하겠다.

둘째, 서울시 청년수당 사례는 한국의 복지정치에서 새로운 형태의 사회운동의 가능성을 보여주었다고 할 수 있다. 전문적이면서 혁신가적인 운동가로서의 외부자와, 동조적 내부자인 엘리트의 명시적 협력관계는 한국에서는 흔한 현상은 아니다. 이런 관계를 동력으로 복지정책이 도입된 경우도 많지 않다. 한국에서 그동안 시민운동이 복지정치에 개입하는 전형적인 양상은 혁신가론이 묘사하듯이 외부의 전문적 운동가 집단―혁신가들―이 자원을 효율적으로 동원하고 압력을 행사하여 공식 정책결정 과정에 요구를 투입하는 것이었다. 1990년대 이후 참여연대가 보여준 복지정치에서의 '대의의 대행'(김영순 2019)이 대표적인 경우이다.

그런데 이런 참여연대 방식의, 외부자로서 정책 요구를 투입하는 방식은 의제설정까지의 과정에서는 유효한 운동 전략이나 정책이 제도 내부―행정부든, 입법부든―에서 구체화되는 과정에는 개입하기 힘들다는 치명적 문제점을 가지고 있었다. 예컨대, 참여연대가 법안의 골격을 여당에 제공해 통과된 국민기초생활보장법 같은 경우, 시행령과 시행세칙을 만드는 과정에서 기획예산처의 입장이 반영된 여러 가지 제한조건들이 달리면서 결국 커다란 사각지대를 가진 정책이 산출되었다. 그러나 청년수당의 사례는 실질적인 거버넌스 구조에 의해 정책의 세부 내역 역시 외부 당사자들의 요구를 상당히 반영하는 방식으로 결정되었다. 협치라는 정치과정의 차이가 정책 내용에도 영향을 준 것이다. 이런 의미에서 서울시의 청년수당 정책결정 과정은 '참여연대 모델'이 정당의 대의 기능 회복으로 점차 유효성을 상실해가고 있던 와중에 한국의 시민사회 운동이 찾아낸 새로운 유형의 복지운동 모델을 보여준다고 할 수 있다.

서울시 청년수당의 사례는 한국의 복지정치에 새로운 이론의 적용 가능성을 보여주는 강력한 사례이긴 하나, 제도 내 활동가의 성공적

한국 복지국가는 어떻게 만들어졌나?

역할이 몇 가지 독특한 조건들로 뒷받침되었다는 점에서 이 이론을 일반화하는 것에는 신중함이 요구된다.

그 조건이란 첫째, 정책결정 단위 내에서 가장 큰 권력자원을 지녔던 단체장 자신이 제도 내 활동가의 역할을 일부 수행했다는 점이다. 이는 기존 관료조직의 회의와 저항에도 불구하고 정책이 무의사결정(non-decision)으로 가지 않고 채택되게 된 중요한 동력이었다. 모든 사례에서 이런 조건이 확보되기는 어려울 것이라는 점에서 향후 보다 많은 사례연구를 통해 제도 내 활동가의 성공 조건에 대한 보다 면밀한 이론화가 필요할 것으로 보인다.

둘째, 서울시 청년수당의 경우는 본래의 정책결정 단위를 넘어서서 벌어진 중앙정부와의 갈등과 과열된 당파적 논란이 오히려 서울시 단위에서의 내-외부자 간 갈등을 최소화하고 협조적 정책결정을 가능하게 했다는 점이다. 이런 조건은 이 사례에서 제도 내 활동가의 역할이 과대평가되었을 가능성을 내포한다고 할 수 있는데, 이 역시 후속 연구에서 고려되어야 할 사항으로 보인다.

마지막으로, 정책결정이 서울시 수준에서 끝난 뒤 순조롭게 집행되지 못하고 중앙정부와의 대치로 넘어가고 그 대치가 다시 해결되는 과정은 이 책이 중시하는 주요 행위자의 권력자원과 권력관계의 중요성을 보여준다고 할 수 있다. 청년수당이 서울시 수준에서 민주적 협치의 산물이고 여론의 지지 역시 적지 않았지만, 더 큰 권력자원을 확보한 중앙정부의 제동과 압력은 정책의 순조로운 집행을 어렵게 했다. 박근혜 대통령의 탄핵 사태가 없었더라면, 그리고 이후 권력 교체가 없었더라면 서울시 청년수당은 끝내 제대로 집행되기 어려웠을 수도 있었을 것이다. '사법농단' 사태까지 가져온 박근혜정부 시기 사법부의 편파성과 불공정성을 고려하면 더더욱 그러하다. 그러나 중앙정부의 권력 교체는 청년수당을 둘러싼 권력관계를 완전히 바꿔놓았고, 이는 청년수당을 애초의 서울시 정책결정에 가깝게 집행할 수 있게 했다. 나아가 청년수당 정책이 여타 지자체로 확산되고 중앙정부에서까지 유사 정책이 도입될 수 있게 했다. 이는 보다 미시적 행위자 관계에 초점을 두는 제도 내 활동가론의 접근 방법이 좀 더 넓은 맥락의 권력관계를 염두에 두면서 적용되어야 함을 시사한다고 할 수 있겠다.

한국 복지국가는 어떻게 만들어졌나?

3부

———

맺음말

10장

맺음말

이 책에서는 민주화 이후 한국의 복지정치를 주요 복지 프로그램의 도입 혹은 개혁 사례를 통해 살펴보았다. 그리고 이를 통해 한국의 복지국가를 만들어 온 힘은 무엇이며 그것이 복지국가의 성격에 어떤 영향을 미쳤는지 밝혀보고자 했다. 이제 연구 결과를 요약하고 시사점을 정리해보도록 하겠다.

서구의 주류 이론들에 비추어 보면 한국은 복지국가 발전에 매우 불리한 조건들을 가지고 있다. 노동조합과 좌파 정당이 취약하고, 관대한 복지체제와 상호보완적일 수 있는 조정시장경제(coordinated market economy)체제를 가지고 있지 못하며, 비례성이 강한 선거제도를 가지고 있지도 않다. 게다가 계급 타협에 유리한 황금기 자본주의의 여러 조건들이 소멸된 다음에야 복지국가로의 이륙을 시작했다. 실제로 한국의 복지국가는 경제성장의 수준에 비하면 여전히 저발전, 미성숙한 상태에 있으며, 따라서 서구 주류 이론들은 한국 사례에도 상당 정도 적실성이 있다고 할 수 있다.

그러나 민주화 이후 30여 년간 일어난 복지국가의 변화는, 한국 사례가 다만 이런 이론들을 뒷받침하는 거울상에 불과하다고 보기에는 무리인, 양적 성장과 질적 발전을 담고 있기도 하다. 이 연구에서는 주류이론으로는 잘 설명이 되지 않는 이런 한국 복지국가의 발전, 무복지 상태에서 작은 복지국가로의 진화를 해명할 수 있는 길은 결국 행위자에 있다고 보았다. 행위자들의 선호, 권력자원, 이들의 상호작용이 만들어낸 권력관계에 초점을 둘 때 오늘날에 이른 복지 발전을 설명할 수 있고, 동시에 그 한계와 결함도 함께 해명할 수 있다고 본 것이다.

이런 시각하에 그리고 이 책의 1부에서 이루어진 이론적 논의를 바탕으로, 2부에서는 민주화 이후 중요한 복지제도의 도입 및 개혁 사례들을 통해 한국 복지정치의 특징들을 분석하고, 그것이 어떤 결과로 연결되었는지 살펴보았다. 사례로는 국민기초생활보장법 제정, 1998년과 2007년 국민연금 개혁, 노무현정부 이후 박근혜정부까지의 보육정책 변화, 노인장기요양보험 제도 도입 그리고 서울시 청년수당 도입 과정을 채택했다. 이들은 한국 복지국가의 핵심적 프로그램들이면서 도입 및 개혁 과정에서 상당한 사회적 논란과 정치적 갈등을 불러일으킨 그래서 그 과정들에서 한국 복지정치의 특징을 잘 드러내준 사례들이다.

이제 한국 복지정치의 주요 행위자들과 그들 간의 상호작용의 특징을 정리하는 방식으로 요약해보자.

　　　　　　　　　　　한국 복지국가는 어떻게 만들어졌나?

첫째, 대통령의 영향력은 민주화 이후 복지정책의 형성 및 변화 과정에서도 계속해서 매우 중요했다. 이를 극적으로 보여준 것은 국민기초생활보장법 제정 사례이다. 대통령은 울산 발언을 통해 무산의 위기 속으로 빠져들고 있던 기초보장법을 일거에 구해냈고, 시종일관 반대하던 기획예산처로 하여금 법 제정에 동의하게 만들었다. 법 제정 최종 국면에서 시민운동의 상층 엘리트 접근 방식이 힘을 발휘할 수 있었던 것도 결국은 대통령에게로 향하는 통로였던 비서실과의 접점을 확보할 수 있었기 때문이기도 했다. 노무현정부 시기의 보편적 공공보육으로의 진일보는 대통령의 관심으로 기획예산처가 복지 확대 전반에 과거보다 전향적인 입장을 취하는 분위기 속에서, 사회수석실과 내각 수뇌부가 여성가족부를 엄호함으로써 가능했다. 중앙정부의 반대로 교착상태에 놓여 있던 서울시 청년수당은 대통령이 바뀐 뒤 온전한 형태로 실행될 수 있었고 타 지자체와 중앙정부로 확산될 수 있었다.

민주화 이후에도 계속되는 대통령의 지대한 영향력은 당연히 대통령중심제 국가에서 대통령이 최고의 행정기관으로서 지니고 있는 권력에 기인한 것이었다. 한국에서 복지국가 발전에 필요한 가장 큰 권력 자원은 의회에서 다수당을 차지하는 것이 아니라 대통령실을 장악하는 것이라는, 한국의 복지정치 분석에서는 이상하리만큼 간과되어온 이 사실을, 여러 사례들은 반복적으로 보여준다.

둘째, 복지정치에서 정당의 역할은 시간이 지남에 따라 점차 증대했다. 권위주의 정부하에서 정당은 정책결정의 중심에서 밀려났고 국회는 행정부의 정책안을 통과시켜주는 '통법부(通法府)' 역할을 해왔다. 민주화 이후에도 상당 기간 정당과 국회의 역할은 크게 변화하지 못했다. 지역주의에의 안주와 잦은 창당-소멸로 인한 불안정성 속에서 정당의 정책 기능이 여야를 막론하고 매우 더디게 발전해왔기 때문이었다.

이에 따라 노무현정부 초반까지도 복지정치에서 정당들의 역할은 지극히 미미했다. 김대중정부 시기에 있었던 1차 연금 개혁과 국민기초생활보장 제도 도입 과정에서 여당이나 야당은 모두 기존 정책을 대체할 만한 정책을 설계하고 입법화할 수 있는 능력을 보여주지 못했다. 정당들은 시민단체, 행정부, 노동단체 등이 정책대안을 제시하면 뒤늦게 그중 어느 것을 수용하여 당론으로 정하고 국회에서 이를 통과시켜주는 수동적, 비주체적 입장을 취했다.

이런 정당의 역할이 변화하기 시작한 것은 노무현정부 말기이다. 정당들은 2007년 2차 연금 개혁에서는 능동적으로 이익을 결집하고 대의하는 모습을 보여주었으며, 주도적으로 정책을 입안하여 대안을 제시했다. 또한 자신의 안을 관철하기 위해 시민사회의 행위자들 그리고 다른 정당들과 활발한 상호작용을 통해 전략적 제휴 관계(coalition-engineering, Häusermann 2015)를 만들어갔다. 2차 연금 개혁안에 여러 당의 입장이 조금씩 녹아 있는 것은 이런 갈등과 타협이 법안에 남긴 흔적이라고 할 수 있다.

비슷한 시기의 노인장기요양보험법 제정 과정 역시 행정부와 예산부처의 주도성이 두드러지는 가운데에서도 정당의 역할이 활성화되고 있음을 보여주었다. 여당은 정부안과 유사한 안이기는 하나 당론으로 독자 안을 냈고 제1야당인 한나라당과 민노당도 여러 개의 법안을 제출했다. 야당 안들은 여러 이익단체나 시민단체의 안을 반영한 것으로 정당이 복지정치에서 이익집약과 이익대표 기능을 수행하기 시작했음을 알리는 것이라고 할 수 있다. 특히 한나라당은 국민연금 개혁 시 기초연금에 대해 적극적으로 안을 제시하고 이를 자신의 정치적 상품으로 '세일즈'했던 것과 마찬가지로, 노인장기요양보험 제도에서도 포괄 범위와 재원 조달에서 관대한 제도 설계를 주장하면서 자신이 노인층의 이익 옹호자임을 부각시키려 했다. 이는 정당이 자신의 지지기반과 밀착하는 복지정치 전략을 적극적으로 구사하기 시작했음을 알리는 징표라고 할 수 있겠다.

이런 변화들은 복지정치에서 정당의 기능이 정상화되기 시작했음을, 이에 따라 국회도 더 이상 통법부가 아니라 시민사회의 다양한 의견들이 대표되고 타협되는 장이 되기 시작했음을 알리는 신호였다. 정당의 역할은 이렇게 정상화되기 시작했고, 2010년 무상급식 논쟁 그리고 2012년의 양대 선거를 경과하면서 폭발적인 활성화 국면을 맞게 된다. 이후로 정당은 복지정치의 주역으로 확고하게 자리 잡는다.

이렇게 2000년대 후반 이후 복지정치에서 정당의 역할은 활성화되었으나 한국적 특수성(peculiarity)을 완전히 벗어버린 것은 아니었다. 주요 거대정당들은 체계적이고 일관된 복지 원칙이나 복지국가 비전을 정립하지 않은 채 선거 경쟁이 과열되면 당의 전반적 정책 기조와 일치하지 않는, 혹은 재정 방안을 동반하지 않은 복지정책이나 공약을 급조해서 남발했다. 또한 국회에서의 협상 과정에서는 정당들의 정체성이 혼란스러울 정도의, 무원칙한 합종연횡도 종종 벌어졌다. 제18대 대선 이후 무상보육을 둘러싸고 벌어진 혼란은 이런 정당 간 복지정치의 난맥상이 정책의 난맥상으로 이어진 가장 극단적 사례였다고 할 수 있다. 복지가 선거정치의 핵심 이슈가 되고, 정당이 복지정치의 핵심 행위자가 되는 선진 복지국가와 비슷한 현상이 마침내 한국에도 등장했으나, 그 양상은 매우 미성숙한 모습으로 전개되었던 셈이다.

2010년 이후 나타된 정당 간 경쟁이 복지국가의 확대에 기여하는 현상은 당분간 계속될 것으로 보인다. 박근혜 대통령 탄핵 국면 이후 정당 지지도가 약화된 보수정당들이, 복지정책들을 통해 유권자들의 지지를 동원하려 할 가능성이 높고 중도정당 역시 이에 맞불 대응을 할 가능성이 크기 때문이다. 문재인정부하에서 자유한국당/국민의 힘이 그동안 반대해왔던 아동수당 보편화에 찬성 입장으로 돌아서고 그 획기적 증액과 '청소년 내일 수당'의 도입 등을 주장한 것, 기본소득에 대한 찬성 입장을 표명한 것 등은 그 일단을 잘 보여준다.

셋째, 행정부 특히 예산부처는 민주화 이후 복지정책의 결정 과정에서 일관되게 중요한 역할을 해왔음을 확인할 수 있다. 복지정책 형성에서 관료 의존은 정당, 특히 여당의 취약한 정책 능력과 관련되어 있었다. 여당이 정책 능력이 부족한 상태에서 복지정책의 도입이나 개혁이 시민운동이나 정치적 행정부의 주도로 의제로 떠오르면, 구체적 정책 내용들은 행정부의 관료들에 의해 만들어지는 경우가 많았다. 이 과정에서 주무 부처인 복지부는 당연히 중요한 영향력을 행사했지만, 논란이 큰 핵심 쟁점들은 종종 경제부처들의 의도대로 재정 절감과 시장기제의 활성화라는 원칙에 따라 결정되었다. 이는 때로는 도입, 혹은 개혁되는 복지정책의 원래 목표를 훼손시킬 만큼 심대한 영향력을 행사했다. 국민기초생활보장법에서 부양의무자 기준을 지나치게 엄격하게 한 점, 공공보육이 그토록 절박한 '국가적 과제'로 떠올랐음에도 지자체의 매칭 조항을 그대로 둔 채 국공립 시설 확충 계획을 세워 겨우 배정된 예산조차 불용되게 만들었던 것, 요양 인프라와 전달체계에 대한 전문가와 복지부의 초기 논의를 모두 무시하고 거의 전적으로 민간 공급에 의존하는 형태로 노인장기요양보험 제도를 출범시킨 것 등등 예산부처가 재정 절감의 논리하에 관철시켰던 조항들은 이후 '디테일에 심은 악마'가 되어 정책 집행 과정에서 여러 가지 부작용을 낳았다.

반대로 경제부처들이 그토록 강하게 밀었던 보육료 자율화의 무산은 궁극적으로는 정치적 집행부의 강한 의지만이 이런 경제부처에 의한 복지정책 목표의 왜곡을 방지한다는 것을 보여준다. 여성가족부는 시민운동의 뒷받침 속에 강한 의지를 가지고 보육료 자율화를 저지했고, 최종적으로는 사회수석실과 총리의 지원이 이를 가능하게 했다. 결국 장기적, 제도적으로는 정당의 정책 능력 강화가 복지정책 작성에서 행정부에 과도하게 의존하지 않도록 할 뿐만 아니라 행정부의 개입에 의한 정책 목표의 왜곡을 막는 장치가 될 것이다.

넷째, 대통령의 영향력이 한국 복지정치에서 과거와의 연속성을 가장 잘 보여주는 부분이라면, 시민운동 단체의 역할은 민주화 이후의 변화를 가장 뚜렷하게 보여주는 부분이라고 할 수 있다. 민주화에도 불구하고 정당과 국회가 이익결집을 통한 정책형성 기능을 제대로 수행하지 못하자 민주화운동에 뿌리를 둔 종합형 시민운동 단체들이 이런 기능을 대신하는, 일종의 '대의의 대행'을 수행했다. 그리고 이는 복지정치에서도 마찬가지였다. 시민운동 단체들은 창의적 방법을 동원해 특정 복지 이슈에 대한 여론의 관심을 불러일으켰고 자신의 지식 기반 자원을 이용해 제도를 디자인했다. 그리고 특정 국면에서 거대한 운동 세력들의 제휴체를 만들고 자신의 안에 대한 대중적 지지를 동원함으로써 여당과 정부를 압박했다.

복지정치에서 시민운동의 성공 정도는 시민운동이 얼마나 연성 권력자원을 잘 동원할 수 있는가, 그리고 경성 권력자원을 지닌 공식적 정책결정 채널과 얼마나 잘 연결될 수 있는가에 따라 크게 달랐다. 지식기반 자원과 제휴 형성 능력이 잘 동원되고 마침내 대통령을 움직일 수 있었던 국민기초생활보장법 제정 사례는 매우 성공적인 경우이다. 또 시민운동적 성격을 갖는 청년노동조합이 지방정부의 협력적 거버넌스에 주도적으로 참여해 자신이 지속적으로 주장해왔던 의제를 정책화시킨 서울시 청년수당의 경우도 새로운 형태의 성공 모델이라 하겠다. 반면 노인장기요양보험법 제정 과정의 경우는 그 반대라고 할 수 있다. 이 문제에 대한 시민사회 쪽의 인식은 매우 약해서, 복지부 쪽의 제도 도입 검토 이전에는 본격적 문제제기가 없었다. 게다가 이 문제가 공중 의제(public agenda) 단계에 접어든 후에도 참여연대나 경실련, 여성연합 등 이른바 정당처럼 '대의의 대행'을 수행하던 종합형 시민운동 단체들은 강하게 개입하지 않았다. 건강연대가 뒤늦게 개입했으나 정책 산출에 별다른 영향력을 행사하지는 못했다.

전체적으로 볼 때 복지정치에서 시민운동의 역할은 민주화 초기 매우 강력했다가 시간이 지남에 따라 약화되어왔다고 할 수 있다. 이는 정치적 중립성 시비에 따른 시민운동의 전반적 영향력 약화에도 원인이 있지만, 근본적으로는 정당의 이익대표 및 정책형성 능력이 향상된 데에 따른 것이었다. 정당의 기능이 활성화되자 정당의 역할을 대행하던 시민운동의 중요성은 약화된 것이다.

시민운동은 여전히 한국의 복지정치에서 중요한 역할을 수행할 것

한국 복지국가는 어떻게 만들어졌나?

이다. 그러나 향후의 역할은 정당이나 이익집단의 역할이 비활성화되었던 시기와는 다른 형태가 되어야 할 것이다. 실제로 복지 관련 대변형 시민운동 단체들은 복지정치에서 정당의 기능이 활성화되자 '대의의 대행자'에서 '진보적 공론장 형성자'로 자신의 정체성을 변화시켜 왔다(김정훈 2012). 강화된 전문성으로 무장하고 연구 활동이나 토론회 등을 통해 복지문제에 있어서 정부의 정책들을 감시, 비판하고 보다 정교한 정책대안을 내세우는 데 집중한 것이다. 한편으로는 그동안 큰 역할을 해왔던 대변형 전문가 조직이 아니라 풀뿌리 복지국가 운동도 진행되고 있다. 이들 단체들은 주민조례나 주민발의, 주민참여 예산제도 등 기존 제도를 적극 이용하여 복지정책 수립에 개입하고, 여러 층위의 사회적 대화 기구들이나 서비스 이용자 단체 참여를 통해 복지제도들의 민주적 협치를 구현하려 하고 있다. 청년유니온의 서울시 청년정책 거버넌스 참여와 그 결실 중 하나인 서울시 청년수당은 좋은 예라고 할 수 있겠다. 이런 진지들을 기초로 시민의 복지 요구가 정치적으로 표출되고 결집될 수 있을 때, 복지국가 운동도 지속성을 가지고 성장할 수 있을 것이다.

마지막으로 노조와 좌파 정당은 서구 복지국가의 발전 과정에서는 핵심적 역할을 했으나 한국에서는 그렇지 않았다. 한국의 조직노동은 1990년대 중후반의 몇몇 예외적 사례들을 제외하면 민주화 이후 복지정치에서 별다른 역할을 하지 못했다. 이 책에서 다룬 복지정책의 도입이나 개혁 사례에서도 마찬가지였다. 그러나 노동운동이 한국에서 복지국가 건설에서 어떤 역할을 할 수 있을 것인지는 여전히 그 자신의 선택과 혁신에 맡겨진 문제이다. 노조는 총 150만여 명의 조합원과 1만여 명의 전임 간부 그리고 막대한 재정적 자원을 보유한, 여전히 한국 시민사회에서 그 어떤 조직보다 큰 권력자원을 지닌 존재이다. 이런 노조가 '대공장 정규직 중심 조합주의'를 넘어서 사회적 연대를 통한 사회적 임금 확대를 위해 나선다면, 복지정치의 판도는 크게 달라질 수 있을 것이다. 그러나 대부분의 연구자들은 적어도 중단기적으로는 복지국가 건설에서 노동운동이 주도적 역할을 할 가능성은 적다고 진단하고 있다. 2020년 팬데믹이 초래한 경제, 고용위기 상황에서 민주노총 지도부의 제안으로 시작된 '코로나19 위기 극복 방안 마련을 위한 원포인트 노사정 비상협의'가 무산되면서 문재인정부 출범 이후 잠깐 상승했던 사회운동적 노동운동의 활성화에 대한 기대도 다시 수면 아래로 가라앉았다.

서구에서 복지국가 건설의 주역이었던 좌파 정당은 한국의 복지정치에서는 계속해서 주변부에 머물렀다. 2004년 10석을 확보하여 국회에 진입한 민주노동당은 진보적 원칙에 입각해 사회연대국가라는 비전과 복지정책의 패키지를 제시했다. 그러나 분단 반공국가의 유산이 청산되지 않은 가운데 남북관계가 개선되지 않으면서, 거기에 북한문제로 인한 내부 분열이라는 주체적 요인까지 겹쳐, 진보정당은 소수정당의 처지에서 벗어나지 못했다. 이에 따라 진보정당의 복지 비전과 정책들은 정책화는커녕 제대로 토론되고 검증될 기회조차 얻기 어려웠다. 현재 진보정당이 복지정치의 중심에 진입하기 위한 가장 중요한 조건은 진보정당의 의석수를 증대시킬 비례성 높은 선거제도로의 국회의원 선거법 개정이라고 할 수 있다. 그러나 2019년 선거법 개정 소동과 그 희극적 결과가 보여주듯, 기득권 동맹의 강고함 속에서 그 가능

한국 복지국가는 어떻게 만들어졌나?

성은 지극히 희박한 것으로 보인다. 한국에서는 게임 규칙이 복지정치의 결과를 좌우한다는 신제도주의 명제에 가장 잘 부합되는 사례가 있다면 바로 단순다수제-소선거구제가 진보정당에 가하는 불리함일 것이다.

이제 이 책의 이론적 의미를 정리해보도록 하겠다. 이 책에서는 권력자원 이론의 계급정치적 시각과 행위 중심 접근을 받아들이고, 리코의 권력 중시 행위이론의 관점을 채택했다. 이런 접근법이 기존의 다른 이론들에 비해 복지정치의 사회경제적 기반, 주요 행위자의 권력자원, 그리고 행위자 간 역동적 상호작용을 동시에 파악하는 데 더 유리하다고 생각했기 때문이다. 또한 이 책에서는 한국 사례를 보다 더 잘 설명하기 위해 이들 접근법에서 두 가지를 변형했다. 첫째, 복지국가의 발전 과정에 나타나는 중요한 정책결정과 변화가 경쟁관계에 있는 행위자들의 상대적 권력자원의 크기보다는 이들 간의 권력관계에 의해 좌우된다고 보았다. 둘째, 집단적 행위자들의 전략적 상호작용과 권력관계를 분석하는 틀로, 넓은 하위 사회집단과 연결되고 경쟁적인 정책대안을 가진 전략적 제휴체의 중요성을 강조했다.

실제로 이 책의 여러 사례들은 복지정치의 결과를 결정하는 데 있어 권력관계가 중요하며, 이 권력관계는 구성되는 것임을 보여준다. 국민기초생활보장법 제정의 경우 권력자원 면에서 절대적으로 취약한 시민운동이 연성 권력자원을 동원하고 광범위한 제휴체를 형성함으로써 자신의 목표를 성취할 수 있었다. 국민연금 2차 개혁과 청년수당 도입 사례도 이런 가설에 잘 부합하는 사례들이다. 반면 새 제도의 도입이든 기존 제도의 개혁이든 현상을 변화시키려는 행위자들이 창의적 전략으로 광범위한 연합을 형성할 수 없는 경우는 권력자원의 보유 정도에 따라 정책이 결정되었다. 1차 연금 개혁이나 노인장기요양보험 제도의 도입 사례는 그 대표적인 경우라고 할 수 있다.

이 연구의 작은 공헌은 이렇게 권력관계에 초점을 두고 서구 주류 이론에서 주목받지 못했던 행위자들을 분석에 끌어들임으로써 한국의 복지국가의 발전과 변화를 보다 적극적으로 설명했다는 것이다. 즉 무엇이 결여되어 복지국가가 발전하지 못했다는 식의 설명을 넘어서 어떤 힘들이 오늘의 한국 복지국가를 만들어냈으며, 그 힘의 관계들이 빚어낸 정책의 문제점과 한계는 무엇이었는지를 함께 해명해보고자 한 것이다. 이런 작업은 한국의 작은 복지국가로의 진화 경로를 좀 더 균형 있게 이해할 수 있게 해 줄 것이다.

한편 다양한 권력자원 형태와 제휴 및 연합 형성, 그리고 권력관계의 중요성을 강조하는 이 책의 접근 방법은 한국의 특수성을 설명하기에만 유용한 것은 아니며 다른 나라의 사례들까지 아우를 수 있는 보편성 역시 가지고 있다. 이 책의 접근 방식은 복지국가 발전을 위해 고전적 권력자원을 동원하기 어려운 후발 복지국가에서 다른 어떤 동력에 의해 복지 발전이 가능했는지를 설명하는 데 일정한 시사를 줄 수 있다.

이런 시각은 또한 탈산업화에 따라 이해관계의 분열선이 복잡해지고 신·구 위험이 착종된 상태에서 복지의 축소와 확대를 동시에 수행해야 하는 최근 서구 복지국가의 변화를 설명하는 데에도 유용하다. 그렇기 때문에 복지국가 발전에 관한 일반이론을 풍부하게 만드는 데도 일조할 수 있다. 이제 서구에서도 과거 복지국가를 떠받쳤던 계급

한국 복지국가는 어떻게 만들어졌나?

동맹이 사회 변화 속에서 붕괴되고 있다. 세계화로 인한 이민 노동력의 유입은 이주민에게 일자리와 복지혜택을 뺏겼다고 믿는 미숙련 하층 노동자들을 (극)우파 정당으로 이동시켰다. 중간계급과 노동자계급의 복지 욕구와 조세에 대한 입장은 그 간극이 더 커졌다. 또 노동의 파편화에 따라 노동자계급 내부의 복지국가에 대한 이해관계 분열도 깊어지고 있다. 젠더관계의 변화에 따른 입장 차이 역시 복지동맹에 균열을 내는 중요한 축이 되어가고 있다. 이런 상황이 의미하는 바는 이제 선진 복지국가들 역시 복지동맹이 계급구조나 제도로부터 안정적으로 주어지기 어려운 조건에 처해 있으며, 따라서 복지정책의 변화를 결정하는 데 있어 확장성을 가지고 사안별로 유연하게 제휴를 형성해내는 정당의 능력이 과거보다 훨씬 더 중요해졌다는 것이다. 다양한 이해관계들을 조정해서 복지동맹을 유지 혹은 재구성하여 복지국가를 새로운 환경에 적응시켜야 하는 것이 한국뿐만 아니라 서구 정당들, 특히 사민주의 정당들의 과제이다. 연합 형성의 중요성을 강조하는 최근의 연구 흐름들은 이런 현실을 반영하고 있는 것이라고 보아야 할 것이다.

한편 이 과정에서 제휴 형성 능력 외에도 다양한 형태의 권력자원을 동원하는 능력의 중요성도 커졌다. 경성 권력자원의 중요성은 여전히 결정적이나, 정보화된 탈산업사회의 복지정치에서는 연성 권력자원 역시 중요한 의미를 갖는다. 특정 국면에서의 여론 형성을 통한 대중 지지 동원 능력, 그리고 정책대안을 만들어내는 지식기반 권력자원은 한국의 시민운동이 능란하게 동원한 권력자원이었으나, 다른 나라 사례에서도 관찰된다. 예컨대 미국의 건강보험 개혁에서 무브온(MoveOn.org)은 지식기반 권력자원이나 특정 국면에서의 여론 형성을 통한 대중 지지 동원 능력이 좌파 정당이나 노조의 힘이 약한 나라에서 개혁을 성취하는 데 일시적이나 중요한 동력이 될 수 있음을 보여주었다.

이런 사실들은 이제 어떤 의미에서는 선발 복지국가들과 한국을 비롯한 후발 복지국가 사이의 복지정치의 조건이 과거보다는 훨씬 유사해졌음을 의미한다. 부족한 이 책이 한국 복지국가의 형성과 변화의 특수성과 보편성을 더 잘 설명할 수 있는 접근법을 찾아가는 데, 그리고 여전히 서구 중심적인 복지국가에 관한 일반이론을 보다 풍부하게 만드는 데 작은 디딤돌이 되기를 소망하며 글을 맺는다.

참고문헌 ___

『경향신문』. 2012.07.04.

『노컷뉴스』. 2012.01.06.

『동아일보』. 2003.03.26.

『동아일보』. 2011.01.11.

『동아일보』. 2016.06.15.

『매일경제』. 2010.04.02.

『매일노동뉴스』. 2015.12.22.

『매일노동뉴스』. 2015.12.22.

『머니투데이』. 2006.07.26.

『서울신문』. 2012.02.21

『서울신문』. 2016.01.14.

『세계일보』. 2008.01.04.

『연합뉴스』. 2015.11.05.

『연합뉴스』. 2015.11.13.

『중앙일보』. 2003.04.27.

『중앙일보』. 2019.04.08.

『한겨레』. 2012.07.05.

『한겨레』. 2017.07.20.

『한국경제』. 2011.07.15.

『한국경제』. 2005.10.05.

『한국경제신문』. 2013.10.04.

『한국일보』. 2012.01.05.

한국 복지국가는 어떻게 만들어졌나?

강기정a. 2006. 국민연금법 개정안. 국회.

강기정b. 2006. 기초노령연금법 제정안. 국회.

강명세. 2013. "재분배의 정치경제: 권력자원 대 정치제도." 『한국정치학회보』 47권 5호, 71~94.

강병익. 2020. "옮긴 이의 글". Michelmore, M. C(강병익 역). 『미국은 왜 복지국가 만들기에 실패했나』. 서울: 페이퍼 로드(Michelmore, M. C. 2011. *Tax and Spend: The Welfare state, Tax Politics, and the Limits of American Liberalism*. University of Pennsylvania Press.

강원택. 2005. 『한국의 정치개혁과 민주주의』. 서울: 인간사랑.

고세훈. 2012. "노동 '있는' 복지국가 논리, 역사, 전망." 조홍식(엮음) 『대한민국 복지국가의 길을 묻다: 바람직하고 지속 가능한 시민 복지국가를 향해』. 이매진.

고세훈. 2013. "복지국가, 정치, 관료." 『황해문화』 79권, 66~83.

고세훈. 2013. "복지와 노동 (권력): '권력자원 접근' 의 이론적 위상과 한국적 함의". 『동서연구』 25권 1호, 5~31.

고형규. 2006. "경제5단체 '국민연금 소득대체율 40%로 인하'". 『연합뉴스』(2006.11.19.)

공적노인요양보장실행위원회. 2005. 〈노인요양보장체계 최종보고〉. 보건복지부.

공적노인요양보장추진기획단. 2003. 〈공적노인요양보장제도 도입의 필요성과 재정운영방식의 선택에 관한 공청회〉 자료집(2003년 7월 2일, 한국보건사회연구원 대회의실). 공적노인요양보장추진기획단.

공적노인요양보장추진기획단. 2004. 『공적 노인보장체계 개발연구』. 공적노인요양보장추진기획단.

국무조정실 저출산·고령화대책연석회의지원단. 2007. 『저출산·고령화대책 연석회의 사회협약 백서』(2007.12.31.)

국민기초생활보장연대회의 집행위원회 회의록

국민기초생활보장추진준비단 제3차회의 안건자료 2000-3-2호, 〈국민기초생활보장법 시행령(안)〉. 2000.01.24.

국민연금가입자단체. 2007. 〈국민연금 개혁, 어떻게 할 것인가〉. 국민연금 가입자단체 주최 긴급 토론회 자료집(2007. 04. 13. 국회의원회관)

국회 보건복지상임위원회 법안심사소위 속기록. 2006.11.27.

국회 보건복지상임위원회 법안심사소위 속기록. 2006.11.29.

국회의안정보검색시스템(http://likms.assembly.go.kr/bill/jsp/main.jsp)

국회회의록시스템. http://likms.assembly.go.kr/record/index.html.

권용용. 2010. "누가 집권하는가는 중요한가? 정부 당파성, 복지국가, 그리고 자본주의의 다양성." 『한국정치학회보』 44권 1호, 85~105.

권혁용. 2011. "정당, 선거와 복지국가: 이론과 선진민주주의 국가의 경험." 『의정연구』

기획예산위원회. 1998. "사회적 안전망 확충 방안." 기획예산위원회.

기획예산처. 1999a. 『주요 국가의 사회복지 개편동향』. 기획예산처.

기획예산처. 1999b. 『국민기초생활보장에 관한 토론회 자료집』. 기획예산처.

김규원. 2020. "흔들어라, 관료지배: 양손에 쥔 권력…기획예산처와 재무부로 나누자." 『한겨레

21』제1319호(2020.06.26.)

김동노. 2013. "시민운동의 정치 참여를 통해 본 시민운동의 성장과 한계."『현상과인식』37권 3
호, 59~85.

김명원. 2005. "노인수발보장법 현대판 고려장 우려."『병원신문』(2005.11.11.)(http://www.
khanews.com/news/articleView.html?idxno=14331. 접속일: 2020.07.20.)

김미곤. 2000. "국민기초생활보장법에 대한 쟁점과 대책." 한국보건사회연구원 내부 자료.

김미곤·김태완. 2004. "우리나라의 빈곤 현황과 정책과제."『사회보장연구』20권 3호, 173~200.

김민수, 김병권, 김선기, 신윤정, 임경지. 2018.『서울 청년정책 평가 및 발전전망 모색을 위한 공
동연구』. 서울: 서울시 청년허브.

김사현, 주은선, & 홍경준. 2013. "무상보육 및 관련 정책이슈들에 대한 핵심 이해집단의 선호
분석: 서울시 어린이집 원장, 보육교사, 학부모를 중심으로."『사회복지정책』40권2호, 205-
235.

김선기, 옥미애, 임동현. 2018. "사회운동론의 관점에서 정책거버넌스 현상 읽기: 청년 당사자운
동의 정치적 기회구조 분석을 중심으로."『한국언론정보학보』90권, 7~43.

김수완. 2008. "여성사회권 관점에 의한 한국 연금개혁의 재구성."『한국여성학』24권 3호,
147~176.

김수완. 2019. "세대와 계층의 정치 공간으로서의 연금개혁, 어디로 가야 하는가?". 한국사회정
책연합학술대회 발표논문(2019.10.11. 오송 한국보건복지인력개발원)

김수정. 2015. "보육 서비스의 트릴레마 구조와 한국 보육정책의 선택: 민간의존과 비용중심의
정책."『경제와사회』105: 64~93.

김연명. 1999. "사회복지 정치의 변화: '배제의 정치'의 종언?".『한국사회복지학회 학술발표대회
논문집』.

김연명. 2000. "거대한 실험과 불확실한 미래."『신동아』(12월호)

김연명. 2002. "김대중정부의 사회복지 개혁과 불확실한 미래: 국민연금·의료보험 개혁을 둘러
싼 이해집단 간 갈등을 중심으로."『경제와사회』55호.

김연명. 2002. "김대중정부의 사회복지 개혁과 불확실한 미래."『경제와사회』55권, 35~91.

김연명. 2004. "참여연대 '사회복지위원회' 활동의 성과와 과제". 비판과 대안을 위한 사회복지학
회 연례학술대회 발표논문집. 11~24.

김연명. 2005. "'분점정부' 하의 연금개혁의 정치: 한국의 경험." 일본 토오쿄오대학교 사회과학
연구소 학술대회 발표문(2005. 3. 19-20일)

김연명. 2013.「한국 복지국가의 성격과 전망: 남부 유럽복지체제와의 비교를 중심으로」.『한국
사회복지조사연구』36권.

김영란. 1995. "한국인의 복지태도에 관한 경험적 연구." 고려대학교 사회학과 박사학위논문(미
출간)

김영미. (2013). 보육서비스 행위자 분석을 통한 전달체계 개선방안 연구.『보건사회연구』,
33(1), 78~121.

김영순 (2019). 한국의 시민운동과 복지국가로의 우회: 국민기초생활보장법 제정 사례를 중심

한국 복지국가는 어떻게 만들어졌나?

으로. 『기억과 전망』. 41. 107~144.

김영순, 이태형. (2020).제도 내 활동가 (institutional activists) 와 내-외부자 협력의 복지정치: 서울시 청년수당 정책결정 과정.『한국사회정책』, 27(3), 11~43.

김영순. (2007). 사회투자국가가 우리의 대안인가?: 최근 한국의 사회투자국가 논의와 그 문제점.『경제와사회』, 84~113.

김영순. 2005. "민주화와 복지정치의 변화: 국민기초생활보장법 제정과정을 중심으로". 『한국과 국제정치』 21(3). pp.97~126.

김영순. 2005. "민주화와 복지정치의 변화: 국민기초생활보장법 제정과정을 중심으로". 『한국과 국제정치』 제21권 3호.

김영순. 2011. "한국의 복지정치는 변화하고 있는가?: 1, 2 차 국민연금 개혁을 통해 본 한국의 복지정치." 『한국정치학회보』, 45(1), 141~163.

김영순. 2011a. "한국의 복지정치는 변화하고 있는가? 1, 2차 연금개혁을 통해 본 한국의 복지정치". 『한국정치학회보』제45권 1호.

김영순. 2013. 「누가 어떤 복지국가를 만드는가?-서구 복지국가들의 형성 및 발전과정이 한국의 보편주의 논의에 주는 함의」. 『경제와 사회』 97. pp.192~225.

김영순·여유진. 2011. "한국인의 복지태도: 비일관성과 비계급성을 중심으로. 『경제와사회』제 91호.

김영평. 1991.『불확실성과 정책의 정당성』. 고려대학교 출판부.

김정훈. 2012. "참여연대를 통해 본 한국 시민운동의 변화: '대의의 대행'에서 '진보적 공론장의 형성자'로". 『기억과전망』 26: 8~49.

김종해. (2008). 보육바우처 도입의 문제점.『비판사회정책』(26), 47~75.

김주경, & 현재은. (2014). Kingdon의 다중흐름모형(Multiple Stream Framework)을 적용한 영유아 무상보육정책 분석-누구를 위한 무상보육인가?-. 『한국정책학회보』, 23(4), 527~564.

김지혜 (2019). 서울시 청년수당 도입 정책의제 설정과정 연구. 서울대학교 행정대학원 석사학위 논문.

김태수. 2007. "집단행동의 사회학: 자원동원 모델의 성과, 한계 및 전망". 『시민사회와NGO』, 5(1): 143~176.

김태현. 2011.『노동존중 복지국가: 민주노총의 노동복지 대안』. 민주노총 복지국가워크샵.

김학노. 2011. "서유럽 사회적 협의체제의 변천: 민주적 코포라티즘의 쇠퇴와 부활." 구춘권 외, 『서유럽의 변화와 탈근대화』. 서울: 아카넷.

김형철. 2007. "혼합식 선거제도로의 변화와 정치적 효과: 뉴질랜드, 일본, 그리고 한국을 중심으로." 『시민사회와 NGO』 5권 1호. 205~240.

김효석. 2007. 국민연금법 개정안. 국회.

김희찬. 2016. "한국 가족정책 결정과정의 복지정치 분석-소득권, 노동권에 대한 정책행위자들의 입장변화를 중심으로."『한국가족복지학』 51권, 79~114.

남성일·이화영. 1998. "최근 우리나라 실업의 특성분석: 외환위기 이전과의 비교." 통계청 사회통계과 보도자료 222~1998.

남준우. 1999. 「사회복지정책의 결정과정에 대한 연구 -국민기초생활보장법 제정과정을 중심으로」. 연세대 행정대학원 석사학위 논문.

남찬섭. 2006. "사회복지서비스 재편 가능성과 일자리 창출." 월간 『복지동향』 96권, 4~7.

남찬섭. 2020. "시민적 복지국가운동의 전개과정과 한국의 복지정치." 2020 사회정책연학술대회 발표논문.

노중기. 1997. "한국의 노동정치체제 변동, 1987-1997년." 『경제와사회』 36권.

마인섭. 2002. "압축 산업화, 취약한 노동 그리고 낙후된 복지국가." 『한국정치외교사논총』 23집, 227~253.

마인섭. 2011. "한국 정당의 복지정책과 선거." 『의정연구』 34집, 29~62.

문우진. 2011. "정치정보, 정당, 선거제도와 소득불평등." 『한국정치학회보』 45권 2호.

문진영. 1999. "국민기초생활보장법 제정의 쟁점과 전망." 저소득실직자 생계문제대책마련을 위한 시민공청회 자료집.

문진영. 2001. "DJ 정부의 사회복지제도의 발전과 NGO의 역할: 국민기초생활보장법을 중심으로." NGO학회 발표문.

문진영. 2008 "국민기초생활보장 제도의 제정과정에 관한 연구-NGO의 역할을 중심으로." 『보건사회연구』 28집 1호, 87~103.

민주노총, 2003, 〈정부의 국민연금 개편안의 문제점과 올바른 개혁 방향〉.

민주통합당 정책위원회. 2012. 〈19대 국회의원선거 민주통합당 공약집: 내 삶과 대한민국을 바꾸는 민주통합당의 정책비전〉. 서울: 민주통합당.

박광덕·이동현·도유나. 2008. "한국과 일본의 국민연금개혁 비교연구: 신제도주의적 관점에서." 『사회과학논집』 39권 1호, 77~116.

박동. 2001. "한국에서 '사회협약 정치'의 출현과 그 불안정성 요인분석." 『한국정치학회보』 34권 4호, 161~177.

박동수. 2006. "한국노인수발 보장제도의 정책결정과정에 관한 연구". 한성대학교 박사학위 논문.

박명준. 2014. "한국노동조합의 복지정책 역량". 조흥식, 장지연. 『평화와 복지, 경계를 넘어』. 서울: 이매진.

박세경. 2010. "사회서비스 돌봄 일자리의 쟁점과 과제". 『보건복지포럼』 (4월호), 32~41.

박수진·노경목. 2007. "연금법 개정안 국회 부결··'재정부담만 가중' 비난여론 고조." 『한국경제』 (2007.04.03)

박순종, 신현두. 2019. "정부 간 관계론적 관점에서 본 우리나라 중앙과 지방의 관계: 서울시 청년수당과 성남시 청년배당을 사례로." 『한국행정학보』 53권 2호, 61~90.

박영선. 2014. "한국 복지국가운동 논쟁에 대한 비판적 연구: 복지국가실현연석회의 사례를 중심으로." 『한국정치연구』 23권 2호: 263~287.

박윤영. 2002. "국민기초생활보장법 제정과정에 대한 연구." 『한국사회복지학』 49호, 264~295.

박윤영. 2010. "노인장기요양보험법의 제정과정." 『대한케어복지학』 13권 1호, 29~47.

한국 복지국가는 어떻게 만들어졌나?

박재묵. 2001. "한국 시민운동의 정치세력화 방향: 환경운동연합과 대전지역 시민운동 단체의지 방선거 참여사례를 중심으로." 권태환·임현진·송호근 공편. 『신사회운동의 사회학』. 서울대학교 출판부.

박재희. 2004. 『중앙행정부처의 갈등관리 방안』. 한국행정연구원.

박차옥경. 2007. "보육료 자율화시설 도입을 반대하는 이유." 『복지동향』 106호, 33~36.

박찬표. 2003. "한국 '정당민주화론'의 반성적 성찰: '정당민주화'인가 '탈정당'인가?." 『사회과학연구』 11호.

박천오. 2001. "정부관료제(I): 정책과정 상의 역할과 영향력." 하태권 외. 『한국정부론』. (2판)

박태주. 2017. "민주주의가 있는 노동"(전국공공산업노동조합연맹 고려대 노동문제연구소 공동 개최 제5회 노동학 콜로키움 발표문)

박하정. 2008. "사회복지 정책결정 과정의 정책 네크워크 연구: 노인장기요양보험법과 노인복지 입법사례를 중심으로." 경희대학교 행정학과 박사학위 논문.

백선희. 2008. "보육정책의 사회적 과제-일과 가정의 양립 지원을 중심으로"(경제사회노동위원회 일·가정 양립 및 여성고용촉진위원회 발표문. http://www.eslc.go.kr/bbs/data/view. do?pageIndex=28&SC_KEY=&SC_KEYWORD=&bbs_mst_idx=BM0000000196&menu_idx=2208&tabCnt=0&per_menu_idx=&submenu_idx=&data_idx=BD0000000052&memberAuth=Y&stype=&root_yn=Y. 접근일: 2020.10.03)

백선희. 2009. "김대중·노무현 정부 10년의 보육정책 평가: 국가계획을 중심으로." 『비판사회정책』 28호, 95~141.

백선희. 2015. "성인지적 관점에서 본 보육재정 분담 쟁점 분석: 영아무상보육과 누리과정을 중심으로." 『페미니즘 연구』 15권 1호, 299~334.

백정미, 2009. "보육의 사회적 책임확대에 대한 행위자들 간의 관계 네트워크." 『한국공공관리학보』 23권 1호, 151~175

백정미, 주은선, 김은지. 2008. "복지인식 구조의 국가 간 비교-사민주의, 자유주의, 보수주의 복지국가와 한국." 『사회복지연구』 37호.

보건복지가족부 2009. 〈아이사랑 플랜 2009-2012〉. 보건복지가족부

보건복지부. 1999. 〈국민기초생활보장법(안) 제정 추진 현황〉

보건복지부. 2001. 『국민기초생활보장 사업안내』. 보건복지부.

보건복지부. 2003. 〈국민연금법중개정법률안〉 (2003.08.08.)

보건복지부. 2005. 〈노인수발보장법 제정을 위한 공청회 결과 보고〉

보건복지부. 2006. 〈노인수발보험법 제정안 보도자료〉 (2006.02.07.)

보건복지부. 2015. 『보건복지 70년사: 가난의 시대에서 복지사회로-사회복지편』. 보건복지부.

보건복지부. 2016. 보도자료: 서울시 청년수당 지급 강행에 대해 시정명령 (2016.08.03.).

보건복지부. 각년도. 『보육실태조사』. 보건복지부.

보건복지부. 각년도. 『보육통계』. 보건복지부.

서문희·이혜민. 2014. 〈영유아 교육·보육 재정증가 추이와 효과: 2004-2014〉. 육아정책연구소.

서복경, 신윤정, 엄창완, 오윤덕, 장수정. 2017. 『청년정책 결정 및 집행체계에 대한 경험 연구』.

서울: 서울시 청년허브.

서울시 청년허브. 2018.『서울의 청년정책과 청년활동 지원 아카이브』. 서울: 서울시 청년허브.

서울정보소통광장. 2015. 〈정책보도: 저소득 '취준생'에 월 50만원 6개월 지원〉. (https:// opengov.seoul.go.kr/mediahub/6571753 . 접근일: 2020.04.03.)

석재은. 2014. "장기요양서비스의 질 개념 정립과 향상 방안."『한국사회복지학』 66권 1호.

성경륭, 2014. "한국 복지국가 발전의 정치적 기제에 관한 연구: 노무현정부와 이명박정부의 비교".『한국사회학』 48권 1호.

성경륭. 2014. "한국 복지국가 발전의 정치적 기제에 관한 연구."『한국사회학』 48권 1호, 71~132.

손건익. 2000. "국민기초생활보장법 시행 연기주장 유감."『월간조선』(8월호)

손영우. 2018. "사회 양극화 개선과 '을'간의 사회적 대화: 경제사회노동위원회와 계층별위원회 중심으로."『경제와사회』 119호, 73~100.

손호철. 2017.『촛불혁명과 2017년 체제』. 서강대학교출판부.

송다영. 2010. '자유선택' 정책설계 내 계층과 젠더 문제-한국 보육정책의 형성과 재편을 중심으로.『한국가족복지학』 30호, 347~378.

송다영. 2011. "보육서비스 정책 개편 쟁점에 관한 연구: 돌봄에 관한 자유선택론에 대한 비판과 대안모색."『한국사회복지학』 63권 3호, 285~307.

송다영. 2014. 돌봄의 사회화와 복지국가의 지연(遲延)."『한국여성학』 30권 4호, 119~152.

송다영. 2014. "사회복지부문 돌봄 관련 일자리의 질 저하에 관한 연구.『젠더와문화』 7권 1호, 7~42.

신광영. 2012. "현대 한국의 복지정치와 복지담론."『경제와사회』 95호, 39~66.

신정완. 2010. "스웨덴 연대임금정책의 정착과정과 한국에서 노동자 연대 강화의 길."『시민과세계』 18호, 59~74.

안병영. 2000. "국민기초생활보장법의 제정과정에 관한 연구."『행정논총』 38권 1호.

양난주. 2016. "사회서비스 일자리 질에 영향을 미치는 공급조직 특성 분석."『한국사회복지행정학』 18권 4호, 259~285.

양난주. 2020. "제4장 포용국가를 위한 사회서비스 정책: 사회서비스 공공성 강화를 위한 과제". 노대명(편).『보편적 사회보장체계구축 방안』, 경제인문사회연구회.

양성일. 1998. "국민연금제도 개선의 정책결정과정에 관한 연구: Allison 모형을 중심으로." 서울대학교 석사학위 논문.

양재진, & 정의룡. 2012.『복지국가의 저발전에 관한 실증 연구: 제도주의적 신권력자원론의 타당성 검토.『한국정치학회보』 46집 5호, 79~97.

양재진. 2001. "경제위기, 정책망 그리고 연금개혁 패러다임: 맥시코와 한국의 연금개혁 비교연구".『한국행정학보』 35집 2호, 63~79.

양재진. 2005. "한국의 대기업 중심 기업별 노동운동과 한국복지국가의 성격."『한국정치학회보』 39집 3호, 395~412.

양재진. 2006. "유능한 민주정부의 창출을 위한 제도개혁 과제." 한반도사회경제연구회,『한반도

경제론』. 서울: 창비.

양재진. 2008. "제3장 국민연금제도." 양재진 외.『한국의 복지정책 결정과정: 역사와 자료』. 서울: 나남.

양재진. 2008. "한국 복지정책 60년: 발전주의 복지체제의 형성과 전환의 필요성『한국행정학보』 42권 2호.

양재진·정의룡. 2012. "복지국가의 저발전에 관한 실증 연구: 제도주의적 신권력자원론의 타당성 검토."『한국정치학회보』 46권 5호, 79~97.

여유진. 2004.『공공부조의 가치기반과 제도적 반영-국민기초생활보장 제도 형성과정을 중심으로』. 한국보건사회연구원.

여유진·김영순. 2015. "한국의 중간층은 어떤 복지국가를 원하는가? 중간층의 복지태도와 복지국가 전망에의 함의."『한국정치학회보』 49권 4호, 335~362.

연세대 SSK 〈작은복지국가연구〉 사업단·한겨레사회정책연구소. 2013. 〈공공정책에 대한 인식 조사〉

오건호. 2006.『국민연금, 공공의 적인가 사회연대 임금인가』. 서울: 책세상.

오건호. 2007. "국민연금법 개정안 평가 및 연금정치."『동향과전망』 71호, 190~204.

오건호. 2014.「복지국가 운동의 평가와 〈내가만드는복지국가〉의 과제」. 미발표초고.

유범상. 2003. "한국의 노동정치와 사회복지의 '만남'."『상황과복지』 14호.

유시민 외. 2004. 국민연금법 개정안. 국회.

유은주. 2005. "장기요양보장체계에 관한 국제비교 연구." 연세대학교 석사학위논문.

육아정책연구소. 2018.『유아교육·보육 통계』. 육아정책연구소.

윤건영. 2004. 국민연금법 개정안. 국회.

윤자영. 2012. "돌봄 서비스 일자리 근로조건의 현황과 과제."『노동리뷰』 (1월호), 52~66.

윤홍식. 2014. "보육정책의 공공성 강화 방향". 참여연대 보육 공공성 강화를 위한 릴레이토론회 5 〈보육시스템 대안은 무엇인가〉 발표문 (2014.12.15. 참여연대 아름드리홀)

윤희숙·김인경·권형준. 2013. "보육·유아교육 지원에 관한 9가지 사실과 그 정책적 함의."『KDI Focus』 34호.

이광재. 2011. "노인장기요양보험 정책과정에 관한 연구."『노인복지연구』 54호, 7~34.

이미진. 2017. "노인장기요양보장제도 10년, 진단과 개혁과제." 월간『복지동향』 제228호.

이민아. 2000. "국민기초생활보장법 제정과정에 있어서 시민운동이 미친 영향에 관한 연구." 중앙대 석사학위논문.

이상호. 2011. "민주노조의 사회연대전략과 복지국가."『시민과세계』 20호. 28~44.

이성균. 2002. "한국 사회 복지의식의 특성과 결정요인: 국가의 복지책임 지지도를 중심으로."『한국사회학』 36권 2호, 205~228.

이승윤, 김민혜, & 이주용. 2013. "한국 양육수당의 확대는 어떠한 정책형성과정을 거쳤는가?: 정책네트워크 분석을 활용하여."『한국사회정책』 20권 2호, 195~232.

이신용. 2010. "민주주의가 사회복지정책에 미치는 영향." 김윤태 편.『한국 복지국가의 전망』. 서울: 한울아카데미.

이종걸. 2007. 국민연금법 개정안. 국회.

이주호. 2016. "노동조합의 역할." 이태수 외. 『한국 복지국가 모델 구축 연구』. 비판과대안을위한 사회복지학회 (미출간 보고서)

이진숙, & 조은영. 2012. "노인장기요양보험법의 정책결정과정 분석. 충남대학교 사회과학연구, 23(1), 3~22.

이철승. 2019. 『노동-시민연대는 언제 작동하는가: 배태된 응집성과 복지국가의 정치사회학』. 서울: 후마니타스.

이태수·윤홍식. 2014. "한국 복지국가운동의 평가와 과제". 『복지동향』194호.

이혜원. 2013. "보육료 지원정책이 부모의 보육료 부담완화에 미치는 영향." 『재정포럼』(6월호). 한국개발원.

임성은. 2013. "정책 네트워크 관점에서 서울시 친환경 무상급식 갈등 분석." 『지방행정연구』 27(1), 203-226.

장병원. 2003. "공적노인요양보장정책의 방향과 기본문제." 『노인복지연구』 21, 141~166.

장병원. 2004. "공적노인요양보장정책의 정책방향". 2004 헬스케어 심포지엄 발표문. 보건복지부·교보생명교육문화재단.

장은주. 2012. "복지국가, 하나의 '시민적 기획' 분배 정의를 넘어서는 한국 복지국가의 도덕적 기초." 조흥식 (편). 『대한민국 복지국가의 길을 묻다: 바람직하고 지속 가능한 시민 복지국가를 향해』. 이매진.

장하진, 이옥, & 백선희. 2015. 『한국의 보육정책』. 공동체.

장하진. 2011. "한국형 보육정책의 쟁점과 과제". 한국미래발전연구원 세미나 〈보편적 복지국가를 위한 보육정책〉발표문. 노무현재단.

장호종. 2007. "오건호 동지의 '사회연대전략' 주장을 비판한다". 『맞불』 26호 (2007.01.04.) (https://wspaper.org/article/3733. 검색일: 2019.03.04.)

전혜원. 2019. "복지국가 설계한 거인 김대중". 『시사인』 621호 (2019.08.16.)

정무권. 2002. "한국 복지국가의 성장과 개혁 동학: 세계화, 민주화, 발전주의 유산." 한국정치학회 연례학술대회 발표문.

정부민간합동작업단. 2006. 『함께 가는 희망 한국, 비전 2030』. 정부민간합동작업단.

정상호. 2007. "민주화 이후 한국 이익정치의 방향: 시민참여 책임정치." 『민주사회와 정책연구』 11, 191-211.

정상호. 2007. "시민사회운동과 정당의 관계 및 유형에 관한 연구." 『한국정치학회보』 41(2).

정용인. 2016. "청년수당 서울시·정부 '진실게임' 누가 거짓말하나."(http://news.khan.co.kr/ kh_news/khan_art_view.html?art_id=201608131958001#csidxf1ba50abe98b41188c51fd 7f8c150be. 검색일: 2020.04.16.)

정용찬, 하윤상. 2019. "시민 주도적인 협력적 거버넌스의 운영에 관한 연구: 서울청년정책네트워크 사례를 중심으로." 『한국행정학보』53(1). 31~63.

정유경. 2008. "여성가족부 폐지 국회 통과 막아라" 『한겨레』 (2008-01-24)

정이환. 2019. "노동시장개혁의 노동정치: 민주화 이후 주요 노동시장개혁 과정의 분석." 『산업노동연구』25(2), 37~85.

정제혁. 2007. "연금개혁이 사학법 판돈이었나?" (2007.04.23. http://www.redian.org/archive/17454. 접근일: 2020. 12.01)

정준영. 2015. "청년 노동운동의 경과와 의미: 청년유니온의 2015년 활동을 중심으로". 한국산업노동학회 추계학술대회 발표문.

정태석. 2014. "복지국가운동과 사회민주주의-복지국가운동은 사회민주주의 없이 가능한가?". 지식협동조합 사회민주주의 연구모임 주최 제1회 사회민주주의 포럼 〈사회운동과 사회민주주의의 관계, 어떻게 할 것인가〉 발표문.

정형근. 2007. 국민연금법 개정안. 국회.

정홍원. 2008. "국민연금제도개혁과 사회적 대화."『정부학연구』14권 2호, 135-160.

조경애. 2007. "노인장기요양법 제정과정에서 시민단체의 역할에 관한 연구". 성공회대학교 석사학위논문

조기원·구슬기·나진구. 2009. "제2차 국민연금개혁(2003-2007)의 정책결정과정 분석: 정책네트워크이론을 중심으로."『사회보장연구』25집 4호, 217~244.

조병구·조윤영. 2007.『심층평가보고서: 기본보조금지원사업』. 한국개발연구원.

조선일보 (2000.07.06.)

조선일보 (2000.09.27.)

조윤영·김정호. 2008. "영유아 보육, 정부의 역할은?"『KDI 정책포럼』제195호. 한국개발연구원.

조희연. 1999. "참여연대 5년의 성찰과 전망." 참여연대 창립 5주년 기념 심포지엄 자료집.

조희연. 2000. "민주주의 이행과 제도정치, 민중정치, 시민정치."『경제와 사회』46호.

조희연. 2001. "종합적 시민운동의 구조적 성격과 변화 전망에 대한 연구". 유팔무·김정훈 (엮음).『시민사회와 사회운동』2. 한울.

주은선. 2008. "1998부터 2007까지 한국 연금정책의 전개 방향: 국가와 시장의 역할 경계와 사회권의 변형."『한국사회정책』15집 2호, 145~180.

중앙일보 (2000.09.26.)

중앙일보 (2000.09.28.)

차형석·김은지. 2012. "만 3-4세는 왜 보육료 지원에서 빠졌을까?"『시사인』243호 (2012.05.16.)

차흥봉, 석재은, & 양진운. 2006. "노인수발보험의 재정 및 서비스 관리 운영체계 모형 연구: 지역사회 중심형 케어매니지먼트의 실험."『사회복지정책』27, 115~148.

참여연대 사회복지위원회. 2012. 토론회 〈무상보육, 어떻게 실현할 것인가〉 자료집(2012.04.05.)

참여연대 외. 2006. "보건복지부 국민연금 개혁안의 문제점"〈사회적 합의에 기반한 근본적 연금개혁을 촉구하는 노동시민사회 단체 공동기자회견〉첨부 참고자료(2006.06.19.). www.peoplepower21.org. (검색일: 2010.11.05.)

참여연대(사회복지위원회). 2004a. "국민기초생활보장법 개정에 관한 청원." (http://www.peoplepower21.org/ section/section.phpsection=welfare. 검색일: 2020.03.21.)

참여연대(사회복지위원회). 2004b.『국민기초생활보장법 제정운동』『참여연대 사회복지운동 10년의 기록』전7권 중 제1권. 참여연대.

참여연대, 2003. "국민연금재정안정화를 위한 제도 개혁과 국민연금기금관리체계 개편에 대한 의견"

참여연대, 2006, "저출산·고령화 대책 사회협약의 의미와 한계" (www.peoplepower21.org. 검색일 2019.05.21.)

참여연대, 2010, "이슈리포트: 무상급식 '물 타기' 목적 아닌, '진짜' 무상보육 이행해야"(2010.03.24.)(http://www.peoplepower21.org/PSPD_press/779333, 검색일 2019.05.21.)

참여연대. 1997. "국민연금의 제도개혁은 국민적 합의에 기초해야 한다." www.peoplepower21.org. (검색일: 2010.11.05.)

청년유니온. 2012. 청년유니온 교섭집담회 자료. http://youthunion.kr/xe/pds/2394.(검색일: 2020.11.10.)

최은영. 2004. "한국보육정책의 공공성평가–공급과 재정부담을 중심으로".『보건복지포럼』97.

최장집. 2005. "한국민주주의의 취약한 사회경제적 기반". 최장집 (편),『위기의 노동』. 서울: 후마니타스.

통계청. 2016.『2016 고령자 통계』. 통계청.

통계청. 2020.『2019년 출생통계』. 통계청.

한국경영자총협회 사회정책팀. 2007. 이슈보고서 "딜레마에 빠진 국민연금개혁". 한국경영자총협회

한국경영자총협회. 2004. "연금제도 개선에 대한 입장."(2004.07.20.)

한국노동사회연구소. 2018.『한국노동사회연구소 창립23주년 기념 토론회 자료집』(2018년 4월 24일). 한국프레스센터 19층 기자회견장.

한국노총·민주노총·참여연대. 1998. "'국민연금법 개정법률(안)' 국회심의에 대한 한국노총, 민주노총, 참여연대의 의견." (www.peoplepower21.org. 검색일: 2010. 11. 05)

한국복지국가의 태동, 성장, 재편에 관한 질적 기초자료 수집연구팀, 2008. 한국복지국가의 태동, 성장, 재편에 관한 질적 기초자료 데이터 베이스.

허선. 2000. "국민기초생활보장법 시행방안의 주요 쟁점과 그 대안."『사회복지정책』10권.

허윤정. 2010. "노인장기요양보험정책 결정과정연구: 보험의 보장성을 중심으로", 고려대학교 박사학위 논문.

현애자. 2006a. 국민연금법 개정안. 국회.

현애자. 2006b. 기초연금법 개정안. 국회.

현외성. 2008. "국민연금개혁의 복지정치분석."『노인복지연구』41권, 353~384.

Alber, J. 1996. "Selectivity, Universalism, and the Politics of Welfare Retrenchment in Germany and the United States." Paper presented at the 92nd Annual Meeting of the

American Political Science Association. San Francisco.

Allan, JP. and L. Scruggs. 2004. "Political Partisanship and Welfare State Reform in Advanced Industrial Societies." *American Journal of Political Science* 48(3): 496~512.

Allison, Graham and Morton Halperin. 1972. *Bureaucratic Politics*. Washington D.C.: Brookings Institution.

Anderson, J. E. 1975. *Public Policy Making*. New York: Praeger Publishers.

Baccaro, L. 2003. "What is Alive and What is Dead in the Theory of Corporatism." *British Journal of Industrial Relations* 41(3).

Baccaro, L., & Howell, C. 2017. *Trajectories of Neoliberal Transformation: European Industrial Relations since the 1970s*. Cambridge: Cambridge University Press.

Baccaro, Lucio and Sang-Hoon Lim. 2006. "Social Pacts as Coalition of 'Weak' and 'Moderate': Ireland, Italy, and South Korea in Comparative Perspective" (DP/162/2006). Geneva: International Institute for Labour Studies, ILO.

Bachrach, P. & M. Baratz. 1982. "Two Faces of Power." *The American Political Science Review* 56 (4): 947-952.

Baldwin, P. 1990. *The Politics of Social Solidarity: Class Bases of the European Welfare State, 1875-1975*. Cambridge: Cambridge University Press.

Battilana, J., Leca, B. & Boxenbaum, E. 2009. "How Actors Change Institutions: Towards a Theory of Institutional Entrepreneurship." *Academy of Management Annals* 3(1): 65-107.

Baumgartner, Frank R. & Mahoney, C. 2005. "Social Movements, the Rise of New Issues, and the Public Agenda." In David S. Meyer, Valerie Jenness & Helen Ingram (eds.) *Routing the Opposition: Social movements, Public policy, and Democracy*. Minneapolis: University of Minnesota Press.

Bonoli Giuliano and Toshimitsu Shinkawa, 2005. *Aging and Pension Reform around the World*. Cheltenham UK: Edward Elgar.

Bonoli, G. 2000. *The Politics of Pension Reform: Institutions and Policy Change in Western Europe*. Cambride: Cambridge University Press.

Börzel, T. A. 1998. "Organizing Babylon: On the Different Conceptions of Policy Network." *Public Administration* 76.

Cameron, David. 1984. "Social Democracy, Corporatism, Labour Quiescence, and the Representation of Economic Interest in Advanced Capitalist Society." In John Goldthorpe (ed.), *Order and Conflict in Contemporary Capitalism*. Oxford: Clarendon Press.

Charles, N. 2000. *Feminism, the State and Social Policy*. Basingstoke: Macmillan.

Choi, Young Jun. 2008. "Pension Policy and Politics in East Asia." *Policy and Politics* 36(1): 127~144.

Clayton, R., & Pontusson, J. 1998. "Welfare State Retrenchment Revisited: Entitlement Cuts, Public Sector Restructuring, and Inegalitarian Trends in Advanced Capitalist Societies." *World Politics* 51: 67~98.

Cobb, R., Ross, J. K. & Ross, M. H. 1976. "Agenda Building as A Comparative Political Process. *The American Political Science Review* 70(1). 126~138.

Cox, G. W., & McCubbins, M. D. 2001. The Institutional Determinants of Economic Policy Outcomes. In S. Haggard and M. D. McCubbins (eds.), *Presidents, Parliaments, and Policy.* Cambridge: Cambridge University Press.

Cutright, P. 1965. "Political Structure, Economic Development, and National Social Security Programs." *American Journal of Sociology* 70: 537~550.

DeViney, S. 1984. "The Political Economy of Public Pensions: A Cross-national analysis." *Journal of Political & Military Sociology* 12(Fall): 295~310.

DiMaggio, P. 1988. "Interest and Agency in Institutional Theory." In Lynn Zucker (ed), *Institutional Patterns and Organizations: Culture and Environment.* Cambridge, MA: Ballinger.

Ellison, G. and Martin, G. 2000. "Policing, Collective Action, and Social Movement Theory: The Case of the Northern Ireland Civil Rights Campaign." *British Journal of Sociology* 51(4): 681-699.

Emmenegger, P. 2015. The Politics of Job Security Regulations in Western Europe: from Drift to Layering. *Politics & Society* 43(1): 89~118.

Esping-Andersen, G. 1985. "Power and Distributional Regimes." *Politics & Society* 14(2), 223~256.

Esping-Andersen, G. 1990. *Three Worlds of Welfare Capitalism.* Princeton, NJ: Princeton Univ. Press.

Evans, Peter B., Dietrich Rueschemeyer and Theda Skocpol (eds.). *Bringing the State Back In.* Cambridge: Cambridge University Press.

Financial Times. 2005.05.15.

Golden, M. and Pontusson, J. 1992. *Bargaining for change: union politics in North America and Europe.* Cornell Univ Pr.

Goldstone, Jack A. (2004). More social movements or fewer? Beyond political opportunity structures to relational fields. Theory & Society. 33. 335~365.

Gramsci, A., (Hoare, Quintin and Geoffrey N. Smith. Ed. and Transl). 1971. *Selections from the Prison Notebooks of Antonio Gramsci.* International Publishers.

Granberg, Donald & Sören Holmberg. 1988. *The Political System Matters: Social Psychology and Voting Behavior in Sweden and the United States.* Cambridge University Press.

Grossman, G. M., & Helpman, E. (2001). Special interest politics. MIT press.

한국 복지국가는 어떻게 만들어졌나?

Hacker, J. S. (2002). The divided welfare state: The battle over public and private social benefits in the United States. Cambridge University Press.

Hall, P. A., & Taylor, R. C. (1996). Political science and the three new institutionalisms. Political studies, 44(5), 936~957.

Hall, Peter A. and Rosemary Taylor. 1996. "Political Science and the Three New Institutionalism." *Political Studies* No. 44.

Häusermann Silja and Hanna Schwander (2012). "이중화의 다양성: 복지레짐별 노동시장 분절화와 내부자-외부자 분할". Patrick Emmenegger, Silja Häusermann, Bruno Palier, Martin Seeleib-Kaiser (편), 『이중화의 시대: 탈산업화 사회에서 불평등양상의 변화』. 한국노동연구원.

Häusermann, S. 2015(남찬섭 역). 『복지국가 개혁의 정치학: 대륙유럽 복지국가의 현대화』. 서울: 나눔의 집(Häusermann, S. 2012. *The Politics of Welfare State Reform in Continental Europe: Modernization in Hard Times*. Cambridge University Press.)

Häusermann, S. and H. Schwander. 2012. "이중화의 다양성: 복지레짐별 노동시장 분절화와 내부자-외부자 분할," P. Emmenegger, S. Häusermann, B. Palier, M. Seeleib-Kaiser (편) (한국노동연구원 역), 『이중화의 시대: 탈산업화 사회에서 불평등양상의 변화』, 한국노동연구원.

Häusermann, S.(남찬섭 역). 2015. 『복지국가 개혁의 정치학: 대륙 유럽 복지국가의 현대화』. 서울: 나눔의 집(Häusermann, Silja. 2010. *The Politics of Welfare State Reform in Continental Europe: Modernization in Hard Times*. Cambridge University Press.

Häusermann, S., & Schwander, H. 2012. "이중화의 다양성: 복지레짐별 노동시장 분절화와 내부자-외부자 분할". P. 에메네거, S. 호이저만, B. 팔리에, M. Seeleib-Kaiser (편)(노동연구원 역), 이중화의 시대: 탈산업화 사회에서 불평등 양상의 변화. 서울: 한국노동연구원.

Hemerijck, Anton and Martin Schuldi. 2000. "Sequences of Policy Failures and Effective PolicyResponses." F. Scharpf and V. Schmidt(eds.). *Welfare and Work in the Open Economy* Vol. I. Oxford: Oxford University Press.

Hicks Alexander and Joya Misra 1993. "Political Resources and the Growth of Welfare in Affluent Capitalist Democracies, 1960-1982". *The American Journal of Sociology*, Vol. 99, No. 3.

Hicks and Mishira. 1993, "Political Resources and the Growth of Welfare in Affluent Capitalist Democracies 1960-1982." *American Journal of Sociology* 99: 688~710

Hicks, A. M., & Hicks, A. (1999). Social democracy & welfare capitalism: a century of income security politics. Cornell University Press.

Huber, E. and Stephens, J. D. 2014. "Income inequality and redistribution in post-industrial democracies: demographic, economic and political determinants." *Socio-Economic Review* 12(2). 245~267.

Im, Hyug-Baeg. 1999. "From Affiliation to Association: The Challenge of Democratic

Consolidation in Korean Industrial Relations". Dennis. L. McNamara (ed.), *Corporatism and Korean Capitalism*. London: Routledge.

Immergut, E, 1992, *Health Politics: Interests and Institutions in Western Europe*, Cambridge: Cambridge University Press.

Immergut, E. M. 1990. "Institutions, Veto points, and Policy Results: A Comparative Analysis of Health Care." *Journal of Public Policy* 10(4). 391~416.

Immergut, E. M. 1998, "The Theoretical Core of the New Institutionalism." *Politics and Society* 26(1).

Inglehart, R. 1977. *The Silent Revolution: Changing Values and Political Styles among Western Publics*. Princeton N.J.: Princeton University Press.

Iversen and Cusack. 2000. "The Causes of Welfare State Expansion: Deindustrialization or Globalization?" *World Politics* 52: 313~349.

Iversen, T. and D. Soskice. 2006. "Electoral Systems and the Politics of Coalitions: Why Some Democracies Redistribute More than Others." *American Political Science Review* 100(2).

Jae-jin Yang and Yui-Ryong Jung. 2020. "5. The Effect of Electoral Rules on the Policy Preferences and Behavior of Politicians in South Korea." Jae-jin Yang (ed.), *The Small Welfare State: Rethinking Welfare in the US, Japan, and South Korea*. Cheltenham, UK: Edward Elgar.

Jae-jin Yang. 2020. "1. Introduction: Towards a Political Economy of the Small Welfare State." Jae-jin Yang (ed.), *The Small Welfare State: Rethinking Welfare in the US, Japan, and South Korea*. Cheltenham, UK: Edward Elgar.

Katzenstein, P. 1985. "Small Nations in an Open International Economy: the Converging Balance of State and Society in Switzerland and Austria." Evans, Peter B., Dietrich Rueschemeyer, and Theda Skocpol (eds.). *Bringing the State Back In*. Cambridge: Cambridge University Press.

Keune, Maarten. 2013. "Trade Union Responses to Precarious Work in Seven European Countries." *International Journal of Labour Research* 5(1): 59~78

Kim, Yeon Myung and Kyo-seong Kim. 2005. "Pension Reform in Korea." Giuliano Bonoli and Toshimitsu Shinkawa, *Aging and Pension Reform around the World*. Cheltenham, UK: Edward Elgar.

Kitschelt, H. 2001. "Partisan Competition and Welfare State Retrenchment." Paul Pierson (ed.). *The New Politics of the Welfare State*. Oxford: OUP.

Knoke, D., F. U. Pappi, J. Broadbent, and Y. Tsujinaka. 1996. *Comparing Policy Networks: Labour Politics in the US, Germany and Japan*. Cambridge: Cambridge University Press.

Korpi, W. 1978. *The Working Class in Welfare Capitalism*. London: Routledge, Kegan, and Paul.

한국 복지국가는 어떻게 만들어졌나?

Korpi, W. and J. Palme. 2003. "New Politics and Class Politics in the Context of Austerity and Globalization: Welfare State Regress in 18 Countries, 1975~95." *American Political Science Review* 97(3): 425~446.

Korpi, Walter. 1983. *The Democratic Class Struggle.* London: Routledge & Kegan Paul.

Lijphart, A. 1994. "Democracies: Forms, Performance, and Constitutional Engineering." *European Journal of Political Research* 25(1): 1~17.

Lister, R. 2003. "Investing in the Citizen-workers of the Future: Transformations in Citizenship and the State under New Labour." *Social Policy & Administration,* 37(5): 427~443.

Manow, P. 2009. "Electoral Rules, Class Coalitions and Welfare State Rregimes, or How to Explain Esping-Andersen with Stein Rokkan." *Socio-Economic Review* 7(1): 101~121.

Margarita Estévez-Abe, Jae-jin Yang, and Christopher Faricy. 2020. "6. The Electoral Bases of Small Tax States." Jae-jin Yang (ed.). *The Small Welfare State: Rethinking Welfare in the US, Japan, and South Korea.* Edward Elagr: Cheltenham, UK.

Margarita Estevez-Abe. 2008. *Welfare and Capitalism in Postwar Japan.* Cambridge: Cambridge University Press.

Martin, Greg. 2001. "Social Movements, Welfare and Social policy: a Critical Analysis". *Critical Social Policy* 21(3).

McAdam, Doug. 1982. *Political Process and the Development of Black Insurgency.* Chicago: University of Chicago Press.

McAdam, Doug. 1996. "Conceptual Origins, Current Problems, Future Directions." In Doug McAdam, John McCarthy, Mayer Zald (eds.), *Comparative Perspectives on Social Movements.* New York: Cambridge University Press.

McCarthy, John & Mayer Zald. 1977. Resource Mobilization and Social Movements. *American Journal of Sociology* 82: 1212~1241.

Michelmore, M. C. 2011. *Tax and Spend: The Welfare State, Tax Politics, and the Limits of American Liberalism.* University of Pennsylvania Press(강병익 옮김.『미국은 왜 복지국가 만들기에 실패했나: 조세정치와 미국 자유주의의 한계』. 서울: 페이퍼로드.)

Michelmore, M. C.(강병익 역). 2020.『미국은 왜 복지국가 만들기에 실패했나』. 서울: 페이퍼 로드(Michelmore, M. C. 2011. *Tax and Spend: The Welfare State, Tax Politics, and the Limits of American Liberalism.* University of Pennsylvania Press.)

Mishra, R. 1984. *The Welfare State in Crisis: Social Thought and Social Change.* Wheatsheaf Books.

Mooney, Gerry, Jason Annetts, Alex Law, and Wallace McNeish. 2009. "Exploring the Interrelationships between Social Welfare and Social Movements: Why this Matters for Social Policy" (Paper presented at British Social Policy Association Annual Conference: 'Learning from the Past?' Edinburgh: June 29-July 1)

Myles, John and Paul Pierson. 2001. "The Comparative Political Economy of Pension Reform," Paul Pierson(ed.), *The New Politics of Welfare State*. Oxford: Oxford University Press.

O'Donnell, G., Schmitter, P. C., and Whitehead, L.(eds.). 1986. *Transitions from Authoritarian rule: Southern Europe (Vol. 1)*. JHU Press.

OECD. 2020. "Affordability of Long-term Care Services among Older People in the OECD and the EU." (https://www.oecd.org/health/health-systems/Affordability-of-long-term-care-services-among-older-people-in-the-OECD-and-the-EU.pdf: 검색일: 2020.05.14)

OECD. *Family Database*. Paris: OECD.

Olper, Alessandro and Valentina Raimondi. 2013. "Electoral Rules, Forms of Government and Redistributive Policy: Evidence from Agriculture and Food Policies." *Journal of Comparative Economics* 41(1): 141~158.

Padgett, D. K. 1998. *Qualitative Methods in Social Work*. Thousand Oaks, CA: Sage.

Palier, Bruno and Kathleen Thelen. 2012. "이중화와 제도적 상보성: 프랑스와 독일의 노사 관계, 노동시장, 복지국가의 변화", Patrick Emmenegger, Silja Häusermann, Bruno Palier, Martin Seeleib-Kaiser (편), 『이중화의 시대: 탈산업화 사회에서 불평등양상의 변화』. 한국노 동연구원.

Palumbo, D. J. 1988. *Public Policy in America: Government in Action*. New York: Harcourt Brace Jovanovich Publisher.

Persson, Torsten, G'erard Roland, and Guido Tabellini. 2007. "Electoral Rules and Government Spending in Parliamentary Democracies." *Quarterly Journal of Political Science* 2(2): 155~188.

Peter Hall and David Soskice. *Varieties of Capitalism: The Institutional Foundations of Comparative Advantage*. Oxford: Oxford University Press.

Peterson. M. 1993. "Political Influence in the 1990s: From Iron Triangles to Policy Networks." *Journal of Health Politics, Policy and Law* 18(2).

Pettinicchio, D. 2012. Institutional Activism: Reconsidering the Insider/Outsider Dichotomy. *Sociology Compass* 6(6): 499~510.

Pierson, P. 1994. *Dismantling The Welfare State? Reagan, Thatcher and the Politics of Retrenchment*. New York: Cambridge University Press.

Pierson, P. 2001. *The New Politics of the Welfare State*. Oxford: OUP.

Pierson, Paul. 2001. "Coping with Permanent Austerity: Welfare State Restructuring in Affluent Democracies". Paul Pierson (ed.). *The New Politics of the Welfare State*. Oxford: OUP.

Piketty, T. 2018. "Brahmin Left vs Merchant Right: Rising Inequality and the Changing Structure of Political Conflict." WID World Working Paper 7.

Piketty, T.(안준범 역). 2020. 『자본과 이데올로기』 서울: 문학동네(Piketty, T. 2019. *Capital et idéologie*. Média Diffusion.)

Pulignano, V., Meardi, G., & Doerflinger, N. 2015. "Trade Unions and Labour Market Dualisation: a Comparison of Policies and Attitudes towards Agency and Migrant Workers in Germany and Belgium. Work, Employment and Society, 29(5), 808~825.

Ranney, Austin(권만학 외 역). 1994, 『현대정치학』. 서울: 을유문화사(Ranney, Austin 1993. *Governing: An Introduction to Political Science* (6th edition). Pearson College Division)

Ranney. Austin. 1993. *Governing: An Introduction to Political Science* (6th edition)(국역, 권만학 외, 『현대정치학』. 서울: 을유문화사.

Rhodes, M. (2001). "The Political Economy of Social Pacts: 'Competitive Corporatism' and European Welfare Reform.". Paul Pierson(ed.), *The New Politics of Welfare State*. Oxford: Oxford University Press.

Rhodes, R. A., & Marsh, D. 1992. "New Directions in the Study of Policy Networks." *European Journal of Political Research* 21(1-2): 181~205.

Rickard, Stephanie J. 2009. "Strategic Targeting: The Effect of Institutions and Interests on Distributive Transfers." *Comparative Political Studies* 42(5): 670~695.

Rico, Ana. 2004. "Health and Welfare in the 20th Century: The Politics of State Expansion in Europe and North-America." Paper presented for the 2004 Conference of the EU Concerted Action COST A15 on "Reforming Welfare States in Europe." Nantes, 22-23 May.

Rimlinger, G. V. 1971. *Welfare Policy and Industrialization in Europe, America, and Russia*. John Wiley & Sons.

Rothstein, B. 1998. *Just Institutions Matter: The Moral and Political Logic of the Universal Welfare State*. Cambridge: Cambridge University Press.

Rothstein, Bo. 1996. *The Social Democratic State: The Swedish Model and the Bureaucratic Problem of Social Reforms*. Pittsburgh: Pittsburgh University Press.

Rueda, D. 2008. "Left Government, Policy, and Corporatism: Explaining the Influence of Partisanship on Inequality." *World Politics* 60(3): 349~389.

Santoro, Wayne, A. & McGuire, G. 1997. "Social Movement Insiders." *Social Problems* 44: 503~520.

Sartori. G. 1994. *Comparative Constitutional Engineering: An Inquiry into Structures, Incentives, and Outcomes*. London: Macmillan.

Schattschneider, E. 1935. *Politics, Pressures and the Tariff*. New York: Prentice-Hall.

Schlozman, Kay Lehman. 2001(2nd edition). "Interest Groups." In Joel Krieger (ed.), *The Oxford Companion to Politics of the World*. Oxford: OUP.

Schmidt, M. G. 1985. "The Welfare State and the Economy in Periods of Economic Crisis:

A Comparative Study of Twenty Three OECD Nations." In Norman J. Vig and Steven E. Schier. eds. *Political Economy in Western Democracies*. New York: Holms and Meier.

Schmitter, Philippe C. 1981. "Interest Intermediation and Regime Governability in Contemporary Western Europe and North America." In Suzanne Berger (ed.), *Organizing Interests in Western Europe*. Cambridge: Cambridge University Press.

Schneider, S. K., & Ingraham, P. 1984. "The Impact of Political Participation on Social Policy Adoption and Expansion: A Cross-national, Longitudinal Analysis." *Comparative Politics* 17(1): 107~122.

Schwartz, Herman. 2001. "Round up the Usual Suspects! Globalization, Domestic Politics, and Welfare State Change." Paul Pierson(ed.), *The New Politics of Welfare State*. Oxford: Oxford University Press.

Selznick, P. 1949. *TVA and the Grassroots*. Berkeley: University of California Press.

Streek, W. and K. Thelen. 2005. "Introduction." In Wolfgang Streeck and Kathleen Ann Thelen, *Beyond Continuity: Institutional Change in Advanced Political Economies*. Oxford: OUP.

Svallfors, S. 2007. "Class and Attitude to Market Inequality: A Comparison of Sweden, Britain, Germany, and the United States." In S. Svallfors (ed.), *The Political Sociology of the State*. Stanford, Ca.: Stanford University Press.

Swenson. P. 2002. *Capitalists against markets: The making of labor markets and welfare states in the United States and Sweden*. Oxford: OUP.

Tarrow, S. 1998. *Power in Movement: Social Movements and Contentious Politics*. Cambridge: Cambridge University Press.

Tax Policy Center. 2020. "Tax Policy Center's Briefing Book: Key Elements of the U.S. Tax System". (https://www.taxpolicycenter.org/briefing-book/how-do-federal-income-tax-rates-work. 검색일: 2020.11.30.)

Taylor, V. 1999. "Gender and Social Movements: Gender Processes in Women's Self-help Movements.' *Gender and Society* 13(1): 8~33.

Taylor-Gooby, Peter. 2001. "The Politics of Welfare in Europe." In Peter Taylor-Gooby (ed.), *Welfare State under Pressure*. London: Sage.

Thelen, K. 신원철 역. 2011. 『제도는 어떻게 진화하는가-독일 영국 미국 일본에서의 숙련의 정치경제』. 서울: 모티브북(*How Institutions Evolve: Insights from Comparative Historical Aanalysis*. Cambridge: Cambridge University.)

Thelen, Kathleen and Seven Steinmo. 1992. "Historical Institutionalism in Comparative." In Sven Steinmo, Kathleen Thelen, and Frank Longstrech (eds.), *Structuring Politics: Historical Institutionalism in Comparative Analysis*. New York: Cambridge University Press.

Tilly, C. 1978. *From Mobilization to Revolution*. Reading, MA: Addison-Wesley.

한국 복지국가는 어떻게 만들어졌나?

Traxler, F. 1995. "From Demand-side to Supply-side Corporatism? Austria's labour Relations and Public Policy." In Colin Crouch & Franz Traxler (eds.). *Organized Industrial Relations in Europe: What Future.* Aldershot: Avebury.

Traxler, F. 1995. "From Demand-side to Supply-side Corporatism? Austria's Labour Relations and Public Policy." *Organized Industrial Relations in Europe: What Future,* Avebury.

Tufte, E. 1978. *Political Control of the Economy.* New Haven, CT: Yale University Press.

UN. 2000. *The Sex and Age Distribution of World Population.* Paris: OECD.

Van Kersbergen, K., & Manow, P. (eds.). (2009). Religion, Class Coalitions, and Welfare States. Cambridge University Press.

Wilensky, H. 1975. *The Welfare State and Equality.* Berkeley: University of California Press.

Yang, J. J. 2017. *The Political Economy of the Small Welfare State in South Korea.* Cambridge: Cambridge University Press.

Yates, Douglas. 1982. *Bureaucratic Democracy.* Cambridge, Massachusetts: Harvard University Press.

면담

- 날짜는 면담일, 피면담자 직책은 해당 정책결정과정 시기의 직책이다.
- 제6장을 제외한 나머지 장의 면담자는 필자이다.
- 제6장 피면담자들은 해당 데이터 베이스에 실명으로 등재되어 있으므로 실명 처리하고, 나머지는 익명 처리했다.

5장
피면담자 K(2007.08.16.) 한국보건사회연구원 부연구위원
피면담자 M(2007.05.17.) 서강대교수. 국민기초보장법제정연대회의 정책위원장
피면담자 S(2007.05.01.) 청와대 민정비서관, 청와대 정책기획비서관
피면담자 J(2007.08.12.) 기획예산처 복지노동예산과장

6장
피면담자 김연명(2000.03.23.) 국민연금제도개선기획단 시민사회 단체 대표위원(면담자: 양재진), 〈한국복지국가의 태동, 성장, 재편에 관한 질적 기초자료 수집연구〉 팀 데이터 베이스
피면담자 이혜경(2007.08.09.) 국민연금제도개선기획단 학계 대표위원(면담자: 양재진), 〈한국복지국가의 태동, 성장, 재편에 관한 질적 기초자료 수집연구〉 팀 데이터 베이스

7장
피면담자 C(2018.06.01.; 2018.06.02.) 여성부 장관(2005)
　　　　　　　　　　　　　　　　　여성가족부 장관(2006~2008)
피면담자 K(2018.05.02.) 대통령 자문 고령화및미래사회위원회 위원장
　　　　　　　　　　　　　대통령비서실 사회정책수석비서관
피면담자 P(2018.03.06.) 한국여성단체연합 사회권 국장

9장
피면담자 C(2020.04.17.) 서울혁신기획관
피면담자 P(2020.05.06.) 서울시 청년정책과 주무관
피면담자 J(2020.04.20.) 청년유니온 정책국장
　　　　　　　　　　　　　서울시 청년정책위원회 일자리분과 간사

　　　　　　　　　　　한국 복지국가는 어떻게 만들어졌나?

찾아보기 ―

한국 복지국가는 어떻게 만들어졌나?

한국 복지국가는 어떻게 만들어졌나?

한국 복지국가는 어떻게 만들어졌나?

표 차례

그림 차례

김영순

서울대학교 정치학과에서 "복지국가 재편의 두가지 길: 영국과 스웨덴의 경험"으로
박사학위를 받았다. 국제노동기구 연구관과 한국보건사회연구원 책임연구원을 거쳐
2004년부터 서울과학기술대학교 교수로 일해 왔다.
연구분야는 한국과 서유럽의 복지국가와 복지정치, 복지태도, 복지국가와 젠더 등이다.
저서로 『복지국가의 위기와 재편』(1996), 『코끼리 쉽게 옮기기: 영국 연금개혁의 정치』(2014),
공저로 『사회투자와 한국 사회정책의 미래』(2009), *The Small Welfare State: Rethinking Welfare
in the US, Japan, and South Korea*(2020) 등이 있다.

한국 복지국가는 어떻게 만들어졌나?
민주화 이후 복지정치와 복지정책

ⓒ 김영순, 2021

초판 인쇄   2021년 4월 23일
초판 발행   2021년 4월 30일

지은이   김영순
펴낸이   박해진
펴낸곳   도서출판 학고재
등록   2013년 6월 18일 제2013-000186호
주소   서울시 마포구 새창로 7(도화동) SNU장학빌딩 17층
전화   02-745-1722(편집) 070-7404-2810(마케팅)
팩스   02-3210-2775
전자우편   hakgojae@gmail.com
페이스북   www.facebook.com/hakgojae

ISBN 978-89-5625-424-1 (93330)

＊이 저서는 2016년 정부(교육부)의 재원으로 한국연구재단의 지원을 받아 수행된 연구임
  (NRF-2016S1A6A4A01019213).